London

Ralf Nestmeyer

11. komplett überarbeitete und aktualisierte Auflage 2017

Inhalt

Unterwegs mit

Ralf Nestmeyer

Ralf Nestmeyer ist Historiker und lebt seit 1995 als freier Autor in Nürnberg. Er hat nicht nur zahlreiche Reiseführer für den Michael Müller Verlag (»Südengland«, »Cornwall & Devon«, etc.) geschrieben, sondern auch einen Kriminalroman (»Roter Lavendel«) sowie mehrere Sachbücher, so beispielsweise »Hotelwelten« (Reclam Verlag).

Nähere Infos unter www.nestmeyer.de

Schlechte Schulnoten können durchaus das weitere Leben beeinflussen – dies kann ich aus eigener Erfahrung bestätigen. Denn ich gehörte zu jenen Jugendlichen, die von ihren Eltern wegen mangelnder Englischkenntnisse zu einer Sprachreise „verpflichtet wurden". Vier Wochen Südengland waren der Lohn dafür, dass mir nicht nur die erfüllbaren und nichterfüllbaren Bedingungen von If-Sätzen ein Mysterium geblieben waren. Auch wenn ich rückblickend befürchte, dass sich mir die Feinheiten der englischen Grammatik in jenem August 1978 noch immer nicht erschlossen hatten, so hat diese Englandreise, zu der auch ein dreitägiger London-Aufenthalt gehörte, meine Begeisterung für die englische Lebensart geweckt. Eine Leidenschaft, die ihren Niederschlag nicht nur in zahlreichen Reisen nach England fand, sondern die schließlich auch in einen London-Reiseführer mündete. Seither habe ich das Vergnügen, auf der Suche nach neuen Trends sowie hippen Restaurants und Shops regelmäßig durch London zu streifen. Und jedes Mal bin ich überrascht, in welch kurzer Zeit sich die Themsemetropole neu erfindet, ohne dabei aber ihre ehrwürdigen Traditionen zu verleugnen. Als ich zuletzt vom Primrose Hill fasziniert auf die Londoner Skyline blickte, habe ich mich gefragt, was wohl aus mir geworden wäre, wenn ich im Englischunterricht besser aufgepasst hätte …

Viel Spaß an der Themse!

Was haben Sie entdeckt?

Haben Sie ein besonderes Restaurant, ein neues Museum oder ein nettes Hotel entdeckt? Wenn Sie Ergänzungen, Verbesserungen oder Tipps zum Buch haben, lassen Sie es uns gerne wissen!

Schreiben Sie an: Ralf Nestmayer, Stichwort „London" |
c/o Michael Müller Verlag GmbH | Gerberei 19, D – 91054 Erlangen |
ralf.nestmeyer@michael-mueller-verlag.de

Kosmopolitisch trifft dörflich

Tour 5: Camden Town und Primrose Hill

Am besten schlendert man samstags oder sonntags durch das bunte Camden und besucht den berühmten Stadtteilmarkt. Wem das zu trubelig ist, weicht ins benachbarte Primrose Hill aus, wo es erstaunlich beschaulich zugeht.

■ S. 64

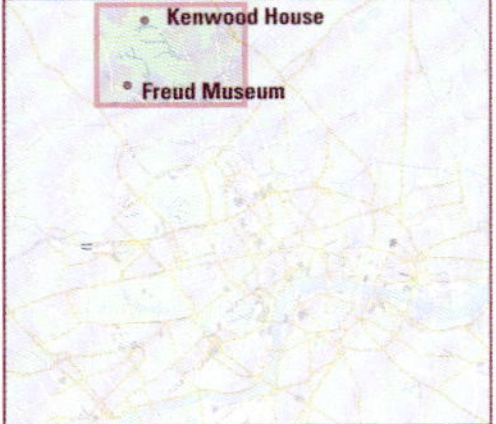

Nobelviertel mit Charme

Tour 6: Hampstead

Neben geruhsamem Shoppen in der Hampstead High Street ist ein Besuch des Freud-Museums oder von Kenwood House mit seinen Gemälden und dem hübschen Gartencafé zu empfehlen. Ein Abstecher zum Naherholungsgebiet Hampstead Heath ist Pflicht.

■ S. 72

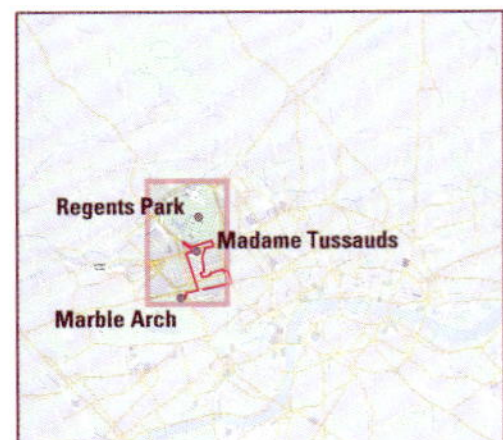

Kleinstädtisches Flair

Tour 7: Marylebone

Das Wachsfigurenmuseum Madame Tussauds ist die Hauptattraktion des ansonsten beschaulichen Viertels, sehenswerter ist jedoch die hochkarätig bestückte Wallace Collection, das Highlight ist und bleibt der herrliche Regent's Park.

■ S. 78

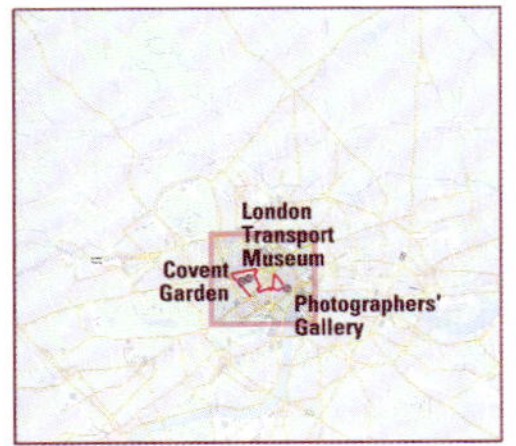

Ausgeh- und Shopping-Paradies

Tour 8: Soho und Covent Garden

Tagsüber shoppen in der traditionsreichen Einkaufspassage Covent Garden, abends ins pulsierende Nachtleben von Soho eintauchen – und dazwischen passt vielleicht noch ein Besuch des sehr gut gemachten London Transport Museum.

■ S. 88

Londons vornehmste Seite

Tour 9: Mayfair und St James's

Edle Einkaufsparadiese und distinguierte Herrenclubs zieren die teuerste Ecke der Stadt. Ganz umsonst ist dafür der Besuch der National Gallery am Trafalgar Square, immerhin eine der bedeutendsten Gemäldesammlungen der Welt.

■ S. 100

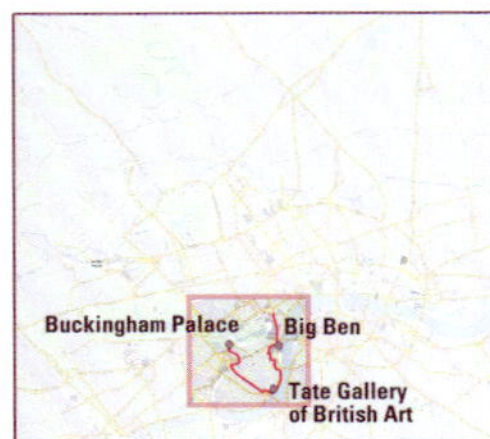

Londons Regierungsviertel

Tour 10: Westminster

Hier wird Politik gemacht: Downing Street No 10, Buckingham Palace, Houses of Parliament samt Big Ben. Wer sich eher für Kunst interessiert, ist in der Tate Gallery of British Art gut aufgehoben.

■ S. 112

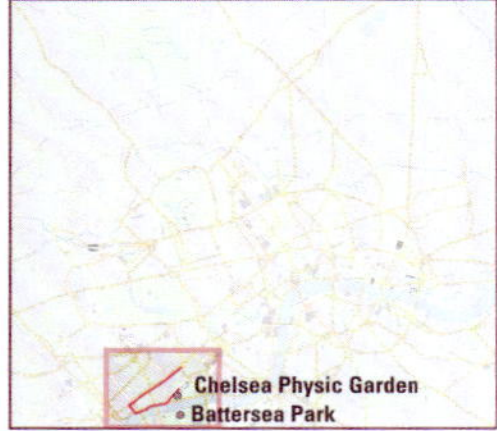

Literatenviertel an der Themse

Tour 11: Chelsea

Zahlreiche Plaketten erinnern hier an berühmte Bewohner wie Percy Bysshe Shelley, Oscar Wilde und Co. Zeitgenössische Kunst bietet die Saatchi Gallery, ausspannen lässt es sich im hübschen kleinen Chelsea Physic Garden oder dem nahen Battersea Park.

■ S. 124

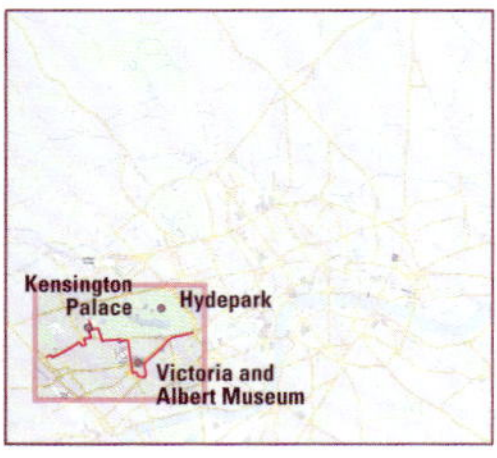

Londons grüne Lunge

Tour 12: Kensington

Bei schönem Wetter locken der Hyde Park und die angrenzenden Kensington Gardens, bei Schlechtwetter weicht man in eines der vielen Museen aus – darunter Victoria and Albert, National History und Science Museum.

■ S. 132

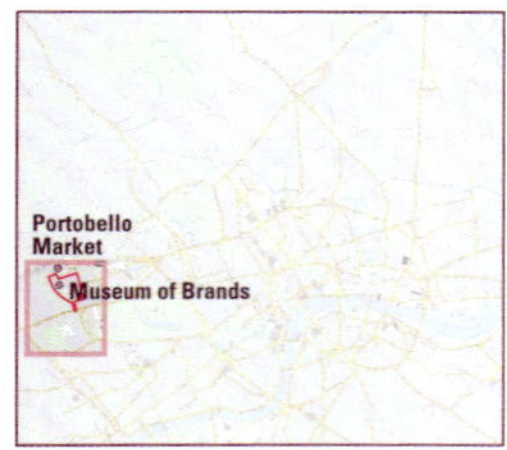

Szeneviertel und Filmkulisse

Tour 13: Notting Hill

Der Spaziergang durchs Viertel der Reichen und Schönen sollte an einem Samstag stattfinden: Der Markt auf der Portobello Road gilt als der schönste der Stadt. Ebenfalls für Normalsterbliche lohnend ist das kleine Museum of Brands.

■ S. 146

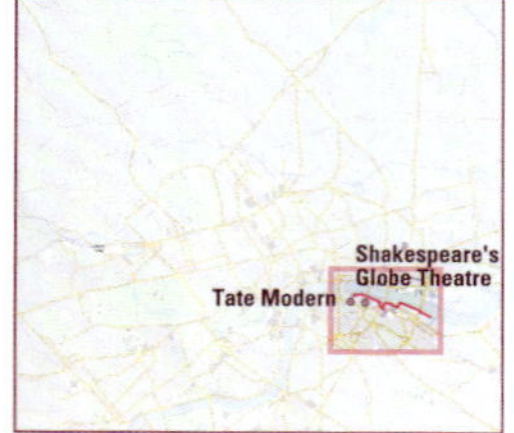

Arbeiterviertel mit Top-Sights

Tour 14: Southwark

Der Spaziergang am Südufer der Themse streift zwei Museumsschiffe, den Nachbau des legendären Globe-Theaters und nicht zuletzt die Tate Gallery of Modern Art – ein absolutes Muss für Freunde moderner Kunst.

■ S. 152

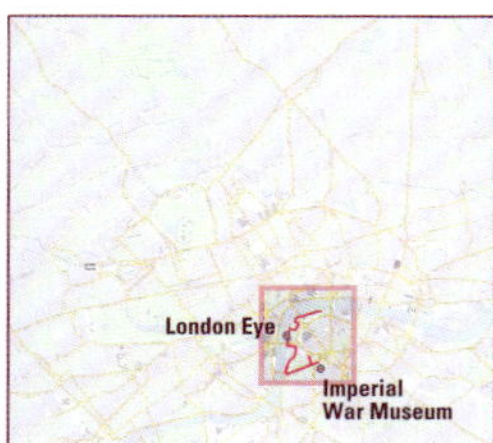

Kultur in Ufernähe

Tour 15: Lambeth und Southbank

Noch ein Spaziergang am Südufer, noch mehr Kultur: zahlreiche Museen, Theater, Kinos und andere Attraktionen, darunter das Riesenrad London Eye, das Aquarium, der Dungeon und das sehenswerte Imperial War Museum.

■ S. 162

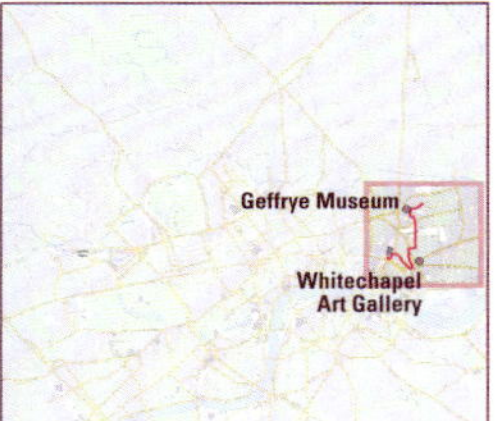

Vom Armen- zum Szeneviertel

Tour 16: East End

Multikulti ist hip, die Gentrifizierung in vollem Gang – deshalb sonntags noch schnell den Brick Lane Market besuchen, solange er noch authentisch ist; sehenswert sind außerdem die Whitechapel Art Gallery und das Geffrye Museum für Wohnkultur.

■ S. 170

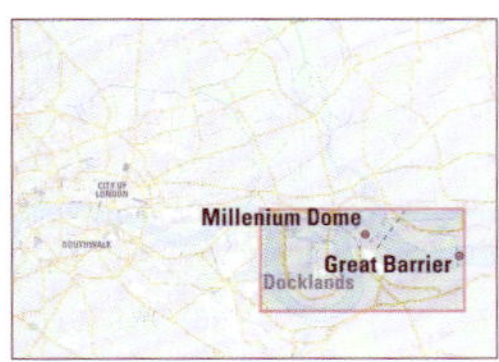

Hypermodernes Büroviertel

Tour 17: Docklands

Früher der größte Dockhafenkomplex der Welt, heute ein Showroom für moderne Architektur. Besonders augenfällig der Millennium Dome, sehr interessant das Museum of London Docklands.

■ S. 182

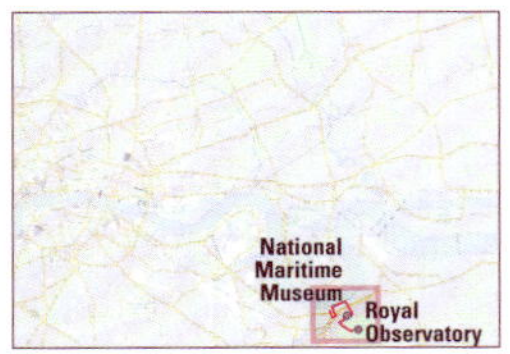

Maritimes Flair

Tour 18: Greenwich

Dass man das National Maritime Museum der ehemals größten Seefahrernation besuchen sollte, versteht sich von selbst. Auch das Royal Observatory widmet sich hauptsächlich der Seefahrt, und die Cutty Sark ist der wohl schönste Teeklipper des 19. Jahrhunderts.

■ S. 188

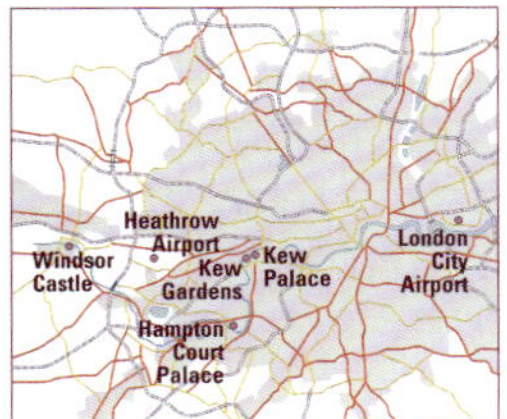

Ausflüge in die Umgebung

Nachlesen & Nachschlagen

Kompakt

Verzeichnisse

Was haben Sie entdeckt?

Haben Sie ein besonderes Restaurant, ein neues Museum oder ein nettes Hotel entdeckt? Wenn Sie Ergänzungen, Verbesserungen oder Tipps zum Buch haben, lassen Sie es uns gerne wissen!

Schreiben Sie an: Ralf Nestmeyer, Stichwort „London" |
c/o Michael Müller Verlag GmbH | Gerberei 19, D – 91054 Erlangen |
ralf.nestmeyer@michael-mueller-verlag.de

Orientiert in
London

Stadt und Stadtviertel

Sightseeing-Klassiker

Sightseeing-Alternativen

Essen gehen

Ausgehen

Shopping

Orientiert in London

Stadt und Stadtviertel

London ist die größte Stadt Europas. Was aber nicht bedeutet, dass die Orientierung vor Ort schwerfallen muss. Die touristischen Highlights konzentrieren sich auf die Innenstadt und sind mit der Tube schnell und unkompliziert zu erreichen. Vom Tower im Osten zur Westminster Abbey im Westen ist man weniger als eine halbe Stunde unterwegs.

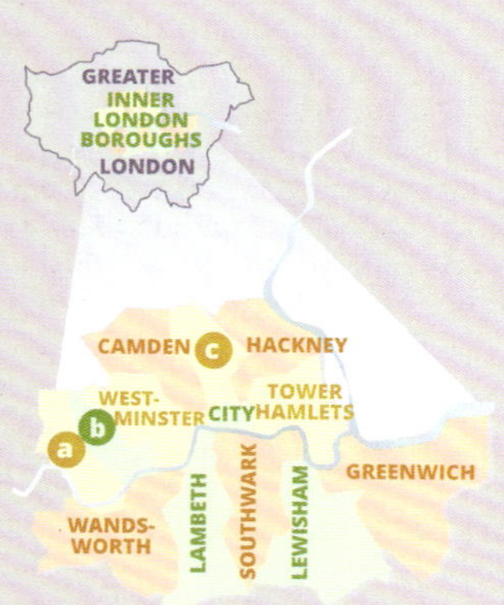

Mit der **Tube**, der Londoner U-Bahn, lässt sich so ziemlich jede Ecke der Stadt in relativ kurzer Zeit erreichen. Einen Linienplan finden Sie in der hinteren Umschlagklappe.

Great, Greater, London …

Londons Ausmaße sind gigantisch. Greater London mit seinen über 8 Millionen Einwohnern weist einen Durchmesser von rund 50 Kilometern auf und erstreckt sich vom Bezirk Enfield im Norden bis nach Croydon im Süden, in westöstlicher Richtung vom Flughafen Heathrow bis zum Vorort Upminster. Ein Grund für die gewaltige Ausdehnung der Stadt ist unter anderem, dass auf der Wunschliste fast aller Briten ein eigenes Haus mit Garten steht … Ringförmig umschlossen wird der Großraum London von der 188 Kilometer langen Autobahn M25 (*London Orbital*), die für ihre Staus berüchtigt ist. Es gibt Londoner, die sich stolz rühmen, diesen magischen Zirkel niemals verlassen zu haben.

Jede Ecke Londons hat ihren eigenen unverwechselbaren Charakter – gerade das macht den Reiz der englischen Metropole aus. Besucher sollten sich vielleicht vom Londoner Schriftsteller und Drehbuchautor Hanif Kureishi inspirieren lassen: „London kam mir vor wie ein Haus mit fünftausend verschiedenen Zimmern; der ganze Reiz lag darin, zu entdecken, wie die Zimmer untereinander verbunden waren, und sie allmählich alle zu durchlaufen."

Ein Fluss, zwei Welten?

Wie ein breites Band schlängelt sich die Themse durch London und teilt die Stadt in zwei Hälften, in **Nordufer** (North Bank) und **Südufer** (South Bank). Bereits die Römer ließen sich am Nordufer der Themse nieder und gründeten *Londinium*. Auch den Normannen und allen englischen Königen diente das nördliche Ufer als Machtzentrum, hier findet man Tower, Westminster Abbey und Saint Paul's Cathedral. Und das Herz der Londoner Finanzwelt schlägt hier ebenfalls seit Jahrhunderten.

Das Südufer der Themse, die South Bank, hatte lange Zeit einen eher schlechten Ruf. Hier standen die zur

Zeit des Puritanismus als lasterhaft geltenden Theater, an die heute noch der **Nachbau des Globe-Theaters** erinnert. Städtebaulich ist das Südufer lange Zeit vernachlässigt worden, erst durch die Eröffnung der Tate Gallery of Modern Art oder den Bau des gläsernen Shard-Wolkenkratzers zu Beginn des 21. Jahrhunderts wurde es aufgewertet. Auch das **London-Eye-Riesenrad** ist hier zu finden, von dem aus man den wohl eindrucksvollsten Blick auf die Themse genießen kann.

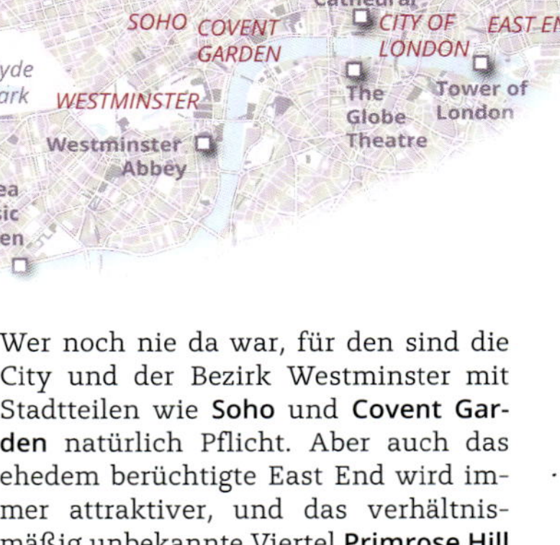

Lange Zeit führte mit der London Bridge nur eine einzige Brücke über den Fluss, erst im Industriezeitalter kamen weitere Brücken hinzu, so die viel besungene Waterloo Bridge oder die **Tower Bridge**, die schnell zum Wahrzeichen der Stadt aufstieg. Zuletzt entstand die filigrane Millennium Bridge. Und im Osten der Docklands führt seit 2012 mit der Emirates Air Line sogar eine Seilbahn über den Fluss. Die vielen Brücken und andere am Wasser gelegene Wahrzeichen der Stadt betrachtet man am besten während einer Bootstour, beispielsweise von Westminster bis hinunter nach Greenwich.

City, Boroughs und Stadtteile

Das historische, wirtschaftliche und geografische Zentrum der Stadt ist der Bezirk **City of London**. Er besitzt aus historischen Gründen noch heute einen politischen und verwaltungstechnischen Sonderstatus. Um ihn herum gruppieren sich die übrigen 32 Stadtbezirke, die so genannten Boroughs, die man in Inner und Outer London unterteilt. Sie setzen sich jeweils aus mehreren Stadtteilen zusammen. Touristisch relevant sind lediglich einige Stadtteile aus den Inner London Boroughs.

Wer noch nie da war, für den sind die City und der Bezirk Westminster mit Stadtteilen wie **Soho** und **Covent Garden** natürlich Pflicht. Aber auch das ehedem berüchtigte East End wird immer attraktiver, und das verhältnismäßig unbekannte Viertel **Primrose Hill** lohnt ebenfalls einen Besuch. In der City of London sind die St Paul's Cathedral und der Tower die touristischen Highlights, **Kensington** lockt mit dem Hyde Park und seiner Museumsvielfalt, und im alternativ-bunten Stadtteil **Camden Town** muss man sich einmal durch den Camden Market treiben lassen.

Natur pur

Durch rund 1700 Parks, die im Großraum London zu finden sind, herrscht kein Mangel an Natur in der Hauptstadt. Mehr als 80 Quadratkilometer von Greater London sind als Grünflächen ausgewiesen. Die Ausdehnung mancher Parks ist beeindruckend und rührt daher, dass sie aus königlichen Jagdgründen hervorgingen, wie beispielsweise der berühmte Hyde Park oder auch der Richmond Park. In London finden sich aber auch zahlreiche kleinere lauschige Plätze wie der Berkeley Square oder der Chelsea Physic Garden mit seinen Heilpflanzen. Auch die gestalterische Vielfalt ist verblüffend: Unweit der akkurat gestutzten Mustergültigkeit des Regent's Park kann man sich in der nordumbrischen Wildnis von Hampstead Heath vergnügen.

Orientiert in London

Sightseeing-Klassiker

Tower, Tate und Madame Tussauds – das sind die Klassiker an der Themse. Je nach persönlichen Vorlieben kann man London von Highlight zu Highlight erkunden. Selbstverständlich gilt: Man muss sich nicht für jeden touristischen Hotspot interessieren.

UNESCO-Welterbe

Mit dem Tower of London, mit Westminster Abbey und Westminster Palace, dem maritimen Greenwich sowie den botanischen Gärten Kew Gardens besitzt London vier Kulturdenkmäler, die von der UNESCO zum Welterbe erklärt wurden.

Im Museumsrausch

- **British Museum:** Das kulturhistorisch bedeutendste Museum Großbritanniens lockt mit seiner geradezu unüberschaubaren Vielfalt an archäologischen und ethnographischen Schätzen, allen voran den Elgin Marbles und dem Rosetta Stone, mit dessen Hilfe es gelang, die Hieroglyphen zu entziffern. Wer will, kann hier ganze Tage verbringen. → Tour 4, S. 56

- **Tate Gallery of Modern Art**: ein Muss für alle Freunde moderner Kunst! Die in einem ehemaligen Kraftwerk untergebrachte Tate Modern gilt als „Kathedrale der modernen Kunst“. → Tour 14, S. 158

- **National Gallery**: eines der meistbesuchten Museen der Welt! Zum Fundus der National Gallery gehören mehr als 2000 Gemälde aus der Zeit vom Spätmittelalter bis 1900. Egal ob Dürer, Breughel, Renoir oder Picasso – alle sind hier vertreten. → Tour 9, S. 104

Museum of London: Das größte stadtgeschichtliche Museum der Welt ermuntert zu einem so kurzweiligen wie gelehrsamen Spaziergang durch die Historie Londons, zudem gibt es immer wieder interessante Sonderausstellungen. → Tour 1, S. 34

Flanieren und Amüsieren

- **Soho** und **Chinatown**: Soho ist ein ungebrochen beliebter Treffpunkt im Londoner Nachtleben. Doch aufgrund seiner hippen Geschäfte und stylischen Restaurants ist der Stadtteil zu allen Tageszeiten viel besucht. Im Süden Sohos öffnet sich Londons Chinatown mit ihren Restaurants als eine eigene Welt, die man durch drei mit viel Gold und Rot dekorierte Torbögen betritt. Am westlichen Rand von Soho lockt mit der Regent Street eine der prunkvollsten Einkaufsstraßen Londons, in der die großen Ketten alles feilbieten, was das Herz begehrt. → Tour 8, S. 88

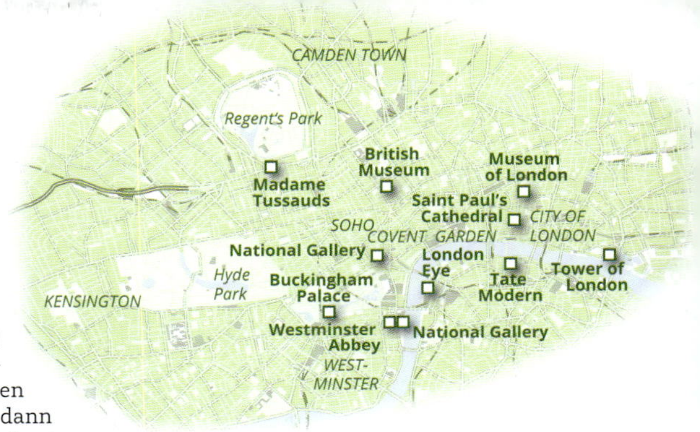

City of London: Bekannt als europäisches Finanzzentrum wird die Londoner City von Wolkenkratzern dominiert, aber auch der Tower und St Paul's Cathedral sind hier zu entdecken – am Wochenende ruhen Börse & Co., und dann herrscht fast Friedhofsruhe. **→ Tour 1, S. 24**

Für Royalisten und Schlossliebhaber

▪ **Tower of London**: Der Tower ist nicht nur die am besten erhaltene mittelalterliche Festung Großbritanniens, sondern bis heute ein mystischer Ort – Kronjuwelen inklusive. **→ Tour 1, S. 28**

▪ **Buckingham Palace**: Wenn die königliche Standarte weht, dann ist die Queen zu Hause. Der königliche Palast mit seinen 600 Räumen ist allerdings nur zwei Monate im Jahr für das Publikum geöffnet. **→ Tour 10, S. 122**

▪ **Windsor Castle**: Ein Ausflug nach Windsor gehört zum Pflichtprogramm aller Royalisten. Der Round Tower, die State Apartments und die St George's Chapel besitzen viel historisches Flair. **→ S. 196**

Grünes London

▪ **Hyde Park**: Was wäre London ohne seinen Hyde Park? Die grüne Lunge im Herzen der Themsemetropole eignet sich zum Joggen, Spazierengehen oder Picknicken. **→ Tour 12, S. 140**

▪ **Regent's Park**: Die größte und schönste Londoner Gartenanlage wird von prächtigen Wohnpalästen eingerahmt. Im nordöstlichen Teil findet sich der Londoner Zoo. **→ Tour 7, S. 84**

▪ **Kew Gardens**: Mit ihren riesigen viktorianischen Gewächshäusern und der weltweit größten Orchideensammlung sind die königlichen Gärten zu jeder Jahreszeit ein reizvolles Ziel für Gartenliebhaber. **→ S. 197**

Kirche und Kommerz

▪ **Westminster Abbey**: Wie kein anderes Bauwerk erinnert das altehrwürdige Gotteshaus an die Königshäuser und den Glanz der englischen Nation. Bis auf wenige Ausnahmen wurden hier alle englischen Könige und Königinnen gekrönt. Mehr als hundert Mitglieder des englischen Königshauses liegen zudem in der Abbey begraben. **→ Tour 10, S. 118**

▪ **St Paul's Cathedral**: Viele Jahrhunderte dominierte die Kuppel der Kathedrale die Londoner Stadtsilhouette, doch inzwischen wird sie von den gläsernen Bürotürmen mehr und mehr eingezwängt. **→ Tour 1, S. 35**

▪ **London Eye**: 30 Minuten dauert die Reise mit dem 135 Meter hohen Riesenrad, wobei sich immer wieder herrliche Panoramablicke über die Themsemetropole bieten. **→ Tour 15, S. 164**

▪ **Madame Tussauds**: Die Marketingmaschine läuft, und so zieht das berühmteste Wachsfigurenkabinett der Welt mit seinen Nachbildungen berühmter Persönlichkeiten die Massen weiter in Scharen an. **→ Tour 7, S. 80**

Orientiert in London

Sightseeing-Alternativen

Glücklicherweise besitzt London mehr Sights als die üblichen Verdächtigen Tower, Tate oder Madame Tussauds. Die Themsemetropole hat abseits der Haupttouristenpfade viele unbekanntere Ecken und Sehenswürdigkeiten zu bieten, etwa den Highgate Cemetery oder das Museum of London Docklands.

Eintritt frei!

Der Besuch des Museum of London Docklands sowie der des National Maritime Museum in Greenwich ist kostenlos.

Versteckte Museen

■ **Dickens House**: In Charles Dickens ehemaligem Wohnhaus wird nicht nur an Englands Lieblingsschriftsteller erinnert, sondern auch die Atmosphäre des viktorianischen Zeitalters eindringlich heraufbeschworen. Neben einer umfangreichen Dickens-Bibliothek sind vor allem Portraits, Fotos, Manuskripte, Briefe und weitere Gegenstände aus Dickens persönlichem Besitz zu sehen. → Tour 4, S. 59

■ **Museum of London Docklands**: Etwas abseits in einem ehemaligen georgianischen Zuckerspeicher gelegen, erinnert dieses Museum eindrucksvoll daran, dass die Themse jahrtausendelang die wichtigste Verkehrs- und Lebensader der Stadt war. Vom Alltag der Dockarbeiter bis zur Sklaverei spannt sich der Bogen der faszinierenden Dauerausstellung. → Tour 17, S. 184

■ **Cabinet War Rooms**: In diesen im Originalzustand erhaltenen Bunkerräumen koordinierte Winston Churchill im Zweiten Weltkrieg den Kampf gegen Hitler. Der Besucher kann mit einer Audioguide-Tour die ehemaligen „Kabinettsräume" samt dem berühmten Kartenraum erkunden, Churchills Schlafzimmer inklusive. → Tour 10, S. 115

Quirlige Märkte

■ **Camden Market**: Der Camden Market ist Londons buntester Straßenmarkt. Am Wochenende stöbern fast eine halbe Million Menschen nach den neuesten Modetrends, und der gesamte Stadtteil vibriert. → Tour 5, S. 70

■ **Portobello Market**: Die Marktstände auf der Portobello Road in Notting Hill locken vor allem freitags und samstags massenhaft Besucher an, wenn der Schwerpunkt auf Antiquitäten liegt. Es gibt zwar viel Ramsch, doch lässt sich durchaus auch das eine oder andere Schnäppchen machen. → Tour 13, S. 151

Out and about

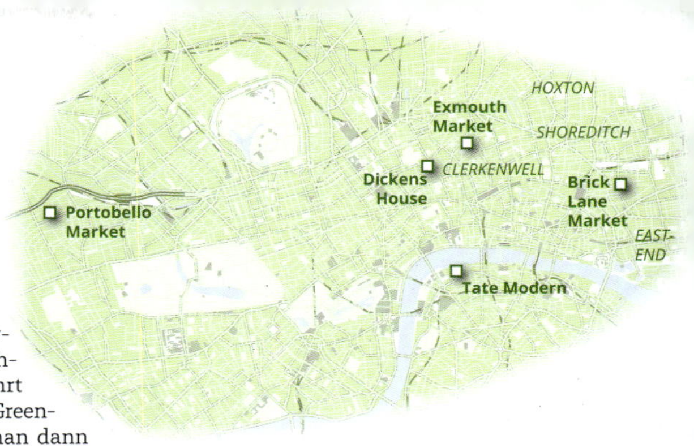

▪ **Greenwich**: Durch seine Königliche Sternwarte und den Nullmeridian ist Greenwich gewissermaßen zum Nabel der Welt geworden. Besonders lohnend ist eine Bootsfahrt auf der Themse nach Greenwich. Dort spaziert man dann durch den Greenwich Park zum Observatorium hinauf. Das Old Royal Naval College und das National Maritime Museum erinnern an die glorreichen Zeiten der englischen Seefahrt, zudem liegt mit der „Cutty Sark" der wohl schönste Teeklipper des 19. Jahrhunderts auf einem Trockendock. → Tour 18, S. 188

▪ **Thames Path**: Ein Spaziergang am Südufer der Themse ist eine der schönsten Möglichkeiten, die Stadt zu erkunden. Ungestört vom Autoverkehr, bietet der Weg tolle Blicke auf den Fluss und die Londoner Skyline, zudem kommt man direkt an der Tate Modern vorbei, so dass man ein wenig Kunstluft schnuppern kann. → Touren 14/15, S. 153/163

▪ **Hampstead Heath**: Nur ein paar Tube-Stationen vom Zentrum entfernt findet man in Hampstead eine riesige Grünanlage mit Weihern, Grashügeln und kleinem Wald, selbst drei Badeseen gibt es. Man will gar nicht glauben, wie ländlich London sein kann. Schon John Constable hat hier seine Staffelei aufgestellt. Sehenswert ist dort auch das kostenlos zu besichtigende Kenwood House, ein neoklassizistisches Herrenhaus aus dem 18. Jahrhundert, das von einem herrlichen Park umgeben ist und mit einer Gemäldesammlung lockt. → Tour 6, S. 73

▪ **Highgate Cemetery**: Ein Spaziergang über den berühmtesten Friedhof Londons ist ein stimmungsvolles Erlebnis. Die alten Steingrabmäler sind mit Efeu und Farnen überzogen, schmale Pfade schlängeln sich durch die Anlage. Immer wieder stößt man auf beeindruckende Mausoleen und Katakomben. Die meisten Besucher wollen das monumentale Grabmal von Karl Marx sehen, aber auch George Eliot und Herbert Spencer haben hier ihre letzte Ruhestätte gefunden. → Tour 6, S. 77

Szeneviertel

▪ **East End**: Jack the Ripper treibt hier schon lange nicht mehr sein Unwesen, stattdessen hat sich das East End zusammen mit den angrenzenden Stadtteilen Shoreditch und Hoxton zu einem der beliebtesten Londoner Szeneviertel gemausert. Es gibt noch immer alte Fabrikhallen, verwilderte Grundstücke, viel Graffiti und den Brick Lane Market, aber die Gentrifizierung ist in vollem Gange. Fast wöchentlich eröffnen neue Clubs und coole Bars, denn durch die hohen Mietpreise werden die alten Geschäfte und die zumeist aus Bangladesch stammenden Immigranten verdrängt. → Tour 16, S. 170

▪ **Clerkenwell**: Der lebendige Stadtteil mit zahlreichen Architekturbüros und Werbeagenturen liegt nördlich der City of London. Aufgrund der günstigen Mieten und der vorteilhaften Nähe zur Innenstadt richteten sich hier Künstler ihre Ateliers ein, Galerien und Szenekneipen folgten nach. Inzwischen wohnen hier aber auch Banker in schicken Lofts und genießen die Nähe zum lebendigen Exmouth Market. → Tour 3, S. 44

Essen gehen

In London kann man sich auf eine kulinarische Weltreise begeben: Von Italienisch über Thailändisch und Türkisch bis hin zu den allgegenwärtigen Indern gibt es kaum ein Nation, die nicht in Form von Lokalen an der Themse vertreten ist. Selbstverständlich kredenzen Restaurants auch die klassische englische Küche, die heute meist unter der Bezeichnung „Modern British" serviert wird.

Mehr zur neuen englischen Küche lesen Sie ab S. 217

Ausführliche Restaurantbeschreibungen befinden sich am Ende jeder Tour

Eine Liste aller Restaurants finden Sie ab S. 269

Mehr als Fish & Chips

London hat sich längst vom kulinarischen Entwicklungsland zum gastronomischen Trendsetter gemausert. Nicht nur wegen Jamie Olivers nimmermüden Bemühungen ist das Vorurteil, die englische Küche sei ungenießbar, längst widerlegt. Die traditionelle englische Küche hat erhebliche Fortschritte gemacht. Jenseits von „Steak and Kidney Pie" bietet innovative Kochkunst unter dem Namen „Modern British" heute so manchen Gaumenkitzel: In puristischem Ambiente werden traditionelle Gerichte mit mediterraner Leichtigkeit und internationaler Nouvelle Cuisine kombiniert. Das Ergebnis sind dann auf den ersten Blick gewöhnungsbedürftige Kreationen, beispielsweise gebratenes Knochenmark auf Vollkornbrot mit Petersiliensalat, Lammherzen mit Kohlrüben oder ein lauwarmer Schweinskopfsalat …

Dafür, dass sich die englische Küche so verändert hat, ist auch die kulturelle Vielfalt der Hauptstadt verantwortlich: Unter den mehr als 6000 Londoner Restaurants finden sich zahlreiche indische, chinesische, karibische, afrikanische und thailändische Lokale, deren Küchen im Geschmack der Londoner Spuren hinterlassen haben. Inzwischen gilt nicht mehr Fish & Chips, sondern Chicken Tikka Masala als Lieblingsgericht der Londoner. Und die Londoner lieben nicht einfach nur indische Currygerichte, sie lieben vor allem scharfe indische Currygerichte. Es gibt da richtige Hardcore-Fans, die, wenn bei den anderen Tischgenossen der Mund bereits in Flammen steht und der Schweiß in großen Perlen von der Stirn tropft, nur müde lächelnd fragen: „You think that's spicy?"

Eating out

Prinzipiell kann man in London zu jeder Tageszeit essen gehen. Abends empfiehlt sich bei den angesagtesten Restaurants eine rechtzeitige Tischreservierung. Auf der Speisekarte an der Eingangstür sind die Preise inklusive Mehrwertsteuer (VAT) verzeichnet. In manchen Lokalen wird auf der Rechnung automatisch noch eine Service Charge von 10 bis 15 % erhoben. Ist dies nicht der Fall, erwartet das Personal ein Trinkgeld *(tip)* von gleicher Höhe. Andere wiederum berechnen eine Cover Charge von £ 1 oder £ 2, man bezahlt also für Gedeck, Brot, Butter usw. Interessant zu wissen ist, dass es auch ein paar Restaurants gibt, die keine Lizenz für den Ausschank von alkoholischen Getränken besitzen.

Übrigens wird nicht nur in Restaurants, sondern auch in den zahlreichen Londoner Pubs meist eine ansprechende Küche geboten.

Schnelle Küche für zwischendurch

Es gibt keine andere Stadt in Europa, in der **Schnellrestaurants** so stark verbreitet sind wie in London. Die Rede ist hier allerdings nicht von McDonald's & Co, sondern von Unternehmen, die sich der japanischen, indischen oder italienischen Küche verschrieben haben und mit einem oft sehr ansprechenden gastronomischen Konzept um Gäste werben. Die derzeit beliebtesten Restaurantketten sind *Wagamama, Bill's, Aubaine, Brasserie Blanc, Giraffe, Nando's, Itsu, Yo! Sushi, Kulu Kulu, busaba eathai, Thai Square, The Real Greek oder Jamie's Italien, Spaghetti House, Carluccio's, Ask* und *Pizza Express*.

Gegen den kleinen Hunger zwischendurch helfen **Sandwichbars** wie beispielsweise *Pret-a-manger, EAT.* oder *Benjy's* mit frisch zubereiteten Häppchen ein – das ganze täglich frisch; was am Abend nicht verkauft ist, wird an Suppenküchen und Obdachlose verschenkt. Wer sparen will, bestellt „takeaway", denn dann wird auf die kalten Speisen keine Mehrwertsteuer erhoben.

Selbstversorger können sich zudem mit leckeren Häppchen und exotischen Delikatessen bei *Marks & Spencer Simply Food* oder einem anderen **Foodstore** eindecken. Wer Lust auf einen Café verspürt, findet an fast jeder Londoner Straßenecke einen der allgegenwärtigen **Coffeeshops** wie *Starbucks, Costa* oder *Caffè Nero*.

5 Tipps für 5 Abende

- **The Churchill Arms:** Ein uriger Pub in Notting Hill mit vielen Churchill-Devotionalien und leckerem Thaiessen. → **Tour 13, S. 151**

- **St John:** Englische Küche auf hohem Niveau in Clerkenwell, getreu dem Motto *from nose to tail.* → **Tour 3, S. 47**

- **Nopi:** Kochbuchautor Yotam Ottolenghi bittet in Soho zu Tisch – auf den kommen mediterrane und asiatische Gerichte. → **Tour 8, S. 95**

- **Masala Zone:** Authentische indische Küche in modernem Ambiente in Soho. → **Tour 8, S. 97**

- **Fifteen:** Fernsehkoch Jamie Oliver führt dieses italienische Restaurant als Sozialprojekt für benachteiligte Jugendliche im East End. → **Tour 16, S. 177**

Ausgehen

Egal, ob Szeneclub im East End, Theater oder Musical im West End, Konzert oder Kino im Art-déco-Ambiente oder einfach ein Pint in gemütlicher Runde im Pub – die Möglichkeiten zur Abendgestaltung sind in London mehr als vielfältig.

Alle Clubs, Pubs und Bars sowie Theater- und Musicalbühnen finden Sie im Kapitel Kultur- und Nachtleben ab S. 219

Soho und andere Szeneviertel

Soho ist der Klassiker im Londoner Nachtleben. Hier finden sich angesagte Clubs und Pubs, darunter auch Privatclubs wie das Soho House, zu denen nur Mitglieder Zugang haben. In der Old Crompton Street und ihrer Nebenstraße schlägt das Herz der Gay Community, bei **Ronnie Scott's** geben die Stars der Jazz-Szene Konzerte, und am frühen Morgen treffen sich die Nachtschwärmer in der rund um die Uhr geöffneten **Bar Italia** in der Frith Street.

Neben Soho gibt es aber auch noch weitere Viertel, in denen man sich abends einfach durch die Straßen treiben lassen und dabei coole Clubs entdecken kann, zum Beispiel im East End, in Shoreditch, Hoxton, Notting Hill oder Clerkenwell, wo in den letzten Jahren zahlreiche neue Locations eröffnet wurden.

Pubs, Clubs und Megadiscos

Pubs gehören zu London wie die roten Doppeldeckerbusse – die Pub-Kultur ist legendär. Dementsprechend reicht das Spektrum von historischen Pubs wie dem **The Princess Louise** über Gastro-Pubs bis hin zu coolen Pubs mit DJ. Nach der Arbeit oder am Wochenende trifft man sich hier bei entspannter, geselliger Atmosphäre mit Freunden zum Essen oder einfach nur auf ein Pint. Auch Fußball- oder Rugbyspiele kann man sich in vielen Pubs gemeinsam ansehen.

Wer will, kann sich in einer der Megadiscos wie dem **Home**, dem Ministry of Sound oder der Fabric die Nacht um die Ohren schlagen. Im Home wird auf mehreren Etagen jeweils eine andere Musikrichtung gespielt, so dass jeder den passenden Sound findet. Zu den beliebtesten Clubs und Bars der Stadt zählen der **Notting Hill Arts Club** sowie das **93 Feet East** oder die **Big Chill Bar** im East End.

Bühnen im West End

Neben dem New Yorker Broadway gilt das Londoner West End als Zentrum des modernen Musicals, und für viele Reisende ist der Besuch eines der vielen West-End-Theater fester Bestandteil im Abendprogramm eines London-Trips. Die gebotene Palette reicht von Rockmusicals wie „Jesus Christ Superstar" über Musicals der 1980er-Jahre („Cats", „Starlight Express", „Phantom of the Opera") bis hin zu „Mamma Mia" und „Lion King".

Theaterkarten zum halben Preis für nicht ausverkaufte Vorstellungen des jeweiligen Abends gibt es am **Half Price Ticket Booth (TKTS)** auf dem Leicester Square.

Livemusik

Es gibt wohl keinen einzigen Pop- oder Rockstar von Bedeutung, der nicht schon einmal auf einer Londoner Bühne gestanden hat. Für viele Musiker waren die Auftritte in London der Beginn ihrer Weltkarriere, etwa für die Rolling Stones, die im Juli 1962 ihr erstes Konzert im legendären Marquee Club in Soho gaben. Auch David Bowie, The Clash und George Michael debütierten in London.

Die englische Hauptstadt verfügt über zahllose kleinere und größere Konzertsäle, darunter so bekannte wie die **Brixton Academy** oder das **Roundhouse** in Camden. Jeden Abend kann man zudem aus mehr als 50 verschiedenen Konzerten auswählen. Egal, ob man Jazz, Reggae, Hardrock oder Folkmusik bevorzugt, für jeden Geschmack ist etwas Passendes dabei. Und es vergeht kaum eine Woche, in der nicht irgendein Superstar in der „musikalischen Hauptstadt der Welt" ein Konzert gibt. Über das aktuelle Konzertprogramm informiert das kostenlose Stadtmagazin *Time Out* (auch online unter www.timeout.com/london).

5 Tipps für 5 Abende

- **Heaven:** In Europas größter Gay-Disco unter den Bögen des Charing-Cross-Bahnhofs tanzt ausgelassen die Schwulenszene, es mischen sich aber auch viele Heteros unter die Gäste. → S. 223
- **Ronnie Scott's:** Der Jazz-Club in Soho gehört zu den ältesten und renommiertesten weltweit und bringt regelmäßig die Topstars der Szene auf die Bühne. Am besten sichert man sich hier einen Platz im Voraus. → S. 224
- **Ministry of Sound:** In dem Club in Lambeth legen die bekanntesten DJs aus dem In- und Ausland auf, bis die beiden Tanzflächen vibrieren – eine der besten Discos der Stadt! → S. 223
- **Club Aquarium:** Der Club im East End verfügt tatsächlich über einen Swimmingpool – und ist nicht nur deshalb ziemlich cool. → S. 223
- **Culpeper:** Sehr angesagter Pub im Industrial-Design in der Commercial Street. Bis 2 Uhr nachts ist hier der Tresen am Wochenende dicht umlagert. → S. 223

Orientiert in London

Shopping

„Shop until you drop" – kein Problem in London! Vom Luxusaccessoire bis zur Vintage-Mode gibt es wirklich alles. Die einen finden ihr Eldorado in den zahlreichen Secondhand-Shops im East End oder auf dem Camden Market, die anderen bummeln lieber durch die exklusiven Boutiquen und Warenhäuser. Und wer unbedingt das Neueste vom Neuesten erhaschen möchte, ist in London auch goldrichtig – in Sachen Trends hat die Stadt die Nase ganz vorn.

Ausführliche Beschreibungen einzelner Einkaufsmöglichkeiten in den Vierteln befinden sich am Ende jeder Tour

Eine Liste aller Geschäfte und Märkte finden Sie ab S. 274

Shoppingstraßen und -viertel

In der **Sloane Street** und der **Bond Street** haben sich die großen Namen der Modewelt wie Gucci, Versace und Chanel niedergelassen. In der **Oxford Street** und in der **Regent Street** findet man in den Megastores der international vertretenen Ketten alles von der Designerjeans bis zur Socke. Angenehmer ist aber das Einkaufen auf der **Kensington High Street**, an der sich ebenfalls die einschlägigen Ketten angesiedelt haben. Die legendäre **Carnaby Street**, die durch diverse Modedesigner der Swinging Sixties berühmt wurde, ist heute Fußgängerzone. Noch heute finden sich dort zahlreiche individuelle Modeläden. Ein Klassiker ist und bleibt die langgestreckte **King's Road** in Chelsea, wo einst die Hippie- und Punk-Kultur „erfunden" wurde.

Ein Paradies speziell für Bücherfreunde ist die **Charing Cross Road**: Zwischen Leicester Square und Cambridge Circus reiht sich dort eine Buchhandlung an die andere, vor allem Fachbuchhandlungen und Antiquariate sind vertreten.

Viele Boutiquen und kleinere, individuelle Geschäfte finden sich in **Soho**, mehr noch im **East End** sowie in **Clerkenwell** und den angrenzenden Stadtbezirken. Eine Art Shopping Guide für solche Läden ist die Website www.independentlondon.com, auf der man sich über Angebot und Lage informieren kann.

Kaufhäuser: „All Things for All People, Everywhere"

Wer weite Wege scheut, kann sicher sein, dass alle seine Wünsche in den 230 Abteilungen des Nobelkaufhauses **Harrods** erfüllt werden. Vor allem die Food Halls verursachen mit ihrem kunstvoll drapierten Überangebot einen wahren Sinnesrausch. Gleich nebenan gilt **Harvey Nichols** als Paradies für Modefans, was bereits die kreativen Schaufensterdekorationen erahnen lassen. **Peter Jones** am Slone Square begeistert ebenso wie **Selfridges** in der Oxford Street mit seinem üppigen Angebot. Dort findet sich auch der Flagship-Store von **Marks & Spencer**, der von vielen Kunden vor allem für seine hervorragende Lebensmittelabteilung geschätzt wird.

Camden Market
Columbia Road Market
Brick Lane Market
CLERKENWELL
Spitalfields Market
Portobello Market
Selfridges
James Smith & Sons
CITY OF LONDON
Liberty
Leadenhall Market
Fortnum & Mason
Waterstones
Harvey Nichols
Borough Market
Harrods
Maltby Street Market
Peter Jones
CHELSEA

Und ein echtes Buchkaufhaus gibt es auch: Mit sechs Etagen ist die **Waterstones-Filiale** am Piccadilly die größte Buchhandlung Europas – es gibt kaum ein lieferbares englisches Buch, das hier nicht in den Regalen steht.

Erste Adressen

Jenseits der großen Kaufhäuser und Ketten gibt es in London natürlich zahlreiche Spezialgeschäfte sowie kleinere Boutiquen und Läden, die mit einem besonderen Angebot locken. Ein Klassiker ist sicherlich der Hoflieferant **Fortnum & Mason** in der Piccadilly Street, dessen Delikatessen schon vor zweihundert Jahren auf den Tischen der englischen Adeligen landeten. Von dort ist es nur ein Katzensprung zur Savile Row mit ihren Herren-Maßschneidern oder zu **John Lobb**, Londons berühmtesten Schuhmacher. In unmittelbarer Nähe gibt es selbstverständlich auch die Nobelboutiquen von Stella McCartney sowie von Vivienne Westwood, der schrillen Queen unter den englischen Modemachern. Dazu passt auch das Kaufhaus **Liberty** in der Regent Street, das für seine hochwertigen Baumwoll- und Seidenstoffe bekannt ist. Und da es in England bekanntlich häufig regnet, sollte man bei **James Smith & Sons** in der New Oxford Street vorbeischauen – dort werden seit 1830 noble handgefertigte Regenschirme verkauft. Außerdem gibt es noch viele kleine Spezialgeschäfte für Normalsterbliche wie etwa den auf Reiseliteratur spezialisierten Buchladen **Daunt Books** oder **Rough Trade**, ein kultiges Musikgeschäft.

Markttreiben

Jedes Wochenende strömen wahre Menschenmassen zum **Camden Market** sowie zum **Portobello Market** nach Notting Hill, die beide Kultstatus genießen und neben Klamotten so allerlei Nippes und Antiquitäten anbieten. Am Sonntag locken aber auch der **Brick Lane Market** sowie der für seine Blumen bekannte **Columbia Road Market** im East End. Der ebenfalls im Londoner Osten angesiedelte **Petticoat Lane Market** ist ein wenig heruntergekommen, während der **Spitalfields Market** mit viel Glas architektonisch aufgepeppt wurde. Nobel ist das Flair vor allem im gusseisern und glasüberspannten **Leadenhall Market**, der vorwiegend von Londoner Bankern frequentiert wird.

Wer sich für ebenso leckeres wie schön präsentiertes Essen begeistert, der sollte unbedingt den **Borough Market** oder den **Maltby Street Market** am Südufer der Themse besuchen. Vor allem der Borough Market steht hoch im Kurs, seitdem Jamie Oliver in seinen Fernsehsendungen wiederholt an den unter einem Eisenbahnviadukt aufgebauten Marktständen vorbeigeschlendert ist.

Cafépause vor St Paul's

Wege durch London

Im Herzen der Stadt

Tour 1

Das Herz der Stadt ist die City of London. Eine Welt aus Glas, Stahl und Beton, die vorzugsweise von Börsenmaklern, Bankern und Versicherungsagenten in Nadelstreifenanzügen bevölkert wird. Nur am Wochenende herrscht Friedhofsruhe.

Tower, Kronjuwelen und Kerker, S. 28

Tower Bridge, schiffsdurchlässiges Wahrzeichen, S. 30

Museum of London, Stadtgeschichte ansprechend aufbereitet, S. 34

St Paul's Cathedral, symbolträchtiger Bischofssitz, S. 35

Londons Finanzzentrum

City of London

Die City of London erstreckt sich nur über wenig mehr als eine Quadratmeile. Sie wird von der *Temple Bar* im Westen begrenzt, im Norden von der *Smithfield Long* und der *Chiswell Street* (bis zur Liverpool Station), östlich von der *Middlesex Street* (bis zum Tower Hill) und im Süden von der *Themse*. Vermutlich befand sich hier schon vor Ankunft der Römer eine Ansiedlung mit einem kleinen Hafen. Die Eroberer nannten sie *Londinium* und befestigten sie mit einer Mauer. In der Folgezeit entwickelte sich daraus ein blühendes Handelszentrum, dessen Zeugnisse heute in den hiesigen Museen zu besichtigen sind. Seit dem Jahr 1215 ist die City durch die *Magna Carta* in rechtlicher Hinsicht weitgehend unabhängig; der Bürgermeister genießt seither zahlreiche Privilegien und hat einen direkten Zugang zum Königlichen Hof. Zweimal wurde das Gesicht der City of London entscheidend verändert: 1666 zerstörte ein Großfeuer zwei Drittel der überwiegend aus Holz errichteten Stadt; ähnlich verheerend waren die Verwüstungen durch die deutschen Luftangriffe im Zweiten Weltkrieg.

Das jetzige Stadtbild wurde an der Wende vom 20. zum 21. Jahrhundert geprägt. Sofort fallen dem Besucher die Gebäudekomplexe der Banken und Versicherungsgesellschaften ins Auge. Wohnraum ist hier eine Seltenheit. In der City wird nicht gewohnt, sondern gearbeitet. Nur noch rund 9000 Menschen – fast zwei Drittel in den begehrten Eigentumswohnungen des Barbican Centre – leben im historischen Zentrum Londons; den City-Bewohnern stehen mehr als 350.000 Pendler (*commuters*) gegenüber, die Tag für Tag aus den Vorstädten hereinfahren. Nachts und am Wochenende ist das Viertel vollkommen ausgestorben, doch nach Feierabend und während der Mittagspause, wenn die Angestellten in die umliegenden Cafés und Sandwich-Bars strömen, geht es richtig hektisch zu. Etwa die Hälfte der Büroflächen der City wurde in den Boomjahren der Thatcherregierung errichtet.

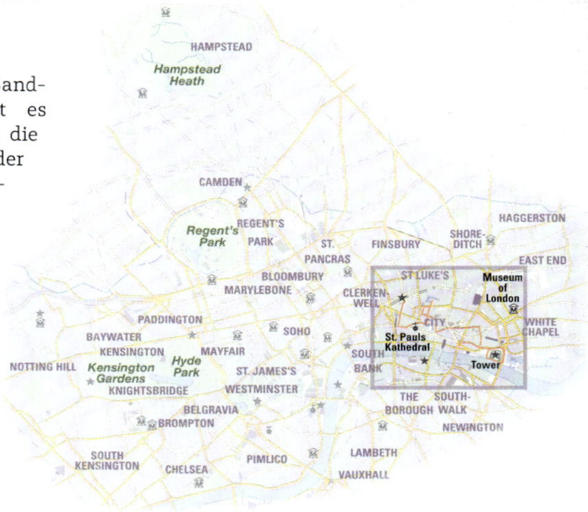

Wolfgang Koeppen beobachtete in den 1950er-Jahren noch ein gemütliches Geschäftsgebaren: „Sie trugen ihre Citytracht natürlich und anständig, und ihr Anblick weckte sogleich Vertrauen, Vertrauen zur englischen Währung, Vertrauen zum Britischen Weltreich, und die Überzeugung, dass, Indien hin, Suez her und Cypern und Malta dazwischen, der Löwe weiterleben wird." Heute würde sich Koeppen wahrscheinlich die Augen reiben angesichts der jungen, modisch gestylten Börsianer, die mit Handy – oder besser: Mobile Phone – bewaffnet durch die City hetzen und in ein paar Minuten mehr verdienen als andere im ganzen Jahr. Diese *City Whizz Kids* üben einen hoch bezahlten Job aus, der zahlreiche Gefahren und Risiken birgt – für sich selbst und den jeweiligen Auftraggeber. Das bekannteste Beispiel ist der 28-jährige Nick Leeson, der 1995 die renommierte Barings Bank in den Konkurs trieb, nachdem er auf dem asiatischen Markt Verluste von über einer Milliarde (!) US-Dollar angehäuft hatte. Mit ein paar Jahren Gefängnis kam Leeson noch vergleichsweise glimpflich davon.

Spaziergang

Bei einem Spaziergang durch die Londoner City muss auch Zeit für eine Gedenkminute am **Monument** sein, das an den verheerenden Brand von 1666 erinnert. Von der Aussichtsplattform des Monuments bietet sich ein schöner Blick auf die nahe **London Bridge**, deren mittelalterlicher Vorgängerbau noch von zwei Häuserreihen gesäumt war und einer Kapelle Platz bot. Einen noch besseren Blick hat man allerdings vom 155 Meter hohen **Sky Garden** in der nahen Fenchurch Street. Über die Straße Eastcheap und entlang der Great Tower Street nähert man sich dem **Tower of London**, vor dessen Eingang sich die Besucher in langen Warteschlangen gedulden müssen. An der südöstlichen Ecke des Towers spannt sich die **Tower Bridge** über „den schönsten Fluß Europas" (Heinrich Heine). Wer anschließend den Tower umrundet, stößt auf die Reste der römischen Stadtmauer, die mit einer Höhe von mehr als sechs Metern noch immer von der Macht des Römischen Imperiums zeugt.

Innerhalb weniger Minuten gelingt ein architektonischer Zeitsprung ins 21. Jahrhundert. Besonders postmodern ist das im Industriedesign glänzende **Lloyd's Building**, provozierend phallisch das von Lord Norman Foster zu Beginn des 3. Jahrtausend für *Swiss Re* errichtete Bürogebäude (*The Gherkin*). An dem nach der gleichnamigen Versicherungsgesellschaft benannten Gebäude vorbei geht es zum *Leadenhall Market*, einer viktorianischen Marktarkade, die

Sir Horace Jones 1881 entworfen hat. In unmittelbarer Nachbarschaft stehen mit dem *Leadenhall Building* und dem *Bishopsgate Tower* zwei weitere futuristische Hochhäuser. In der City dreht sich (fast) alles um das Geld, konsequenterweise hat auch die **Bank of England** hier ihren angestammten Hauptsitz.

Seit 1844 fungiert die „Old Lady of Threadneedle Street" als Währungs- und Notenbank des Königreichs und setzt den jeweiligen Leitzins fest. In den Kellergewölben lagern die gut gesicherten Goldreserven Großbritanniens. Über die Anfänge der *Bank of England* und ihre Bedeutung für das englische Wirtschaftsleben informiert das **Bank of England Museum**. Schräg gegenüber liegt die **Royal Exchange**, die alte Londoner Warenbörse. Die Reiterstatue auf dem dreieckigen Platz vor der Royal Exchange zeigt den Herzog von Wellington. Auch die Londoner Börse (*Stock Exchange*) und das **Mansion House**, der Amtssitz des Lord Mayor, sind nur einen Katzensprung entfernt. Ebenfalls in unmittelbarer Nachbarschaft wurden an der Queen Victoria Street die Grundmauern einer römischen Tempelanlage entdeckt. Archäologische Grabungen förderten mehrere Marmorbüsten zu Tage, die darauf schließen ließen, dass es sich um einen **Mithrastempel** gehandelt haben muss. Die Queen Street und ihre Verlängerung, die King Street, führen direkt auf die **Guildhall** zu, die auch die **Guildhall Art Gallery** beherbergt. Die gegenüberliegende Kirche *St Lawrence Jewry* ist einer von zahlreichen Sakralbauten, die Christopher Wren nach dem Großen Brand geplant hat. Mehr über das verheerende Feuer erfährt man im **Museum of London**, dessen runder Grundriss an einen längst abgerissenen Stadtmauerturm erinnert, der dem Barbican seinen Namen gab. Ein Besuch sollte für alle Geschichtsinteressierten zum Pflichtprogramm eines Londontrips gehören. Das sich nordöstlich des Museums erhebende **Barbican Centre** präsentiert sich als ein fast verwirrender, ineinander verschachtelter Bau. Aufgrund seiner futuristischen Konzeption ist es aber durchaus sehenswert. Die elegante Silhouette der **St Paul's Cathedral** hat durch die umliegenden Bürobauten viel von ihrer einstigen Wirkung verloren, doch eignet sich die Kuppel noch immer gut als Orientierungshilfe. Man geht davon aus, dass der Dom die vierte oder sogar fünfte Kirche an dieser Stelle ist. Von dem Vorgängerbau existieren noch alte Stiche. Bereits 1561 wurde sie durch ein Feuer beschädigt, 1666, beim großen Brand von London, dann fast völlig vernichtet. Eine kleine Grünanlage neben der Kirche lädt zum Verweilen ein, bevor der Spaziergang durch die City am Gerichtshof **Old Bailey**, wo einst Oscar Wilde wegen seiner gleichgeschlechtlichen Neigungen zu zwei Jahren Zuchthaus verurteilt wurde, seinen Abschluss findet. Kunsthistorisch Interessierte können noch unter dem 1869 als Eisenbahnbrücke errichteten *Holbrun Viadukt* hindurch einen Abstecher zur romanischen Kirche **St Bartholomew the Great** unternehmen.

London im Kasten

Raben gut, alles gut

Nicht zu überhören ist das ständige Krächzen im Tower und um ihn herum. In den Fenstern und auf dem Rasen sitzen nämlich viele und vor allem riesige Raben. Eine Legende besagt, dass das Gebäude geschützt ist, solange hier Raben zu finden sind. Ist dies einmal nicht mehr der Fall, soll das gesamte Empire zerfallen. Verständlich, dass man sich besonders um die gefiederten Genossen bemüht. Damit sie nicht wegfliegen, wurden ihnen vorsichtshalber die Flügel etwas gestutzt ...

Sehenswertes

Erinnerung an den Großen Brand

The Monument

Eine 61 Meter hohe dorische Säule erinnert an die Verwüstungen durch den Großen Brand im Jahre 1666. Die Höhe des Denkmals entspricht exakt der Entfernung zu jener Bäckerei in der Pudding Lane, wo das Feuer ausbrach. Das eindrucksvolle Monument stammt von Sir Christopher Wren, der maßgeblich am Wiederaufbau der City beteiligt war. Der kurze, aber anstrengende Aufstieg – für die 311 Stufen bekommt man hinterher sogar eine Urkunde – wird mit einem schönen Panoramarundblick über die Dachlandschaft der City belohnt. Die Aussichtsplattform ist von einem Eisenkäfig umgeben, der Suizidversuche verhindern soll.

Monument Street, EC3. Ⓤ Monument. Tgl. 9.30–18 Uhr, im Winter bis 17.30 Uhr. Eintritt £ 4, erm. £ 2.70 bzw. £ 2 (Kombiticket mit Tower Bridge £ 10.50, erm. £ 7.20 oder £ 4.70). www.themonument.info.

Lange der einzige Weg über die Themse

London Bridge

Die so genannte London Bridge blieb bis 1749 die einzige Londoner Brücke, die über die Themse führte. Eine erste Brücke stand hier bereits in römischer Zeit, im Jahre 1176 begann dann der Bau einer 1209 vollendeten steinernen Brücke, die in ganz Europa als Sehenswürdigkeit gerühmt wurde. Der heutige Übergang stammt aus dem Jahr 1973; er ersetzte einen 1831 fertig gestellten Vorgängerbau, der das moderne Verkehrsaufkommen nicht mehr bewältigen konnte. Geschäftstüchtig wie die Engländer nun mal sind, boten sie die Brücke zum Verkauf an. Den Zuschlag erhielt ein Amerikaner, der die alte London Bridge abtragen und in Lake Havasu (Arizona) wieder errichten ließ.

Gärten mit Aussicht und Bewirtung

Sky Garden

Einen herrlichen Blick auf die Stadt hat man von dem 155 Meter hohen „Himmelsgarten“, allerdings muss man den Besuch auf der 35. Etage vorab im Internet buchen. Alternativ kann man einen Platz im Fenchurch Restaurant oder in der Darwin Brasserie auf dem Dach reservieren.

20 Fenchurch Street (Eingang Philpot Lane), EC3. Ⓤ Monument. Tgl. 10–18 Uhr, am Wochenende 11–21 Uhr. Eintritt frei (Ausdruck der Buchung und Personalausweis mitbringen). http://skygarden.london.

The Monument – Mahnmal für die große Katastrophe

Kronjuwelen und Kerker

Tower of London

Der Tower of London ist die am besten erhaltene mittelalterliche Festung Großbritanniens. Gleich nach der Schlacht von Hastings (1066) befahl *Wilhelm der Eroberer* den Bau einer Bastion außerhalb der Stadtmauern, um die Bevölkerung besser unter Kontrolle zu haben und seine Macht zu demonstrieren. Diese später als *White Tower* bezeichnete Burganlage – Baumeister war der Bischof Gundulf von Rochester – diente zunächst als Wohnsitz und Beobachtungsposten. Die Mauern sind mehr als drei Meter dick! Im Laufe des 12. und 13. Jahrhunderts wurde die Anlage wesentlich erweitert, unter anderem durch den *Bell Tower*, einen äußeren Befestigungsring und einen Wassergraben.Eine Besichtigung des Towers beginnt am *Middle Tower*, wo sich einst eine Zugbrücke befand. Danach gibt es keine vorgeschriebene Route, doch empfiehlt es sich, zuerst die interessanteste Dauerausstellung zu besuchen: In dem aus weißem Caen-Stein errichteten *White Tower* wird man nämlich umfassend über die Baugeschichte des Towers informiert. Für die meisten Besucher ist es überraschend, dass bis 1835 zum Tower auch eine Menagerie mit Löwen und Elefanten gehörte, die später im Londoner Zoo aufging. Kinder sind besonders für die ausgestellten mittelalterlichen Waffen und Rüstungen zu begeistern. Die *St John's Chapel* im zweiten Stockwerk, ein schlichter romanischer Sakralbau, ist das älteste erhaltene Gotteshaus Londons.

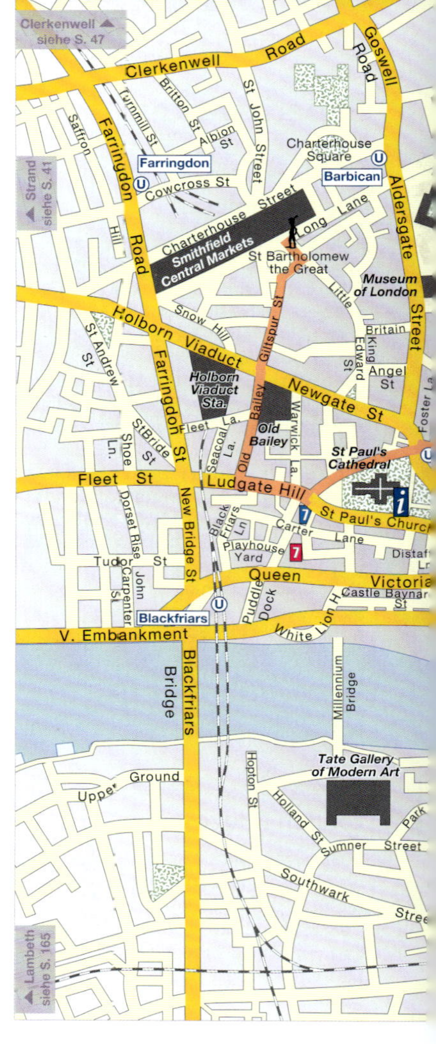

Empfehlenswert ist eine eingehende Betrachtung der Kronjuwelen im *Jewel House*, die sich trotz langer Warteschlangen lohnt. Die meisten Kroninsignien sind während der kurzlebigen Republik eingeschmolzen worden. Die älteste Krone stammt deshalb aus der Zeit der Restauration (der Zeit nach der Republik), sie wiegt fünf Pfund und wird noch heute für Krönungen benutzt. Schön ist Königin Viktorias *Imperial State Crown*, die mit mehr als 3000 Diamanten aufwarten kann. Die Krone der Queen Mother aus dem Jahre 1937 wird u. a. vom berühmten Diamanten *Kohinoor* mit 108 Karat (1 Karat entspricht 0,2 Gramm) geschmückt. Er ist einer der größten Diamanten der Welt; überreicht wurde er Königin Viktoria 1850 von der britischen Indienarmee. Außerdem sind natürlich viele Kronen, Zepter, Reichs-

äpfel und Staatsschwerter zu besichtigen. Auf einem Rollband wird man an den Kronjuwelen vorbeigefahren, damit es nicht zu Staus kommt (die sich trotzdem bilden).

Nicht versäumen sollte man eine Besichtigung des zur Themse zeigenden *Traitor's Gate* und des angrenzenden *Medieval Palace*, in dem einst Edward I. residierte. Im *Beauchamp Tower* haben bedeutende Staatsgefangene ihre Mauerkritzeleien hinterlassen, im *Bloody Tower* verbrachte *Sir Walter Raleigh*, der Gründer der englischen Kolonie Virginia, zusammen mit seiner Frau und seinen beiden Kindern zwölf lange Jahre und schrieb dabei seine „History of the World". Der *Wall Walk* führt entlang der östlichen Befestigungsmauer. Von einem Besuch des Infanteriemuseums (*Fusiliers' Museum*), für den ein zusätzlicher Obolus berechnet wird,

Technisches Wunderwerk: Tower Bridge

kann man getrost Abstand nehmen. Wer im Tower die Orientierung verloren hat, sollte sich mit seinen Fragen an die *Yeomen Warders* wenden. Die uniformierte königliche Garde – im Volksmund werden sie *Beefeaters* genannt – gibt gerne Auskunft.

Ein Beleg für das ausgeprägte Traditionsbewusstsein der Engländer ist die nächtliche Zeremonie der Schlüsselübergabe. Seit etwa 700 Jahren wird immer um Punkt 21.53 Uhr das Haupttor des Towers abgeschlossen. Eine Teilnahmeerlaubnis dafür ist mindestens vier, besser noch acht Wochen vorher bei *Ceremony of the Keys* zu beantragen. Achtung: Legen Sie dem Brief einen internationalen Antwortschein bei. Die schriftliche Genehmigung muss man um 21.30 Uhr dem Dienst habenden Offizier am Haupttor vorlegen.

SE1. Ⓤ Tower Hill. Tgl. 9–17.30 Uhr, So und Mo erst ab 10 Uhr, im Winter nur bis 16.30 Uhr. Eintritt £ 25, erm. £ 19.50 bzw. £ 12, Familienticket £ 63. Wer online bucht, spart £ 1.90 pro Erwachsenem. www.hrp.org.uk/tower-of-london. Empfehlenswert ist der Audioguide. Ceremony of the Keys, 2nd Floor, Waterloo Block, HM Tower of London, EC3N 4AB.

Schiffsdurchlässiges Wahrzeichen

Tower Bridge

Die Tower Bridge ist das am meisten fotografierte Wahrzeichen Londons. Die 1894 in der Nähe des Towers errichtete Hängebrücke wurde damals als technisches Wunderwerk bestaunt, da ihr bewegliches Mittelteil hochgezogen werden kann, um so auch größeren Schiffen die Durchfahrt zu ermöglichen. Der Architekt war *Sir Horace Jones*, der auch den Smithfield Market und den Leadenhall Market entworfen hat, allerdings wurde sein ursprünglicher Entwurf von den Ingenieuren John Wolfe Barry und G. D. Stevenson abgeändert.

Die Zugbrücke gilt als technische Meisterleistung. Innerhalb von 90 Sekunden ist es möglich, die beiden Flügel hochzuziehen. Obwohl die Brücke mit damals modernster Hydrauliktechnik betrieben wurde, hüllte man den Mechanismus und das Stahlskelett in ein mittelalterliches Kalkstein-Gewand, damit Brücke und Tower ein harmonisches Ensemble bildeten.

City of London → Karte S. 28/29

Wer will, kann die Brücke auf dem 42 Meter hoch gelegenen Fußweg überqueren, der seit 2014 einen Boden aus Glas hat. Der Eingang befindet sich im Nordwestturm, den man mit einem Lift oder über die Treppe erreichen kann. Von den Fußgängerwegen hat man dann einen imposanten Blick auf die Themse und die Umgebung. Im Turm erwartet den Besucher außerdem eine Ausstellung über die Konstruktion der Brücke (*Tower Bridge Experience*), die vor allem für Technik-Freaks interessant ist. Im Südturm wird ein Modell der Tower Bridge gezeigt und die Geschichte der Londoner Brücken dokumentiert.

SE1. Ⓤ Tower Hill. Tgl. 10–17.30 Uhr, im Winter bis 17 Uhr. Eintritt £ 9, erm. £ 6.30 oder £ 3.90 (Kombiticket mit The Monument £ 10.50, erm. £ 7.20 oder £ 4.70). www.towerbridge.org.uk.

Millionenschwerer Versicherungssitz

Lloyd's Building

Lloyd's, die wohl berühmteste Versicherungsgesellschaft der Welt, ließ sich von 1978 bis 1986 für 169 Millionen Pfund den bis dahin wohl architektonisch anspruchsvollsten Bau in der Londoner City errichten. Die Pläne stammen von *Richard Rogers*, der kurz zuvor mit seinem Pariser Centre Pompidou für Furore gesorgt hatte. Rogers bewältigte seine Aufgabe mit Bravour und schuf ein Bürogebäude mit einer Fläche von 47.000 Quadratmetern, dessen Erscheinungsbild einem „Architekturbausatz" ähnelt, bei dem alle tragenden Elemente deutlich sichtbar hervortreten. Die Büroeinheiten, *boxes* genannt, sind kreisförmig um ein

London im Kasten

Die „Bewohner" des Towers

Bis ins 17. Jahrhundert diente der Tower als königlicher Wohnsitz, später dann bevorzugt als Kerker. Der englische König James I. war der letzte Monarch, der hier residierte (1603–25). Zahlreiche historische Persönlichkeiten waren im Tower inhaftiert, darunter die schottischen Könige *David II.* (1346–1357), *James I.* (Anfang des 15. Jahrhunderts) sowie *John, König von Frankreich* (1356–1360). Erster Gefangener im Tower war der Bischof von Durham im Jahre 1101; er konnte seinen betrunkenen Wärtern entkommen, indem er sich an einem Seil hinabhangelte. Während der Regentschaft von *Heinrich VIII.* richtete man hier *Sir Thomas Moore* (1535) und *Anne Boleyn* (1536), eine von Heinrichs vielen Gemahlinnen, hin. Weitere prominente Opfer waren *Thomas Cromwell* (1540), *Catherine Howard* (Heinrichs fünfte Frau; 1542) und *Lady Jane Grey* (Urenkelin Heinrichs VII.; 1554), ebenso *Guy Fawkes* und seine Komplizen (1606) und *Sir Walter Raleigh* (1618). Bis zu ihrer Ernennung als Königin hielt man auch *Elizabeth I.* im Tower gefangen. Im Zweiten Weltkrieg erwarteten hier Spione ihr Todesurteil. Der letzte prominente Gefangene war Hitlers Stellvertreter Rudolf Heß. Die meisten Exekutionen fanden übrigens nicht im Tower selbst, sondern auf dem benachbarten *Tower Hill* statt. Die Hinrichtungen waren dann Höhepunkt eines Volksfestes.

Die „anderen" Bewohner des Towers

70 Meter hohes Atrium herumgruppiert, das eine geradezu sakrale Atmosphäre ausstrahlt. Faszinierend wirkt das Gebäude vor allem nachts, wenn die Fassade in grünen und bläulichen Tönen den Himmel erleuchtet.

Lime Street, EC3. Ⓤ Monument.

Staats- und Zentralbank mit Museum

Bank of England

Krieg kostet Geld und fordert Menschenleben. Dies wusste auch William III. Soldaten standen in ausreichender Zahl zur Verfügung, das weitaus größere Problem waren die Geldmittel, um den Krieg gegen Frankreich zu finanzieren. Um diese Hürde zu bewältigen, wurde 1694 mit Hilfe von 40 Kaufleuten die Bank of England gegründet. Seit 1734 befindet sich die Bank of England an ihrem heutigen Platz, doch dauerte es zwei Jahrhunderte, bis das Gebäude durch mehrmalige An- und Umbauten sein heutiges Aussehen erhielt.

Das **Bank of England Museum** befasst sich mit der Geschichte und den Funktionen der Bank. Sehenswert ist die Rekonstruktion einer Schalterhalle aus dem späten 18. Jahrhundert. In der Rotunde sind neben alten Münzen und Banknoten auch Goldbarren ausgestellt. Videofilme und ein Händlerpult mit Telefonkontakt zur Börse laden zur aktiven Auseinandersetzung mit dem Geld- und Bankwesen ein.

Threadneedle Street (Eingang zum Museum in der Bartholomew Lane), EC2. Ⓤ Bank. Mo–Fr 10–17 Uhr. Eintritt frei! www.bankofengland.co.uk/museum.

Moderner Handelsplatz meets Klassizismus

Royal Exchange

Als Royal Exchange bezeichnete man ursprünglich einen Warenumschlagplatz, der 1566 nach dem Vorbild der Antwerpener Börse eröffnet wurde. Das heutige Gebäude, in dem spekulative Terminkontrakte gehandelt werden, ist ein eindrucksvoller klassizistischer Bau, der mit seinen acht korinthischen Säulen einem griechischen Tempel nachempfunden wurde.

Threadneedle Street, EC2. Ⓤ Bank.

Im klassizistischen Gewand: Royal Exchange

City of London → Karte S. 28/29

Amtssitz des City-Bürgermeisters

Mansion House

Der Amtssitz des Lord Mayor – so wird der Bürgermeister der Londoner City genannt – wurde von 1739 bis 1752 nach Plänen von George Dance mit einem klassizistischen Portikus errichtet. Da der Bürgermeister in der City traditionell die Gerichtshoheit ausübt, haben zwei Gerichtshöfe im Mansion House ihren Sitz. Wer verurteilt wurde, wanderte früher umgehend in den Keller, der elf Gefängniszellen barg. Zehn für Männer und eine als „Vogelkäfig" bezeichnete Zelle für Frauen. Der prominenteste weibliche Häftling war übrigens die Frauenrechtlerin *Emmeline Pankhurst* (1858–1928).

Walbrook, EC4. Ⓤ Bank.

Grundmauern warten auf Umzug

Mithrastempel

Keine römische Stadt ohne Tempel, dieser Grundsatz galt auch für das antike *Londinium*. Historisch interessierte Besucher können allerdings nur noch die Grundmauern eines einzigen Tempel besichtigen, der im 3. Jahrhundert errichtet wurde. Die dem Gott Mithras geweihten Tempel waren Teil eines Mysterienkultes, der auf Erlösung und Wiedergeburt ausgerichtet war und vor allem von den Legionären gepflegt wurde. Die Funde, die bei den Ausgrabungen gemacht wurden, kann man im Museum of London besichtigen.

Die 1954 bei Bauarbeiten freigelegten Grundmauern des römischen Mithrastempels wurden schon bald nach ihrer Entdeckung an die Queen Victoria Street versetzt, um Platz für ein Bauvorhaben zu schaffen. Erst im Rahmen der Neubebauung des Walbrook Square, das vom renommierten Architekturbüro Foster & Partner geplant wurde, soll die Rückführung des Tempels an seinen ursprünglichen Standort erfolgen, wobei er geschickt in die Neukonzeption des Platzes mit seinen vier futuristischen Hochhäusern (Fertigstellung 2017) integriert werden soll.

Repräsentationsbau aus dem 15. Jh.

Guildhall

Die aus dem 15. Jahrhundert stammende Guildhall gehört zu den wenigen Bauten der City, die den Großen Brand von 1666 und den Bombenhagel des Zweiten Weltkriegs überstanden haben. Die dadurch verursachten Schäden konnten bei der Restaurierung weitgehend beseitigt werden; die Krypta ist unzerstört erhalten geblieben. Wie der Name Guildhall bereits andeutet, hatten hier einst die zwölf wichtigsten Gilden (Zünfte) der Stadt ihren Sitz. In dem rund 50 Meter langen Festsaal, der *Great Hall*, findet alljährlich im November die Amtseinführung des Lord Mayor statt. Gewöhnungsbedürftig ist allerdings das bunte Zusammenspiel alter und moderner Architekturstile rund um den Platz vor der Guildhall. Ein Uhrenmuseum und die *Guildhall Library*, die zahlreiche wertvolle Dokumente und Bücher zur Londoner Geschichte besitzt, befinden sich in dem modernen, betongrauen Westflügel.

Gresham Street, SE1. Ⓤ Bank. Tgl. 10–17 Uhr.

Kunst aus vier Jahrhunderten

Guildhall Art Gallery

Die Kunstsammlung der City of London umfasst mehr als 4000 Kunstobjekte aus fast vier Jahrhunderten. Die Dauerausstellung im östlichen Teil der Guildhall bietet einen guten Einblick in die Sammlung, darunter auch eine Marmorstatue von Margret Thatcher, die vor allem dadurch berühmt geworden ist, dass ein unzufriedener Zeitgenosse, der noch eine Rechnung mit der ehemaligen Premierministerin offen hatte, die Statue 2002 „geköpft" hat. Im Untergeschoss befinden sich zudem die 1988 freigelegten Grundmauern eines fast 2000 Jahre alten römischen Amphitheaters, die stimmungsvoll beleuchtet sind.

Gresham Street, SE1. Ⓤ Bank. Tgl. 10–17 Uhr, So 12–16 Uhr. Eintritt frei!

Barbican Centre

Stadtgeschichte ansprechend aufbereitet

Museum of London

Zugegeben, der weiß gekachelte Bau wirkt nicht gerade anziehend, doch sollte man keinesfalls einen Besuch des 1976 eröffneten Londoner Stadtmuseums versäumen. Direkt neben einem Teilstück der römischen Stadtmauer gelegen, lädt das Museum zu einer didaktisch sehr ansprechenden Erkundung der Stadtgeschichte ein. Im Vordergrund stehen – abgesehen vom Großen Brand des Jahres 1666 – weniger die bedeutenden Ereignisse, sondern in erster Linie die Sozial- und Kulturgeschichte der englischen Hauptstadt. Bei einem im Obergeschoss beginnenden Rundgang wird dem Besucher Londons Geschichte als buntes Kaleidoskop präsentiert. Von der Frühgeschichte über die römische Epoche (Bodenmosaike sowie Skulpturen vom Mithrastempel) bis zum multikulturellen London der 1990er-Jahre wird nichts ausgelassen. Interessant sind auch die zahlreichen Modelle des Towers, des antiken Hafens oder der alten London Bridge. Besonders prachtvolle Exponate sind die reich verzierte Kutsche des Lord Mayor – die 1757 gefertigte Staatskarosse bringt mit ihren drei Tonnen mehr Gewicht auf die Waage als ein moderner Mercedes-Benz – und ein Art-déco-Aufzug, der aus dem an der Oxford Street gelegenen Kaufhaus Selfridges stammt. Die Lower Galleries, die sich mit der Geschichte Londons von 1666 bis in die Gegenwart beschäftigen, präsentieren sich seit 2010 mit einer vollkommen neuen Dauerausstellung. Ausblick: Im Jahr 2021 wird das Museum zum Smithfield Market umziehen.

Ein Tipp: Da sich das Museum stets um ansprechende Sonderausstellungen bemüht, lohnt sich ein Besuch bei jedem Londonaufenthalt aufs Neue.

London Wall, EC2. Ⓤ St Paul's. Tgl. 10–17.50 Uhr, So erst ab 12 Uhr. Eintritt frei! Sonderausstellungen: £ 5. www.museumoflondon.org.uk.

Konzerte, Theater, Kino und mehr

Barbican Centre

Der riesige, zwischen 1959 und 1981 errichtete Komplex des Barbican Centre – der Name erinnert an einen mittelalterlichen Wachtturm – wird von manchen Leuten als das englische Gegenstück zum New Yorker Lincoln Centre bezeichnet. Unter „einem Dach“ sind hier die *Concert Hall*, das *Royal Shakespeare Company Theatre*, das *Pit Theatre*, die Kunstgalerie *Barbican Art Gallery*, die *Exhibition Hall*, eine *Bibliothek* und mehrere Kinos vereint. Im Konservatorium spielt auch das berühmte *London Symphony Orchestra*. Innenhöfe, Cafés, Bars und Restaurants sorgen für einen gemütlichen Rahmen und bieten stille Rückzugsmöglichkeiten. Überraschenderweise birgt das Areal selbst eine Kirche (*St Giles Cripplegate Church*) und einen künstlichen See (*Barbican Lake*).

Silk Street, EC2. Ⓤ Barbican oder Moorgate.

Symbolträchtiger Bischofssitz

St Paul's Cathedral

Seit Jahrhunderten prägt die Kuppel der St Paul's Cathedral die Londoner Stadtsilhouette. Doch in der jüngsten Vergangenheit hat sie ihre Wirkung etwas eingebüßt, da sie allmählich immer mehr von den Bürotürmen der Londoner City eingezwängt wird, die sie oft um das Doppelte überragen. Nichtsdestotrotz sind die Dimensionen der Kirche noch immer beeindruckend: Der Sitz des anglikanischen Bischofs von London ist nach dem Petersdom zu Rom das zweitgrößte Gotteshaus Europas; das Kirchenschiff misst 152 Meter in der Länge! Ob die Krypta, wie behauptet, tatsächlich die größte Europas ist, sei dahingestellt, sicherlich ist sie aber die einzige in Europa, die neben einem Souvenirshop auch noch ein Café und ein Restaurant beherbergt. Ähnlich wie in der Westminster Abbey ruhen in der Krypta von St Paul viele Persönlichkeiten der englischen Geschichte, allerdings weniger Literaten als Politiker, Kriegshelden und andere herausragende Persönlichkeiten wie beispielsweise der Duke of Wellington, Lord Horatio Nelson, Florence Nightingale sowie der Architekt der Kirche, Sir Christopher Wren. (Der von außen zugängliche Eingang der Krypta befindet sich beim nördlichen Kirchturm.)

Obwohl St Paul einst „nur" die Londoner Stadtkirche war, ist sie als Gemeindekirche des British Commonwealth auch ein Bauwerk mit großem nationalem Symbolwert. Winston Churchill soll sich im Zweiten Weltkrieg jeden Morgen erkundigt haben, ob St Paul noch stehe. Glücklicherweise überstand die Kathedrale die deutschen Bombardements ohne größere Schäden. Und es war auch St Paul und nicht etwa Westminster Abbey, wo Lady Diana Spencer und Prince Charles am 29. Juli 1981 den Bund fürs Leben schlossen. Die Traumhochzeit des britischen Thronfolgers wurde übrigens weltweit von 750 Millionen Menschen vor dem Fernseher verfolgt.

Historisch gehört St Paul zu den ältesten Kirchen Londons und kann auf vier Vorgängerbauten zurückblicken. Die erste hölzerne Kirche wurde wahrscheinlich an der Stelle eines römischen Apollotempels errichtet. Der unmittelbare Vorgängerbau *Old St Paul's* war mit seinem 142 Meter hohen hölzernen Kirchturm einer der größten und schönsten Sakralbauten Europas.

Mächtig: St Paul's Cathedral

City of London → Karte S. 28/29

Doch als 1666 das *Great Fire* in der City wütete, fiel auch *Old St Paul's* den Flammen zum Opfer. Den Auftrag zum Neubau erhielt Christopher Wren (1632–1723), ein junger begabter Architekt, der zuvor bereits Pläne für eine Restaurierung von *Old St Paul's* vorgelegt hatte. Ursprünglich wollte Wren einen streng klassizistischen, vollständig symmetrischen Zentralbau errichten, doch musste er sich dem Druck der Anglikanischen Kirche beugen und die traditionelle Kreuzform als Grundriss wählen.

Aufgrund seiner klaren Formensprache gilt St Paul als das Meisterwerk von *Christopher Wren*, dem wohl bekanntesten Baumeister im nachrepublikanischen London. Die Bauarbeiten begannen 1675. Weil sich der Bau über Jahrzehnte hinzog, kürzte man Wrens Gehalt von 200 Pfund auf die Hälfte, wogegen der Baumeister später mit Erfolg bei der Königin protestierte. Doch Wren hatte auch noch in anderer Hinsicht Glück: Er gehörte 1710 zu den wenigen Architekten einer großen Kirche oder Kathedrale, denen es vergönnt war, die Fertigstellung ihres eigenen Bauwerks miterleben zu dürfen. An Wrens 78. Geburtstag legte sein Sohn den letzten Stein auf das Kuppelgewölbe.

Die Kirche selbst zeigt sich trotz ihrer Dimensionen als ein harmonischer, von der italienischen Renaissance beeinflusster Bau mit zwei Barocktürmen. Verglichen mit der Formenfülle deutscher Barockkirchen strahlt die Kathedrale eine geradezu unterkühlte Atmosphäre aus. Wer die Kirche besucht, sollte nicht versäumen, die 530 Stufen zur 111 Meter hohen Kuppel und der Flüstergalerie emporzusteigen (der Eingang zum Aufstieg befindet sich in der Ecke, wo das südliche Seiten- und Querschiff aufeinandertreffen). Die *Whispering Gallery* verdankt ihren Namen ihrer phänomenalen Akustik, so dass selbst geflüsterte Worte von der anderen Seite der Galerie deutlich zu hören sind. Eine weitere Wendeltreppe führt zur *Stone Gallery*, die den unteren Teil der Kuppel umläuft. Nochmals 166 Stufen muss bewältigen, wer hinauf zur *Golden Gallery* will, die eine phantastische Aussicht über London gewährt!

St Paul's Churchyard, EC4. Ⓤ St Paul's. Mo–Sa 8.30–16 Uhr, Galleries ab 9.30 Uhr. Eintritt £ 18, erm. £ 16, bis 17 Jahre £ 8, Familien £ 44. www.stpauls.co.uk.

Justitia wacht über die Prozesse

Old Bailey

Das oberste Gerichtsgebäude der Stadt (*Central Criminal Court*) wird überragt von einer 165 Meter hohen Kuppel. Auf dieser befindet sich die vier Meter hohe Statue der *Justitia* (Lady of Justice). Alle fünf Jahre wird sie neu vergoldet und jedes Jahr im August gründlich gereinigt.

An den ersten beiden Verhandlungstagen jedes Verfahrens kommen die Richter mit Blumensträußen in den Sitzungssaal, zudem werden duftende Kräuter im Saal verstreut. Dabei handelt es sich nicht etwa um ein Relikt aus der Flower-Power-Generation, sondern um eine Sitte, die mit dem englischen Sinn für das Praktische zu tun hat: Früher befand sich in unmittelbarer Nähe das berühmt-berüchtigte Newgate Prison. Die Zustände waren dort derart schlimm und der Gestank aus dem Gefängnis so penetrant, dass es die Richter vorzogen, sich mit angenehmeren Düften zu umgeben. Klimaanlagen und Raumsprays kannte man damals schließlich noch nicht.

Hinweis: Die Gerichtssitzungen sind generell öffentlich, man kann montags bis freitags von 10.30 bis 13 Uhr sowie zwischen 14 und 16 Uhr daran teilnehmen. Das Mindestalter für Zuschauer liegt bei 14 Jahren. Es ist nicht erlaubt, ein Mobiltelefon mitzuführen!

Newgate Street, EC2. Ⓤ St Paul's.

Romanik-Meisterwerk und Filmkulisse

St Bartholomew the Great

Ein Fachwerk verziertes Torhaus aus der Tudorzeit führt zu der Kirche eines

1123 gegründeten Augustinerklosters. St Bartholomew the Great ist eine der ältesten Kirchen Londons und gilt mit seinen wuchtigen normannischen Pfeilern als ein Meisterwerk der romanischen Architektur. Nachdem Heinrich VIII. die Klöster säkularisiert hatte, wurde das Hauptschiff bis auf das Torhaus zerstört, der Chor, ein Teil des Wandelgangs mit seinem Kreuzgewölbe sowie die Lady Chapel blieben aber erhalten und trotzten auch dem Großen Brand von 1666. Die stimmungsvolle Kirche diente übrigens schon mehrfach als Filmkulisse, so wurden hier Szenen zu den Filmen „Vier Hochzeiten und ein Todesfall", „Shakespeare in Love" sowie „Amazing Grace" gedreht. Das gleichnamige Krankenhaus, von den Einheimischen schlicht *Barts* genannt, war das erste Krankenhaus von London.

St Bartholomew the Great, EC2. Ⓤ Barbican. Mo–Fr 8.30–17 Uhr, Sa 10.30–16 Uhr, So 8.30–20 Uhr. Eintritt £ 5, erm. £ 4.50. www.greatstbarts.com.

Praktische Infos

→ Karte S. 28/29

Essen und Trinken

Brasserie Blanc 9, ansprechende französische Küche vom *Salade de chèvre chaud* bis zum *Steak Tartare* zu angemessenen Preisen. Hauptgerichte ab £ 15. Am Wochenende geschlossen. Trinity Square, EC3, ✆ 020/74805500. www.brasserieblanc.com. Ⓤ Tower Hill.

Café Below 2, in der Krypta der Kirche von St Mary-le-Bow befindet sich dieses reizvolle Restaurant. Internationale Küche, Hauptgerichte zwischen £ 9 und £ 12.50. Mi–Fr auch abends geöffnet. 12,5 % Service Charge. Cheapside, EC2, ✆ 020/73290789. www.cafebelow.co.uk. Ⓤ Bank.

Taberna Etrusca 3, ansprechendes italienisches Restaurant mit lang gestrecktem Gastraum. Lecker ist der *Baby squid with chilli, olives & tomatoes*. Nudelgerichte ab £ 9.50, Hauptgerichte £ 14–20, Zwei-Gang-Mittagsmenü £ 17. 12,5 % Service Charge. Straßenterrasse. 9–11 Bow Churchyard, EC4, ✆ 020/72485552. www.etruscarestaurants.com. Ⓤ Bank.

Thai Square City 4, der derzeit beliebteste Thailänder in der City. Auf zwei Etagen werden im modernen Ambiente fernöstliche Köstlichkeiten zu angemessenen Preisen serviert. Hauptgerichte ab £ 9.50. Am Wochenende geschlossen. 136–138 The Minories, EC3, ✆ 020/76801111. www.thaisq.com. Ⓤ Aldgate.

Sushi Samba 1, eine absolut coole Adresse im 38. und 39. Stock eines Hochhauses! Bei dieser Aussicht sind die Fischröllchen fast zweitrangig, allerdings muss man unbedingt (am besten Wochen vorher) reservieren. Tgl. 11.30–1.30 Uhr. 110 Bishopsgate, EC2, ✆ 020/36407330. www.sushisamba.com. Ⓤ Liverpool Street.

Shaw's Booksellers 7, der Name verwirrt; es handelt sich hier keineswegs um eine Buchhandlung, sondern um einen der angenehmsten Pubs in der Londoner City, mit schönen, großen Fenstern. Gute Küche, Hauptgerichte rund £ 15, auch deftige Sachen wie Lammleber mit Artischocken. Am Wochenende geschlossen. 31–34 St Andrews Hill, EC4, ✆ 020/74897999. Ⓤ Blackfriars.

Lamb Tavern 8, mitten im Leadenhall Market gelegen, erfreut sich der Pub seit mehr als 200 Jahren großer Beliebtheit. Am Wochenende geschlossen. 10–12 Grand Avenue, EC3, ✆ 020/76262454. www.thelambtavern.co.uk. Ⓤ Bank oder Monument.

Simpson's Tavern 5, kleiner, alteingesessener Pub in einem 300 Jahre alten Haus, etwas versteckt in einem Hinterhof. Restaurant im ersten Stock. Nur werktags 8–15.30 Uhr geöffnet. Off Ball Court, 38 Cornhill, EC3, ✆ 020/76269985. www.simpsonstavern.co.uk. Ⓤ Bank oder Monument.

Einkaufen

Leadenhall Market 6, eigentlich eine viktorianische Einkaufsarkade und daher schon von der Architektur her interessant. Unter den gusseisernen Bögen werden inzwischen vor allem edle Klamotten angeboten (besonders geschäftig geht es in den Mittagsstunden zu, wenn von Mittwoch bis Freitag warme Gerichte inmitten des Marktes zubereitet werden). Wer will, kann sich auch vor dem Restaurantbesuch meisterlich die Schuhe putzen lassen. Werktags 7–16 Uhr. Whittington Avenue, EC3. www.leadenhallmarket.co.uk. Ⓤ Bank oder Monument.

Zwischen City und Westminster

Tour 2

Die Law Courts an der Straße Strand kann man guten Gewissens als Nahtstelle zwischen den beiden historischen Städten City of London und City of Westminster bezeichnen. Die sich anschließende Fleet Street ist als „Straße der Tinte" weltberühmt geworden.

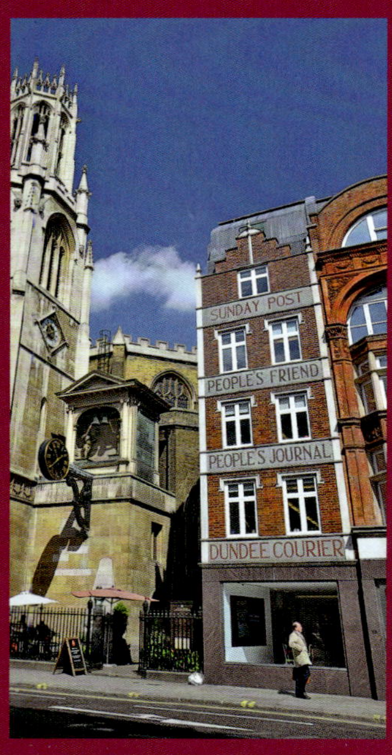

- **Somerset House**, Stadtpalast mit idyllischem Innenhof, S. 40
- **Courtauld Gallery**, sehenswerte Gemäldesammlung, S. 40
- **Inns of Court**, altehrwürdige Juristenschule, S. 42
- **Dr Johnson's House**, Leben, Werk und Devotionalien, S. 42

Justiz- und andere Stadtpaläste

Strand, Fleet Street und Holborn

Die Geburtsstunde der Inns of Court schlug gegen Ende des 13. Jahrhunderts, als König *Eduard I.* einen großen Teil der Rechtsprechung auf einige vom Gericht bestimmte Personen übertrug, um den Kirchenfürsten die Gerichtsbarkeit zu entziehen. Um diesen Einstieg in das *English Common Law* zu ermöglichen, wurden auf einem Areal, das einst dem Orden der Tempelritter gehört hatte, die ersten Rechtsschulen gegründet. Im Laufe des 15. und 16. Jahrhunderts entstand eine beschauliche Anlage mit Höfen, Gärten und Kirchen. In unmittelbarer Nachbarschaft, in der Fleet Street, eröffnete *Wynkyn de Worde* im Jahre 1491 eine Druckerwerkstatt. Einige Zeit später zogen auch die Zeitungsverleger in die Fleet Street. Den Anfang machte der *Daily Courant*, der am 11. März 1702 erstmals erschien. Zahllose weitere renommierte Tageszeitungen, darunter die *Times*, sollten folgen. Ein Standortvorteil war die Nähe zu den Gerichten und zur Börse, so dass die Journalisten noch kurz vor Redaktionsschluss die neuesten Urteile kommentieren konnten. Zusätzliche Hintergrundinformationen erhielt man in den umliegenden Pubs. Bis in die 1980er-Jahre war die „Straße der Tinte", wie die Fleet Street genannt wurde, das Zentrum der britischen Zeitungsindustrie. In den Untergeschossen der Bürohäuser wurden alle großen Zeitungen, wie der *Daily Telegraph*, die *Financial Times* und der *Daily Express*, gedruckt. Da es durch die Entwicklung neuer Redaktions- und Produktionstechnologien nicht mehr länger notwendig war, dass Journalisten, Setzer und Drucker gemeinsam unter einem Dach arbeiten, lagerten viele Zeitungen ihr Druckhaus in die Docklands aus.

Spaziergang

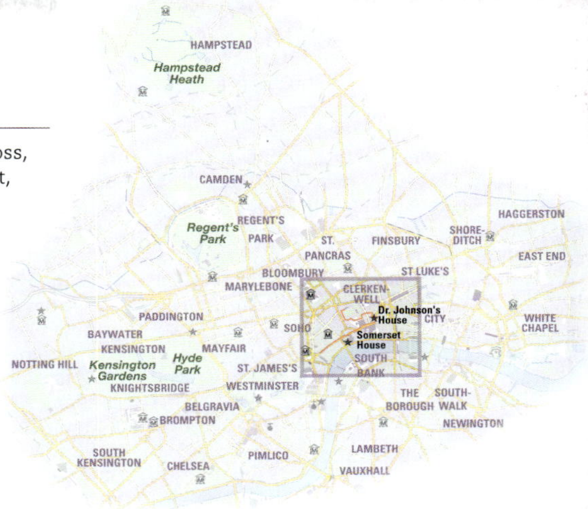

Die Kreuzung Charing Cross, an der die Tour beginnt, war einst der geographische Mittelpunkt Londons und ist noch heute ein wichtiger Verkehrsknotenpunkt. Als 1290 die Gemahlin von Eduard I. starb, ließ er sie in der Westminster Abbey beisetzen. Wo immer der Leichenzug eine Rast einlegte, ließ der König später ein Kreuz errichten. Das dreizehnte Kreuz war das steinerne Charing Cross (frz. chère reine = geliebte Königin). Mitte des 17. Jahrhunderts wurde es abgerissen. Eine Nachbildung steht seit 1865 auf dem Vorplatz der gleichnamigen U-Bahn-Station.

Der laute und hektische Strand – der Name erinnert daran, dass das Themseufer hier einst verlief – führt am **Savoy Hotel** vorbei zum **Somerset House**, das ab 1776 von William Chambers im Stil eines Pariser Hôtels errichtet wurde. Es beherbergt die **Courtauld Gallery** mit ihrer berühmten Impressionistensammlung sowie Räume, die mit Wechselausstellungen bespielt werden. Beim Verlassen des Somerset House fällt der Blick auf die klassizistische **St Mary-le-Strand**. Ein Stück weiter, an der Stelle, an welcher der Strand in die Fleet Street übergeht, erhebt sich das neugotische Gebäude der **Royal Courts of Justice**. Die imposante Eingangshalle wurde einem gotischen Kirchenschiff nachempfunden. Direkt neben dem nicht mehr zugänglichen **Prince Henry's Room** führt ein schmaler Durchgang (*Inner Temple Gateway*) zu den **Inns of Court**. In dem Labyrinth der Gassen und Höfe liegt auch die *Temple Church*, der bedeutendste mittelalterliche Rundbau in England. Wie der Name bereits andeutet, wurde die Kirche von den Tempelrittern nach dem Vorbild der Grabeskirche von Jerusalem errichtet. Wieder zurück auf der Fleet Street zweigt eine unscheinbare Gasse ab, die zu dem in einer Art Hinterhof gelegenen **Dr Johnson's House** führt. Literaturfreunde verharren andächtig vor dem nahen *Old Curiosity Shop* in der Portsmouth Street, den Charles Dickens literarisch verewigt hat. Das windschiefe Haus ist nur einen Steinwurf weit von *Lincoln's Inn Fields* entfernt, einem der größten Plätze Londons. An seiner Nordseite lockt das **Sir John Soane's Museum** mit seiner ungewöhnlichen Sammlung.

Sehenswertes

Hotellegende mit Fotogallerie

Savoy Hotel

Das 1889 eröffnete Savoy Hotel zählt neben dem Ritz zu den Londoner Hotellegenden. In das Gästebuch haben sich so bekannte Namen wie Enrico Caruso, Maria Callas, Charlie Chaplin, Marlene Dietrich und Harry Truman eingetragen. Und der berühmte Koch Georges Auguste Escoffier hat hier sein berühmtes, nach der Opernsängerin Nellie Melba benanntes Dessert „Pfirsich Melba" erstmals serviert. Wer nicht mindestens 350 Pfund für eine Nacht ausgeben will, kann dennoch gern einen Blick in die Lobby werfen. Linker Hand vor der American Bar wurde ein kleines Museum eingerichtet, das hauptsächlich mit Fotografien an die berühmtesten Gäste erinnert.

Savoy Hotel, Strand, WC2R. Ⓤ Charing Cross. Eintritt frei. www.fairmont.com/savoy.

Stadtpalast mit idyllischem Innenhof

Somerset House

Das klassizistische Somerset House ist einer der imposantesten Stadtpaläste Londons. Als Architekt zeichnete sich der Schotte *William Chambers* (1723–1796) verantwortlich. Früher reihten sich am Strand mehrere weitläufige Paläste aneinander, doch fielen sie alle der Abrissbirne zum Opfer. Das Somerset House wurde unlängst für 50 Millionen Pfund renoviert und präsentiert sich in seiner alten Pracht. Dadurch wurde der Innenhof mit seinem Springbrunnen wieder für die Öffentlichkeit frei zugänglich. Das Gebäude beherbergt mit der Courtauld Gallery ein bedeutendes Museum, zudem stehen Räumlichkeiten für Wechselausstellungen zur Verfügung. Im Sommer finden im Hof Konzerte mit klassischer Musik statt. Neben einem Restaurant wurde auch ein Sommercafé mit wunderschönem Blick auf die Themse eingerichtet. Nicht nur zur Freude der Kinder sprudeln im Sommer jede halbe Stunde die 55 Fontänen einer unterirdisch verlegten Brunnenanlage.

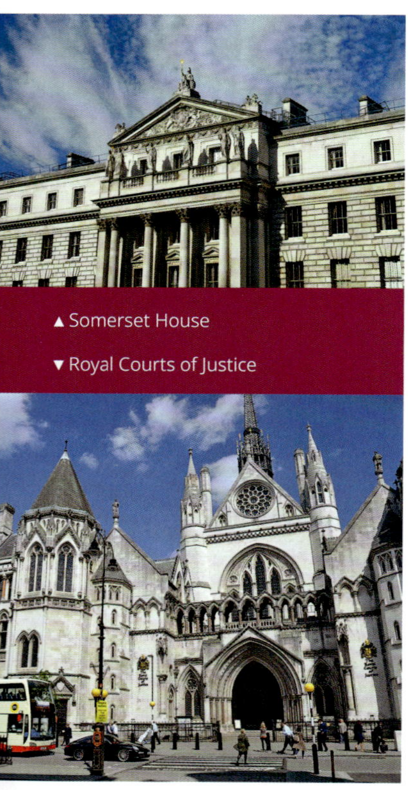

▲ Somerset House

▼ Royal Courts of Justice

Somerset House, Strand, WC2R. Ⓤ Temple. www.somerset-house.org.uk.

Sehenswerte Gemäldesammlung

Courtauld Gallery

Obwohl die Courtauld Gallery nur über eine bescheidene Ausstellungsfläche verfügt, besitzt sie eine der hochkarätigsten Kunstsammlungen von ganz England. Gegründet wurde die Galerie 1932 von *Samuel Courtauld*, einem kunstinteressierten Textilfabrikanten, der es Studenten der Kunstgeschichte ermöglichen wollte, sich über längere Zeit mit einem Gemälde auseinanderzusetzen. Lange Zeit war die einzigartige Sammlung über mehrere Universitätsgebäude verstreut, bis sie 1990 im Somerset House zusammengeführt wurde.

Zum Fundus der Courtauld Gallery gehören alte Meister wie Rubens, Tiepolo, Tintoretto, Botticelli, van Dyck, Pieter Breughel d. Ä. sowie Lucas Cranach und vor allem französische Impressionisten und Postimpressionisten. Zu sehen sind so berühmte Gemälde wie *Die Kartenspieler* von Paul Cézanne, *Adam*

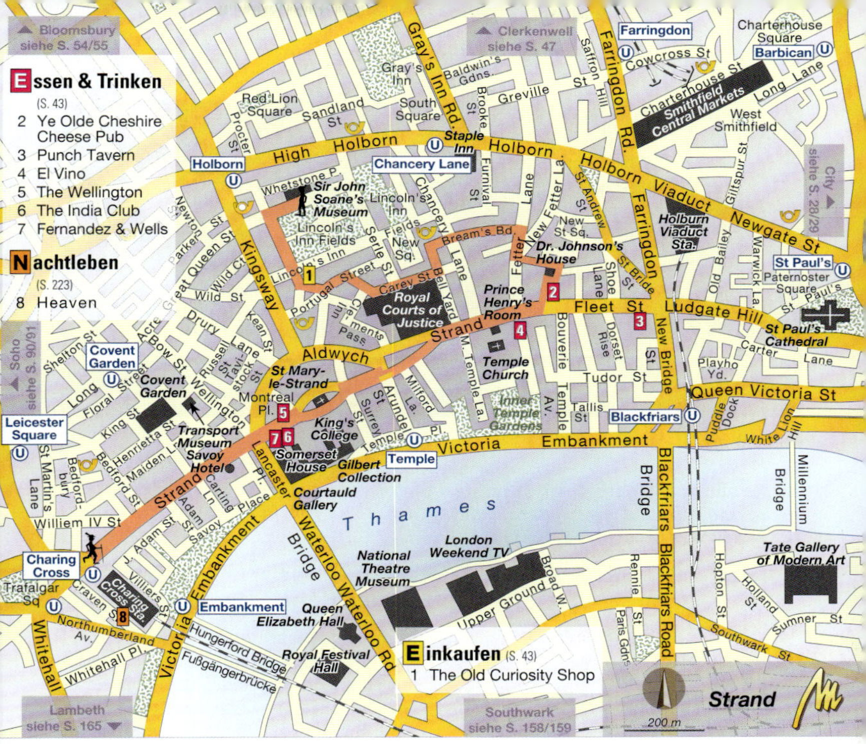

und Eva von Lucas Cranach d. Ä, Auguste Renoirs *La Loge* sowie Vincent van Goghs *Selbstporträt mit abgeschnittenem Ohr*. Ergänzt durch zahlreiche Werke von Édouard Manet, Edgar Degas, Claude Monet, Camille Pissarro, Henri Rousseau, Paul Gaugin, Georges-Pierre Seurat, Amedeo Modigliani und Henri Toulouse-Lautrec. Das 20. Jahrhundert ist mit Matisse, Derain, Oskar Kokoschka sowie Raoul Dufy vertreten. Fazit: Eine Sammlung, die man sich ansehen muss!

Somerset House, Strand, WC2R. Ⓤ Temple. Tgl. 10–18 Uhr. Eintritt £ 7, erm. £ 6. www.courtauld.ac.uk.

Verkehrsumtoste Ruheoase

St Mary-le-Strand

Die 1714–1717 von *James Gibbs* im barocken Stil errichtete Kirche erhebt sich auf einer Verkehrsinsel inmitten des Strand. Durch einen halbrunden Säulenportikus gelangt man in das zweigeschossige Kirchenschiff, das von einem wohlproportionierten Glockenturm gekrönt wird.

Strand, London WC2R. Ⓤ Temple.

Prächtiger Justizpalast

Royal Courts of Justice

Seit Ende des 19. Jahrhunderts hat der oberste Gerichtshof von England hier seinen Sitz. 1874 begannen die Arbeiten unter Anleitung des Architekten G. E. Street, doch es dauerte acht Jahre, bis Queen Victoria den neogotischen Bau einweihen konnte. Über tausend Räume und mehr als 5,5 Kilometer lange Korridore findet man im Inneren. Von der riesigen Eingangshalle mit ihrem eindrucksvollen Mosaikfußboden kommt man in einen kleineren Nebenraum, in dem einige Roben

Fast wie zu Dickens' Zeiten

ausgestellt sind. Während der Öffnungszeiten darf man auf allen *Public Galleries* den Verhandlungen beiwohnen.

Strand, WC2. Ⓤ Temple. Mo–Fr 9.30–16.30 Uhr.

Altehrwürdige Juristenschule

Inns of Court

In der unmittelbaren Umgebung der Royal Courts of Justice befinden sich die vier *Inns of Court* (Lincoln's Inn, Inner Temple, Middle Temple und Gray's Inn). Hier werden die *Barristers*, jene Rechtsanwälte, die vor Gericht plädieren dürfen, ausgebildet. Ihr besonderer Status – im Vergleich zu den übrigen Advokaten – ist allein an ihrer kleinen Zahl zu erkennen, denn in England und Wales gibt es gerade einmal 6000 *Barristers* (alle anderen Juristen heißen *Solicitors*). Und nur ein *Barrister* kann in den Richterstand erhoben werden. Wer allerdings ein solcher Elitejurist werden will, muss zunächst den mühevollen Weg durch die altehrwürdigen Rechtsschulen gehen. Alle vier Rechtsgelehrtenschulen besitzen einen großen Speisesaal, eine Bibliothek und eine Kapelle. Für die Öffentlichkeit sind lediglich die ruhigen Innenhöfe zugänglich. Ab und zu kann man hier die Gelehrten in ihren schwarzen Roben und weißen Perücken beobachten.

Strand, WC2. Achtung: Zugang nur werktags möglich. Ⓤ Temple (für die beiden Temple Inns), Holborn oder Chancery (für Lincoln's Inn) und Chancery (für Gray's Inn).

Hübsche Originalfassade

Prince Henry's Room

Das 1611 errichtete Haus mit der markanten Holzrahmenfassade ist eines der wenigen Gebäude, die 1666 vom Großen Brand verschont geblieben sind. Benannt ist es nach dem ältesten Sohn von König James I. – die Stuckdecke im ersten Stock zieren seine Initialen. Für die Öffentlichkeit ist es nicht mehr zugänglich.

17 Fleet Street, EC4. Ⓤ Temple.

Leben, Werk und Devotionalien

Dr Johnson's House

Der Kritiker *Samuel Johnson* (1709–1784) gilt als der herausragendste Gelehrte der englischen Spätaufklärung. Außer Shakespeare wird kein englischer Schriftsteller so häufig zitiert wie Samuel Johnson. Von 1748 bis 1759 lebte Johnson in diesem Haus und arbeitete zusammen mit sechs Sekretären an seinem berühmten *Dictionary of the English Language*.

17 Gough Square, EC4. Ⓤ Chancery Lane. Mo–Sa 11–17.30 Uhr, im Winter bis 17 Uhr. Eintritt £ 6, erm. £ 5 bzw. £ 2.50. www.drjohnsonshouse.org.

Verwinkeltes Kuriositätenkabinett

Sir John Soane's Museum

Das Sir John Soane's Museum ist das wahrscheinlich ungewöhnlichste Museum in ganz London. Mit seinen verwinkelten, ineinander verschachtelten Räumlichkeiten erinnert es stark an ein frühneuzeitliches Kuriositätenkabinett. Der Architekt *Sir John Soane* (1753–1837) hat hier 24 Jahre seines Lebens verbracht und das Haus sukzessive in ein Museum umgewandelt. Seither steht das im nahezu unveränderten Zustand erhaltene Museum allen interessierten Besuchern offen. Zu den wertvollsten Exponaten zählt ein ägyptischer Sarkophag des Herrschers Seti I.; im Picture Room und anderen Zimmern hängen Bilder von Hogarth, Turner und Watteau. Um die Eingangssituation zu verbessern, erfolgte 2012 ein Durchbruch zum Nachbarhaus, durch den die Ausstellungsfläche des Museums erweitert werden konnte.

12 Lincoln's Inn Fields, WC2. Ⓤ Holborn. Di–Sa 10–17 Uhr sowie am ersten Di im Monat von 18–21 Uhr bei Kerzenlicht. Eintritt frei! Sonderausstellungen: £ 3. www.soane.org.

Praktische Info

→ Karte S. 41

Essen und Trinken

The India Club 6, seit nunmehr über 70 Jahren befindet sich der India Club im zweiten Stock dieses Gebäudes. Das Ambiente mit dem Linoleumboden wirkt heute etwas antiquiert, während die Küche unverändert gut ist. Serviert werden Köstlichkeiten aus dem Süden wie aus dem Norden des Subkontinents zu günstigen Preisen. Lecker ist das *Bhuna Lamb* (£ 7.80), vor den höllisch scharfen *Chillie Bhajias* (£ 2.80) sollte man sich allerdings vorsehen. Sonntag Ruhetag. 143 Strand, WC2, ✆ 020/78360650. Ⓤ Temple oder Covent Garden.

Punch Tavern 3, stilvolles viktorianisches Pub, in dem einst Journalisten, Reporter und andere Zeitungsleute verkehrten. Mittags gibt es auch Salate und Sandwiches für £ 5.50. Am Wochenende abends geschlossen. 99 Fleet Street, EC4, ✆ 020/73536658. www.punchtavern.com. Ⓤ Blackfriars.

Ye Olde Cheshire Cheese Pub 2, eine Alternative zur Punch Tavern ist das 1667 erbaute Pub an der Fleet Street gleich neben der Nummer 143 in einer kleinen Passage, die zum Dr Johnson's House führt. Früher verkehrten hier Berühmtheiten wie Pope, Dickens, Voltaire und Doyle. Wer ein Jurastudium erfolgreich absolviert hat, wird sich unter seinen Standesgenossen sichtlich wohl fühlen. Serviert wird recht gutes englisches Essen. 145 Fleet Street, EC4, ✆ 020/77021628. www.cheshirecheeselondon.co.uk. Ⓤ Blackfriars.

The Wellington 5, klassisches Pub mit Mahagoniholz und Messingausstattung unweit des Somerset House. Ein paar Stühle stehen auf der Straße. Im Obergeschoss Restaurant mit viel englischem Publikum, aufmerksames Personal. 351 The Strand, WC2R. ✆ 020/75579881. Ⓤ Covent Garden oder Temple.

El Vino 4, das Pub wirkt wie ein vornehmer Herrenclub, Konvention wird groß geschrieben. Neben Tapas gibt es auch Klassiker wie *Steak and kidney pie* (£ 13.95). Nur werktags bis 22 Uhr geöffnet. 47 Fleet Street, EC4. ✆ 020/73536786. www.elvino.co.uk. Ⓤ Temple.

MeinTipp **Fernandez & Wells 7**, eine kleine Oase der Ruhe ist das im Hof des Somerset House untergebrachte Café. Während auf dem Strand der Verkehr rauscht, herrscht hier klösterliche Ruhe. Doch auch das Ambiente begeistert ebenso wie die stets leckeren Kuchen und belegten Brötchen, belegt mit Ibericoschinken oder Chorizo. Sonnige Terrasse. Mo–Fr 8–22 Uhr, Sa 10–22 Uhr, So 10–20 Uhr. Somerset House, Strand, WC2R. www.fernandezandwells.com. Ⓤ Temple.

Einkaufen

The Old Curiosity Shop 1, das wahrscheinlich älteste Geschäft im Zentrum von London stammt sogar noch aus der Zeit vor dem großen Brand. Von Dickens in seiner gleichnamigen Novelle verewigt, werden hier heute hauptsächlich Schuhe und Designerklamotten verkauft. Mo–Sa 11–19 Uhr. 13 Portsmouth Street, WC2. Ⓤ Holborn.

Nördlich des Smithfield Market

Tour 3

Clerkenwell gehört zu jenen Stadtteilen, die derzeit voll im Trend liegen. In den letzten Jahren wurden leer stehende Fabrikgebäude zu schicken Lofts umgebaut, zahlreiche Szenerestaurants eröffnet, Architekturbüros und Werbeagenturen gegründet.

Smithfield Market, riesiges Fleischangebot in prächtiger Markthalle, S. 46

St John's Gate, Geschichte des Johanniterordens, S. 46

Exmouth Market, Schlemmerfußgängerzone und Markt in einem, S. 49

Trendiges Künstlerviertel

Clerkenwell

Die Keimzelle von Clerkenwell war eine im 12. Jahrhundert gegründete Priorei des Johanniterordens. Der Name des Stadtteils leitet sich von der *Clerk's Well* ab; einer Quelle, die 1174 erstmals erwähnt und 1924 bei Bauarbeiten wiederentdeckt wurde. Mit dem dörflichen Flair war es ab 1666 vorbei, da sich nach dem Großen Brand im Norden der zerstörten City viele Handwerker, vor allem Schreiner, Uhrmacher und Juweliere, ansiedelten. Durch den Zuzug französischer Hugenotten, die 1685 aufgrund des Edikts von Fontainebleau ihre Heimat verlassen mussten und in der Londoner City kein Gewerbe ausüben durften, erlebte Clerkenwell einen weiteren wirtschaftlichen Aufschwung. Im 19. Jahrhundert ließen sich erst irische, dann italienische Immigranten in den vergleichsweise günstigen Wohnquartieren nieder. Die italienische Gemeinde von Clerkenwell zählte in ihrer „Blütezeit" über 10.000 Mitglieder, die teilweise auf engstem Raum zusammenlebten. Mit anderen Worten: Clerkenwell war ein typisches Arbeiterquartier, in dem 1902 auch ein gewisser Mr. Jacob Richter zusammen mit seiner Frau Unterschlupf fand. Eifrig strickte „Mr. Richter" an seinen revolutionären Träumen, doch sollten noch mehrere Jahre ins Land gehen, bis diese in Erfüllung gehen konnten: Nach der Oktoberrevolution von 1917 übernahm „Mr. Richter" – besser bekannt als Lenin – in der sowjetischen Regierung den Vorsitz des Rates der Volkskommissare.

Clerkenwell ist aber auch für die englische Arbeiterbewegung von Bedeutung gewesen: Die kommunistische Partei hatte lange Jahre ihre Zentrale in der St John Street und die heutige Labour Party wurde in der Farringdon Road bei einem Treffen zwischen Sozialisten und Gewerkschaftern gegründet.

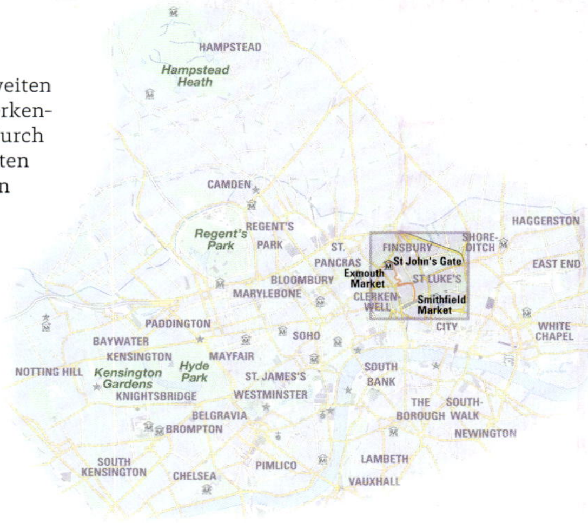

Nach dem Ende des Zweiten Weltkrieges verkam Clerkenwell zunehmend, bis das durch verlassene Industriebauten geprägte Viertel zu Beginn der 1990er-Jahre unerwartet vom Schmuddelkind zum Geheimtipp mutierte. Aufgrund der günstigen Mieten und der vorteilhaften Nähe zur City und nach Soho richteten sich Künstler ihre Ateliers ein, Galerien und Szenekneipen folgten nach. Quasi über Nacht war Clerkenwell en vogue. Der urbane Charakter, gepaart mit verwinkelten Gassen und kleinen Plätzen, gefiel auch den Fotografen, Graphikern und Architekten. Es wird nicht mehr lange dauern, bis sich die Künstler die Mieten für ihre Ateliers nicht mehr leisten können, da es in Yuppiekreisen als chic gilt, ein Loft in Clerkenwell zu besitzen.

Spaziergang

Zugegebenermaßen, eine Tour, die am **Smithfield Market** beginnt, ist eine Zumutung für jeden überzeugten Vegetarier: Rund 500 Millionen Kilo Fleisch werden auf dem Londoner Fleischgroßmarkt jährlich umgeschlagen. Sehenswert ist in jedem Fall der monumentale Bau selbst, der die südliche „Grenze" des Viertels bildet. Nordöstlich der Rosebery Avenue geht Clerkenwell in den Stadtteil Finsbury über, die westliche Grenze wird von der Gray's Inn Road markiert.

Die St John Street führt vom Smithfield Market ins Zentrum von Clerkenwell, rund um die Kreuzung zur Clerkenwell Road finden sich zahlreiche Restaurants, so das durchgestylte *Giant Robot*. Gleich ums Eck spannt sich das **St John's Gate**, das südliche Torhaus zur einstigen Johanniterpriorei, über die St John's Lane.

Wir überqueren den St John's Square und gehen am Restaurant Modern Pantry vorbei durch eine Gasse. Mitten in dem sich nach Norden hin erstreckenden Straßengewirr trifft man auf die 1792 errichtete St James Church. In der benachbarten Bowling Green Lane Nr. 9 befand sich in einer ehemaligen Schule das Büro der verstorbenen Stararchitektin *Zarah Hadid*. Vorbei an einem Spielplatz findet der geruhsame Stadtspaziergang auf dem Exmouth Market einen schönen Abschluss. Letzterer hat sich innerhalb von zehn Jahren von einer heruntergekommenen Einkaufsstraße in eine einladende Fußgängerzone mit Restaurants und Cafés verwandelt. Alteingesessene Geschäfte haben in den letzten Jahren schon mehrfach Läden weichen müssen, die dem modernen Zeitgeist mehr entsprechen.

Sehenswertes

Prächtige Markthallle

Smithfield Market

Auf dem Londoner Fleischgroßmarkt, der aus einem mittelalterlichen Pferde- und Rindermarkt auf dem „smooth field" hervorging, werden jährlich rund 500 Millionen Kilo Fleisch und damit rund ein Zwölftel des britischen Bedarfs umgeschlagen. Am späten Vormittag ist das blutige Treiben bereits vorbei, da die Rinder- und Schweinehälften nachts angeliefert, zerlegt und in den frühen Morgenstunden weiterverkauft werden.

Nichtsdestotrotz beeindruckt der von 1866 bis 1868 errichtete Smithfield Market allein durch seine Monumentalität. Der Architekt *Sir Horace Jones* verband gusseiserne Bögen mit einer gotisierenden Holzkonstruktion. Erst vor wenigen Jahren wurde das Ensemble für 70 Millionen Pfund renoviert, wobei die Fassade wieder in ihren ursprünglichen Zustand zurückversetzt wurde.

Ⓤ Barbican Station.

Geschichte des Johanniterordens

St John's Gate (Museum of the Order of St John)

Das im Torhaus des ehemaligen Priorats untergebrachte Museum des Johanniterordens bietet mit Bildern und Uniformen einen kurzen, aber anschaulichen Einblick in die Geschichte des Ordens, der sich nach der Reformation nach Malta zurückgezogen hatte. Zudem verfügt das Museum über sehr gepflegte Toiletten ...

St John's Lane, EC1. Ⓤ St Paul's. Mo–Sa 9–17 Uhr (So nur im Juli, Aug. und Sept.). Eintritt frei! www.museumstjohn.org.uk.

London im Kasten

Oliver Twist auf dem Smithfield Market

Charles Dickens, der in Deutschland leider oft nur als Autor von Jugendliteratur eingestuft wird, hat in seinem Roman *Oliver Twist*, erschienen zwischen 1837 und 1839, auch die faszinierende Atmosphäre des Smithfield Market eingefangen: „Es war Markttag. Man watete bis an die Knöchel im Schlamm; das Vieh dampfte und die weißen Schwaden mischten sich mit dem Nebel, der schwer über den Schornsteinen zu hängen schien. Alle Pferche in der Mitte des weiten Platzes und ebenso viele, die man für den Augenblicksbedarf an den freien Stellen aufgeschlagen hatte, waren voll Schafe und an den Pfählen um sie herum standen in langen Reihen Ochsen und Kühe angebunden, drei bis vier hintereinander. Bauern, Fleischer, Fuhrleute, Hausierer, Jungen, Diebe, Müßiggänger und Vagabunden der niedrigsten Klasse drängten sich in dichten Massen. Das Pfeifen der Fuhrleute, das Bellen der Hunde, das Brüllen und das Ausschlagen der Rinder, das Blöken der Schafe, das Grunzen und Quieken der Schweine, das Geplärr der Hausierer, das Schreien, Fluchen und Zanken auf allen Seiten, der Ton der Klingel und der Tumult der Stimmen in den Wirtshäusern, das Drängen, Stoßen, Treiben, Schlagen, Rufen und Grölen, der abscheulich misstönende Lärm an der Ecke des Marktes und die ungewaschenen, unrasierten, schmutzigen und unflätigen Gestalten, die ohne Unterlass hin und her liefen, bald ins Gedränge hinein, bald wieder heraus – all das ergab ein betäubendes Schauspiel, das die Sinne gänzlich verwirrte."

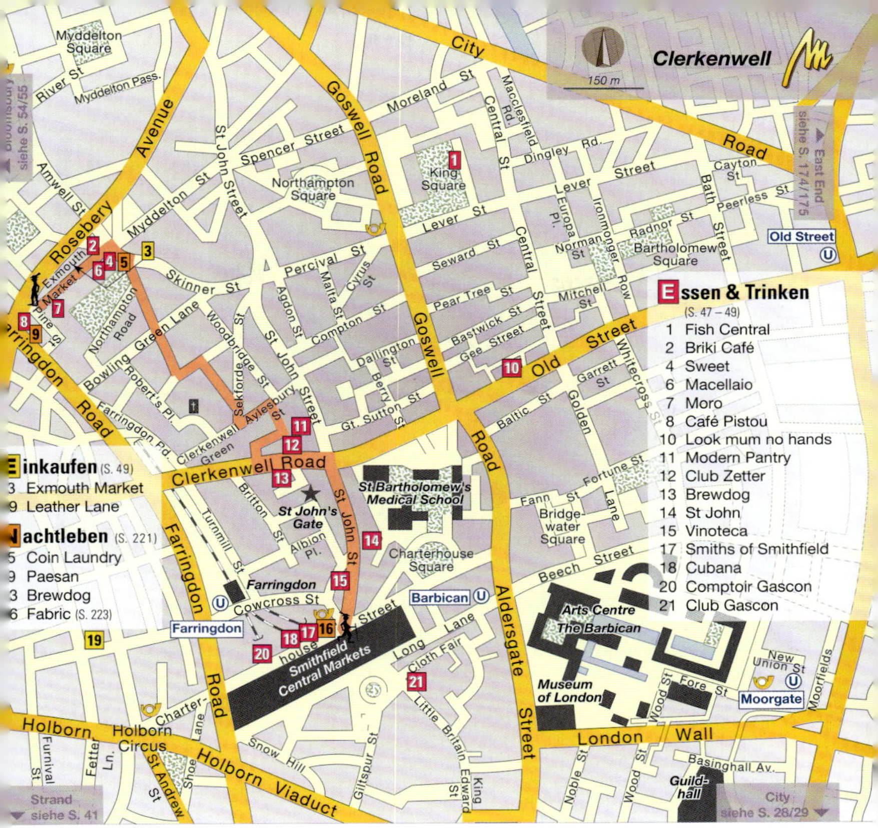

Clerkenwell

150 m

Bloomsbury siehe S. 54/55

East End siehe S. 174/175

Strand siehe S. 41

City siehe S. 28/29

Essen & Trinken (S. 47–49)

1 Fish Central
2 Briki Café
4 Sweet
6 Macellaio
7 Moro
8 Café Pistou
10 Look mum no hands
11 Modern Pantry
12 Club Zetter
13 Brewdog
14 St John
15 Vinoteca
17 Smiths of Smithfield
18 Cubana
20 Comptoir Gascon
21 Club Gascon

inkaufen (S. 49)

3 Exmouth Market
9 Leather Lane

achtleben (S. 221)

5 Coin Laundry
9 Paesan
3 Brewdog
6 Fabric (S. 223)

Praktische Infos

Essen und Trinken

meinTipp **St John 14**, eine der empfehlenswertesten Adressen in London, um sich intensiv mit der traditionellen englischen Küche zu beschäftigen (ein Michelin-Stern). Das St John mit seinem wohltuend unterkühlten Ambiente gilt als eines der einflussreichsten englischen Restaurants der letzten Jahre und hat einen neuen Kochstil geprägt. Es gibt zwar auch vegetarische Gerichte, doch genau genommen geht es hier recht herzhaft zur Sache, schließlich befindet sich das Restaurant in Sichtweite vom Londoner Fleischgroßmarkt. Allerdings werden hier nicht nur Lende und Steaks serviert, sondern auch viele Innereien und andere, auf den ersten Blick gewöhnungsbedürftige Kreationen, so beispielsweise geröstetes Knochenmark auf Vollkornbrot mit Petersiliensalat, Lammherzen mit Kohlrüben, Schweinekutteln mit Löwenzahn oder ein lauwarmer Schweinskopfsalat. Der Besitzer Fergus Henderson hat Kochbücher mit so viel sagenden Titeln wie *Nose to Tail Eating* oder *The Whole Beast* geschrieben, die für den Verzehr des ganzen Tieres plädieren und im Restaurant erworben werden können. Gehobenes Preisniveau, Hauptgerichte £ 15–25. Samstagmittag und Sonntag geschlossen. 26 St John Street, EC1, ✆ 020/72510848. www.stjohnrestaurant.co.uk. Ⓤ Farringdon.

Smiths of Smithfield 17, auf drei Etagen verteilt, findet sich in dem ehemaligen Lagerhaus für jeden Geschmack etwas. Im Erdgeschoss sitzt man bequem in einem Tagescafé

Eines der vielen Cafés am Exmouth Market

im Stil eines Industrielofts unter gusseisernen Stützen, weiter oben befindet sich eine Brasserie oder man diniert in einem ansprechenden Restaurant mit schöner Terrasse samt Blick auf die Londoner City. Das Preisniveau nimmt mit der Höhe des Stockwerks zu. Gekocht wird *modern european* mit Biokost. Das Restaurant ist sonntags geschlossen. 67–77 Charterhouse Street, EC1, ✆ 020/72517950. www.smithsofsmithfield.co.uk. Ⓤ Farringdon.

Club Zetter 12, im Erdgeschoss des Zetter-Designhotels trifft sich das solvente Szenepublikum Clerkenwells. Hinter den großen Panoramafenstern werden im Clubambiente Grillgerichte und andere Köstlichkeiten serviert. Große Straßenterrasse. Kein Ruhetag. 86–88 Clerkenwell Road, EC1, ✆ 020/73244455. www.thezetter.com. Ⓤ Farringdon.

Modern Pantry 11, in einem georgianischen Townhouse wird im ersten Stock eine ansprechende Küche serviert, während das Erdgeschoss als Café dient. Sonnige, große Straßenterrasse. Sonntag Ruhetag. 47–48 St John's Square, EC1, ✆ 020/72500833. www.themodernpantry.co.uk. Ⓤ Farringdon.

Brewdog 13, nette Bar im Retrostyle samt offenem Mauerwerk, schräg gegenüber dem Zetter Hotel. Serviert werden kleine Häppchen. Tgl. 11–23 Uhr, Do und Fr bis 24 Uhr, Sonntag Ruhetag. 45–47 Clerkenwell Road, EC1M, ✆ 020/76082989. www.brewdog.com. Ⓤ Farringdon.

Moro 7, inmitten des beliebten Exmouth Market gelegen, ist das Speisenangebot des recht spartanisch eingerichteten Restaurants deutlich von der Küche Spaniens und Nordafrikas beeinflusst. Im Sommer werden ein paar Tische auf die Straße gestellt. Gehobenes Preisniveau, Hauptgerichte £ 20–23, zzgl. 12,5 % Service Charge. Sonntag geschlossen. 36 Exmouth Market, EC1, ✆ 020/78338336. www.moro.co.uk. Ⓤ Farringdon oder Angel.

Macellaio 6, dieses in der ehemaligen Medcalf-Metzgerei untergebrachte Restaurant mit seinen blankpolierten Holztischen bietet eine italienische Küche mit Schwerpunkt Fleisch! Wer will, kann auch 900 Gramm von dem fünf Wochen gereiften Fassona beef für £ 46 bestellen. Hauptgerichte £ 13–17. Freitag- und Sonntagabend geschlossen. 40 Exmouth Market, EC1, ✆ 020/78333533. www.macellaiorc.com. Ⓤ Farringdon oder Angel.

Fish Central 1, das 1968 eröffnete Restaurant – unlängst renoviert – gilt unter Kennern als eines der besten Fish-and-Chips-Restaurants von ganz London. Man sollte sich daher von der Plattenbauatmosphäre des kleinen Platzes im Osten von Clerkenwell nicht abschrecken lassen. Der Fisch ist frisch und uneingeschränkt zu empfehlen, egal, ob Heilbutt oder Scholle (ab £ 7.95), je nach Wunsch gegrillt oder frittiert. Sonntag geschlossen. 151 King Square, EC1, ✆ 020/72534970. www.fishcentral.co.uk. Ⓤ Barbican.

Club Gascon 21, perfekte südwestfranzösische Küche, zubereitet von einem Meister der Kochkunst (ein Michelin-Stern). Sehenswert ist auch das durchgestylte Ambiente. Mittagsmenü zu £ 29, abends 5 Gänge für £ 68. Reservierung unbedingt notwendig. Samstagmittag und Sonntag geschlossen. 57 West Smithfield, EC1, ✆ 020/77960600. www.clubgascon.com. Ⓤ Farringdon.

Comptoir Gascon 20, auf der anderen Seite des Smithfield Market befindet sich ein günstiger „Ableger" des Club Gascon. Das Ambiente ist lockerer, die Küche aber dennoch anspruchsvoll und den kulinarischen Traditionen Frankreichs verpflichtet. Lecker ist der *Cassoulet Toulousain* für £ 14.50, Plat du jour £ 9,50. Gute Käseauswahl und ein herrliches Angebot an verschiedenen Brotsorten! 61–33 Charterhouse Street, WC1, ✆ 020/76080851. www.comptoirgascon.com. Ⓤ Farringdon.

Cubana 18, kubanisches Streetfood mit den passenden musikalischen Klängen. 59 Charterhouse Street, WC1, ✆ 020/74901209. www.cubana.co.uk. Ⓤ Farringdon.

Café Pistou 8, provenzalisches Flair und die entsprechenden Genüsse. Mittagsmenü £ 12. 12,5 % Service Charge. 8–10 Exmouth Market, EC1, ✆ 020/72785333. www.cafepistou.co.uk. Ⓤ Farringdon oder Angel.

Vinoteca 15, eine ansprechende Weinbar, die rund 25 offene Weine im Ausschank hat, die korrespondierend zu den Gerichten angeboten werden. Unser Tipp: Char grilled Bavette für £ 16.50. Sonntag Ruhetag. EC1M, 7 St John Street, ✆ 020/72538786. www.vinoteca.co.uk. Ⓤ Farringdon.

Look mum no hands 10, eine witzige Mischung aus Fahrradladen und Coffeeshop. Wer Lust hat, kann auch an seinem Fahrrad herumschrauben. Straßenterrasse. Tgl. 7.30–22 Uhr, Sa/So 9–22 Uhr. 49 Old Street, EC1, ✆ 020/72531025. www.lookmumnohands.com. Ⓤ Barbican.

meinTipp **Sweet 4**, nette Mischung aus Boulangerie, Patisserie und Café. Das Angebot des Imbiss ist so lecker wie es ausschaut, egal, ob Pizza, Gebäck oder Salate. Mehr als lobenswerte Alternative zum benachbarten Starbucks. 64 Exmouth Market, EC1. www.sweetdesserts.co.uk. Ⓤ Farringdon oder Angel.

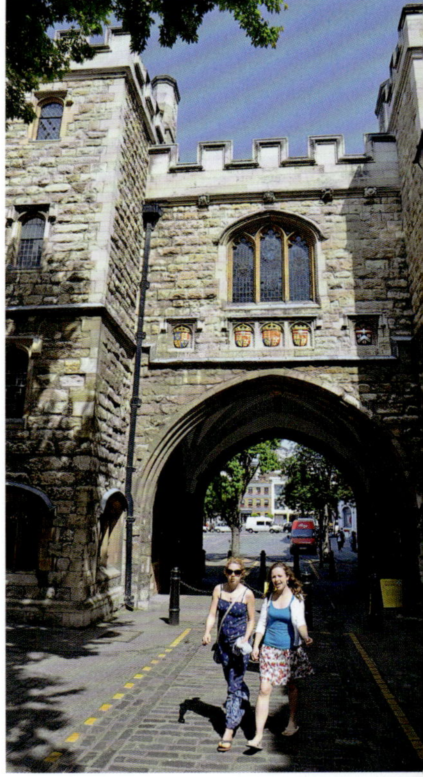

St. John's Gate

Briki Café 2, ein liebevoll geführtes Café mit auffälligem Holztresen. Straßenterrasse. WLAN. Tgl. bis 19 Uhr geöffnet. 67 Exmouth Market, EC1. www.briki.london. Ⓤ Farringdon oder Angel.

Einkaufen

Leather Lane 19, kleiner, netter Straßenmarkt, an dessen Ständen wochentags von 10.30–14.30 Uhr Waren feilgeboten werden. Im Angebot sind Klamotten, Haushaltsgeräte, Videos sowie Obst und Gemüse. Leather Lane, EC1. Ⓤ Farringdon oder Chancery Lane.

Exmouth Market 3, je nach Wochentag sind zahlreiche Essenstände auf dem Exmouth Market aufgebaut. www.exmouth-market.co.uk. Ⓤ Farringdon oder Angel.

Londons Univiertel

Tour 4

Bloomsbury ist traditionell das Viertel der Dichter und Intellektuellen, der Universitäten und Bibliotheken. Mit dem British Museum besitzt Bloomsbury zudem einen der größten Londoner Publikumsmagneten.

St Pancras Sation, neugotischer Prachtbahnhof, S. 52

British Library, nicht nur für Leseratten, S. 55

British Museum, kulturhistorischer Hochkaräter, S. 56

Dickens Museum, viktorianisches Flair, S. 59

Museen und Bahnhöfe

Bloomsbury

Der Name Bloomsbury geht auf ein Rittergut zurück, das im frühen 13. Jahrhundert einem Mann namens William Blemond gehörte und deshalb *Blemondisberi* bezeichnet wurde. Eine erste planmäßige Erschließung des Areals datiert in die zweite Hälfte des 17. Jahrhunderts, als sich der Graf von Southampton am heutigen Bloomsbury Square einen Palast errichten ließ. Diesem Beispiel folgend, entstanden in den nächsten Jahrzehnten zahlreiche Squares, denen Bloomsbury heute seinen geruhsamen Charme verdankt. Die vielen Studenten machen auf die 1836 am Gordon Square, im Herzen von Bloomsbury, eröffnete *University of London* aufmerksam. Nach einem Campus sucht man allerdings vergeblich, denn die Universität ist auf mehr als hundert Gebäude von Bloomsbury verteilt. Obwohl in der imaginären Rangfolge der englischen Universitäten hinter Oxford und Cambridge nur an dritter Stelle stehend, genießt das „Cockney College" seit jeher einen fortschrittlichen Ruf. Dies gründet sich darauf, dass hier auch Studenten aufgenommen wurden, die nicht der anglikanischen Kirche angehörten, zudem beschritt man mit der Einrichtung von naturwissenschaftlichen und neusprachlichen Lehrstühlen akademisches Neuland. Teil der University of London ist auch das Warburg Institute, das sich lange Zeit am Woburn Square befand.

Spaziergang

Die viel befahrene Euston Road markierte bis Mitte des 19. Jahrhunderts die nördliche Grenze der Stadt. Drei, miteinander konkurrierende Eisenbahngesellschaften errichteten hier jeweils einen eigenen Bahnhof, um London mit den Industriezentren im Norden Englands zu verbinden: Im Jahre 1837 wurde Euston Station mit damals zwei Bahnsteigen eröffnet, dann folgten King's Cross und **St Pancras Station**. Letztere ist gewissermaßen eine neugotische Kathedrale des Industriezeitalters. Direkt nebenan wurde in den 1990er-Jahren die neue **British Library** errichtet, deren gewöhnungsbedürftiger Bau gerne als Multiplexkino verspottet wird. Folgt man der viel befahrenen Euston Road noch etwa 200 Meter, so stößt man an der Ecke zum Upper Woburn Place auf die hell leuchtende St Pancras Church, die von 1819 bis 1822 im klassizistischen Stil mit ionischem Portikus erbaut wurde. Die Architekten William und Henry Inwood arbeiteten mit griechischen Versatzstücken und kopierten ein Stück des Erechteions der Akropolis. Der Name der Kirche und des Stadtteils leitet sich von den griechischen Wörtern *pan* (alles) und *kratos* (Macht) ab.

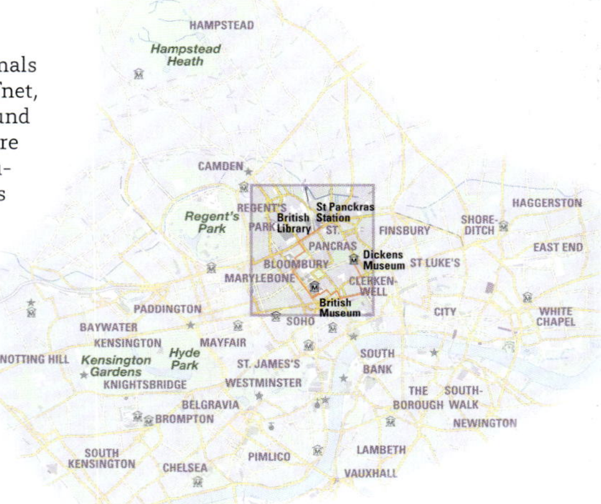

Hier im Nordwesten von Bloomsbury befinden sich die meisten Institute der *University of London*, die schon seit Jahrzehnten den Titel der größten Hochschule Großbritanniens führen darf. Am Gordon Square können Wirtschaftswissenschaftler eine Gedenkminute vor dem einstigen Haus (Nr. 46) von John Maynard Keynes einlegen. Wer sich für chinesisches Porzellan und Keramik interessiert, dem sei im Haus Nr. 53 die renommierte *Percival David Foundation of Chinese Art* empfohlen. Von den anderen Universitätsgebäuden, die diese Straßen der Gelehrsamkeit bilden, hebt sich das hoch aufragende *Senate House* in der Malet Street ab; es diente George Orwell als Modell für das „Wahrheitsministerium" in seinem makabren Zukunftsroman *1984*: „Es sah verblüffend verschieden von allem aus, was der Gesichtskreis umfasste. Es war ein riesiger, pyramidenartiger, weiß schimmernder Betonbau, der sich terrassenförmig dreihundert Meter hoch in die Luft reckte." Wer an altem Spielzeug interessiert ist, sollte noch einen Abstecher zum **Pollock's Toy Museum** in Fitzrovia einplanen.

Angesichts der im georgianischen Stil errichteten Häuser am Bedford Square wird man daran erinnert, dass noch heute der größte Teil von Bloomsbury einer Privatperson, nämlich dem namensgebenden Earl of Bedford, gehört. Das nun nicht mehr zu übersehende **British Museum** wird alljährlich von rund sechs Millionen Menschen besucht. Der Name ist allerdings eher irreführend, da hier hochkarätige Kunstschätze aus der ganzen Welt zusammengetragen worden sind. Das Museum kann durch zwei Eingänge – der Haupteingang befindet sich in der Great Russell Street, der Nebeneingang am Montague Place – betreten werden. Auf die Anfänge des Stadtviertels trifft man am Bloomsbury Square, dessen Gestaltung für die Londoner Architekten und Städteplaner richtungsweisend wurde. Die kurze, nur ein paar Fußminuten entfernte *Sicilian Avenue* gefällt mit ihrem kontinentalen Flair. Erst 1910 angelegt, finden sich hier mehrere Cafés mit Straßenterrassen. Nach einem kurzen Zwischenstopp geht es weiter zur abschließenden Station des Stadtspaziergangs, dem **Dickens Museum**.

London im Kasten

Intellektuelles Bloomsbury

Seinen besonderen Ruf verdankt Bloomsbury den Schriftstellern, die hier einst wohnten. Darunter so bekannte Namen wie Oscar Wilde, Charles Dickens, George Bernhard Shaw, Gertrude Stein, T. S. Eliot und Virginia Woolf (1882–1941). Letztere unterhielt am Gordon Square einen literarischen Salon, aus dem zwischen den beiden Weltkriegen die „Bloomsbury Group" hervorging. Zu der losen Vereinigung avantgardistischer Schriftsteller, Künstler, Wissenschaftler und Philosophen, die jeden Donnerstagabend am Gordon Square, später dann an der Adelphi Terrace (Hausnummer 10) sowie am Tavistock Square zusammentrafen, gehörten neben Virginia und Leonard Woolf auch Clive und Vanessa Bell Lytton Strachey, Duncan Grant, E.M. Forster, Bertrand Russell sowie John Maynard Keynes. Mit anderen Worten: Sehr unterschiedliche Charaktere, die jedoch in der Ablehnung der viktorianischen Moral einen gemeinsamen Nenner fanden und ein für die damalige Zeit ausschweifendes Sexualleben führten. Obwohl die „Bloomsberries" von ihren Kritikern als eine Clique mittelmäßiger Künstler geschmäht wurden, ist es ihr bleibendes Verdienst, dass sich das britische Kulturleben für die Moderne geöffnet und sein puritanisches Korsett abgelegt hat.Ein auffälliges Merkmal für den Bloomsbury-Kreis war der bisexuelle Lebensstil. Virginia Woolf und Vita Sackvill-West waren beide verheiratet und hatten sexuelle Beziehungen zu Frauen. Harold Nicolson hatte Zeit seines Ehelebens Affären mit Männern. Der Maler Duncan Grant war mehr als sechs Jahre der Liebhaber des Ökonomen John Maynard Keynes, später hatte er eine Liebesaffäre mit Virginia Woolfs Bruder Adrian und verbrachte den Rest seines Lebens in einer ménage à trois mit Woolfs Malerschwester Vanessa Bell und dem Schriftsteller David Garnett, der wiederum Duncan und Vanessas Tochter Angelica heiratete. Und Keynes ging später eine Ehe mit der Tänzerin Lydia Lopokova ein. Selbst Lytton Strachey machte einmal Virginia Stephen vor deren Ehe mit Leonard Woolf einen Heiratsantrag und lebte etliche Jahre mit Dora Carrington zusammen, die sich heftig in ihn verliebt hatte.

Über einen regen Besuch dieses Museums braucht man sich nicht zu wundern, denn Dickens ist nach Shakespeare der bekannteste englische Autor.

Für Familien bietet sich noch ein Abstecher zu den *Coram's Fields* an, in deren Mitte sich einst das größte Londoner Findelheim befand. Zwar sind die Gebäude längst abgerissen, ein sehr schöner Spielplatz für Kinder bis fünf Jahre (Eingang Guilfords Street 93) hält aber noch die Erinnerung an das von dem Schiffsmakler Thomas Coram begründete Heim wach. Erwachsene haben übrigens nur in Begleitung eines Kindes Zutritt!

Sehenswertes

Neugotischer Prachtbahnhof

St Pancras Station

Im 19. Jahrhundert waren die Bahnhöfe der sichtbare Einbruch des industriellen Zeitalters in die festgefügte Ordnung der Städte. Zur Milderung dieses Gegensatzes wurden die Fronten der Bahnhöfe, deren Bahnsteige und Rückseiten technisch-rational gegliedert waren, mit historischen Kulissen versehen, die den Übergang von der industriellen Welt zu den Lebensräumen der Städte fließend erscheinen lassen. Dennoch blieben die Bahnhöfe Bauwerke, die einen ganz anderen Charakter hatten als die herkömmlichen Gebäude. Bahnhöfe werden nicht betreten, um sie auf demselben Weg wieder zu verlassen; sie richten sich an Reisende, die durch das Bahnhofsportal den Zugang zur Ferne, zur Welt suchen. Nicht zufällig wurden daher Bahnhofsfassaden wie Kirchen gestaltet, schufen sie doch einen Zugang zur Weite des Raums, der mit den herkömmlichen Transportmitteln des 19. Jahrhunderts kaum zu bewältigen schien.

St Pancras ist ein wunderschönes Beispiel für ein einer Kathedrale nachempfundenes Bahnhofsgebäude im neugotischen Stil. Hierzu fügt sich, dass es *Sir George Gilbert Scott*, der Architekt des 1868 eröffneten Bahnhofs und des daran angrenzenden Midland Grand Hotels, vor allem als Kirchenbaumeister zu Ruhm und Ansehen gebracht hat: Scott hat mehr als 500 (!) Kirchen und Kathedralen im „Gothic Revival Stil" entworfen. Beeindruckend ist übrigens auch das gewölbte Glasdach über den Bahnsteigen: Mit einer Länge von 210 Metern und einer Höhe von 70 Metern galt es lange Zeit als größte Glaskonstruktion der Welt! Die imponierende Stahlarmatur wird weder durch Stützen noch durch Pfeiler getragen. Stattdessen verlegte der Ingenieur *William Barlow* die Träger für die Fundamentplatte ins Untergeschoss, wo sie die Belastung aufnehmen konnte und den Bau einer höheren Stahlkonstruktion möglich machte.

Bis 1979 stand der Bau leer und drohte mehr und mehr zu verfallen. Erst Ende der 1990er-Jahre wurde das Gebäude mit seiner denkmalgeschützten Fassade im Zusammenhang mit dem Eurotunnel und der *St Pancras International Railway Station* aufwändig restauriert.

Knapp 800 Millionen Pfund ließ man sich die Renovierung kosten, wobei man renommierte Architekten und Designer (Norman Foster, Philippe Starck etc.) verpflichtete und einen futuristischen Erweiterungsbau anfügte. Die alte,

Bloomsbury → Karte S. 54/55

St Pancras Station

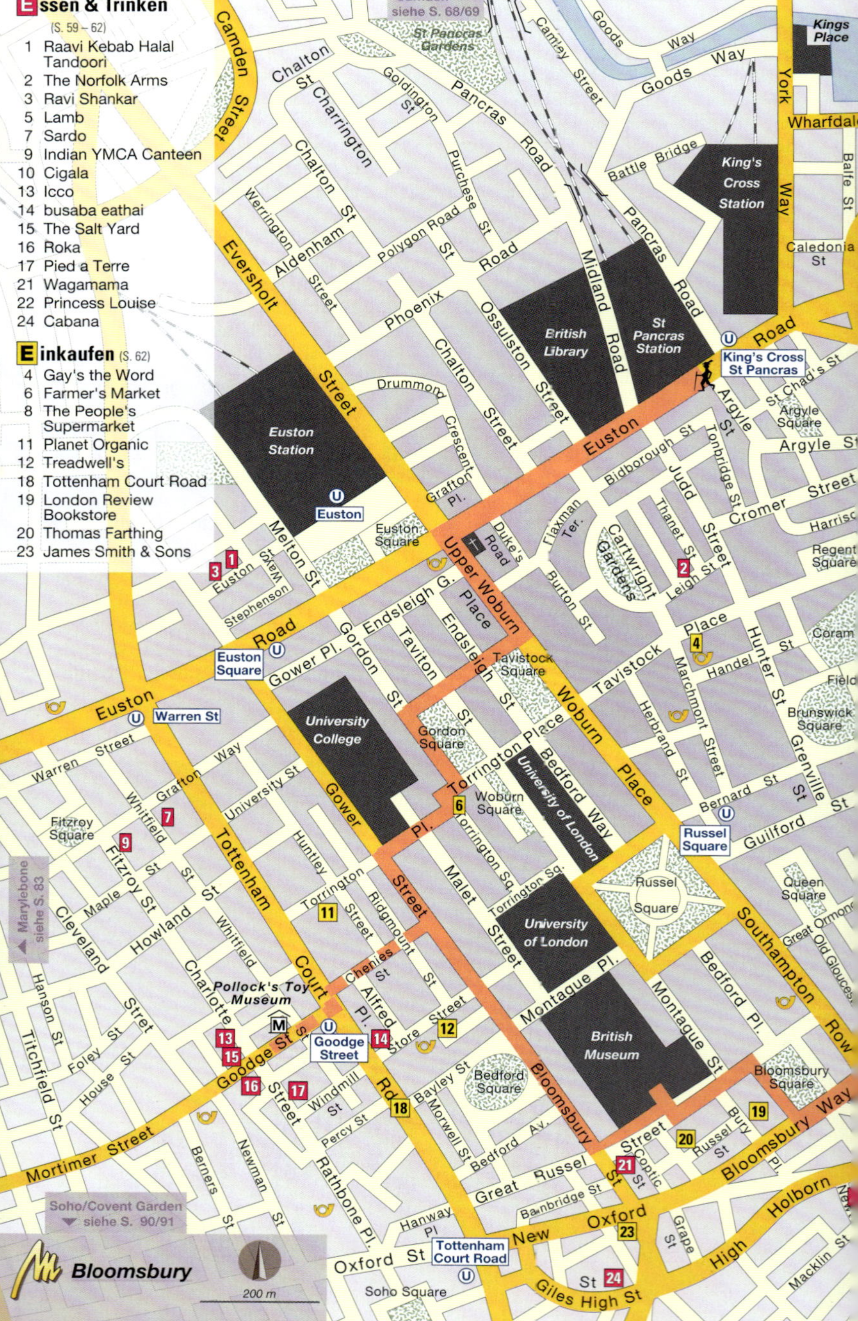

Essen & Trinken
(S. 59 – 62)
1 Raavi Kebab Halal Tandoori
2 The Norfolk Arms
3 Ravi Shankar
5 Lamb
7 Sardo
9 Indian YMCA Canteen
10 Cigala
13 Icco
14 busaba eathai
15 The Salt Yard
16 Roka
17 Pied a Terre
21 Wagamama
22 Princess Louise
24 Cabana
Einkaufen (S. 62)
4 Gay's the Word
6 Farmer's Market
8 The People's Supermarket
11 Planet Organic
12 Treadwell's
18 Tottenham Court Road
19 London Review Bookstore
20 Thomas Farthing
23 James Smith & Sons
Camden siehe S. 68/69
Marylebone siehe S. 83
Soho/Covent Garden siehe S. 90/91
Bloomsbury
200 m
St Pancras Gardens
Kings Place
King's Cross Station
St Pancras Station
British Library
Euston Station
Euston
Euston Square
King's Cross St Pancras
Warren St
University College
Gordon Square
Tavistock Square
Woburn Square
University of London
Russel Square
Russel Square
Brunswick Square
Queen Square
Bloomsbury Square
Bedford Square
Fitzroy Square
Regent Square
Argyle Square
Cartwright Gardens
Pollock's Toy Museum
British Museum
Goodge Street
Tottenham Court Road
Soho Square
Camden Street
Eversholt Street
Euston Road
Pancras Road
Midland Road
York Way
Goods Way
Gower Street
Tottenham Court Road
Woburn Place
Southampton Row
Bloomsbury Street
Upper Woburn Place
Mortimer Street
Goodge Street
New Oxford Street
Oxford St
High Holborn
Giles High St
Great Russel St
Bloomsbury Way
Guilford St
Tavistock Place
Gower Pl.
Torrington Place
Montague Pl.
Charlotte Street
Cleveland Street
Howland St
Grafton Way
Warren Street
Malet Street
Gordon St
Endsleigh G.
Bedford Way
Marchmont Street
Hunter St
Judd Street
Argyle St
Cromer Street
Chalton St
Ossulston Street
Phoenix Road
Polygon Road
Charrington St
Aldenham Street
Drummond Crescent
Euston Square

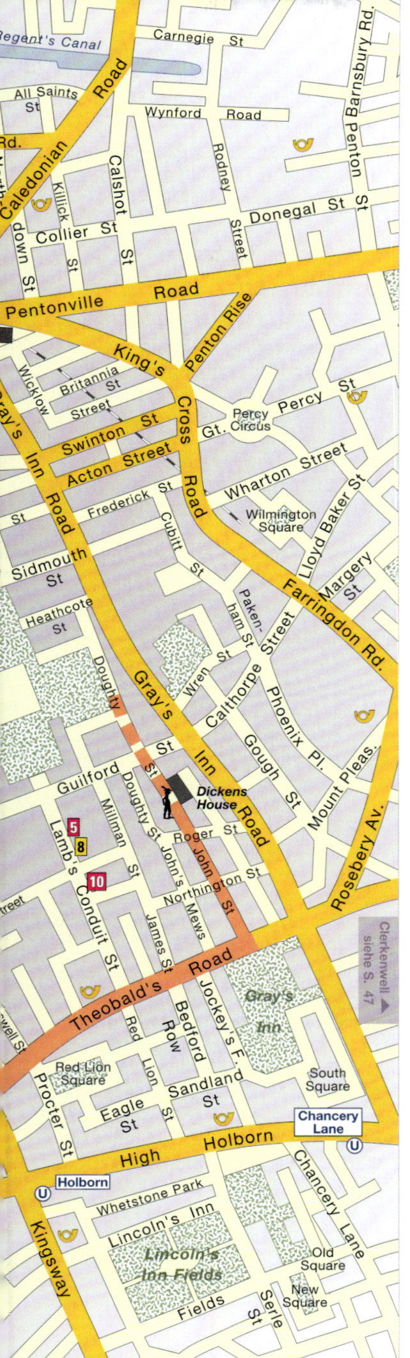

metallene Dachkonstruktion wurde durch ein Glasdach ersetzt, so dass jetzt natürliches Licht in den Innenraum fällt. Neben den üblichen Geschäften und Boutiquen gibt es die mit 90 Metern längste Champagnerbar Europas sowie eine gigantische Skulptur (*The Meeting Place*) von Paul Day, die ein sich zärtlich umarmendes Paar zeigt. Als Vorbild diente David Lean's Filmklassiker *Brief Encounter* (1947).

Seit 2007 halten die Eurostar-Züge hier, die die Fahrzeit nach Brüssel auf knapp zwei Stunden verkürzt haben. Zudem wurde das einstige Midland Grand Hotel – es diente schon als Kulisse für einen Batman-Film – im Jahre 2013 als Luxushotel mit 245 Zimmern wiedereröffnet.

Euston Road. Ⓤ King's Cross/St Pancras.

Nicht nur für Leseratten

British Library

Aus Platzmangel musste die British Library mit ihren über 20 Millionen Büchern, Handschriften, Notenblättern und Schallplatten vom British Museum getrennt und in einem 511 Millionen Pfund teuren Neubau aus roten Ziegelsteinen an der Euston Road untergebracht werden. Die meisten Bibliotheksbenutzer trauern zwar der Atmosphäre des alten Reading Room nach, doch war ein Umzug notwendig, sollte der Betrieb aufrechterhalten werden. Allerdings ist die British Library architektonisch alles andere als anspruchsvoll, so dass leider versäumt wurde, im Londoner Norden einen städtebaulichen Akzent zu setzen.

Bis auf den Lesesaal ist die British Library für das interessierte Publikum geöffnet, Ausstellungsräume, eine Buchhandlung und ein Café runden das „Angebot" ab. Sehenswert ist vor allem die John Ritblat Gallery, die ein faszinierendes Flair aus Gelehrsamkeit, Anmut und Bücherstaub ausstrahlt. Ausgestellt sind Originalausgaben von Shakespeare und die Gutenberg-Bibel,

Bloomsbury → Karte S. 54/55

die *Magna Carta* aus dem Jahre 1215, die berühmte Beowulf-Handschrift und sogar Originalmanuskripte von den Beatles (mit Hörbeispielen).

Euston Road. Ⓤ King's Cross. Mo, Mi–Fr 9.30–18 Uhr, Di 9.30–20 Uhr, Sa 9.30–17 Uhr, So 11–17 Uhr. Eintritt frei! www.bl.uk.

Spielzeug noch und nöcher

Pollock's Toy Museum

Genau betrachtet, vereint Pollock's Toy Museum drei verschiedene Einrichtungen unter einem Dach: einen Spielzeugladen, ein Bastelgeschäft und das namensgebende Spielzeugmuseum. Über eine schmale Wendeltreppe gelangt man in das eigentliche Museum, zu dessen Fundus zahlreiche Teddybären, Holz- und Wachspuppen, Puppenhäuser, Bleisoldaten und Schaukelpferde gehören.

1 Scala Street, W1. Ⓤ Goodge Street. Tgl. außer So 10–17 Uhr. Eintritt £ 6, erm. £ 3. www.pollockstoymuseum.com.

Kulturhistorischer Hochkaräter

British Museum

Das British Museum ist das kulturhistorisch bedeutendste Museum Großbritanniens und lockt mit seiner geradezu unüberschaubaren Vielfalt von archäologischen und ethnographischen Schätzen jedes Jahr sechs Millionen Besucher an. Doch auch als Bauwerk ist das British Museum sehenswert, vor allem dank seinem Great Court, den

London im Kasten

Harry-Potter-Filmkulissen: Platform 9 ¾ und Co.

Harry-Potter-Fans aufgepasst: Den geheimen Bahnsteig 9 ¾, an dem am 1. September um 11 Uhr der von einer scharlachroten Lokomotive gezogenen Hogwarts-Express abfährt, gibt es wirklich. Im Roman liegt der Bahnsteig hinter einem geheimen Portal in einer Wand zwischen den Gleisen 9 und 10

am **Bahnhof King's Cross**. Wer sich zwischen all den pendelnden Muggeln auf Spurensuche begibt, der kann an einer Ziegelwand ein Schild „Platform 9 ¾" entdecken, unter dem ein Gepäckwagen scheinbar zur Hälfte in der Wand verschwindet. J. K. Rowling bemerkte erst nach der Publikation ihrer ersten Bücher, dass sie King's Cross mit Euston Station verwechselt hatte … Und die Außenaufnahmen im zweiten Harry-Potter-Film zeigen nicht King's Cross, sondern die beeindruckendere, neugotische Fassade von St Pancras.

Übrigens kann man auch das **Filmstudio in Watford** besichtigen, rund 32 Kilometer nordwestlich von London. Dort gibt es Dumbledores Büro und andere Kulissen ebenso bewundern wie Hagrids Motorrad. Von der Euston Station fahren Züge nach Watford, anschließend verkehrt ein Shuttlebus (£ 2) zwischen dem Bahnhof Watford Junction und dem Studio. Achtung: Tickets müssen im Voraus gebucht werden! (Eintritt £ 35, 5–15 Jahre £ 27, Familienticket £ 107, tgl. 10–18 Uhr, www.wbstudiotour.co.uk).

British Museum: ein Tempel für die Kunst

Bloomsbury → Karte S. 54/55

Lord Norman Foster mit einer spektakulären Glaskonstruktion überdacht hat.

Den Grundstock für das 1759 gegründete British Museum bildete die Sammlung des irischen Arztes Hans Sloane, die der englische Staat wenige Jahre zuvor erworben hatte. In der Anfangsphase fungierte diese nationale Institution nur als Bibliothek und naturwissenschaftliche Sammlung, die von den Zeitgenossen als „the old curiosity shop" verspottet wurde; Fürst Pückler-Muskau stufte die im Geist der Aufklärung zusammengetragene Sammlung gar als „Mischmasch" ein. Erst infolge der napoleonischen Kriege und Beutezüge stieg das British Museum im frühen 19. Jahrhundert, dem Vorbild des Pariser Louvre nacheifernd, zur ersten Adresse unter den Antikensammlungen auf. Hatte das Museum bis dato im alten Montague House Platz gefunden, legte John Smirke 1823 einen Entwurf für einen Neubau vor, den sein Bruder Robert 1857 vollendete: Der mächtige Bau im Stil des Greek Revival mit ionischem Portikus wies demonstrativ auf die Kostbarkeiten der Sammlung hin. Ganz im Geiste der Aufklärung war man darum bemüht, alle Ausdrucksformen der menschlichen Kultur wie eine lebendige Enzyklopädie unter einem Dach zu versammeln.

Um sich einen ersten Überblick über die einzelnen Sammlungen zu verschaffen, empfiehlt es sich, am Eingang des „BM" einen der kostenlosen Übersichtspläne sowie aktuelles Informationsmaterial mitzunehmen. In vielen Sälen enttäuscht jedoch die antiquierte Darbietung der Kunstschätze; mit Hilfe einer modernen museumsdidaktischen Präsentation würde das British Museum sicher an Attraktivität gewinnen. Nichtsdestotrotz können Kunstliebhaber problemlos mehrere Tage in diesem musealen Labyrinth verbringen.

Von herausragender Bedeutung ist fraglos die im Westflügel untergebrachte Sammlung griechischer und römischer Altertümer mit den *Elgin Marbles* in Raum 18. Die kostbaren Marmorreliefs gehörten zu einem Fries, der die Cella des Parthenon umgab und den Festzug der Panathenäen zu Ehren der Athena darstellt. Großer Beliebtheit erfreuen sich die ägyptische Abteilung mit ihren Mumien (Raum 61 bis 66) und der in Raum 4 stehende Rosetta Stone, mit dessen Hilfe Jean-François Champollion 1822 die Entzifferung der ägyptischen Hieroglyphen glückte.

Modern: der Innenhof des British Museum

Ebenfalls im Westflügel befinden sich die Altertümer aus dem Nahen Osten mit vielen sehenswerten assyrischen Skulpturen. Einblicke in die prähistorische und römische Vergangenheit Großbritanniens bieten die Exponate in den Räumen 41, 49 und 50; neben dem *Mildenhall Treasure* (ein reich verziertes römisches Tafelsilber aus dem vierten Jahrhundert unserer Zeitrechnung) ist dort auch der *Lindow Man* (eine Moorleiche, über deren ungeklärte Todesumstände gerne spekuliert wird) zu bewundern. Die orientalischen Sammlungen umfassen seltene Keramiken aus Japan, China und Persien (Raum 33a, 33b, 35 sowie 56 bis 94). Für Kinder ist sicherlich die ethnographische Abteilung (Raum 26 und 27) mit ihren Exponaten zur Geschichte und Kultur der Indianer in Nordamerika und Mexiko besonders interessant.

An die ursprünglich dem British Museum angeschlossene British Library erinnert nur noch der kreisrunde Lesesaal, die kostbaren Bücher und Handschriften sind in einem Neubau an der Euston Road untergebracht. Dieser weltberühmte *Reading Room*, in dem schon Karl Marx jahrzehntelang am Desk O7 an seinem „Kapital" gearbeitet hat, bildet auch das Herz des von *Lord Norman Foster* konzipierten und durchgeführten Umbaus des British Museum (Gesamtkosten: 100 Millionen Pfund). Im Rahmen der im Dezember 2000 abgeschlossenen Arbeiten wurde der gesamte Innenhof mit einem grazilen Glasdach mit 3312 einzelnen Fensterscheiben überzogen, um so neue Ausstellungsflächen für die ethnographischen Sammlungen sowie Platz für Seminarräume, Shops und Restaurants zu schaffen. Unter der 800 Tonnen schweren Konstruktion ist der größte überdachte Platz Europas entstanden. Der *Reading Room* selbst beherbergt das kultursoziologische Annenberg Centre mit der Paul Hamlyn Library und bleibt auch nach der Eröffnung des *World Conservation and Exhibitions Centre* bis voraussichtlich 2018 nicht zugänglich.

Tipp: Wegen des stets großen Andrangs empfiehlt es sich, das Museum in den Vormittagsstunden zu besuchen; Sonntage gilt es, wenn möglich, zu meiden. Wer will, kann sich für £ 5 einen Au-

London im Kasten

Raub oder Kauf?

Die berühmtesten Exponate aus der Sammlung griechischer und römischer Altertümer sind die vom Athener Parthenon stammenden *Elgin Marbles*. Als Athen im frühen 19. Jahrhundert von den Türken besetzt war, kaufte der namensgebende Lord Thomas Elgin die Reliefs und rettete sie vor dem Verfall – so die englische Version; für die Griechen stellt der „Kauf" einen klassischen Kunstraub dar, weshalb sie nicht müde werden, die *Elgin Marbles* zurückzufordern. Und sie haben Recht: Lord Elgin hat nämlich nicht nur eine der Koren des Erechtheion abtransportiert, sondern auch fast die Hälfte des Frieses vom Parthenon sowie die Giebelfiguren und Metopen abreißen lassen, weshalb ihn schon ein Zeitgenosse, der bayerische König Ludwig I., der „Barbarei" bezichtigte. Die Bemühungen um die Rückgabe der *Elgin Marbles* sind aber fast zwangsläufig vergeblich, denn ein großer Teil der Exponate des British Museum ist das Ergebnis eines einzigartigen Kunstimperialismus. Wo auch immer in der Welt Vertreter des Empires auftauchten, klauten – respektive kauften – sie, soviel sie nur konnten. Würde man nun die griechischen Forderungen als rechtmäßig anerkennen, müssten die Engländer sich von einem beachtlichen Teil der im British Museum ausgestellten Exponate trennen ...

Bloomsbury → Karte S. 54/55

dioguide leihen, der die Elgin Marbles ausführlich kommentiert.

Great Russell Street, WC1. Ⓤ Tottenham Court Road (ein zweiter Eingang befindet sich am Montague Place). Tgl. 10–17.30 Uhr, Do bis 20.30 Uhr, Fr 12–20.30 Uhr (nur Teile des Museums sind abends geöffnet). Der Great Court ist tgl. 9–18 Uhr sowie Do–Sa bis 23 Uhr geöffnet. Eintritt frei! www.british-museum.co.uk.

Viktorianisches Flair

Dickens Museum

Nach der auch in finanzieller Hinsicht sehr erfolgreichen Veröffentlichung der „Pickwick Papers" bezog Charles Dickens (1812–1870) ein Haus in der Doughty Street. Zwischen 1837 und 1839 lebte er in dem georgianischen Reihenhaus und schrieb große Teile von „Oliver Twist" und „Nicholas Nickelby". Da das Haus als einziges von Dickens zahlreichen Wohnsitzen erhalten geblieben ist, lag es nahe, hier ein Museum einzurichten. Die Räume des Dickens Museum wurden weitgehend in den damaligen Zustand versetzt, um die Atmosphäre des viktorianischen Zeitalters heraufzubeschwören. Neben einer umfangreichen Dickens-Bibliothek sind vor allem Portraits, Fotos, Manuskripte, Briefe und weitere Gegenstände aus Dickens persönlichem Besitz zu sehen. Ein Raum ist seiner Schwägerin und heimlichen Liebe Mary Hogarth gewidmet, die hier im zarten Alter von 16 Jahren verstarb, im Untergeschoss ist die Küche von Digley Dell, die in den „Pickwick Papers" beschrieben wird, nachgebildet.

48 Dougthy Street, WC1. Ⓤ Chancery Lane oder Russell Square. Tgl. 10–17 Uhr. Eintritt £ 8, erm. £ 6 bzw. £ 4. www.dickensmuseum.com.

Praktische Infos

→ Karte S. 54/55

Essen und Trinken

Wagamama 21, in unmittelbarer Nähe des British Museum befindet sich das „Stammhaus" von Wagamama, der derzeit wohl beliebtesten Londoner Restaurantkette. Die Begeisterung für das Wagamama hat gleich mehrere Gründe: Die japanisch inspirierte Küche der

British Library – auf der Suche nach der Wahrheit ...

Noodle Bar ist ausgezeichnet (Motto: *positive eating is positive living*) und für Londoner Verhältnisse nicht teuer (Hauptgerichte £ 7–12); zudem liegt die minimalistische Einrichtung des Kellerrestaurants voll im Trend. Die Gäste sitzen nebeneinander auf lang gestreckten Bänken, trinken überwiegend Rohkostsäfte und erfreuen sich beispielsweise an einem *Chilli chicken ramen*. Ab 12 Uhr durchgehend warme Küche. 4 Streatham Street, W1, ✆ 020/73239223. www.wagamama.com. Ⓤ Tottenham Court Road.

busaba eathai 14, dieses Restaurant ist gewissermaßen die thailändische Antwort auf das Wagamama. Im dunkelbraunen Kolonialstil eingerichtet, werden hier würzige Thaigerichte serviert (Hauptgerichte £ 8–15). Man sitzt an großen Tischen zusammen mit anderen Gästen, daher auch für Alleinreisende gut geeignet. Straßenterrasse. Tgl. durchgehend ab 12 Uhr geöffnet. 22 Store Street, W1, ✆ 020/72997900. www.busaba.com. Ⓤ Tottenham Court Road.

Cabana 24, die neueste Trendkette in London ist dieses brasilianische Barbecue-Restaurant. Als Spezialität des Hauses gilt das *Spicy Malagueta Chicken* für £ 12.95. Straßenterrasse. 7 Central St Giles Piazza, WC2, ✆ 020/76329630. www.cabana-brasil.com. Ⓤ Tottenham Court Road.

The Salt Yard 15, leckeres Tapas-Restaurant mit moderatem Preisniveau, Tapas für £ 5–10. Weitere Sitzplätze im Untergeschoss. Sonntag geschlossen. 54 Goodge Street, W1, ✆ 020/76370657. www.saltyard.co.uk. Ⓤ Goodge Street.

MeinTipp **Icco 13**, London ist teuer, aber diese Pizzeria bietet ein hervorragendes Preis-Leistungs-Verhältnis. Im modernen, coolen Ambiente kann man sich hier an frisch gebackenen Pizzen ab £ 4 erfreuen. Kleine Straßenterrasse. 46 Goodge Street, W1, ✆ 020/75809688. www.icco.co.uk. Ⓤ Goodge Street.

MeinTipp **Roka 16**, stilvoller und moderner kann sich ein japanisches Restaurant nicht präsentieren. Selbst Sohos Medienwelt trifft sich hier zum Lunch. Das Zentrum des durchgestylten Lokals ist die einsehbare Robata-Grill-Küche, wo Lammkoteletts mit koreanischen Gewürzen und andere Köstlichkeiten auf dem offenen Feuer zubereitet werden. Straßenterrasse. Gehobenes Preisniveau, Sonntagmittag geschlossen. 37 Charlotte Street, W1, ✆ 020/75806464. www.rokarestaurant.com. Ⓤ Goodge Street.

Pied a Terre 17, dieses französische Restaurant gehört zu den besten Londons, selbst den Michelin-Testern waren die Kreationen des Küchenchefs zwei Sterne wert. Egal, ob Zander mit Linsenragout oder ein auf den Punkt gegrillter Kaninchenrücken – hier wird man nicht enttäuscht. Geradezu phantastisch ist das zweigängige Mittagsmenü für £ 29.50, abends öffnet sich der kulinarische Himmel erst für stolze £ 105 bei einem 10-Gang-Menü (korrespondierende Weine £ 62). Samstagmittag und Sonntag geschlossen. 34 Charlotte Street, W1T, ✆ 020/76361178. www.pied-a-terre.co.uk. Ⓤ Goodge Street.

Sardo 7, es gibt viele einfallslose italienische Restaurants in London, aber hier wird sardische Küche auf höchstem Niveau zelebriert. Nudelgerichte ca. £ 15 (als Hausspezialität gelten die *Spaghetti bottariga*, wobei die Nudeln mit dem getrockneten und geriebenen Rogen der Meeräsche vermischt werden). Hauptgerichte £ 17–20, darunter viele gegrillte Fischgerichte. Samstagmittag und Sonntag geschlossen. 45 Grafton Way, W1T, ✆ 020/73872521. www.sardo-restaurant.com. Ⓤ Warren Street.

Indian YMCA Canteen 9, zugegebenermaßen eine recht ungewöhnliche „Restaurantadresse", aber die Kantine des indischen YMCA bietet ein überaus preiswertes und delikates Speisenangebot. Also keine Hemmungen zeigen – die indische Mensa wurde sogar in einem Londoner Restaurantführer empfohlen – und hineingehen. Achtung: Wer nicht im Haus wohnt, muss beim Pförtner im Voraus bezahlen und mit der Quittung zur Essensausgabe gehen. Das täglich wechselnde Menü kostet mittags zwischen £ 4 und £ 5, abends und am Wochenende kostet das Menü £ 8. Geöffnet ist jeden Tag von 19–20.30 Uhr sowie Mo–Fr von 12–14 Uhr, Sa und So 12.30–13.30 Uhr. 41 Fitzroy Square, W1. www.indianymca.org. Ⓤ Warren Street.

Raavi Kebab Halal Tandoori 1, die direkt beim Euston-Bahnhof gelegene Drummond Street hat sich seit mehr als zwei Jahrzehnten als „Curry-Zentrum" etabliert. Dem kleinen, unscheinbaren Imbiss-Restaurant (1973 gegründet und seither nahezu unverändert) mit dem Holzkohlengrill kam dabei eine Vorreiterrolle zu. Die Einrichtung wirkt auf den ersten Blick nicht gerade einladend, doch die Küche ist ausgezeichnet, so z. B. das delikate, mit Mandeln garnierte *Chicken quorma* für £ 6.45. Das Restaurant hat keinen Ruhetag und keine Lizenz zum Alkoholausschank. 10 % Service Charge. Eingeschränkte Öffnungszeiten während des Ramadan. 125 Drummond Street, NW1, ✆ 020/73881780. Ⓤ Euston.

Ravi Shankar 3, wer die indische Küche lieber von ihrer vegetarischen Seite kennen lernen will, muss ein paar Häuser weiter hinauf gehen. Das Ravi Shankar ist bekannt für seine pikant gewürzten, äußerst einfallsreichen Currys. Ein Tipp: Wer die gesamte Bandbreite kennen lernen will, wählt das Menü für £ 15.95. 10 % Service Charge. 133 Drummond Street, NW1, ✆ 020/73886458. Ⓤ Euston.

Hier gibt es Regenschirme mit Stil

Bloomsbury → Karte S. 54/55

The Norfolk Arms 2, ein herrliches Gastropub mit ausgezeichnetem Essen und toller Atmosphäre. Man sitzt unter gusseisernen Säulen und Stuckdecken und lässt sich die mediterrane Küche schmecken. Tapas ab £ 3.50, Hauptgerichte rund £ 13, darunter auch Biogerichte wie *Roast organic black mountain beef*. Straßenterrasse. 28 Leigh Street, WC1, ✆ 020/73883937. www.norfolkarms.co.uk. Ⓤ Russell Square.

Lamb 5, traditionsreiches viktorianisches Pub mit mehreren kleinen Räumen, in dem bereits die Mitglieder der Bloomsbury Group ihre Abende verbrachten. Zum Pint bestellt man sich kleine Gerichte und genießt die zünftige Atmosphäre. Sonntag nur bis 22.30 Uhr geöffnet. 94 Lamb's Conduit Street, WC1, ✆ 020/74050713. Ⓤ Russell Square.

Cigala 10, spanisches Tapas-Restaurant im skandinavischen Design. Leckere Tapas (£ 3–9), unser Tipp: *Pinchito moruno*, mariniertes gegrilltes Schweinefleisch mit Tomaten, Zwiebeln und Petersilie. Zweigängiges Mittagsmenü £ 19.50, drei Gänge £ 22.50. Hervorragende Weinauswahl, Straßenterrasse. So Ruhetag. 54 Lamb's Conduit Street, WC1, ✆ 020/74051717. www.cigala.co.uk. Ⓤ Holborn.

Princess Louise 22, ein gut besuchtes Pub mit original viktorianischem Interieur, sogar die Herrentoiletten sind denkmalgeschützt. Man steht an der ovalen Bar und freut sich an dem Ambiente mit Stuck, Spiegeln und reich verzierten Säulen. An der Ecke High Holborn zur Newton Street. 208 High Holborn, WC1, ✆ 020/74058816. www.princesslouisepub.co.uk. Ⓤ Holborn.

Einkaufen

Tottenham Court Road 18, die Straße ist in ihrem nördlichen Teil ein Eldorado für Liebhaber von Unterhaltungselektronik. Neben Geschäften für Computer, Kameras und Stereoanlagen finden sich auch zahlreiche Möbelgeschäfte (eine große Auswahl an Designmöbeln führen Habitat, Purves & Purves sowie Heal's). Ⓤ Goodge Street oder Warren Street.

Mein Tipp **London Review Bookstore 19**, die *London Review of Books* ist für ihre Buchbesprechungen weit über England hinaus bekannt. So verwundert es auch nicht, dass die zur Zeitschrift gehörende Buchhandlung sich vor allem auf Literatur und hochwertige Sachbücher spezialisiert hat. Angegliedert ist auch ein sympathisches Café. Auch am Sonntag von 12–18 Uhr geöffnet. 14 Bury Place, WC1. www.lrbshop.co.uk. Ⓤ Holborn.

Gay's the Word 4, der beliebteste schwule Buchladen in der englischen Metropole. Auch sonntags von 14–18 Uhr geöffnet. 66 Marchmont Street, WC1. www.gaystheword.co.uk. Ⓤ Russell Square.

James Smith & Sons 23, bekanntlich ist es mit dem Londoner Wetter nicht immer gut bestellt. In diesem 1830 (!) eröffneten Regenschirmgeschäft findet man aber sicherlich den richtigen Schutz. Sonntag geschlossen. 53 New Oxford Street, WC1. www.james-smith.co.uk. Ⓤ Holborn oder Tottenham Court Road.

Thomas Farthing 20, zeitlose englische Mode von Hosen und Sakkos sowie diversen Accessoires wie Hosenträgern und Fliegen bis zum Schal. 40 Museum Street, WC1. www.thomasfarthing.co.uk. Ⓤ Holborn oder Tottenham Court Road.

Treadwell's 12, mit Räucherstäbchenduft präsentiert sich Englands führendes Geschäft für Esoterik und Paganismus. Für alle Freunde von Tarot & Co. 33 Store Street. WC2. www.treadwells-london.com. Ⓤ Goodge Street.

The People's Supermarket 8, ideal für alle, die keine Lebensmittelketten und -konzerne unterstützen wollen. Der Supermarkt ist eine Kooperative. Jedes Mitglied zahlt einen Jahresbeitrag und verpflichtet sich monatlich vier Stunden zu helfen, dafür bekommen die Mitglieder Rabatt auf alle Produkte. Keine Sorge: Auch Touristen dürfen hier einkaufen. Der Schwerpunkt des Sortiments liegt auf regionalen Produkten. Tgl. 8–22 Uhr, So 10–21 Uhr. 72–78 Lamb's Conduit Street, WC 1. www.thepeoplessupermarket.org. Ⓤ Russel Square.

Planet Organic 11, als die Biosupermarktkette 1995 ihren ersten Shop in London eröffnete, war dies ein Novum in der Themsestadt. Bis heute sind zahlreiche Geschäfte nachgezogen, doch gibt es hier immer noch Obst, Gemüse, Backwaren und andere Produkte mit Ökosiegel. Mittags wird ein Biolunch angeboten. 22 Torrington Place, WC 1. www.planetorganic.com. Ⓤ Goodge Street.

Farmer's Market 6, jeden Donnerstag von 9–14 Uhr wird auf dem Torrington Square ein bunter Wochenmarkt abgehalten. www.lfm.org.uk. Ⓤ Goodge Street.

Der „Meeting Place“ in St Pancras

Kontrastreicher Norden

Tour 5

Camden gilt als Stadtteil mit kosmopolitischem Flair. Vor allem am Wochenende strömen die Londoner zu Zigtausenden auf den Camden Market, während das benachbarte Primrose Hill mit einer geradezu dörflichen Atmosphäre überrascht.

- **Jewish Museum**, eindrucksvolle Ausstellung, S. 66
- **London Canal Museum**, Lastkähne und Geschichte(n), S. 67
- **Camden Market**, trubeliger Trödel-, Nippes- und Klamottenmarkt, S. 70

Kosmopolitisch trifft dörflich

Camden Town und Primrose Hill

Bis ins 18. Jahrhundert hinein bestand Camden nur aus wenigen Bauernhöfen, die um ein herrschaftliches Anwesen gruppiert waren. Dies änderte sich, als der namensgebende Charles Pratt Earl Camden 1791 begann, seinen Landsitz planmäßig zu erweitern und in der Nähe der heutigen Tubestation Kentish Town 1400 Häuser errichten ließ. Relativ zügig wuchs das prosperierende Camden mit London zusammen, wobei der Aufschwung zum großen Teil auf den 1806 begonnenen Bau des Regent's Canal und den Eisenbahnboom zurückzuführen ist. In den 40er-Jahren des 19. Jahrhunderts kam es, ausgelöst durch eine verheerende Hungersnot in Irland, zu einer regelrechten irischen Einwanderungswelle. Die hauptsächlich beim Eisenbahnbau beschäftigten Immigranten lebten meist in den Armenquartieren nahe der großen Kopfbahnhöfe, so beispielsweise auch in Camden. Der Unmut über die schlechten Lebens- und Arbeitsbedingungen eskalierte 1846 bei den *Camden Town Riots*, als sich irische Eisenbahn- und Kanalarbeiter am Parkway eine blutige Straßenschlacht mit der Polizei lieferten. Zu den Iren stießen nach dem Ende des Zweiten Weltkrieges viele griechische Zyprioten, die sich ebenfalls vorzugsweise in Camden niederließen. Die Mieten waren billig, viele Künstler und Musiker lebten und arbeiteten hier: Pink Floyd gaben 1966 im Roundhouse eines ihrer ersten Konzerte und auch die Rolling Stones und die Doors standen in dem ehemaligen Lokschuppen auf der Bühne. Ein Konzert der Ramones im Juli 1976 gilt als die Geburtsstunde der englischen Punk-Bewegung, später hatten The Clash ihr Studio in Camden.

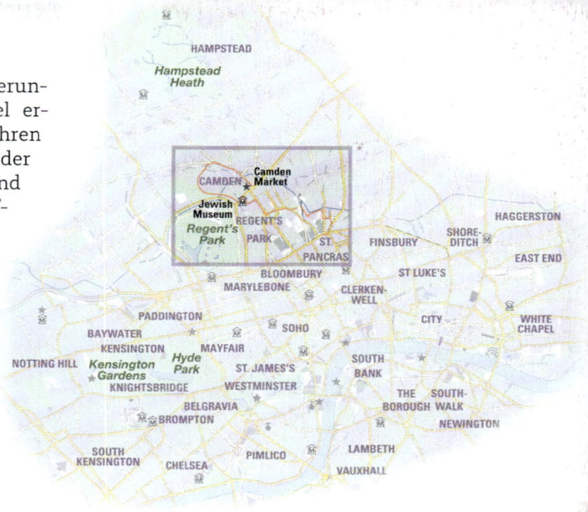

Das damals noch relativ heruntergekommene Stadtviertel erlebte in den 1980er-Jahren einen verstärkten Zuzug der Londoner Mittelschicht und somit einen erneuten Aufschwung. Ärzte, Rechtsanwälte und Journalisten, denen die Hauspreise im Westen der Stadt zu teuer waren, entdeckten ihre Liebe zu Camden und dem nahen Primrose Hill, wo sich ein „Blick hinunter auf das kränklich orangegelbe Leuchten der Stadt" bietet, wie die Schriftstellerin Zadie Smith befand. Durch die neuen Bewohner veränderte sich die „Infrastruktur", Restaurants, Coffeebars und Buchläden wurden eröffnet. Zu den bekanntesten Bewohnern von Camden Town gehören das Supermodel Kate Moss und die Schauspielerin Kirsten Dunst.

Spaziergang

Der beste Zeitpunkt für einen Spaziergang durch Camden ist natürlich ein Samstag oder Sonntag. Dann pilgern zwar bis zu 500.000 Besucher zum Camden Market, dafür haben aber auch alle Stände und Shops geöffnet. Am besten ist es, man lässt sich von der Tubestation einfach die Camden High Street zum Camden Lock hinuntertreiben; die Straße wird von Schuhgeschäften, Army-and-Navy-Läden und Tattoo-Studios gesäumt. Rechter Hand zweigt eine überdachte Passage ab, in der Second-Hand-Klamotten verkauft werden. Kurz darauf überquert die Camden High Street den Regent's Canal; an der Schleuse kann man mit dem Boot einen Ausflug bis nach *Little Venice* unternehmen. Auf der anderen Seite des Kanals wird im Camden Lock Market, einer dreistöckigen viktorianischen Markthalle, Kunsthandwerk von unterschiedlicher Qualität feilgeboten. In den ehemaligen Kohlengewölben unter den Bahngleisen sowie im orientalisch anmutenden Stables Market, einem uralten Güterbahnhof, werden an den Ständen Uhren, Möbel und natürlich immer wieder Klamotten verkauft. Wer Appetit verspürt, kann sich an einer der zahlreichen Imbissbuden stärken, bevor es noch ein paar Minuten die langweiliger werdende Chalk Farm Road entlang geht.

Die Regent's Park Road führt über eine Eisenbahnbrücke und dann direkt in das Zentrum von Primrose Hill, wo einst nicht nur die Dichterin Sylvia Plath und ihr Ehemann Ted Hughes lebten, sondern wo auch Friedrich Engels, der Philosoph und Gesellschaftstheoretiker, von 1870 bis 1894 im Haus Nummer 122 wohnte. Der 63 Meter hohe Primrose Hill („Frühlingshügel") war einst ein bevorzugter Platz, um sich im frühen Morgengrauen zu duellieren. Heute joggen die Londoner lieber durch den Park oder genießen die herrliche Aussicht, die sich von einer kleinen Anhöhe auf die Stadt bietet. Wer will, kann auch einen Abstecher

Camden Town: bunt und lebhaft

zum nahen London Zoo (→ Marylebone) unternehmen. Über die Regent's Park Road und den Parkway gelangt man wieder zurück ins Zentrum von Camden; einen Besuch lohnt aber das in einer Seitenstraße gelegene **Jewish Museum**. Anschließend steht man vor der Entscheidung, sich noch einmal in das Marktgeschehen zu stürzen oder Camden auf unbekannteren Pfaden zu entdecken. Im letzteren Fall geht es über die Camden High Street und die Crowndale Road am St Pancras Hospital – durch den Park – vorbei und unter einer Bahnunterführung hindurch zum **Camley Street Natural Park**, der wie eine friedvolle Oase in der Großstadthektik anmutet. Der Park grenzt direkt an den Grand Union Canal. Wer mehr über die Londoner Kanäle erfahren möchte, ist im **London Canal Museum** an der richtigen Adresse. Die Gegend östlich der King's Cross Station ist abends ein schlecht beleumundetes Viertel mit Prostitution und Drogenhandel, tagsüber muss man sich jedoch keinerlei Sorgen machen.

Sehenswertes

Eindrucksvolle Ausstellung

Jewish Museum

Das in einem äußerlich unscheinbaren Reihenhaus untergebrachte Museum dokumentiert in sehr ansprechender Form die Geschichte, Religion und Kultur der britischen Juden von 1066 bis zur Gegenwart. Bereits im Eingangsbereich ist eine Mikwe aus dem 13. Jahrhundert zu sehen, die in London gefunden wurde und eins von nur zwei erhaltenen mittelalterlichen jüdischen Ritualbädern in England ist. Neben der Geschichte des Judentums in Großbritannien liegt der zweite Schwerpunkt auf dem religiösen Aspekt (Kultgegenstände wie Hanukkah-Lampen oder silberne Torah-Glocken sind ausgestellt), besonders eindrucksvoll ist aber die *Holocaust Gallery*, die diese Leidensgeschichte anhand des Schicksals von Leon Greenman erzählt, einem britischen Juden, der Auschwitz überlebte.

Wechselausstellungen, ein Museumsshop sowie ein koscheres Café ergänzen das Angebot.

129–131 Albert Street, NW1. Ⓤ Camden Town. So–Do 10–17 Uhr, Fr 10–14 Uhr. Eintritt £ 7.50, erm. £ 6.50 bzw. £ 3.50. www.jewishmuseum.org.uk.

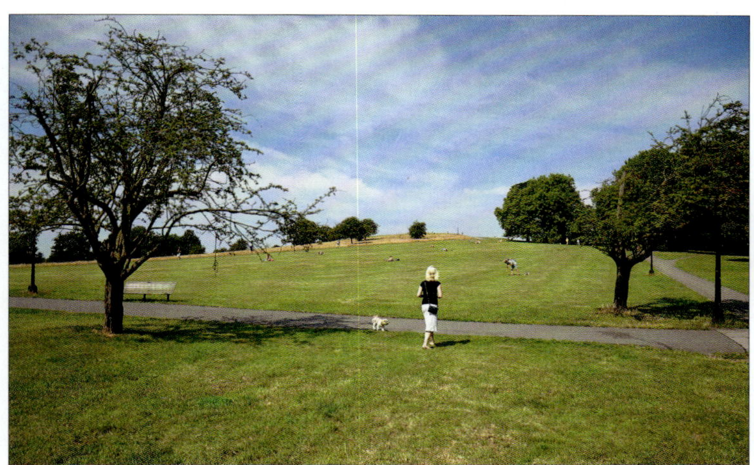

Ländliche Idylle: Primrose Hill

Kleine, aber feine grüne Oase

Camley Street Natural Park

Mitten in einem wenig verlockenden alten Industrieviertel gelegen, ist die verborgene, vom London Wildlife Trust betreute Parkanlage ein echter Geheimtipp. Inmitten einer üppigen Vegetation mit Sumpf- und Wiesenpflanzen leben Schildkröten und Frösche in einem Teich. Ideal für Kinder!

12 Camley Street, NW1. Ⓤ King's Cross. Do–So 10–17 Uhr. Eintritt frei! www.wildlondon.org.uk.

Lastkähne und Geschichte(n)

London Canal Museum

Das London Canal Museum befindet sich im ehemaligen Geschäftshaus von *Carlo Gatti*, der im 19. Jahrhundert vom armen italienischen Einwanderer zum Londoner Eiskönig aufstieg. Einer seiner Enkel brachte es gar zum Lord Mayor der Londoner City.

Nachdem Gatti in London Fuß gefasst hatte, besaß er ein paar Cafés und Restaurants, in denen er Schokolade und Eis verkaufte. Um sich mit dem nötigen Kühleis zu versorgen, erhielt er die Genehmigung, Eis aus dem gefrorenen Regent's Canal zu sägen. Die Nachfrage wuchs, so dass Gatti Eistransporte aus Norwegen organisieren musste. Gewissermaßen als Nebeneffekt wurde er zum Londoner „Eiskönig", der Metzgereien, Fischhändler und wohlhabende Privathaushalte belieferte. Seine schwarz-gelben Eiskarren waren aus dem damaligen Straßenbild nicht wegzudenken. Wer sich jetzt fragt, was dies mit den Londoner Kanälen zu tun hat, dem sei gesagt, dass das Kühleis auf dem Regent's Canal in Gattis Lagerhaus gelangte. Ein ehemaliger Lastkahn – wegen seiner schmalen Ausmaße „Narrow Boat" genannt – ist im Museum ausgestellt, weitere liegen in dem Hafenbecken hinter dem Museum vor Anker. Informationen über das Leben und die Arbeitswelt der Bootsbesitzer, die das ganze Jahr mit ihren Familien auf den Lastkähnen lebten, runden die Ausstellung ab.

12–13 New Wharf Road, N1. Ⓤ King's Cross. Tgl. außer Mo 10–16.30 Uhr, jeden 1. Do im Monat bis 19.30 Uhr. Eintritt £ 4, erm. £ 3 bzw. £ 2. www.canalmuseum.org.uk.

Camden Town und Primrose Hill → Karte S. 68/69

Praktische Infos

Essen und Trinken

Greenberry Café **4**, ein nettes modernes Café mit schönen Holztischen mitten im Herzen von Primrose Hill. Wer will, kann sogar noch nachmittags frühstücken. Serviert werden sonst kleinere Köstlichkeiten wie eine Spinatsuppe mit Wasserkresse oder Bruschetta. Angenehme Atmosphäre, kleine Straßenterrasse. Zwei-Gang-Menü £ 13.50. Mo–Sa 9–22 Uhr, So 9–16 Uhr. 101 Regent's Park Road, NW1, ✆ 020/74833765. www.greenberrycafe.co.uk. Ⓤ Chalk Farm.

Lemonia **6**, ein paar Häuser weiter kann man sich an den schönen Holztischen den Freuden

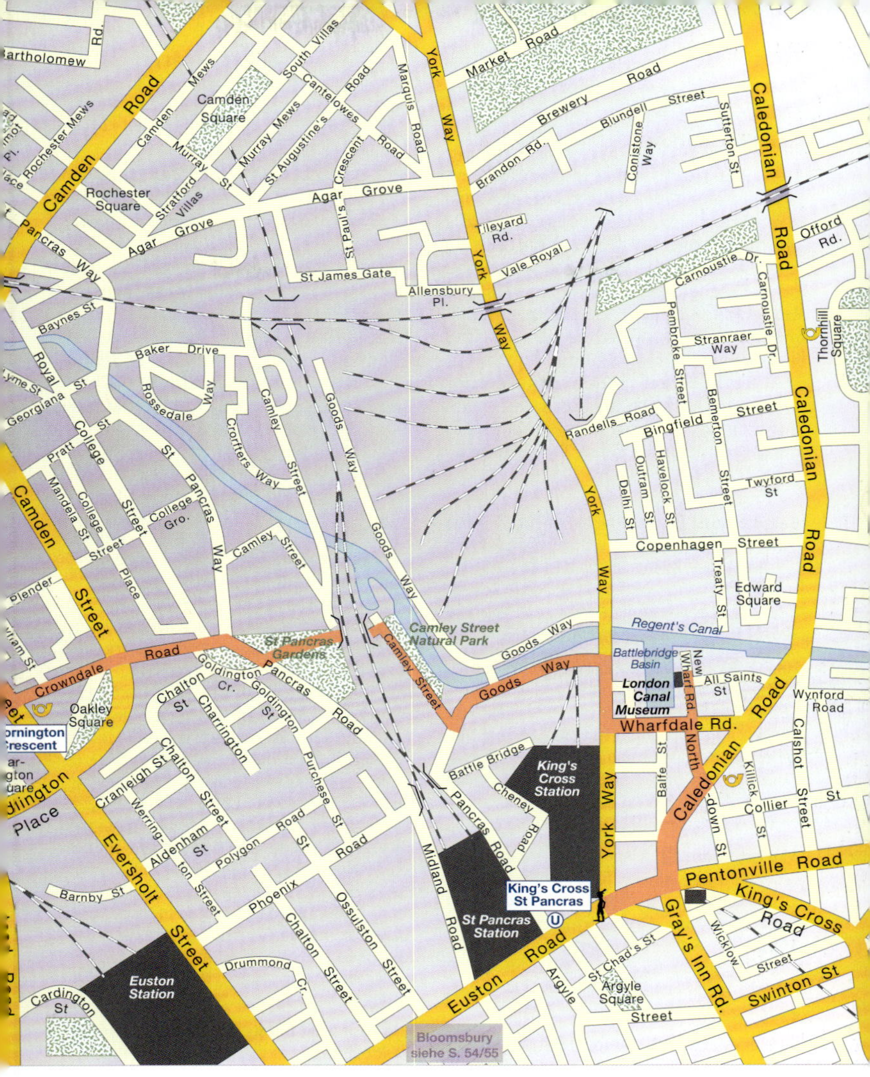

der griechischen Küche widmen. Der griechische Salat ist frisch, die gegrillten Kalamari sind mit £ 14.50 hingegen nicht gerade günstig. Das dreigängige Mittagsmenü (£ 12.75, jeweils Mo–Fr) schont die Reisekasse. Samstagmittag und Sonntagabend geschlossen. 89 Regent's Park Road, NW1, ✆ 020/75867454. Ⓤ Chalk Farm.

Masala Zone **12**, hochwertige indische Küche in zeitlosem Ambiente. Empfehlenswert ist ein aus verschiedenen kleinen Gerichten bestehendes *Thali*, das es mit Lamm, Hühnchen oder Prawns genauso gibt wie für Vegetarier (ab £ 12.70). Serviert werden die Köstlichkeiten mit *Rice* und *Dhal* auf einem großen Tablett. Günstige Mittagsmenüs, 10 % Service Charge, Straßenterrasse. 25 Parkway, NW1, ✆ 020/72674422. www.masalazone.com. Ⓤ Camden Town.

London im Kasten

Camden Market

Der „Aufstieg" Camdens lag und liegt größtenteils in der Beliebtheit des Camden Market begründet, der mittlerweile als die viertgrößte Touristenattraktion von London gilt. Die Anfänge waren noch bescheiden: In den 1970er-Jahren entdeckten ein paar Trödler in Camden mehrere alte Eisenbahnschuppen und leer stehende Lagerhallen der Kanalschiffer, in denen sie ihren Krimskrams verkaufen konnten. Heute herrscht am Sonntag oft ein so starker Trubel, dass die Tubestation Camden Town manchmal geschlossen wird, um Unfällen vorzubeugen. Vor allem unter den trendbewussten Modefreaks genießt der Markt einen hervorragenden Ruf. Auf der Camden High Street sind schrille Shops für Boots, Jeans, Lederjacken und Modeschmuck wie auf einer Perlenschnur aufgereiht. „Street Fashion" ist angesagt. Bekannte Modemacher wie Jean-Paul Gaultier und Christian Lacroix sollen den Camden Market sogar als Inspirationsquelle nutzen.

Belgo Noord 1, frittierte Muscheln, Pommes frites und Bier: Auf diesen drei Standbeinen der belgischen Küchenkultur basiert auch dieses ansprechende und viel besuchte Restaurant. 72 Chalk Farm Road, NW1, ✆ 020/72670718. www.belgo.com. Ⓤ Chalk Farm.

Haché 9, die anspruchsvolle Alternative zu McDonalds. Insider behaupten, hier gibt es die besten Burger (ab £ 7.95 in zahlreichen Variationen, so auch Lamm) von ganz London. Angenehmes Ambiente und auch optisch wissen die Burger zu begeistern. Tgl. 12–22 Uhr. 24 Iverness Street, NW1, ✆ 020/74859100. www.hacheburgers.com. Ⓤ Camden Town.

Mango Room 8, ansprechendes karibisches Restaurant unweit der Tube-Station, bekannt für exotische und gut gewürzte Gerichte. Ein Klassiker ist das *Creole Snapper Fillet with Mango & Green Peppercorn Sauce* für £ 13. Zwei-Gang-Menü £ 22. Tgl. 12–23 Uhr. 10–12 Kentish Town Road, NW1, ✆ 020/74825065. www.mangoroom.co.uk. Ⓤ Camden Town.

Stables Market (Gilgamesh) 5, der Stables Market ist bekannt für seine günstigen Essensstände, an denen man für £ 4–6 ein leckeres Hauptgericht in einer Aluschale serviert bekommt – egal, ob indisch, mexikanisch oder chinesisch. Anspruchsvoller ist das Angebot im Restaurant Gilgamesh, das ebenfalls einen bunten Querschnitt durch die asiatische Küche bietet und zudem mit seiner Bar-Atmosphäre begeistert. Tgl. 18–24 Uhr, Fr–So ab 12 Uhr. Chalk Farm Road, NW1, ✆ 020/74825757. www.gilgameshbar.com. Ⓤ Camden Town.

Einkaufen

Camden Market 3, in der Camden High Street und der Chalk Farm Road findet vor allem am Wochenende (ab 10 Uhr, viele Stände haben aber auch werktags geöffnet) einer der buntesten Londoner Straßenmärkte statt, der in mehrere Sektionen aufgeteilt ist und am Wochenende von bis zu 500.000 Menschen besucht wird. Das vielfältige Angebot reicht von Klamotten über diversen Nippes bis hin zu exotischen Schrumpfköpfen. Dutzende von Imbissbuden sorgen für das leibliche Wohl. Sonntags herrscht Hochbetrieb! Die Geschäfte im überdachten, auf Kunsthandwerk spezialisierten *Camden Lock* sowie der zum Stöbern am besten geeignete *Stables Market* mit seinen vielen Essensständen haben täglich von 10 bis 18 Uhr geöffnet. Der überdachte *Camden (Buck Street) Market* ist nur Do–So, der *Camden Canal Market* nur Sa und So von 10 bis 18 Uhr geöffnet. www.camdenmarkets.org. bzw. www.stablesmarket.com. Ⓤ Camden Town.

Primrose Hill Books 10, liebevoll geführte Stadtteilbuchhandlung inmitten von Primrose Hill. Auch großes Angebot an antiquarischen Büchern. 134 Regent's Park Road, NW. www.primrosehillbooks.com. Ⓤ Chalk Farm.

Whole Foods Market 13, beeindruckender Ökosupermarkt, für den Sofortverzehr gibt es kleine Snacks, Suppen, Salate, Kaffee und Kuchen. Straßenterrasse. Tgl. 8–21 Uhr, So erst ab 10 Uhr geöffnet. 49 Parkway, NW1, ✆ 020/73871985. www.wholefoodsmarket.com. Ⓤ Camden Town.

Beliebt: Ein Wochenendbummel über den Camden Market

Herrenhäuser und Badeseen

Tour 6

Zwei Kilometer nördlich von Camden erstreckt sich der Stadtteil Hampstead. Abseits vom Trubel gelegen, gilt Hampstead seit dem 18. Jahrhundert als Nobelviertel, in dem sich vor allem Reiche, Künstler und Intellektuelle wohl fühlen. Highlights sind das Freud Museum und das Kenwood House.

Kenwood House, Gemälde, Bibliothek und Gartencafé, S. 73

Freud Museum, komplett mit Couch, S. 73

2 Willow Road, moderne Kunst im Goldfinger-Wohnhaus, S. 75

Nobelviertel mit Charme

Hampstead

Allein durch seine Lage – 180 Meter über der Themse – hebt sich das vom (Mikro-)Klima verwöhnte Hampstead von den anderen Stadtteilen Londons ab. Bis der Frauen mordende Heinrich VIII. Hampstead Heath der Kirche entzog, gehörte die Anhöhe zur Westminster Abbey. Nach dem Großen Brand entwickelte sich Hampstead zu einem beliebten Villenvorort mit Cottages und gepflegten Vorgärten. Für kurze Zeit machte Hampstead auch als Heilbad Furore, woran heute noch der Wells Walk erinnert. Schriftsteller, Maler und Gelehrte liebten die dörfliche Atmosphäre („Montmartre Londons"), in den 30er-Jahren des 20. Jahrhunderts kamen auch noch zahlreiche deutsche Emigranten wie *Oskar Kokoschka*, *Sigmund Freud* und *Elias Canetti* hinzu. Einem zeitgenössischen Witz zufolge wurde einem an einer schweren Krankheit leidenden Engländer ein Spezialist aus Wien empfohlen. Als er, da das beschriebene Haus keine Klingelschilder besaß, im Hinterhof kurz entschlossen „Herr Professor" rief, öffneten sich alle Fenster des Mietshauses … Ein Pflichtbesuch führt alle Psychologen in die Maresfields Gardens, wo *Sigmund Freud* seine letzte Praxis – jetzt Freud Museum – betrieb. Die einzigartige Lage von Hampstead hat stets die Literaten und Künstler angezogen. Der Lyriker *Erich Fried* lebte genauso in Hampstead wie *Robert Louis Stevenson* und *John Galsworthy*. Galsworthy erhielt 1932 für seine „Forsyte Saga" den Literaturnobelpreis, der noch zweimal nach Hampstead vergeben wurde: 1981 an *Elias Canetti* und 2007 an *Doris Lessing*, die in West Hampstead lebt und die Glückwünsche zur Preisverleihung auf den Stufen vor ihrem Reihenhaus sitzend entgegennahm.

Attraktiv ist auch die Hampstead High Street mit ihren zahlreichen Boutiquen,

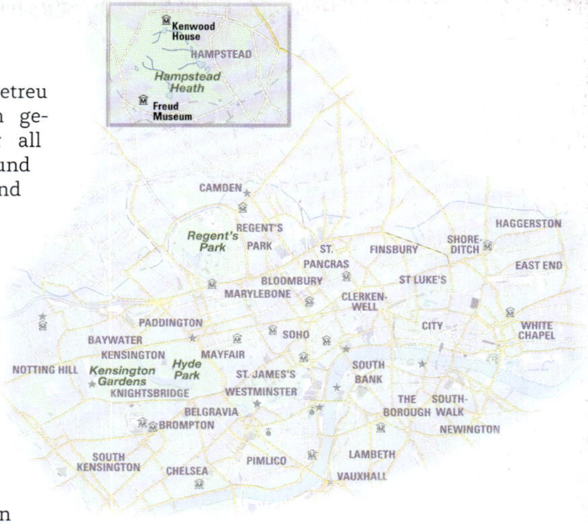

Cafés und Restaurants, getreu dem Motto: Shopping in gepflegter Atmosphäre, für all jene, denen die Oxford und Regent's Street zu laut und hektisch sind.

Nicht versäumen sollte man einen Abstecher zur **Hampstead Heath**, einer 325 Hektar großen Grünanlage mit Weihern, Grashügeln und Wald; sie bietet viel Platz sich fern vom Lärm der Metropole zu erholen. Das ländliche Flair, das schon den Maler John Constable faszinierte, zieht nach wie vor die Londoner in seinen Bann. Doris Lessing fühlt sich an windigen Tagen hier an ihre Kindheit im afrikanischen Busch erinnert. Lohnend ist ein Besuch des Kenwood House. Es gibt auch drei Badeseen (Bathing Ponds), einen besonders schönen nur für Frauen, einen nur für Männer – viel Gay-Publikum – und einen für beiderlei Geschlechter. In der südöstlichen Ecke des Parks befindet sich zudem der *Lido*, ein ursprünglich aus den späten 1930er-Jahren stammendes Freibad, das nach seiner 2005 abgeschlossenen Renovierung mit einem Edelstahlbecken lockt.

Sehenswertes

Gemälde, Bibliothek und Gartencafé

Kenwood House

Das im letzten Drittel des 18. Jahrhunderts von Robert Adam für den Earl of Mansfield errichtete Herrenhaus liegt in exponierter Lage am Nordrand von Hampstead Heath und ist von einem herrlichen Park umgeben, in dem im Sommer Freiluftkonzerte stattfinden. Edward Guinness, seines Zeichens Earl of Iveagh, erwarb 1925 das verlassene Anwesen, um darin seine Kunstsammlung auszustellen. Testamentarisch vermachte er Kenwood House dem Staat, mit der Auflage, es mit seiner Sammlung der Öffentlichkeit zugänglich zu machen. Nicht nur, weil der Eintritt kostenlos ist, lohnt ein Besuch des neoklassizistischen Herrenhauses, besonders prächtig ist die Bibliothek. An den Wänden hängen Gemälde alter Meister, darunter Werke von Rembrandt, Franz Hals, Vermeer, Gainsborough und Turner. Nicht versäumen sollte man einen abschließenden Besuch im herrlichen Gartencafé!

Hampstead Lane, NW3, Ⓤ Hampstead. Tgl. 10–17 Uhr. Der Garten ist tgl. ab 7 Uhr geöffnet. Eintritt frei!

Komplett mit Couch

Freud Museum

Sigmund Freud (1856–1939), der Begründer der Psychoanalyse, emigrierte 1938 von Wien nach London, wo er in Hampstead seine letzte Bleibe fand, bevor er sich, schwer vom Gaumenkrebs gezeichnet, am 23. September 1939 das Leben nahm. Seine Tochter Anna ließ mehrere Räume (Arbeitszimmer,

Freud Museum

Bibliothek etc.) unverändert, selbst die berühmte Couch kann man noch bewundern.

20 Maresfields Gardens, NW3, Ⓤ Finchley Road. Mi–So 12–17 Uhr. Eintritt £ 7, erm. £ 5 bzw. £ 4. www.freud.org.uk.

Originalmanuskripte und mehr

Keats House

Zu den berühmten Schriftstellern, die in Hampstead gelebt haben, gehört auch der Romantiker *John Keats*, der 1818 in dieses Haus in Hampstead zog und hier seine berühmte „Ode to a Nightingale" schrieb. Selbst wenn man bis dato noch nie etwas von Keats gehört hat, bietet sich hier eine gute Möglichkeit, einen Einblick in die Londoner Wohnkultur vor 200 Jahren zu gewinnen.

Wentworth Place, Keats Grove, NW3, Ⓤ Hampstead. Von April bis Nov. Mi–So 11–17 Uhr, im Winter nur Fr–So 11–17 Uhr. Eintritt £ 6.50, erm. £ 5.50. www.londonshh.org/houses/keats-house-museum.html.

Stadtteilmuseum mit Gartencafé

Burgh House

Das lokalhistorische Museum beschäftigt sich mit den bekannten Persönlichkeiten von Hampstead, allen voran mit

London im Kasten

Mister Goldfinger

Goldfinger ist noch heute einer der berühmtesten James-Bond-Filme, vor allem wegen Gert Fröbe in seiner Rolle als goldgieriger Bösewicht. Weniger bekannt ist hingegen, dass Bond-Autor Ian Flemming, der in der Willow Road wohnte, den Namen seines Bösewichts von seinem Nachbarn Ernö Goldfinger „entliehen" haben soll, da er Goldfinger wegen seiner modernen Bauten nicht sonderlich gemocht hat.

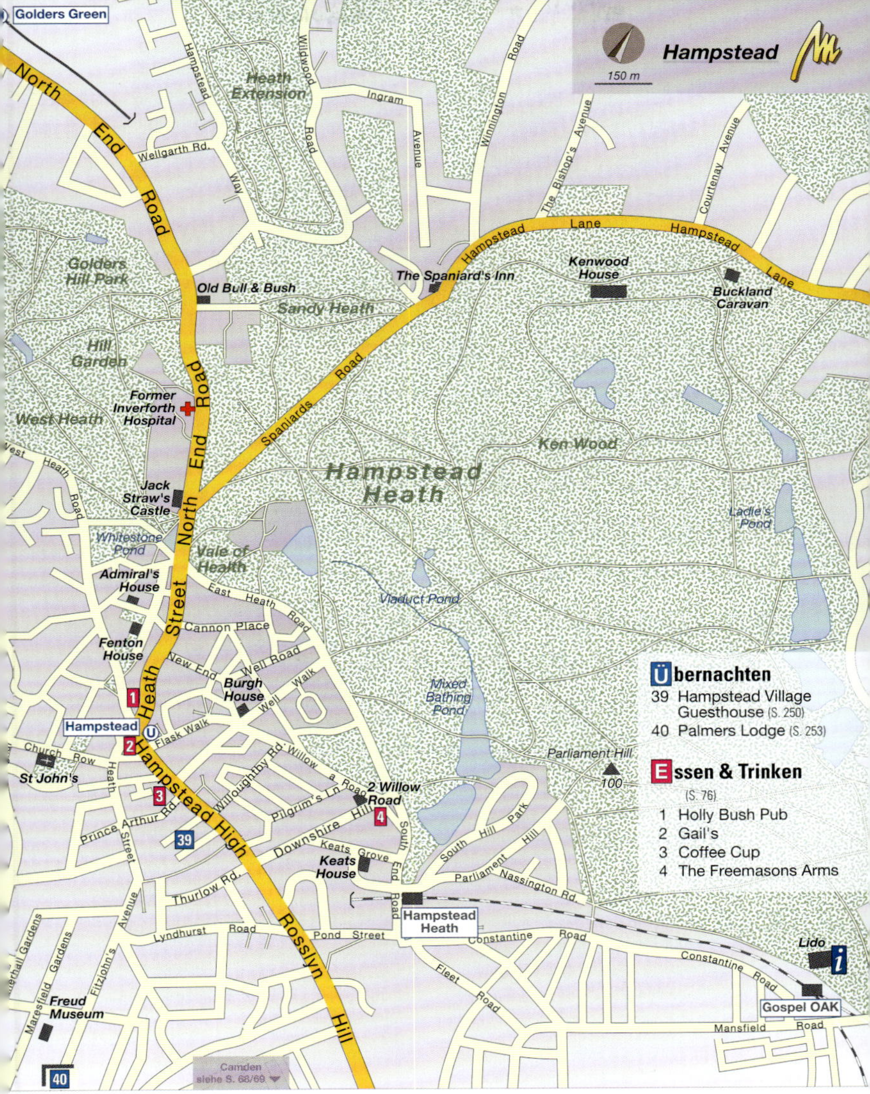

Keats und Constable. Wechselausstellungen und ein kleines Café im Garten runden das Angebot ab.

New End Square, NW3, Ⓤ Hampstead. Mi, Do, Fr und So 12–17 Uhr. Eintritt frei! www.burghhouse.org.uk.

Moderne Kunst im Goldfinger-Wohnhaus

2 Willow Road

Das von *Ernő Goldfinger* 1937 errichtete Wohnhaus ist eines der wenigen Londoner Gebäude, die den Geist des

Viktorianisch: Hampstead High Street

Modernismus atmen. Mehr als 40 Jahre hat Goldfinger (1902–1987) hier zusammen mit seiner Familie gelebt. Der Architekt Goldfinger war mit vielen Künstlern befreundet und hat eine wertvolle Sammlung moderner Kunst mit Werken von Henry Moore, Max Ernst, Roland Penrose und Bridget Riley zusammengetragen.

2 Willow Road, NW3, Ⓤ Hampstead. Von April bis Okt. Mi–So Führungen um 11, 12, 13 und 14 Uhr, freie Besichtigung 15–17 Uhr. Eintritt £ 6.50, erm. £ 3.25 (NT). www.nationaltrust.org.uk/2-willow-road.

Praktische Infos

→ Karte S. 75

Essen und Trinken

Holly Bush Pub **1**, mit viel Holz, Patina und Atmosphäre, eben so, wie man sich ein Pub vorstellt. Gute Küche (mit Ziegenkäse gefüllte Zucchiniblüten), Hauptgerichte um die £ 15. Zu essen gibt es auch günstige Sandwiches und Pies. Leicht zu finden: Von der Underground Station einfach geradeaus den Berg hoch und nach 100 Metern rechts. Am Wochenende ist es meistens ziemlich voll. 22 Holly Mount, NW3, ✆ 020/74352892. www.hollybushhampstead.co.uk. Ⓤ Hampstead.

The Freemasons Arms **4**, viel besuchtes Gastro-Pub mit einem großen Garten direkt neben der Hampstead Heath. Tgl. ab 12 Uhr geöffnet. 32 Downshire Hill, NW3, ✆ 020/74336811. www.freemasonsarms.co.uk. Ⓤ Hampstead.

Coffee Cup **3**, traditionsreiches Café (1951 gegründet) im Herzen von Hampstead, das schon Elias Canetti gerne besuchte. Heute trifft sich hier eher jüngeres Publikum in den holzgetäfelten Räumen. Tgl. 9–24 Uhr. 74 Hampstead High Street, NW3, ✆ 020/74357565. www.coffeecupuk.com. Ⓤ Hampstead.

Gail's **2**, tolle Bäckerei mit 30 verschiedenen (Bio-)Brotsorten unweit der U-Bahn-Station. Zu Essen gibt es leckere belegte Brote, dazu Kaffee. Kleine Straßenterrasse. Tgl. 7.30–20 Uhr. 64 Hampstead High Street, NW3, ✆ 020/74357565. www.gailsbread.co.uk. Ⓤ Hampstead.

London im Kasten

Im Reich des Todes: Highgate Cemetery

Der im Nordosten von Hampstead gelegene Highgate Cemetery ist der bekannteste Friedhof Londons. Im Jahre 1839 eröffnet, wurde er schon bald zur beliebten letzten Ruhestätte für wohlhabende viktorianische Familien, zu denen beispielsweise auch der Physiker Michael Faraday gehörte. Faradays Grab liegt im West Cemetery, der nur im Rahmen einer Führung zugänglich ist. Der West Cemetery mit seinen mit Efeu und Farnen überzogenen Wegen ist der älteste und stimmungsvollste Teil von Highgate; er ist von hohen Mauern umgeben und präsentiert sich als ein verwunschenes Reich des Todes mit Engelstatuen, Obelisken, Mausoleen und Katakomben. Ein eindrucksvolles Denkmal britischer Friedhofskultur!

Den East Cemetery darf man hingegen auf eigene Faust erkunden, wobei die meisten Besucher vor allem das monumentale Grab von Karl Marx ansteuern, der hier zusammen mit seiner Frau Jenny von Westfalen, der gemeinsamen Tochter Eleanor und weiteren Familienmitgliedern ruht wie der ehemaligen Haushälterin Helene Demuth, mit der Marx 1851 einen Sohn zeugte. „Workers Of All Lands Unite" steht auf dem klobigen Granitsockel mit dem überdimensionalen Bronzekopf, vor dem sich schon Chruschtschow, Breschnew und Dutzende anderer kommunistischer Führer verneigten. Unweit von Marx ruhen die Schriftstellerin George Eliot und der Philosoph Herbert Spencer, der als Begründer des Sozialdarwinismus bekannt wurde.

Swain's Lane, NW3, Ⓤ Archway. Tgl. 10–17 Uhr, am Wochenende ab 11 Uhr, im Winter von 10–16 Uhr, am Wochenende ab 11 Uhr. Eintritt £ 4, erm. £ 2. Führungen über den West Cemetery finden am Wochenende um 11, 12, 13, 14 und 15 Uhr, im Sommer auch um 16 Uhr statt. Kosten £ 12, erm. £ 6 (inkl. East Cemetery). www.highgate-cemetery.org.

Hampstead → Karte S. 75

Madame Tussauds & Co.

Tour 7

Zwischen Hyde Park und Regent's Park gelegen, gefällt Marylebone mit seinen beschaulichen Straßenzügen. Madame Tussauds ist die Hauptattraktion des Viertels; im Vergleich dazu führt die hochkarätig bestückte Wallace Collection ein regelrechtes Schattendasein.

Kleinstädtisches Flair

Marylebone

Noch vor weniger als 300 Jahren war Marylebone ein unbedeutendes Dorf am nördlichen Rand von London, dem die Kirche *St Mary by the Bourne* ihren Namen gab; der nördliche Teil – der heutige Regent's Park – diente als königliches Jagdgebiet. Mit anderen Worten: Eine ländliche Idylle, in der die Londoner wie beispielsweise *Samuel Pepys* gerne spazieren gingen. Im Laufe des 18. Jahrhunderts erfolgte dann durch Edward Harley, den 2. Earl of Oxford, eine planmäßige Bebauung im georgianischen Stil. Das Viertel wuchs schnell zu einem Stadtteil heran, in dem sich vor allem Prostituierte niederließen. *Johann Wilhelm von Archenholtz* schrieb 1787: „Man schätzt die Anzahl der Freudenmädchen in London auf über 50.000, die Mätressen nicht mitgerechnet. Allein im Kirchspiel Marylebone zählte man vor einigen Jahren nicht weniger als 13.000 solcher Weiber, von denen 1700 ganze Häuser für sich allein bewohnten. Diese Gattung der Freudenmädchen hat Kammerzofen und Livree-Bediente, manche sogar eigene Equipagen." Diese Schätzung von Archenholtz dürfte weitestgehend der Realität entsprochen haben; London zog im 18. Jahrhundert Zuwanderer aus allen Teilen Englands und Irlands an und für Frauen stellte die Prostitution oftmals die einzige Möglichkeit dar, sich ihren Lebensunterhalt zu verdienen. In den 70er-Jahren des 20. Jahrhunderts stand die Gegend erneut in dem Ruf, dass sich hier reiche Geschäftsleute von jungen Frauen in gepflegtem Ambiente verwöhnen lassen konnten.

Trotz dieses zeitweise schlechten Leumunds gehörte Marylebone stets zu den beliebtesten Wohnadressen des Londoner Großbürgertums. Besonders die Luxuswohnungen in den so genannten Nash Terraces am Regent's Park sind schier unerschwinglich. Positiv zu vermerken ist, dass sich Marylebone trotz seiner Nähe zur Oxford Street bis heute ein kleinstädtisches Flair bewahren konnte. Statt billigem Moderamsch gibt es in der Marylebone High Street vor allem ausgesuchte Feinkost und gute Restaurants.

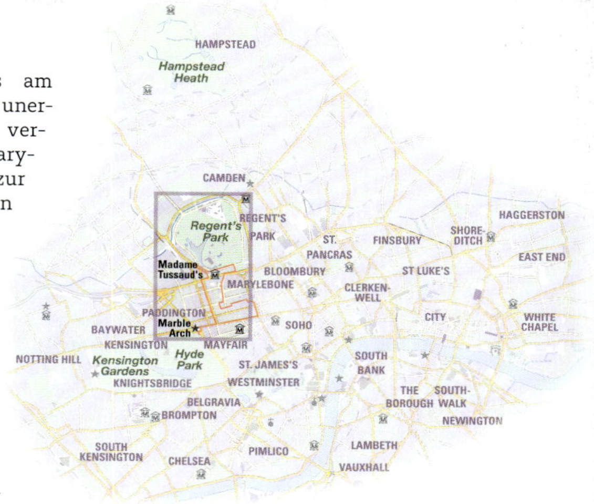

Spaziergang

Als markanter Ausgangspunkt dieses Rundgangs dient der *Marble Arch*, ein Triumphbogen aus Servezza-Marmor. Ursprünglich als Torbogen für den Buckingham Palace errichtet, wurde er 1851 an die nordöstliche Ecke des Hyde Park versetzt. Heute steht er inmitten einer Verkehrsinsel, auf welche die aus Osten kommende Oxford Street stößt. Die Oxford Street, die angeblich bereits den Römern als Handelsstraße nach Oxford gedient haben soll, ist eine der beliebtesten (aber keinesfalls schönsten) Einkaufsstraßen Londons, in der neben den vielen Filialen diverser Kaufhaus- und Klamottenketten auch das renommierte *Selfridges* zu finden ist. Über die Baker Street geht es zu **Madame Tussauds** Wachsfigurenkabinett, das alljährlich rund drei Millionen Besucher anlockt. Verehrer von Conan Doyle bietet sich ein7 Besuch des **Sherlock Holmes Museum** an. Wer nun noch ausgiebig durch den **Regent's Park** spazieren möchte, wird an dessen nordöstlichem Rand auf den **London Zoo** und den malerischen Regent's Canal stoßen. Ein beispielhaftes klassizistisches Ensemble, das es verdient, ausgiebig bewundert zu werden, ist die von John Nash entworfene Häuserfassade am Park Crescent. Die Marylebone Highstreet strahlt noch etwas von der einst dörflichen Atmosphäre des Viertels aus. Mit ihren kleinen Geschäften, Cafés und Restaurants verführt sie geradezu zum gemütlichen Schlendern und Einkaufen. Weitere gute Restaurants finden sich in der Blandford Street. Im Hertford House, einem georgianischen Palast am geruhsamen Manchester Square, residiert die renommierte **Wallace Collection**, die eine der wertvollsten Kunstsammlungen Londons besitzt. Leichtere Unterhaltungskost bietet das Gebäude der *BBC* am Langham Place, von dem aus 1936 die weltweit erste Fernsehsendung ausgestrahlt wurde. Schließlich kehrt man zurück in die Oxford Street, wo wieder die Niederungen des Kommerz locken. Wer nach einem Einkaufsbummel noch Lust hat, kann abschließend einen Abstecher zur berühmt-berüchtigten **Speaker's Corner** am Hyde Park unternehmen, die man durch eine schreckliche Unterführung erreicht. An der nordöstlichen Ecke des Hyde Park befanden sich bis zum Jahre 1783 die *Tyburn Gallows*. In den knapp fünf Jahrhunderten ihres Bestehens mussten rund 50.000 Menschen ihr Leben auf der am meisten „frequentierten" Hinrichtungsstätte Londons lassen.

Sehenswertes

Viel Lärm um Wachs

Madame Tussauds

Madame Tussauds Wachsfigurenkabinett gehört zu den bekanntesten und beliebtesten Attraktionen in London. Geduldig stellen sich jeden Tag zigtausende Besucher in die Schlange, um endlich einmal ihren Idolen ganz tief in die Augen sehen zu können. Es herrscht ein wenig Rummelplatzatmosphäre, ganz so, wie es vielleicht in den Anfangsjahren gewesen sein mag.

Das Wachsfigurenkabinett von Madame Tussaud ging aus einer 1770 in Paris begründeten Wanderausstellung hervor, die im Jahre 1802, als die Einnahmen aufgrund der napoleonischen Kriege zurückgingen, erstmals nach England kam und dort von Stadt zu Stadt tourte. Die anfangs 36 Figuren umfassende Ausstellung (die Wachsrepliken von Robespierre und Marat gehören noch immer zum Bestand!) wuchs so schnell an, dass sich die als Madame Tussaud bekannt gewordene Marie Grosholtz 1835 dauerhaft in London niederließ. Nach ihrem Tod im Jahre 1850 zog die Sammlung 1884 von der Baker Street in die benachbarte Marylebone Road um, wo sie noch heute untergebracht ist. Um stets auf der Höhe der Zeit zu sein, werden beständig berühmte Persönlichkeiten in den erlesenen Wachsfigurenzirkel aufgenommen beziehungsweise in ihrem jeweiligen Alterungsprozess wiedergegeben. Wer also schon immer einmal der Royal Family die Hand auf die Schultern legen wollte, dem bietet sich bei Madame Tussauds die einmalige Gelegenheit.

Zuerst geht es mit dem Aufzug nach oben, wo man im fiktiven Blitzgewitter der Fotografen zu den Stars und Starlets dieser Welt wandert. Alles, was im Pop- und Filmbusiness Rang und Namen hat, ist hier mit seinem wächsernen Abbild vertreten, angefangen bei Leonardo DiCaprio, Nicole Kidman und Orlando Bloom bis hin zu Arnold Schwarzenegger. Auch die Fans von

London im Kasten

Little Venice

Mit der *Bakerloo Line* sind es von Marylebone nur ein paar Stationen zur Warwick Avenue. In unmittelbarer Nähe der Tubestation eröffnet sich dem Besucher eine andere Welt: Little Venice. Dort, wo der Grand Union Canal, der Paddington Zweig und der Regent's Canal zusammentreffen und ein kleines Hafenbecken bilden, liegen bunte Hausboote vor Anker, einige wurden zum Café oder Restaurant umfunktioniert. Eine absolut malerische Kulisse! Vor allem in den 1960er- und 1970er-Jahren war es in Hippiekreisen sehr beliebt, auf einem Hausboot in Little Venice zu wohnen. *Richard Branson*, der Gründer des Virgin Imperiums, gehörte in seinen jungen Jahren zur eingeschworenenGemeinde der Hausbootbesitzer. Wer will, kann mit dem Boot einen Ausflug bis zum Camden Lock unternehmen oder am Kanal entlang bis zum London Zoo wandern.

Besuchermagnet: Madame Tussauds

Marylebone → Karte S. 83

Mel Gibson und Pierce Brosnan kommen selbstverständlich nicht zu kurz. In der *Music Zone* stehen Elvis, Freddie Mercury, Jimi Hendrix, die Beatles und andere Popgrößen, während in der *Sport Zone* David Beckham, Tiger Woods, Lance Armstrong, aber auch Boris Becker und Mohammed Ali versammelt sind. Eine kleine Inszenierung der „Pirates of the Caribbean" mit Captain Jack Sparrow gibt es auch, in der *Royal Zone* warten dann einige illustre Persönlichkeiten aus der Königsfamilie wie beispielsweise Henry VIII. oder Queen Elizabeth I. Wer will, stellt sich neben Diana und lächelt ihr freundlich zu. Glaubensfeste Katholiken können sich kurz darauf vor dem Papst verbeugen.

Geradezu geschmacklos und politisch borniert ist die Abteilung mit den *World Leaders*. Da stehen Mahatma Gandhi und Nelson Mandela einträchtig in einem Raum mit Fidel Castro, Saddam Hussein und Adolf Hitler. Und wenn man nur fünf Minuten wartet, stellt sich irgendein dämlich grinsender Besucher neben den „Führer" und lässt sich mit einem zum Hitlergruß erhobenen Arm fotografieren. Die Wachsfigur von Adolf Hitler stammt übrigens aus den 1930er-Jahren und „überlebte" im Jahre 1940 ironischerweise einen deutschen Bombenangriff, durch den damals ein Großteil der Sammlung zerstört wurde. Selbstverständlich rahmen George Bush und Tony Blair einträchtig ein Podium mit der UN-Flagge ein, denn schließlich verkörpern sie ja das Reich des Guten. Kritische Anmerkungen oder weitere Informationen zu den dargestellten Personen fehlen vollkommen, stattdessen wird man aufgefordert, sich für einen Tag als „King of the World" zu fühlen. Ein wahrlich erhabenes Gefühl. Die Tour führt danach noch zu der auf Gruseleffekte setzenden *Chamber of Horrors* (Schreckenszimmer). Den Besucher erwartet ein schaurig-kitschiges Szenario, das von einer französischen Guillotine bis hin zu verschiedenen Massenmördern ein breites Spektrum zeigt und durch ein paar „lebendige" Geister aufgepeppt wird. Die erst unlängst eröffnete Abteilung *Spirit of London* lädt zu einer effekthaschenden Zeitreise in einem Pseudotaxi durch die Londoner Geschichte ein. Insgesamt erinnert das Spektakel mit Great Fire und Swinging London eher an eine langweilige Kinderkarussellfahrt, einzig das Pseudosteuer fehlt, denn dann könnten sich wenigstens die kleinsten Besucher vorstellen, sie würden das Taxi selber lenken. Und wenn sich die Türen von Madame Tussauds hinter einem geschlossen haben, dann überlegt man, ob man den Eintrittspreis nicht vielleicht in ein leckeres Menü hätte investieren sollen ...

Ein Tipp: Wer keine Lust hat, sich in die schier endlose Schlange vor der Kasse einzureihen (im Sommer bis zu zwei Stunden Wartezeit) und eine Kreditkarte besitzt, kann sich vorab telefonisch oder im Internet ein Ticket bestellen (✆ 0870/4003000 oder www.madame-tussauds.co.uk).

Marylebone Road, NW1. Ⓤ Baker Street. Tgl. 9.30–19 Uhr, am Wochenende und in den britischen Schulferien ab 9 Uhr. Eintritt £ 22.50–30, bis 15 Jahre £ 19.50–25.80. www.madame-tussauds.co.uk.

Viktorianischer Nippes, kaum Infos

Sherlock Holmes Museum

Bereits an der Tube-Station Baker Street betreibt ein als Sherlock Holmes kostümierter Mann Werbung für das Museum. Diese verheißungsvolle Werbeaktion hat das dem berühmten Detektiv gewidmete Museum gewiss nötig: Das kleine Haus mit Kaminzimmer und diversem viktorianischem Nippes besitzt zwar fraglos eine gewisse Atmosphäre, ob diese allerdings den happigen Eintrittspreis rechtfertigt, ist zu bezweifeln. Hintergründiges, beispielsweise über den Schriftsteller *Sir Arthur Conan Doyle*, erfährt der Besucher jedenfalls nicht. Und der fiktive Meisterdetektiv lebte eigentlich in der Baker Street 221b ...

239 Baker Street, NW1. Ⓤ Baker Street. Tgl. 9.30–18 Uhr. Eintritt £ 15, erm. £ 10. www.sherlock-holmes.co.uk.

London im Kasten

Wachsfigurenpropaganda

Ein Wachsfigurenkabinett war ursprünglich keine harmlose, neutrale Darstellung berühmter Persönlichkeiten, sondern diente vor allem der politischen Propaganda. Mit hohen Eintrittspreisen zielte die Ausstellung hauptsächlich auf die wohlhabenden Gesellschaftsschichten. In den Zeiten, als es weder Fotos noch Filme gab, konnte man durch die Wiedergabe der Wachscharaktere die öffentliche Meinungsbildung stark beeinflussen. Aus diesem Grund stand 1803 auch Napoleon im Mittelpunkt der Sammlung, als sich das englische Bürgertum von der Revolution und einer möglichen Invasion bedroht fühlte. Während Napoleon, den die Engländer für seine militärische Brillanz bewunderten, optisch recht gut wegkam, wurden beispielsweise Robespierre und Carrier mit ihren guillotinierten Köpfen zu Bösewichten der Revolution stilisiert. Die Wachsbildnerei stand aber noch aus einem anderen Grund hoch im Kurs: Mit Hilfe phrenologischer und physiognomischer Theorien versuchte man, von der Kopf- und Schädelform lehrreiche Schlüsse auf Charakter und Verhalten einer Person zu ziehen. So seltsam es heute klingt, es handelte sich um ein wissenschaftliches Genre, das sich auf die Thesen des Züricher Theologen *Johann Kaspar Lavater* berief. Lavater hatte in seinen „Physiognomischen Fragmenten zur Beförderung der Menschenkenntnis und Menschenliebe" die Behauptung aufgestellt, dass das Wesen eines Menschen an der Gesichtsbildung ablesbar sei. In diesem Sinne war ein Besuch von Madame Tussauds Wachsfigurenkabinett eine Weiterbildungsmaßnahme, konnte man doch die Gesichtszüge berühmter Persönlichkeiten studieren und mit ihrem Verhalten vergleichen.

Marylebone
200 m
Einkaufen (S. 87)
1 Nicolas
3 Daunt Bookshop
4 La Fromagerie
6 Rococo Chocolates
7 The White Company
8 Farmers´ Market
13 Nike Town
16 Selfridges
17 Marks & Spencer
Essen & Trinken (S. 86/87)
2 The Natural Kitchen
4 Tasting Café
5 Fish Works
9 The Providores
10 L'Autre Pied
11 Woodlands
12 Paul Rothe and Son
14 Sofra
15 Carluccio's Caffè
Camden siehe S. 68/69
Bloomsbury siehe S. 54/55
Kensington siehe S. 136/137
Soho/Covent Garden siehe S. 90/91
Primrose Hill
Regent's Park
Regent's Canal
Zoological Gardens
Queen Mary's Gardens
Regent's Park Lake
London Mosque
Sherlock Holmes Mus.
Madame Tussauds
Wallace Collection
Marylebone Station
BBC
Camden Town
Regent's P.
Gt. Portland St
Baker Street
Marylebone
Edgware Road
Marble Arch
Bond Street
Oxford Circus
Speaker's Corner
Cumberland Market
Clarence Gardens
Munster Square
Park Square
Dorset Square
Bryanston Square
Montagu Square
Portman Square
Manchester Square
Cavendish Square
Hanover Square
Cambridge Square
Oxford Square
Gloucester Square
Hyde Park Square
Connaught Square
Public Gardens
Prince Albert Road
Outer Circle
Inner Circle
Chester Road
Broad Walk
Albany Street
Parkway
Delancey St
Camden High St
Park Road
Marylebone Road
Euston Rd.
Park Cresc.
Portland Place
Regent St
Baker St
Gloucester Place
Edgware Road
Oxford Street
Bayswater Road
Wigmore Street
Marylebone High Street
Harley St
Wimpole Street
Welbeck St
Orchard St
Wellington Rd.
St John's Wood Rd.
Sussex Gardens
Old Marylebone Road
Seymour Place
Upper Berkeley St
George Street
Great Portland Street

Oase der Ruhe mitten in der Stadt – Regent's Park

Vielleicht die schönste Grünanlage

Regent's Park

Der Regent's Park ist eine der größten und schönsten Londoner Grünanlagen. Sein besonderes Flair verdankt der Park vor allem den ihn umrahmenden Wohnpalästen, die im frühen 19. Jahrhundert nach Plänen von *John Nash* (1752–1835) errichtet wurden. Die Grundidee für die Anlage des Regent's Park war, ein aristokratisches Wohnquartier zu schaffen, in dem anspruchsvolle Baukunst und gepflegte Natur zu einer harmonischen Einheit finden. Nash war der Lieblingsarchitekt von *Georg IV.*, der bereits als *Prince Regent* bemüht war, London von seinem provinziellen Touch zu befreien. Um seinen Auftraggeber zufrieden zu stellen, entschied sich Nash für weiß leuchtende Stuckfassaden, wohl wissend, dass diese schwer zu pflegen sind. Die den Park einrahmenden Luxusbauten werden Terraces genannt. Beeindruckend sind beispielsweise die mit korinthischen Säulen verzierten Häuser der *Chester Terrace* sowie die rund 260 Meter lange *Cumberland Terrace* mit ihren prachtvollen Portalvorbauten an der Ostseite des Parks. Ursprünglich war sogar vorgesehen, im Park 56 schlossartige Villen und einen Palast für den Prinzregenten zu errichten, um den ländlichen Charakter zu betonen. Aufgrund finanzieller Engpässe blieben von diesen hochtrabenden Plänen nur sechs Villen übrig, die tatsächlich gebaut wurden. Die Fähigkeiten des Architekten waren allerdings umstritten. Unmittelbar nach dem Tod seines Mentors wurde Nash wegen „unentschuldbarer Unregelmäßigkeiten und Fahrlässigkeit" entlassen.

Es gibt zwei Möglichkeiten, den Regent's Park zu erkunden. Entweder folgt man dem rund 3,2 Kilometer langen *Outer Circle*, der das gesamte Areal samt *London Zoo* einschließt, oder man strebt direkt dem kreisrunden *Inner Circle* zu. Letzterer beherbergt die *Queen Mary's Gardens*, deren größter Teil von einem traumhaften Rosengarten eingenommen wird, sowie das *Open Air Theatre*. Wasserfreunde können am künstlichen, ypsilonförmigen *Boating Lake* zu einer Bootsfahrt aufbrechen oder am *Regent's Canal* entlangspazieren. Am Westrand des Parks befindet sich auch die Londoner Zentralmoschee (*London Central Mosque*) mit ihrem auffälligen Kuppelmosaik.

Einer der ältesten seiner Art

London Zoo

Im Jahre 1828 gegründet, ist der Londoner Zoo einer der **ältesten** zoologischen Gärten der Welt, allerdings ist das Areal relativ klein, so dass der Eintrittspreis unangemessen hoch erscheint. Zu den spektakulärsten Tierarten gehören Giraffen, Löwen, Tiger und ein erst kürzlich eröffnetes Gorilla Kingdom. Die jüngsten Besucher können im attraktiven Children's Zoo herumtollen. Sehenswert ist auch das Aquarium.

Auf dem Areal des Tiergartens kann man auch anspruchsvolle moderne Architektur bewundern, so das Pinguinbecken aus den 1930er-Jahren; es stammt von dem Architekten *Berthold Lubetkin*, der ein ellipsenförmiges Bassin mit spiralförmigen Rampen entworfen hat, das allerdings für die Haltung der Pinguine wenig geeignet war.

Regent's Park, NW1. Ⓤ Baker Street oder Camden Town. Tgl. 10–18 Uhr, im Winter nur bis 17 Uhr. Eintritt £ 25.50, erm. £ 18.50 (online etwas billiger). www.zsl.org.

Von Kunst bis Keramik

The Wallace Collection

Die Familie des Marquess of Hertford hat über mehrere Generationen eine außergewöhnliche Kunstsammlung zusammengetragen. Besonders *Sir Richard Wallace*, der Sohn des vierten Marquess, hat sich um die Gemäldesammlung verdient gemacht und diese durch gezielte Zukäufe erweitert. Seine Witwe überließ die Kunstwerke 1897 dem Staat mit der Auflage, dass diese für immer in London verbleiben müssen. Die Wallace Collection ist seither im ehemaligen Stadtpalast der Hertfords untergebracht und bietet einen

London Zoo, Penguin Pool

guten Einblick in die europäische Malerei. Ausgestellt sind Werke von Rembrandt, Rubens, Tizian, Fragonard, Boucher, Watteau, Delacroix, Velázquez, Murillo und Turner. Abgerundet wird die Sammlung durch wertvolle Möbel, Porzellan, Keramik, Medaillen und Uhren. Für Kinder ist sicherlich die Waffensammlung mit zahlreichen Rüstungen aus dem Orient und Okzident am interessantesten.

Von 1998 bis Juni 2000 verschlang der Umbau des Museums 10,5 Millionen Pfund. Die Ausstellungsfläche wurde vergrößert, der Innenhof von dem Architekten Rick Mather mit einem Glasdach geschlossen, wodurch Platz für einen Skulpturengarten, eine Buchhandlung und einen Vortragssaal entstand. Besonders reizvoll ist das Café Bagatelle, das sich im überdachten Innenhof befindet.

Manchester Square, NW1. Ⓤ Bond Street. Tgl. 10–17 Uhr. www.wallacecollection.org. Eintritt frei!

Redenschwingen für jedermann

Speaker's Corner

Die Speaker's Corner ist in der ganzen Welt bekannt. Wie so oft ist aber der Ruf besser als die Realität. Seit 1872 hat zwar jeder Bürger das Recht, hier öffentlich seine Meinung vorzutragen, wovon schon Karl Marx, Lenin und George Orwell Gebrauch machten. Hitzige Debatten und kontroverse politische Diskussion gehören großteils der Vergangenheit an; schon seit langem beherrschen religiöse Fanatiker die Szenerie. Statt Gedankenfreiheit wird heute oft Intoleranz gepredigt. „Hochbetrieb“ herrscht besonders an den Sonntagen (es gibt aber auch Tage, da ist gar nichts los). Wer des Englischen ein bisschen mächtig ist, wird an den teilweise sehr schlagfertigen Zwischenrufen, mit denen die Zuhörer die dargebotenen Heilsbotschaften kommentieren, seinen Spaß haben.

Praktische Infos

→ Karte S. 83

Essen und Trinken

L'Autre Pied **10**, gehobene Küche, Modern European in einem stilvollen Ambiente, so beispielsweise *Loin of Roe Deer cooked in Cocoa*. Was will man mehr? Mittagsmenü £ 24 bzw. £ 29, abends £ 79 für das 9-Gang-Menü plus £ 52.50 für 6 korrespondierende Weine. 12,5 % Service Charge. Samstagmittag und Sonntag geschlossen. 5–7 Blandford Street, W1, ✆ 020/74869696. www.lautrepied.co.uk. Ⓤ Bond Street oder Baker Street.

FishWorks **5**, eine wunderbare Adresse für Liebhaber von frischem Fisch und Meeresfrüchten, die hier auch verkauft werden. Unser Tipp ist die Fischsuppe (*Zuppa del Pescatore*), Zwei-Gang-Menü für £ 18.95. 12,5 % Service Charge. 89 Marylebone High Street, W1, ✆ 020/79359796. www.fishworks.co.uk. Ⓤ Bond Street.

The Providores **9**, im Erdgeschoss präsentiert sich eine wunderbare neuseeländische „Tapas-Bar“ (Tapas ab £ 6), in der es Frühstück und am Wochenende auch Brunch gibt. Im ersten Stock befindet sich ein teures Restaurant (Hauptgerichte £ 18–25 plus 12,5 % Service Charge), das sich der anspruchsvollen internationalen Küche verschrieben hat. Phantastisch mundete die Entenbrust auf einem Beet von Chorizo und Linsen. 109 Marylebone High Street, W1, ✆ 020/79356175. www.theprovidores.co.uk. Ⓤ Baker Street oder Great Portland Street.

Paul Rothe & Son – täglich frische Suppen

Woodlands **11**, vegetarische Köstlichkeiten aus Südindien. Freundliches Ambiente. Hauptgerichte um zwischen £ 6 und £ 9. Eine gute Auswahl bietet das *Woodlands Thali* für £ 19.50. 77 Marylebone Lane, W1, ✆ 020/74863862. www.woodlandsrestaurant.co.uk. Ⓤ Bond Street.

Sofra **14**, direkt am kleinen St. Christopher's Place, der etwas versteckt hinter der Oxford Street liegt, haben sich viele Restaurants angesiedelt. Dieses türkische Lokal bietet gute arabische Küche zu akzeptablen Preise. Zu empfehlen ist die *Albanian Liver* oder das *Moussaka* (£ 12). Lohnend ist auch das *Healthy Menu* für £ 12. Straßenterrasse. Tgl. 12–24 Uhr. 1 St. Christopher's Place, W1U, ✆ 020/72244080. www.sofra.co.uk. Ⓤ Bond Steet.

Carluccio's Caffè **15**, direkt nebenan findet sich dieses Restaurant-Café mit ansprechend modernem Interieur und einem Touch von Feinkostgeschäft. Serviert wird italienische Küche. Hauptgerichte zwischen £ 9 und £ 15. Straßenterrasse. Von 11.30 bis 23.30 Uhr durchgehend geöffnet. 3–5 Barrett Street, St Christopher's Place, W1, ✆ 020/79355927. Ⓤ Bond Street.

The Natural Kitchen **2**, die attraktive Kombination eines Biosupermarktes mit einem schönen Café im ersten Stock. Absolut ansprechende Präsentation der Waren mit einen gewissen Marktflair. Im Café kann man frühstücken oder auch zu Mittag essen – selbstverständlich stammt alles aus ökologischem Anbau. Tgl. 8–20 Uhr, Sa bis 18 Uhr, So 11–17 Uhr. 77–78 Marylebone High Street, W1, ✆ 020/74868065. www. thenaturalkitchen.com. Ⓤ Bond Street.

Mein Tipp **Paul Rothe & Son 12**, ein herrliches Feinkostgeschäft mit dem Flair der 1970er-Jahre. Gegründet wurde es im Jahr 1900 von einem deutschen Einwanderer und wird jetzt in der vierten Generation als Familienbetrieb geführt. Wer will, kann nur einen Café trinken oder sich ein Sandwich bestellen. Lecker und günstig sind die beiden täglich frisch zubereiteten Suppen, darunter eine vegetarische. Eine Hausspezialität ist der Thunfischsalat, der nur mit Rotweinessig und Pfeffer gewürzt auf Roggenbrot serviert wird. Der *Coleslaw* ist phantastisch, es gibt aber auch Wiener Würstchen, die hier „Frankfurter" genannt werden. Mo–Fr 8–18 Uhr, Sa 11.30–17.30 Uhr. Zwei Wochen Anfang Juli Betriebsferien. 35 Marylebone Lane, W1, ✆ 020/79356783. www.paulrotheandson delicatessen.o.uk. Ⓤ Bond Street.

Einkaufen

Selfridges 16, eines der großen, alteingesessenen Kaufhäuser von London. Umfassendes Warenangebot mit verlockenden Food Halls. Es gibt (fast) keinen Wunsch, der unerfüllt bleibt. Die Parfümabteilung ist angeblich die größte der Welt. Auch Sonntag von 12–18 Uhr geöffnet. 400 Oxford Street, W1A. Ⓤ Bond Street.

Marks & Spencer 17, die Filiale in der Oxford Street ist das Flaggschiff der größten britischen Warenhauskette. Das umgangssprachlich „Marks 'n' Sparks" genannte Kaufhaus gilt als das Harrods des kleinen Mannes. Textilien wie Pullover, Socken und Kinderkleidung sind hier immer noch günstig. Bekannt ist M & S für seine Food- und die Wäscheabteilung. Auch Sonntag von 12–18 Uhr geöffnet. 458 Oxford Street, W1. Ⓤ Marble Arch.

Nike Town 13, der ultimative Shop für alle Nike-Fans. Zahlreiche Animationen lassen einen Besuch in der weltweit größten Filiale des Sportartikelherstellers zum Einkaufserlebnis werden. 236 Oxford Street, W1. Ⓤ Oxford Circus.

Nicolas 1, die bekannte französische Weinkette betreibt auch in der Metropole Englands 30 Filialen. Gut sortiert ist das Geschäft nördlich vom Oxford Circus. 157 Great Portland Street, W1W. www.nicolas.co.uk. Ⓤ Oxford Circus.

Mein Tipp **Daunt Bookshop 3**, die Buchhandlung aus eduardinischer Zeit mit ihrem großen Glasdach gilt als die schönste Londons. Der Schwerpunkt liegt auf der Reiseliteratur, wobei die Reiseführer zusammen mit der entsprechenden Literatur und Sachbüchern nach Ländern sortiert sind. Auf den Holzgalerien findet man auch eine gute Auswahl gebrauchter Bücher. Tgl. 9–19.30 Uhr, So 11–18 Uhr geöffnet. 83 Marylebone High Street, W1U. www.daunt books.co.uk. Ⓤ Baker Street.

Daunt Bookshop: ein Buchladen mit großer Auswahl und viel Flair

Mein Tipp **La Fromagerie 4**, ein echter Tempel für Käseliebhaber. Egal ob von Kuh, Schaf oder Ziege, hier finden sich veredelte Käsesorten aus ganz Europa, darunter selbst seltene Sorten wie Banon oder einen Bio-Roquefort. Im zugehörigen Feinkostladen gibt es auch Weine, Wurst, Obst oder frische Backwaren. Lohnend ist auch eine Einkehr ins **Tasting Café 4**. Man sitzt an einem kommunikativen Zwölfer-Tisch oder an einem der drei kleineren Tische und erfreut sich beispielsweise an einer leckeren Käseplatte. Mo 10.30–19.30, Di–Fr 8–19.30, Sa 9–19 Uhr, So 10–18 Uhr. 2-4 Moxon Street, W1U. www.lafromagerie.co.uk. Ⓤ Baker Street.

Rococo Chocolates 6, ein Paradies für Schokoladenliebhaber und andere Naschkatzen. 3 Moxon Street, W1U. www.rococochocolates.com. Ⓤ Bond Street.

The White Company 7, hier gibt es von Klamotten über Haushaltswaren bis hin zur Bettwäsche alles nur in Weiß. Tgl. 10–19 Uhr, So 11–17 Uhr. 12 Marylebone High Street, W1U. www.thewhitecompany.com. Ⓤ Bond Street.

Farmers' Market 8, auf dem Parkplatz in der Cramer Street findet sonntags von 10–14 Uhr einer der größten Bauernmärkte Londons statt. Cramer Street, W1U. Ⓤ Bond Street.

Am Puls der Stadt

Tour 8

Soho und Covent Garden – das ist Shopping und Nachtleben pur. Auf einer Quadratmeile drängen sich Kinos, Kneipen, Theater und Restaurants. Bis in den frühen Morgen hinein stehen Menschentrauben auf der Straße; es wird gelacht, getrunken und musiziert.

Covent Garden, traditionsreiche Einkaufspassage, S. 92

London Transport Museum, Tube & Co. hervorragend präsentiert, S. 93

Photographer's Gallery, anspruchsvolle Fotokunst, S. 94

Ausgeh- und Shopping-Paradies

Soho und Covent Garden

Angeblich leitet sich der Name Soho von einem Jagdruf ab. Mit *so ho!* soll man ehedem in den königlichen Waidgründen, die hier lagen, die Hunde angetrieben haben. Nach einer anderen Version wurde damit nur prosaisch der Ort beschrieben: *So*uth of *Ho*lborn. Wie dem auch immer sei: Nachdem Charles II. 1675 Soho zur Bebauung freigegeben hatte, entwickelte sich das Areal schnell zu einer beliebten, nicht allzu vornehmen Wohngegend, in der sich auch viele Hugenotten niederließen. Als 1816 nach Plänen von John Nash die Regent Street gebaut wurde, vermuteten einige zynische Zeitgenossen, die prunkvolle Geschäftsstraße sei wohl ein Schutzwall des vornehmen Bürgertums, damit sich Mayfair besser gegen die Armut und die Krankheiten des East End abschotten könne. In der Mitte des 19. Jahrhunderts war Soho der am dichtesten besiedelte Stadtteil Londons. John Galsworthy beschrieb Soho in seiner „Forsyte Saga" als „untidy, full of Greeks, Ishmaelites, cats, Italians, tomatoes, restaurants, organs, coloured stuff, queer names, people looking out of upper windows". Prostitution und Kleinkriminalität hielten ihren Einzug und schufen ein Klima, das Literaten und Bohemiens magisch anzog. Rimbaud und Verlain lebten und amüsierten sich genauso in Soho wie Francis Bacon. Wer mit offenen Augen durch Soho spaziert, kann an den Häusern überall die *blue plaques* entdecken, die das Viertel zu einer einzigen Erinnerungsstätte machen – hier hat Casanova, da Karl Marx und dort Giovanni Canaletto gewohnt.

In den 1970er-Jahren drohte Soho zu einer wahren Lasterhöhle zu verkommen, doch konnte die Prostitution glücklicherweise eingedämmt werden.

Im Sommer 2000 waren laut polizeilichen Angaben nur noch 64 „working girls" ansässig. Der *Red Light District* beschränkt sich heute nur noch auf wenige Straßen mit ein paar Stripteaselokalen, Peep Shows und Sexshops, die ihren Umsatz mit Softpornomagazinen und diversen „Spielgeräten" bestreiten. Während der Thatcher-Jahre entwickelte sich Soho zu einem Brennpunkt der Medien-, Film- und Modewelt. Viele Yuppies sind der *Sohoitis* verfallen, einer Art Krankheit, bei der sich der Infizierte regelmäßig in dem Gewirr von Sohos Straßen und Kneipen verliert. Sich zu infizieren ist nicht schwer: Manche Coffeebars haben rund um die Uhr geöffnet. Angesichts der pulsierenden Glitzerwelt übersieht man allzu leicht, dass neben den Musicalpalästen die Obdachlosen unter Pappkartons liegen. Im Internet gibt es übrigens ein virtuelles *Museum of Soho*: www.mosoho.org.uk.

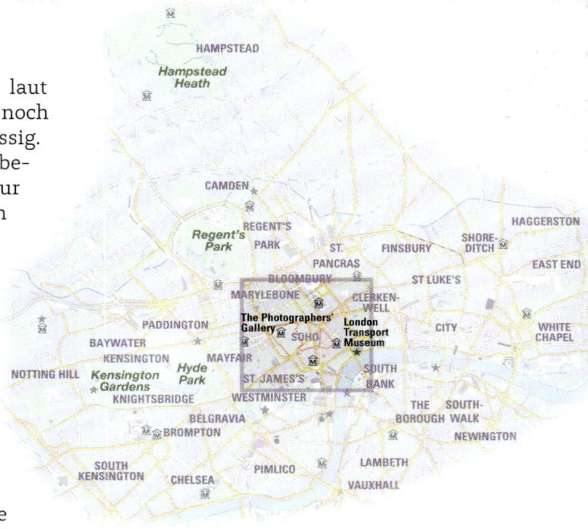

Spaziergang

Die Erkundung von Soho und Covent Garden startet am Leicester Square; der Platz liegt hundert Meter westlich der gleichnamigen Tubestation. Die bunt leuchtenden Fassaden der Diskotheken, Kinos und Spielhöllen wirken zwar eher abschreckend, doch lohnt es, sich über das Angebot des *Half Price Ticket Booth* zu informieren, um eventuell Theaterkarten zum halben Preis zu erstehen. Allerdings sollte man sich vor Taschendieben, Dealern und anderen verlorenen Seelen in Acht nehmen, denn der Leicester Square ist der am übelsten beleumundete Platz Londons.

Über die Garrick Street geht es zum **Covent Garden**, vor dem Feuerschlucker und andere Aktionskünstler eine Kostprobe ihres Könnens geben – die Londoner nennen diese Form des Straßentheaters *Busking*. Nachdem die restaurierten Marktgebäude 1971 wieder ihre Pforten öffneten, hat sich Covent Garden in kurzer Zeit zu einer beliebten Touristenattraktion entwickelt. Mittelpunkt ist die Piazza mit einem großen Gebäudekomplex, in dem sich zahlreiche Boutiquen, Geschäfte und Restaurants niedergelassen haben. Die auf den Covent Garden blickende *St Paul's Church* ist der erste Kirchenbau, der in London nach der Reformation errichtet wurde. Architekt war – wie beim Covent Garden – Inigo Jones, der die Pfarrkirche mit einem pompösen Portikus versah. Auf der anderen Seite des Platzes bietet das **London Transport Museum** einen Einblick in die Geschichte der Londoner Verkehrsbetriebe. Mitten in diesem traditionellen Viertel der Schauspieler liegt an der Bow Street auch die Königliche Oper (*Royal Opera House*), die für 220 Millionen Pfund renoviert und im Dezember 1999 mit Verdis „Falstaff" wiedereröffnet wurde. Wer gerne einkaufen geht, findet in Long Acre und der Neal Street zahlreiche Boutiquen, rund um

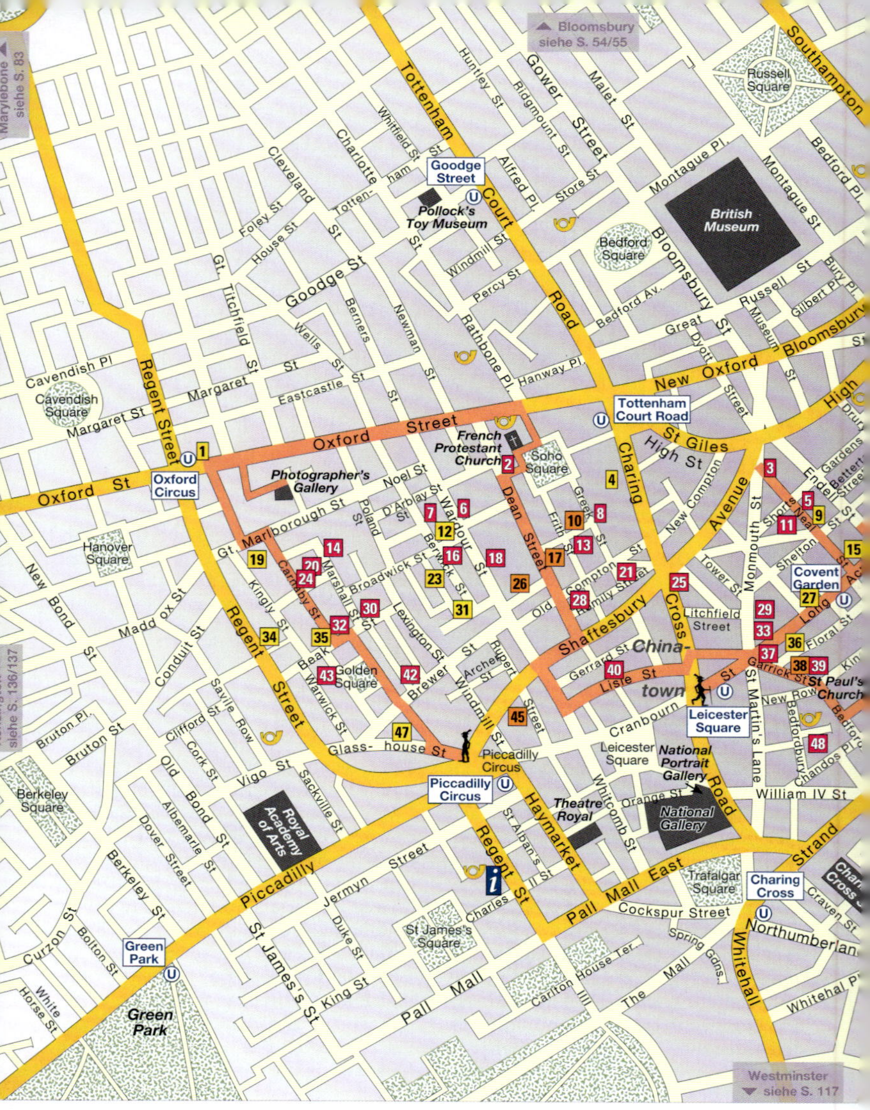

den Neal's Yard, einem kleinen Hinterhof, behaupten sich mehrere Ökoläden und Cafés. Auf der anderen Seite der Charing Cross Road liegt *Chinatown*. In der Lisle Street kann man sich kunstvoll unter freiem Himmel massieren oder in einem der chinesischen Restaurants kulinarisch verwöhnen lassen.

Nördlich der Shaftesbury Avenue beginnt jener Teil von Soho, der sich sein ursprüngliches Erscheinungsbild noch weitgehend bewahrt hat. Bedingt durch dieses besondere Flair zwischen Halbwelt, Kultur und Exotik hat sich in den letzten Jahrzehnten ein sehr Lifestyle orientiertes Milieu herausgebildet, in

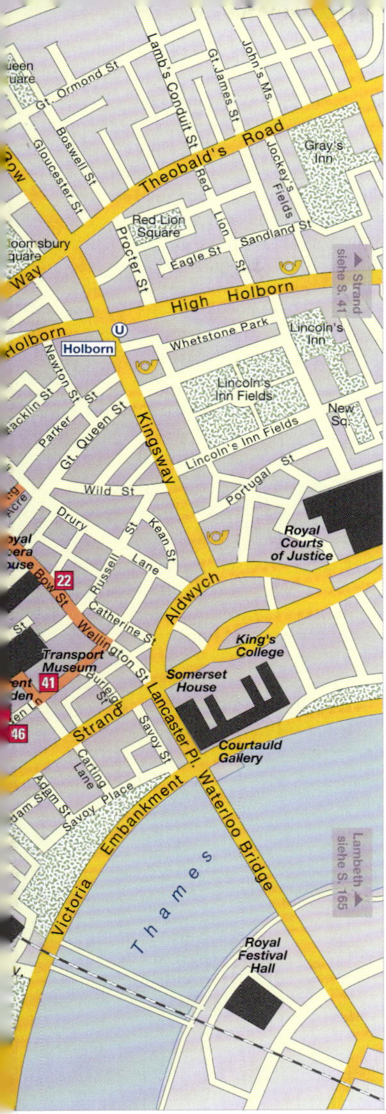

Essen & Trinken
(S. 94 – 98)

2 The Toucan
3 Punjab
5 The Rock and Sole Plaice
6 Côte
7 Imli Street
8 Gay Hussar
11 Belgo Centraal
13 Bar Italia
14 Masala Zone
16 Princi
18 busaba eathai
20 Antidote Winebar
21 Coach and Horses
22 The Marquess of Anglesey
24 Department of Coffee and Social Affairs
25 L'Atelier de Joel Robuchon
28 Rosa's
29 Bill's
30 Fernandez and Wells
32 Polpo
33 Jamie's Italian
37 Lima
39 Carluccio's Caffè
40 Beijing Dumpling
41 Wagamama
42 Scoop
43 Nopi
44 Fire and Stone
46 Duende
48 Wahaca

Nachtleben

10 Dog & Duck (S. 222)
13 Bar Italia (S. 222)
17 Ronnie Scott's (S. 224)
26 Freedom (S. 222)
38 Lamb & Flag (S. 222)
45 Bar Rumba (S. 222)

Einkaufen (S. 98/99)

1 Topman
4 Foyles
9 Birkenstock
12 Agent Provocateur
15 Dr Martens Department Store
19 Liberty
23 Berwick Street Market
27 Reiss
31 Gosh
34 Hamleys
35 Puma
36 Stanfords
47 Whole Foods Market

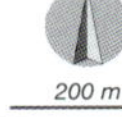

Soho/ Covent Garden

dem auch die Londoner Schwulenszene fest verwurzelt ist. Das Zentrum von *Gay London* ist die Old Compton Street, wo im Frühjahr 1999 ein psychisch kranker Student als Zeichen seines Hasses gegen Schwule eine Bombe vor dem Admiral Duncan Pub explodieren ließ, wobei drei Menschen ums Leben kamen und weitere 70 teilweise schwer verletzt wurden.

Die Dean Street – Karl Marx wohnte von 1851 bis 1856 in zwei kleinen Räumen über dem Restaurant Quo Vadis im Haus Nr. 28 – führt zum Soho Square, auf dem sonntagmorgens Tai-Chi zelebriert wird. In der Mitte des Platzes steht ein kleines Hexenhäuschen, an der Nordwestseite erinnert die *French Protestant Church* als einzige von ehedem 23 Kirchen an die französischen Hugenotten, die sich nach 1685 in Soho niedergelassen hatten. Sohos Reiz liegt auch in seiner Geschichte als Viertel der Einwanderer. Nicht nur die Hugenotten, sondern auch Russen, Ungarn, Italiener und Griechen haben hier diese Tradition begründet. Im Nordwesten von Soho locken die großen Kaufhäuser entlang der Oxford und der Regent Street, die sich eines regen Zuspruchs erfreuen. Für Liebhaber zeitgenössischer Fotokunst empfiehlt sich ein Besuch der **Photographers' Gallery**. Für nostalgische Zeitgenossen bietet sich anschließend noch ein Abstecher zur Carnaby Street an. Das einstige Zentrum von *Swinging London* hat nur noch wenig mit seinem legendären Ruf gemein, aber immerhin ist die Straße verkehrsberuhigt und wird von einigen trendigen Geschäften gesäumt.

Sehenswertes

Traditionsreiche Einkaufspassage

Covent Garden

Bis in das 16. Jahrhundert hinein wurde diese Gegend als Convent Garden („Klostergarten") von den Mönchen der Westminster Abbey genutzt. Nach der Auflösung der Klöster durch Heinrich VIII. gelangte der Besitz in die Hände der Earls of Bedford. Im 17. Jahrhundert verwandelte der Architekt *Inigo Jones* den Garten in eine Piazza nach italienischem Vorbild. Es entstand der berühmte Covent Garden Market, ein Obst-, Gemüse- und Blumenmarkt.

Im frühen 19. Jahrhundert wurde dann ein klassizistisches Gebäude errichtet, um die einzelnen Marktstände unterzubringen. Das *Central Market Building* erhielt 1889 eine Dachkonstruktion aus Glas und Eisen. Sorgfältig erneuert und in eine obere und untere Passage unterteilt, erstrahlt das Herzstück des Covent Garden Market heute wieder in seinem alten Glanz. Draußen sorgen Clowns, Akrobaten und Artisten für Ab-

Ohne nationale Symbole kommt auch ein Fakir nicht aus

London im Kasten

Chinatown

Londons Chinatown ist eine eigene Welt, die man durch drei, mit viel Gold und Rot dekorierte Torbögen betritt. In den Schaufenstern der Restaurants glänzen lackierte Enten, zweisprachige Straßenschilder und Telefonzellen mit asiatischen Plastikdächern lassen keinen Zweifel daran, dass man sich auf chinesischem „Territorium" befindet. Bereits im 19. Jahrhundert gab es in London eine kleine chinesische Gemeinde. Chinatown entstand jedoch erst in den 50er-Jahren des 20. Jahrhunderts, als sich zahlreiche Hong-Kong-Chinesen in der Lisle Street und der Gerrard Street niederließen. Die Neuankömmlinge eröffneten Restaurants, Einzelhandelsgeschäfte, kleine Supermärkte und – so wird jedenfalls behauptet – mehrere illegale Spielhöllen in dunklen Kellergewölben. Ein weiterer gut florierender „Gewerbezweig" ist der Menschenhandel mit illegalen Einwanderern. Selbstverständlich wohnt in Chinatown nur ein Bruchteil der 60.000 Londoner Chinesen, doch sind die Straßenzüge am Südrand von London der Mittelpunkt der *Chinese community*. Die meisten Besucher kommen aus kulinarischen Gründen nach Chinatown. Allerdings ist Vorsicht geboten: Die *All-you-can-eat*-Angebote der Restaurants sind für Londoner Verhältnisse mit £ 6 oder £ 10 zwar erstaunlich günstig, doch lässt die Qualität der Selbstbedienungsbuffets meist sehr zu wünschen übrig. Wer chinesisch essen möchte, sollte daher besser nicht an der falschen Stelle sparen.

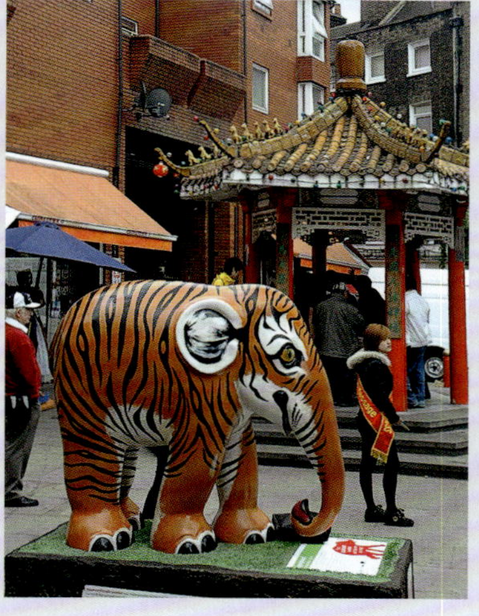

wechslung, im Inneren geben Musiker Kostproben ihres Könnens. Der Gemüsemarkt zog übrigens schon 1974 in die Nine Elms Lane (Battersea) und erhielt den Namen *New Covent Garden Market*.

Tube & Co. hervorragend präsentiert

London Transport Museum

Ein Lob vorweg: Das erst 2007 nach umfangreichen Renovierungsmaßnahmen wieder geöffnete London Transport Museum setzt sich in geradezu mustergültiger Weise mit der Geschichte des öffentlichen Nahverkehrs auseinander. Von den ersten Pferdebahnen bis zu den roten Doppeldeckerbussen verschiedener Modellreihen und der unterirdischen Tube ist nicht nur alles vertreten, sondern kann auch von innen besichtigt werden. Interessant sind neben den vielen multimedialen Präsentationen auch die Werbeplakate, anhand derer sich die Weiterentwicklung und Veränderung der Plakatkunst anschaulich nachvollziehen lässt. Selbstverständlich wird auch Harry Beck als Erfinder des Tube-Plans ausführlich gewürdigt. Für Kinder wurden spezielle „KidZones" eingerichtet.

Covent Garden Piazza, WC2. Ⓤ Covent Garden. Tgl. 10–18 Uhr, Fr 11–18 Uhr. Eintritt £ 17, erm. £ 14.50, Kinder unter 17 Jahren frei! www.ltmuseum.co.uk.

Soho und Covent Garden → Karte S. 90/91

Anspruchsvolle Fotokunst

Photographers' Gallery

Seit Jahrzehnten ist Photographers' Gallery die allererste Londoner Adresse für Freunde anspruchsvoller Fotokunst und sozialkritischer Fotoreportagen. Im Jahre 2009 erfolgte der Umzug in ein neues Gebäude nahe des Oxford Circus. Gezeigt werden absolut hochkarätige Wechselausstellungen, in den letzten Jahren beispielsweise von Robert Capa, Jürgen Teller, Andreas Gursky oder Martin Parr. Zur Galerie gehören noch ein gut sortierter Bookshop und ein sehr ansprechendes Café.

16–18 Ramilies Street, W1. Ⓤ Oxford Circus. Tgl. 10–18 Uhr, Do bis 20 Uhr, So erst ab 11.30 Uhr. Eintritt £ 3, bis 12 Uhr frei! www.photonet.org.uk.

Praktische Infos

→ Karte S. 90/91

Essen und Trinken

L'Atelier de Joel Robuchon 25, der als „Koch des Jahrhunderts" gerühmte Joel Robuchon eröffnet seit ein paar Jahren weltweit Filialen, die er „Ateliers" nennt, da man den Köchen beim Zubereiten der Speisen weitgehend zusehen kann. In den dunkel gehaltenen Räumlichkeiten wird französische Küche mit italienischen und spanischen Einflüssen geboten, wobei die meisten Gerichte in Tapasgröße serviert werden. Selbstverständlich gibt es als Beilage auch Robuchons famosen Kartoffelbrei. Im L'Atelier gibt es ein dreigängiges Mittagsmenü für £ 45 (Mo–Fr auch von 17.30 bis 18 Uhr), im La Cuisine im ersten Stock kostet ein 8-Gang-Menü £ 139 bzw. £ 215 inkl. korrespondierender Weine. 13 % Service Charge. 13–15 West Street, W1, ✆ 020/70108600. www.joel-robuchon.com. Ⓤ Piccadilly Circus.

Königliche Einkaufsmeile: Regent Street

Mein Tipp **busaba eathai 18**, in einem trendigen, in dunklem Holz gehaltenen Ambiente wird hervorragende moderne Thaiküche serviert. Man sitzt in lockerer Atmosphäre auf Bänken an großen, quadratischen Tischen zusammen mit anderen Gästen, so dass sich oft eine spontane Konversation mit den Tischnachbarn ergibt. Störend ist einzig der daraus resultierende hohe Geräuschpegel. Hervorragend munden das rote Lammcurry und die gegrillten Tintenfische, Hauptgerichte (ohne Reis) zwischen £ 10 und £ 15. 10 % Service Charge. By the way: In Thailand isst man eigentlich ohne Stäbchen ... Durchgehend ab 12 Uhr geöffnet. 106 Wardour Street, W1, ✆ 020/72558686. www.busaba.com. Ⓤ Piccadilly Circus.

Imli Street 7, der neue Trend in London sind moderne indische Restaurants mit beeindruckendem Design und perfektem Service. Das Imli gehört dazu und ist alles andere als eine teure oder gar schlechte Wahl. Mittags gibt es ein *Thali* für nur £ 10.50! Empfehlenswert ist das Zwei-Gang-Menü für £ 15 inkl. einem Glas Wein (nicht Do–Sa sowie zwischen 18.45 und

21.30 Uhr). Tgl. 12–23 Uhr. 167 Wardour Street, W1, ✆ 020/72874243. www.imlistreet.com. Ⓤ Piccadilly Circus.

Jamie's Italian **33**, als Hansdampf in allen kulinarischen Gassen hat Fernsehkoch Jamie Oliver inzwischen auch in der Nähe von Covent Garden ein Restaurant seiner Italian-Kette eröffnet. In bester italienischer Tradition werden einfache, frische Zutaten verwendet, um traditionelle und trotzdem phantasievolle Gerichte zu zaubern, die den Geldbeutel nicht überfordern. Das moderne Gebäude hat ein geschickter Innenarchitekt in ein Restaurant mit Marktatmosphäre verwandelt. Unaufgefordert bekommt man eine Karaffe Wasser auf den Tisch gestellt, dann wird aus der reichen Auswahl an Vorspeisen, Nudeln und Hauptgerichten geordert. Ein Tipp sind die *Penne arrabbiata* für £ 9.95, dazu trinkt man den Öko-Hauswein. Straßenterrasse. Zwei-Gang-Menü (werktags 12–18 Uhr) £ 12.95, abends Drei-Gang-Menü £ 18.95. 10 % Service Charge. Tgl. ab 11.30 Uhr geöffnet. 11 Upper St Martin's Lane, WC2, ✆ 020/33266390. www.jamieoliver.com/italian. Ⓤ Covent Garden oder Leicester Square.

Bill's **29**, in modernem Ambiente wird hier in der Atmosphäre eines Gemüse- und Feinkostladens mit viel Engagement frische und abwechslungsreiche Küche geboten. Als Spezialität gilt *Bill's Hamburger* für £ 9.95. Wer will, kann hier auch ein *Full Englisch Breakfast* ordern, das es auch in einer vegetarischen Version gibt. Tgl. 8–23 Uhr, Sa und So ab 9 Uhr. 13 Slingsby Place, St Martin's Courtyard, WC2, ✆ 020/72408183. www.bills-website.co.uk. Ⓤ Covent Garden oder Leicester Square.

meinTipp **Bar Italia** **13**, die rund um die Uhr geöffnete Coffee Bar ist längst eine Institution in Soho. Angeblich wird hier der beste Cappuccino von London zubereitet, nachts trifft sich ein zumeist recht buntes Publikum. Mehr als eine Alternative zu den Caféketten à la Starbucks! Zu essen gibt es leckere Panini. Heizstrahler sorgen dafür, dass man sich auch im Winter auf der Straßenterrasse wohlfühlt. 22 Frith Street, W1, ✆ 020/74374520. www.baritaliasoho.co.uk. Ⓤ Oxford Circus oder Piccadilly.

meinTipp **Nopi** **43**, Yotam Ottolenghi, der ungekrönte Londoner König der Gemüseküche, hat inzwischen auch in Soho ein trendiges Brasserie-Restaurant eröffnet, wobei die Küche stark mediterran und asiatisch inspiriert ist. Lecker sind die kleinen Gerichte (£ 8–13), die man wie Tapas bestellt, so die gerösteten Auberginen mit Koriander und Feta oder der Kabeljau mit Polenta und Chorizo. Hauptgerichte £ 20–25. Wer will, kann auch frühstücken. Im Untergeschoss sitzt man an großen Gemeinschaftstischen. Mo–Fr ab 8 Uhr, Sa und So ab 10 Uhr, Sonntagabend geschlossen. 22–23

Soho ist bis heute ein lasterhaftes Viertel

Soho und Covent Garden → Karte S. 90/91

Warwick Street, W1B, ✆ 020/74949584. www.nopi-restaurant.com. Ⓤ Piccadilly Circus.

Polpo 32, einst wohnte der venezianische Maler Canaletto in diesem Stadthaus aus dem 18. Jahrhundert, jetzt werden in der von Bruchsteinmauern und einem dominierenden Tresen geprägten Bar italienische Köstlichkeiten in Tapas-Größe (£ 6–10) aufgetischt. Passend dazu werden norditalienische Weine angeboten. Kein Ruhetag. 41 Beak Street, W1. www.polpo.co.uk. Ⓤ Piccadilly.

Fernandez & Wells 30, wer in Soho Lust auf einen kleinen Imbiss hat, hat die Qual der Wahl. Wer zu Fernandez & Wells geht, hat sich richtig entschieden. Egal, ob Ciabatta oder *Bocadillo* (so heißen die unterschiedlich belegten, im Steinofen gebackenen Baguettes) – hier wird man nicht enttäuscht. Frische und erlesene Zutaten bilden die Grundlage, und das Ganze für erschwingliche £ 4–8. Tgl. 11–22 Uhr, Sa und So ab 12 Uhr. 43 Lexington Street, W1. www.fernandezandwells.com. Hinweis: Gleich um die Ecke in der Beak Street 73 gibt es noch ein ansprechendes Café mit dem gleichen Namen. Ⓤ Leicester Square, Tottenham Court Road oder Piccadilly.

Fire and Stone 44, in einem hypermodernen Ambiente werden hier Pizzen in zahlreichen ungewöhnlichen Variationen angeboten (ab £ 7.95). 31/32 Maiden Lane, WC2E, ✆ 020/72578625. www.fireandstone.com. Ⓤ Covent Garden.

Duende 46, ein intimes spanisches Lokal, das durch authentische, aber auch modern inspirierte Gerichte in Tapas-Größe begeistert. Sehr lecker sind die *Lamb chops* für £ 9. 12,5 % Service Charge. So Ruhetag. 16 Maiden Lane, WC2E, ✆ 020/78365635. www.duendelondon.com. Ⓤ Covent Garden.

Wahaca 48, ein günstiges mexikanisches Streetfood-Restaurant im modernen Kellerambiente. Für alle Liebhaber von Tacos, Tostadas, Enchiladas und Burritos. Hauptgerichte £ 8–10. Kein Ruhetag. 66 Chandos Place, WC2, ✆ 020/72401883. www.wahaca.co.uk. Ⓤ Covent Garden.

Wagamama 41, die derzeit populärste Noodle-Bar Londons hat auch am Covent Garden eine Filiale eröffnet. Die japanischen Köstlichkeiten werden absolut frisch zubereitet. Kühl designtes Flair. Hauptgerichte £ 7–12. Das Restaurant befindet sich im Untergeschoss. 1 Tavistock Street, WC2, ✆ 020/7836454. www.wagamama.com. Ⓤ Covent Garden.

Gay Hussar 8, dieses ungarische Restaurant gehört seit Jahrzehnten zu den beliebtesten Politikertreffpunkten, weshalb an den Wänden zahlreiche Karikaturen hängen. Herzhafte ungarische Küche wird geboten. Wie wäre es mit einem Gulasch oder einem Wiener Schnitzel für £ 18.50? 2 Greek Street. W1, ✆ 020/74370973. www.gayhussar.co.uk. Ⓤ Tottenham Court Road.

Punjab 3, das 1951 gegründete Restaurant rühmt sich, eines der ältesten Londoner Curry-Restaurants zu sein. Der 1962 installierte Tandoor-Ofen soll zu den ersten in Großbritannien gehört haben. Wie dem auch sei, die Küche verdient noch immer ein Lob, vor allem, weil man bemüht ist, den Gast jenseits der klassischen Gerichte für die indische Küche zu begeistern. Zu empfehlen ist das mit Lamm zubereitete *Acharri Gosht* für £ 11, Reis kostet extra (£ 3.15). 10 % Service Charge. 80/82 Neal Street, WC2, ✆ 020/78369787. www.punjab.co.uk. Ⓤ Leicester Square.

Belgo Centraal 11, hinter der rot angestrichenen Ziegelsteinfassade werden belgische Spezialitäten serviert. Das Ambiente ist zeitlos modern. Wer will, kann sich mit einem Blick durch den gläsernen Boden davon überzeugen, dass die Köche im Untergeschoss mit viel Geschick zu Werke gehen. Das Mittagsmenü zu £ 7.95 ist günstig, beispielsweise mit einem halben Kilo Muscheln, inkl. einem Getränk. Die Spezialität des Hauses sind Muscheln in zahlreichen Variationen ab £ 11.95. 50 Earlham Street, WC2, ✆ 020/78132233. www.belgo.com. Ⓤ Covent Garden.

Lima 37, eine ausgezeichnete Adresse, um die peruanische Küche kennenzulernen. Hauptgerichte ab £ 20, sehr lecker ist *Sea bass hot ceviche* für £ 24. 12,5 % Service Charge. Kleine Straßenterrasse. 14 Garrick Street, WC2, ✆ 020/72405778. www.limalondongroup.com. Ⓤ Covent Garden.

The Rock and Sole Plaice 5, bereits 1871 eröffnet, behauptet das Restaurant, der älteste Fish-&-Chips-Shop in London zu sein. Positiv: die günstigen Preise und die große Straßenterrasse. 47 Endell Street, WC2, ✆ 020/78363785. www.rockandsoleplaice.com. Ⓤ Covent Garden.

Beijing Dumpling 40, eine der empfehlenswertesten Adressen in Chinatown: Vor allem die *Dumplings* (Peking- und Shanghai-Style) sind sehr beliebt. *All-you-can-eat Hot-pot* für £ 20 pro Person, Menüs ab £ 18.80. 10 % Service Charge. Tgl. 12–23.30 Uhr. 23 Lisle

Soho und Covent Garden sind das gefühlte Zentrum Londons

Street, WC2, ✆ 020/72876888. www.beijing dumpling.co.uk. Ⓤ Leicester Square.

Antidote Winebar 20, die Engländer lieben die französische Küche und hier findet man diese auf hohem Niveau. Viele Grillgerichte. Gefällig ist die intime Bistroatmosphäre. Straßenterrasse. 12a Newburgh Street, W1, ✆ 020/72878488. www.antidotewinebar.com.uk Ⓤ Oxford Circus.

The Toucan 2, eigentlich steht in dem irischen Pub das Bier im Vordergrund – Guinness, what else? Zur Stärkung gibt es Sandwiches, Jacket Potatoes und irische Austern. Tgl. außer So 11–23 Uhr. 19 Carlisle Street, W1, ✆ 020/74374123. Ⓤ Leicester Square.

Coach and Horses 21, rühmt sich Londons erster vegetarischer Pub zu sein, früher verkehrten hier Soho-Legenden wie Peter O'Toole, Francis Bacon und Lucien Freud. 29 Greek Street, W1, ✆ 020/74374123. www.coach andhorsessoho.co.uk. Ⓤ Tottenham Court Road.

Rosa's 28, hinter der roten Fassade verbirgt sich ein kleines, modernes Thairestaurant mit innovativer Küche (Lammgerichte, Lachs, Barsch etc.). Ausgesprochen große Salatauswahl, leckere Currys, so das *Thick Red Chicken Curry*. Hauptgerichte £ 7–13. Kein Ruhetag, So erst ab 13 Uhr. 48 Dean Street, W1D, ✆ 020/74941638. www.rosaslondon.com. Ⓤ Piccadilly Circus.

Princi 16, was auf den ersten Blick wie ein cooler Designerladen aussieht, entpuppt sich als eine Art Brasserie mit italienischer Küche, von Pizza bis zu erlesenen Süßwaren. Ideal nicht nur für einen kleinen Imbiss. Tgl. 7–24 Uhr, So 9–22 Uhr. 135 Wardour Street, W1, ✆ 020/724788888. www.princi.co.uk. Ⓤ Piccadilly Circus.

mein Tipp **Masala Zone 14**, keine Frage: dieses indische Restaurant liegt voll im Trend. Erstklassige Küche zu passablen Preisen (Hauptgerichte ab £ 9), serviert in einem sehr schönen Designambiente. Im Hintergrund läuft Loungemusik, während man die Köche werkeln sieht. Wer sich mit der indischen Küche nicht auskennt, bestellt am besten ein aus verschiedenen kleinen Gerichten bestehendes *Thali*, das es mit Lamm, Hühnchen oder Garnelen genauso gibt wie als vegetarische Variante (mittags ab £ 11.75). Serviert werden die Köstlichkeiten mit Reis und Dhal auf einem großen Tablett. 12,5 % Service Charge. 9 Marshall Street, W1, ✆ 020/72879966. www.masalazone.com. Ⓤ Oxford Circus.

Carluccio's Caffè 39, eine Filiale der beliebten italienischen Restaurant- und Feinkostkette. Helle, moderne Räume mit langen Tischen und bunten Stühlen. Leckere Pasta zu zivilen Preisen. *Spaghetti Carbonara* zu £ 9.25. 2 Garrick Street, WC2, ✆ 020/78360990. www.carluccios.com. Ⓤ Covent Garden.

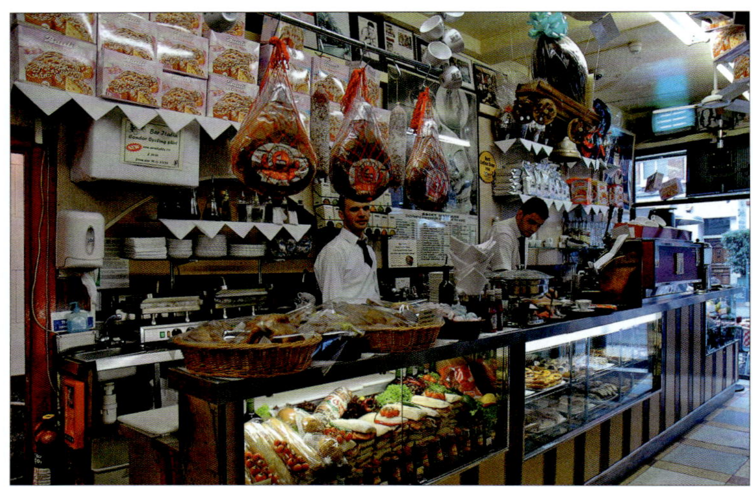

Bar Italia: ein Klassiker im Londoner Nachtleben

Côte 6, im typischen Brasserie-Ambiente werden hier französischen Klassiker wie *Steak tartare* oder Entenbrust mit Kartoffelgratin serviert. Zweigängiges Menü £ 12.50, drei Gänge £ 13.95. 124–126 Wardour Street, W1, ✆ 020/72879280. www.cote-restaurants.co.uk. Ⓤ Piccadilly Circus.

The Marquess of Anglesey 22, nettes Pub beim Covent Garden, die Küche pendelt zwischen typisch englisch (Fish'n Chips) und international (hervorragend die Platte mit Pita, Humus, Tsatsiki und Tarama). Hauptgerichte £ 10–15. Gute Weinauswahl, im Obergeschoss ein Restaurant mit *Table service*. 39 Bow Street, WC2E, ✆ 020/72403216. www.themarquess.co.uk. Ⓤ Covent Garden.

Department of Coffee and Social Affairs 24, kleiner, liebevoll geführter Coffee-Shop in einer Seitengasse der Carnaby Street. Leckere Sandwiches und Salate gibt es auch noch. Mini-Straßenterrasse. Tgl. 8–19 Uhr, Sa und So ab 10 Uhr. 3 Lowndes Court, W1R. http://departmentofcoffee.com. Ⓤ Oxford Circus.

Scoop 42, gilt zurecht als die beste Eisdiele Londons, zudem wird das Eis nur aus natürlichen Zutaten zubereitet. Rund 20 Variationen stehen zur Auswahl, darunter auch *Tè Verde*. Zudem gibt es Milchshakes und Waffeln. Tgl. 12–22.30 Uhr. 53 Brewer Street, ✆ 020/74943082. www.scoopgelato.com. Ⓤ Piccadilly Circus.

Einkaufen

Liberty 19, das mit Pseudofachwerk verkleidete Kaufhaus wurde 1924 als Reminiszenz an die Tudor-Epoche konzipiert. Im holzgetäfelten Interieur werden anspruchsvolle Waren, darunter auch Haushaltswaren, feilgeboten. Berühmt ist das Liberty für seine hochwertigen Baumwoll- und Seidenstoffe. Sonntag 12–18 Uhr geöffnet. 210–220 Regent Street, W1R. www.liberty.co.uk. Ⓤ Oxford Circus.

Hamleys 34, ein riesiges Spielwarengeschäft, von dem nicht nur Kinder begeistert sind. 188–196 Regent Street, W1B. www.hamleys.com. Ⓤ Oxford Circus.

Whole Foods Market 47, dies ist eines jener Geschäfte, das man betritt und sich sogleich fragt, warum es so etwas nicht in der eigenen Stadt gibt? Dabei ist die Idee so genial wie banal: Man muss nur einen Supermarkt eröffnen, der wie ein bunter Markt konzipiert ist und kleine Snacks, Suppen, Salate, Kaffee oder Kuchen anbietet, die man mitnehmen kann. Über zwei Etagen verteilt, wird hier niemand enttäuscht, der Wert auf weitgehend ökologische Produkte legt, und auch die Atmosphäre stimmt. Straßenterrasse. Tgl. 7.30–21.30 Uhr, Sa 9–21.30 Uhr, So 12–18 Uhr geöffnet. 12–20 Glasshouse Street, W1, ✆ 020/74343179. www.wholefoodsmarket.com. Ⓤ Piccadilly.

Birkenstock 9, all jene, die bisher davon überzeugt waren, dass Birkenstock-Schuhe nur an den Füßen von bärtigen Sozialkundelehrern zu finden sind, können sich hier überzeugen, dass Birkenstock „cool" ist. Gesundheitsschuhe in zahlreichen Formen und Farben. Außerdem gibt es in der Neal Street noch mehr als ein halbes Dutzend weiterer Schuhgeschäfte. 24 Neal Street, WC2H. Ⓤ Covent Garden.

Dr Martens Department Store 15, ein Eldorado für alle Liebhaber von Dr Martens Schuhen, die auch in Deutschland längst ein Klassiker sind. In der Nähe des Covent Garden wird allerhand Schuhwerk in den Farben Schwarz, Braun, Burgund und in Pastelltönen verkauft. 21 Neal Street, WC2. Ⓤ Covent Garden.

Reiss 27, die anspruchsvolle Boutique – mehr als 30 Filialen in London – für Männer und Frauen wurde berühmt, weil Kate Middletons blaues Verlobungskleid von Reiss stammte. Auch sonntags von 12 bis 18 Uhr geöffnet. 116 Long Acre, WC2. www.reissonline.com. Ⓤ Covent Garden.

Topman 1, große Bekleidungsboutique mit Friseurabteilung. Vergleichsweise günstiges Angebot an hochmodischen Klamotten, die nicht nur bei jungen Londonern beliebt sind. Auch Sonntag 12–18 Uhr geöffnet. 214 Oxford Street, WR1. Ⓤ Oxford Circus.

Agent Provocateur 12, phantasievoll-erotische Dessous von namhaften Modemachern. Die beeindruckende Wirkung sollte frau schon mindestens £ 35 wert sein, schließlich gehört auch Kate Moss zu den Kundinnen. 6 Broadwick Street, W1. www.agentprovocateur.com. Ⓤ Oxford Circus oder Tottenham Court Road.

Stanfords 36, laut Eigenwerbung „das weltgrößte Karten- und Reisebuchgeschäft". Und das stimmt: Allein mehr als 500 französische Wanderkarten gibt es hier zur Auswahl, kein Land der Welt bleibt unberücksichtigt! Im Erdgeschoss gibt es zudem noch ein kleines Café. 12 Long Acre, WC2. www.stanfords.co.uk. Ⓤ Leicester Square.

Gosh 31, ein Paradies für Freunde anspruchsvoller Comics. 1 Berwick Street, W1F. www.goshlondon.com. Ⓤ Leicester Square.

meinTipp **Foyles 4**, die 1903 gegründete Buchhandlung ist eine Londoner Institution, die sich allerdings in den letzten Jahren stark verändert hat. Einst war Foyles als wahre Bücherfundgrube bekannt, selbst Titel, die schon lange vergriffen sind, standen hier noch in den Regalen, wenn man wusste, wo ... Nach dem Tod der Tochter von William Foyle, einem der beiden Gründer, wurde das Geschäft von ihrem Neffen übernommen und modernisiert. Es ähnelt jetzt auch den anderen modernen Buchketten, wenngleich Foyles noch immer unabhängig ist und einen etwas alternativen Touch pflegt. Im Jahre 2014 erfolgte dann der Umzug in die neuen Räumlichkeiten, die nur ein paar Häuser weiter liegen und mehr Platz bieten. 107 Charing Cross Road, WC2H. www.foyles.co.uk. Ⓤ Leicester Square.

Puma 35, kein Sportgeschäft, sondern eine Modeboutique, schließlich gehört Puma auch in London zu den Trendsettern. Carnaby Street, W1. Ⓤ Oxford Circus.

Berwick Street Market 23, mitten in Soho gelegen, bietet der kleine Obst- und Gemüsemarkt in der Berwick Street erstaunlich günstige Preise (sonntags geschlossen). Die Musikgeschäfte direkt neben dem Markt führen eine gute Auswahl an Schallplatten und CDs. Ⓤ Leicester Square oder Piccadilly.

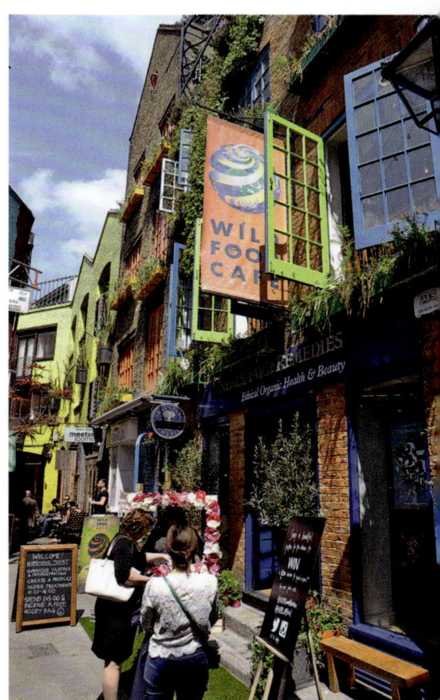

Eine stille Oase: Neal's Yard

Nobelboutiquen und Kunst

Tour 9

In Mayfair und St James's zeigt sich London von seiner vornehmsten Seite. Die Herren der Londoner „High Society" treffen sich in den distinguierten Clubs, während sich ihre Ehefrauen in den edlen Geschäften der Bond Street wie im Paradies fühlen.

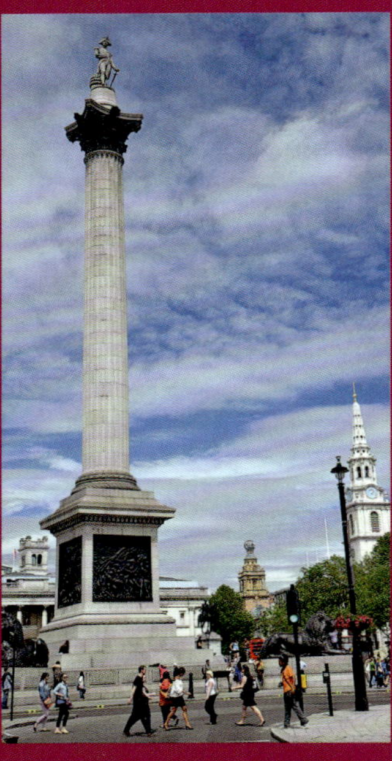

- **Trafalgar Square**, Nelson-Denkmal und wechselnde Kunst, S. 103
- **National Gallery**, Besuchermagnet am Trafalgar Square, S. 104
- **National Portrait Gallery**, alle großen Namen im Porttrait, S. 105
- **Handel & Hendrix Museum**, Klassik meets Rock, S. 107

Londons vornehmste Seite

Mayfair und St James's

Mayfair verdankt seinen Namen einer Frühjahrsmesse, die über Jahrhunderte hinweg stets im Mai abgehalten wurde. Als das Stadtviertel aber im 17. Jahrhundert zu einem adeligen Wohnquartier aufstieg, mehrten sich die Klagen über die Lärmbelästigung während der Messe; 1764 fand dann letztmals eine Mayfair statt.

Seit mehr als drei Jahrhunderten gehören Mayfair und das benachbarte St James's zu den exklusivsten Wohngegenden Londons. Hier findet man die teuersten und luxuriösesten Hotels der Stadt, darunter die Hotellegende Ritz, die Auktionshäuser Sotheby's und Christie's sowie mehrere Botschaften, zahlreiche Bürohäuser und verschiedene Vertretungen der großen Fluggesellschaften. Während Erholungssuchende nur einen Katzensprung vom St James's Park sowie vom Hyde Park entfernt sind, reihen sich links und rechts der Old Bond Street und der New Bond Street, die die Oxford Street mit Piccadilly verbindet, teure Antiquitäten-, Möbel- und Modegeschäfte aneinander. Als sich der Bruder des Sultans von Brunei in Mayfair niederließ, behaupteten Spötter, dies sei ohne Ortskenntnis geschehen: Der Bruder eines der reichsten Männer der Welt habe zu oft Monopoly gespielt und beschlossen, sich die beiden teuersten Straßen der englischsprachigen Version zu kaufen: „Mayfair" und „Park Lane".

Spaziergang

Geographisch gesehen, werden Mayfair und St James's von der Oxford Street und dem St James's Park sowie vom Hyde Park und der Regent Street begrenzt; den südöstlichen Eckpunkt bil-

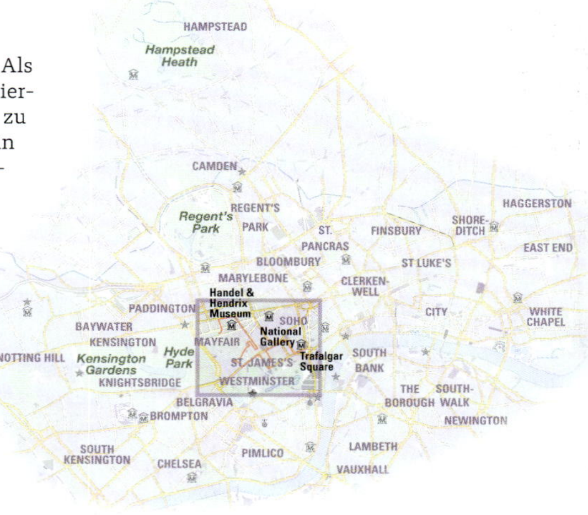

det der **Trafalgar Square**. Als Ausgangspunkt eines Spaziergangs den Trafalgar Square zu wählen, ist, als ob man ein Konzert mit einem Paukenschlag beginnen lässt, denn der Trafalgar Square ist der urbane Mittelpunkt Londons. Mehrere wichtige Straßen laufen sternförmig auf den Platz zu, der täglich von zahllosen Reisebussen – angeblich mehr als 500 pro Stunde – frequentiert wird. An der Ostseite des Trafalgar Square steht die Kirche **St Martin-in-the-Fields**; die Nordseite des Trafalgar Square wird von der **National Gallery** beherrscht (geplant ist, die Galerie durch eine Treppe mit dem Platz zu verbinden). Da der Eintritt zu der faszinierenden Gemäldegalerie kostenlos ist, kann man den Besuch je nach Lust und Laune abbrechen und an einem anderen Tag fortsetzen. In der benachbarten **National Portrait Gallery** sind Porträts bedeutender englischer Persönlichkeiten ausgestellt. Der leicht ansteigende *Haymarket*, auf dessen Bürgersteigen noch vor hundert Jahren allabendlich die leichten Mädchen auf Kundschaft warteten, führt hinauf zum *Piccadilly Circus*, der „Radnabe des britischen Weltreichs". Der Name Piccadilly geht auf den Schneider *Robert Baker* zurück, der hier Ende des 17. Jahrhunderts den Londoner Dandys Hemdkragen, so genannte „Pickadills", verkaufte. Steife Hemdkragen wird man heute vergeblich suchen, dafür ist der Platz mit seinem markanten bronzenen Brunnen und der darauf thronenden Erosstatue rund um die Uhr von Touristen umlagert, nur der ehedem dominierende Autoverkehr ist nach einer Umgestaltung im Jahre 2012 nicht mehr so präsent.

Von seiner schönsten Seite zeigt sich der Piccadilly Circus nach Einbruch der Dunkelheit, wenn die vielen Neonreklamen leuchten. Ein paar Häuser weiter in Richtung Westen zeigt sich London von seiner vornehmeren Seite: Die Buchhandlung *Hatchard's* und der Feinkosthändler *Fortnum & Mason* sind seit Jahrhunderten stadtbekannte Institutionen. In der nahen, durch einen Hof zu erreichenden **Royal Academy of Arts** werden immer wieder anspruchsvolle Wechselausstellungen moderner Kunst gezeigt. Die benachbarte *Burlington Arcade* ist Londons längste Einkaufsarkade.

Nach Süden hin erstreckt sich das vornehme St James's mit dem St James's Palace. In der unmittelbaren Nähe des Palastes liegen ansehnliche Stadtpaläste wie das von Christopher Wren entworfene Marlborough House oder das Spencer House; der Londoner Stammsitz von Prinzessin Dianas Familie kann sonntags sogar besichtigt werden. Pall Mall – der Name der Straße erinnert an „Paille Maille", eine Art Krocketspiel – gehört seit jeher zu den nobelsten Straßenzügen Londons. Da verwundert es auch nicht, dass Pall Mall die erste Straße der Welt war, die nachts mit Gas beleuchtet wurde. Am Ende der Straße haben der Reform Club, der Travellers Club und das Athenaeum ihren Sitz; letzteres ist an der vergoldeten Statue der Weisheit zu erkennen, die das Portal ziert. In vielerlei

Piccadilly Circus – der Mittelpunkt des Empire

Hinsicht haben sich die Gentlemen clubs selbst überlebt. Von den rund 900 Gentlemen clubs, die es im viktorianischen London gab, existieren nicht einmal mehr vierzig. Wer Lust hat, kann in den angrenzenden St James's Park gehen, wo die Liegestühle im Sommer förmlich zu einem kurzen Sonnenbad einladen. Zuvor sollte man sich vielleicht in der Crown Passage mit etwas Verpflegung eindecken. Die schmale Passage mit ihren Sandwichbars sowie den altertümlichen Lebensmittel- und Friseurgeschäften ist allerdings leicht zu übersehen.

Weiter geht es in westlicher Richtung entlang der Straße Piccadilly, bis die White Horse Street rechter Hand zum *Shepherd Market* abzweigt. Der von engen Gassen umgebene Markt mit seinen zahlreichen Cafés, Pubs und Restaurants strahlt ein einladendes Flair aus. Bevor der Spaziergang nun in das „Designerland" von Mayfair führt, gehört für Physiker noch ein Besuch des **Faraday Museum** zum Pflichtprogramm. Alle anderen können direkt zur Bond Street „vorrücken", wo Chanel, Calvin Klein, Gucci, Ralph Lauren, Versace und Yves Saint-Laurent mit eigenen Boutiquen vertreten sind; Juwelen kauft man entweder bei Cartier oder Tiffany. Die in Old und New Bond Street unterteilte Nobelmeile erstreckt sich bis hinauf zur Oxford Street (linker Hand das **Handel & Hendrix Museum**). Preisschilder wird man in den meisten Schaufenstern vergeblich suchen. Wer Lust hat, kann auch eine Versteigerung im weltberühmten Auktionshaus *Sotheby's* besuchen. Nach einem kurzen Bummel durch die Oxford Street geht es zum Abschluss noch zum größten Platz von London, dem *Grosvenor Square*. Um ihn herum standen bis in das frühe 20. Jahrhundert zahlreiche Patrizierhäuser, von denen nur noch zwei erhalten geblieben sind. Die Hausnummer 9 war von 1785 bis 1788 die Adresse von John Adams, dem Botschafter und späteren Präsidenten der USA. Weiter südlich (Nr. 38) ist heute die indonesische Botschaft in einem Gebäude untergebracht, das Adams 1776 verschönern ließ. Während des Zweiten Weltkrieges wurde der Grosvenor Square „Eisenhowerplatz" genannt, da sich hier das militärische Hauptquartier der Amerikaner befand. Eine Gedenkplakette am Haus mit der Nummer 20 erinnert an General Eisenhowers Quartier im Jahre 1942.

London im Kasten

Blackballing

Ein „Wahrzeichen" von St James's sind die vornehmen Herrenclubs, in deren erlauchten Kreis nur wenige Normalbürger aufgenommen werden. Die bekanntesten Clubs heißen „Athenaeum", „Traveller's" oder „White's". Letzterer gilt als der älteste und aristokratischste unter den Clubs, sicherlich nicht grundlos hat Prince Charles dort seinen Abschied vom Junggesellenleben gefeiert. Obwohl die in den Statuten festgelegten Aufnahmebedingungen an sich leicht zu erfüllen sind – im „Reform Club" muss man sich einfach als „Reformer" verstehen –, scheiterten viele Aufnahmeanträge, da man letztlich die eigene Exklusivität am besten dadurch wahrt, indem man sich vom „Rest der Welt" abgrenzt. Über die Aufnahme eines neuen Mitglieds entscheidet das Ritual des *Blackballing*. Wirft nur ein einziges Mitglied eine schwarze Kugel in einen Korb, gilt der Kandidat als nicht *clubable*. Diese Schmach kann auch ganz berühmte Zeitgenossen treffen: Als der Philosoph *Bertrand Russell* 1916 um seine Aufnahme im „Athenaeum" ersuchte, wurde er wegen seiner pazifistischen Einstellung abgelehnt. Erst 36 Jahre später war sein zweiter Versuch mit Erfolg gekrönt.

Sehenswertes

Nelson-Denkmal und wechselnde Kunst

Trafalgar Square

Auf einer 56 Meter hohen Granitsäule (so hoch wie die Masthöhe von Nelsons Flaggschiff HMS Victory) thront die Bronzestatue von *Lord Horatio Nelson*, der am 21. Oktober 1805 in der Schlacht von Trafalgar Napoleons Flotte vernichtend geschlagen und dabei sein Leben verloren hatte. Wenige Jahrzehnte nach Nelsons Tod dankten die Engländer ihrem Nationalhelden mit dem Denkmal für seine glorreiche Tat, die eine drohende Invasion der Franzosen verhinderte. Flankiert wird die Säule von vier überdimensionalen Bronzelöwen, die scheinbar den Kletterinstinkt aller Kinder und Jugendlichen dieser Welt herausfordern. Interessant ist die Geschichte der vier Reliefs am Sockel der Statue. Aus dem Metall der eroberten französischen Kanonen wurden hier vier bedeutende Seeschlachten verewigt. Das Denkmal zieht den Betrachter so sehr in den Bann, dass die mit Tritonen verzierten Brunnen von *Sir Edwin Lutyen* fast übersehen werden. Ein Sockel (Forth Plinth) an der nordwestlichen Ecke des Platzes wird seit 2005 als Podium für wechselnde Kunstobjekte genutzt, so zuletzt von Hans Haackes Skulptur „Geschenkter Gaul".

Klassizistische Portikuspracht

St Martin-in-the-Fields

Als der Architekt *James Gibbs* den Auftrag zu einem Kirchenneubau erhielt, bekundete er, er wolle „das Beste bauen, was London Gott bieten kann". Zwischen 1722 und 1726 entstand ein klassizistischer Bau mit korinthischem Portikus und Kirchturm, der schnell zum Vorbild für zahlreiche Kirchenbauten in England und Nordamerika wurde. Doch erst durch den luftigen

Trafalgar Square konnte die Fassade ihre Wirkung ganz entfalten. Als sehr gelungen darf man die 2008 abgeschlossenen Restaurierungsarbeiten bezeichnen. Für rund 36 Millionen Pfund wurde die Kirche komplett renoviert, wodurch der hochbarocke Innenraum ein neues lichtes Ostfenster erhielt und die Krypta zu einer unterirdischen Piazza mit Café und Ausstellungsflächen erweitert wurde.

Trafalgar Square, WC2, Ⓤ Charing Cross. www.smitf.org

Besuchermagnet am Trafalgar Square

National Gallery

Gewissermaßen als Ergänzung zum British Museum planten kunstinteressierte Kreise an der Wende zum 19. Jahrhundert die Einrichtung einer nationalen Gemäldegalerie. Doch erst als Österreich seine während der napoleonischen Kriege zur Verfügung gestellten Kredite zurückzahlte, konnte mit diesen Geldern 1823 die renommierte Angerstein-Sammlung erworben werden. Der Grundstock für die National Gallery war gelegt. Noch ein paar Jahre vergingen, bis 1832 mitten im Londoner Zentrum mit dem Bau der National Gallery begonnen werden konnte. Der Architekt *William Wilkens* entwarf direkt am Trafalgar Square einen lang gestreckten klassizistischen Bau, der seither mehrere Erweiterungen erfuhr. Architektonisch besonders gelungen ist der so genannte „Sainsbury Wing", ein Anbau, der von 1989 bis 1991 errichtet wurde und seither die Gemälde der italienischen Frührenaissance sowie ein Restaurant und einen Vortragssaal beherbergt; zudem finden hier Wechselausstellungen statt.

Klassizistische Fassade: National Gallery

Zum Fundus der National Gallery gehören mehr als 2000 Gemälde aus der Zeit von 1260 bis 1900, darunter Werke von Leonardo da Vinci, Giotto, van Eyck, Bellini, Michelangelo, Botticelli, Raphael, Holbein, Cranach, Breughel, El Greco, Tintoretto, Tizian, Veronese, Rembrandt, Vermeer, Rubens, Bosch, Memling, Dürer, Poussin, Claude, Velázquez, Caravaggio, Lorrain, Constable, Turner, Caspar David Friedrich, Tiepolo, Hogarth, Goya, Renoir, Monet, Manet, Seurat, Degas, van Gogh, Cézanne und Picasso. Mit anderen Worten: Es gibt kaum einen bedeutenden westeuropäischen Maler, der hier nicht mit mindestens einem Bild vertreten wäre.

Trafalgar Square, WC2, Ⓤ Charing Cross. Tgl. 10–18 Uhr, Fr bis 21 Uhr. Normale Sammlung Eintritt frei! Sonderausstellungen ab £ 10, erm. ab £ 5. www.nationalgallery.org.uk.

Hinweis: Es empfiehlt sich, einen Audioguide auszuleihen, der für £ 4 die Kunstwerke sehr ausführlich kommentiert. Wer des Englischen mächtig ist, sollte unbedingt die englischsprachige Version wählen, da diese – im Gegensatz zur deutschen Version – alle Kunstwerke vorstellt. Ein genauer Lageplan ist am Eingang erhältlich.

Essen & Trinken

(S. 108/109)

2 Hush
3 Sotheby's Café
5 Tibits
6 Umu
7 Below Zero
8 Momo
13 Sumosan
14 Chor Bizarre
15 5th View
20 Boudin Blanc
22 The Avenue
23 The Hard Rock Café

Einkaufen (S. 110/111)

1 The Swatch Store
3 Sotheby's
4 Vivienne Westwood
9 Stella McCartney
10 Abercrombie & Fitch
11 Hollister
12 Burlington Arcade
15 Waterstones
16 Hatchard's
17 Fortnum & Mason
18 Heywood Hill Books
19 John Lobb
21 Lock & Co Hatters

200 m

Mayfair und St James's

Alle großen Namen im Portrait

National Portrait Gallery

In unmittelbarer Nähe der National Gallery gelegen, spiegelt sich in der 1856 gegründeten Galerie die englische Geschichte in bedeutenden Portraitstudien wider. Von den Tudors – sehenswert ist Hans Holbeins Porträt Heinrich VIII. – über Elisabeth I. und Shakespeare bis hin zu Oliver Cromwell und Horatio Nelson sind hier die wichtigsten Persönlichkeiten des Königreichs vereint. Besonders wertvoll ist das Porträt von Shakespeare, da es als das einzige authentische Bildzeugnis des großen Schriftstellers gilt. Was das 20. Jahrhundert betrifft, dürfen Elisabeth II., Margaret Thatcher und Lady Diana selbstverständlich auch nicht fehlen. Ende der 1960er-Jahre wurden auch Fotografien bekannter zeitgenössischer Persönlichkeiten aufgenommen. Als das Archiv auf einen Fundus von mehr als 250.000 Bildern und Fotografien angewachsen war, entschied man sich, einen neuen Flügel (Ondaatje-Wing) zu errichten, um die Sammlung besser präsentieren zu können. Der im Sommer 2000 eröffnete Anbau kostete zwölf Millionen Pfund und wird von einem Restaurant mit herrlichem Blick über den Trafalgar Square bis hin zum Big Ben gekrönt.

Ein Tipp: Lohnend ist meist auch ein Besuch der (Foto-)Wechselausstellungen.

St Martin's Place, Trafalgar Square, WC2, Ⓤ Charing Cross oder Leicester Square. Tgl. 10–18 Uhr, Do und Fr bis 21 Uhr. Eintritt frei! (Gilt nicht für Sonderausstellungen). www.npg.org.uk.

Sehenswerte Summer Exhibition

Royal Academy of Arts

Die im imposanten Burlington House untergebrachte Königliche Kunstakademie widmet sich seit ihrer Gründung im Jahre 1768 der Förderung junger bildender Künstler. Einen ausgezeichneten Ruf genießt die alljährlich im Juni eröffnete *Summer Exhibition*, bei der Werke zeitgenössischer englischer Künstler präsentiert werden (alle Werke können auch erworben werden). Für viele Maler diente die Ausstellung als Sprungbrett auf das internationale Kunstparkett. Die Academy selbst hat 50 Mitglieder, darunter finden sich derzeit so bekannte Namen wie David Hockney und Lord Norman Foster. Für die jeweiligen Mitglieder bedeutet eine Ernennung zum „Royal Academician" eine Steigerung des eigenen Renommees, während die Academy ihre Sammlung „kostenlos" erweitern kann, denn jedes Mitglied ist verpflichtet, eines seiner Werke zu „spenden". Das berühmteste Exponat der Kunstsammlung stammt dennoch von Michelangelo, obwohl dieser sicherlich nie Mitglied der Academy war.

St James's Park

Burlington House, Piccadilly, W1, Ⓤ Piccadilly Circus. Tgl. 10–18 Uhr, Fr bis 22 Uhr. Eintritt frei! Sonderausstellungen: £ 12, erm. ab £ 5. www.royalacademy.org.uk.

Hier wohnt Prince Charles

St James's Palace

Im Mittelalter stand hier noch ein Spital für Leprakranke, das Heinrich VIII. abreißen ließ, um sich stattdessen eine neue prachtvolle Residenz errichten zu lassen. Der Ziegelbau im Tudor-Stil wurde 1698 zur offiziellen Hauptresidenz, nachdem der Whitehall Palace einem Brand zum Opfer gefallen war. Dies änderte sich erst, als es Königin Victoria 1837 vorzog, im nahen Buckingham Palace zu residieren. Der St James's Palace wurde aber dennoch weiterhin von Mitgliedern der Königsfamilie bewohnt, derzeit beispielsweise von Prince Charles, der sich nach seiner Trennung von Diana hier häuslich eingerichtet hat.

W1, Ⓤ Piccadilly Circus.

Ältester königlicher Park

St James's Park

Der St James's Park ist der älteste und zugleich kleinste der königlichen Parks in London. Heinrich VIII. veranlasste die Trockenlegung des einstigen Sumpfgebietes sowie die Umgestaltung zu einem Park, den James I. um eine Menagerie und Vogelvolieren erweiterte. Der Aufklärer *Karl Philipp Moritz* war auf seiner 1782 unternommenen Reise durch England von der Gartenanlage sehr enttäuscht: „Dieser Park ist weiter nichts als ein halber Cirkel von einer Allee von Bäumen, der einen großen grünen Rasenplatz einschließt, in dessen Mitte ein sumpfiger Teich befindlich ist. Auf dem grünen Rasen weiden Kühe, deren Milch man hier, so frisch, wie sie gemolken wird, verkauft."

Da die Downing Street No 10 in unmittelbarer Nähe liegt, versammeln sich auch gelegentlich hochrangige Staatsgäste zum Fototermin im St James's Park. Zusammen mit dem angrenzenden Green Park ist der St James's Park für die Angestellten aus den umliegenden Büros im Sommer ein beliebtes Ziel, um die Mittagspause zu verbringen. Hinweis: Die Liegestühle werden gegen Gebühr vermietet.

Die Löwen wurden aus erbeuteten Waffen gegossen

Apparaturen, Notizen und Co.

Faraday Museum

Das kleine Museum im Untergeschoss der Royal Institution ist *Michael Faraday* (1791–1867), dem „Vater der Elektrizität", gewidmet, der vor allem durch den Faradayschen Käfig bekannt wurde. Seine wohl bedeutendsten Entdeckungen waren außerdem der Nachweis der elektromagnetischen Induktion und die Konstruktion des ersten Dynamos. Ausgestellt sind Notizbücher, Versuchsgeräte und persönliche Dokumente sowie eine Rekonstruktion von Faradays Labor.

21 Albemarle Street, W1, Ⓤ Piccadilly Circus oder Green Park. Mo–Fr 9–21 Uhr. Eintritt frei! www.rigb.org.

Klassik meets Rock

Handel & Hendrix Museum

Der Komponist Georg Friedrich Händel (1685–1759) verbrachte einen großen Teil seines Lebens in London, wo er seine berühmtesten Werke verfasste. Für Klassikfreunde ein Muss! Die Einrichtung seines einstigen Wohnhauses ist von der Tapete bis zum Vorhang zum größten Teil im georgianischen Stil rekonstruiert. Im ersten Stock empfing Händel seine Gäste. Das Vorderzimmer, wo einst eine kleine Hausorgel und ein Cembalo standen, diente ihm als Musikzimmer.

Über den gleichen Eingang gelangt man auch zur ehemaligen Wohnung

Perfekt rekonstruiert: Jimi Hendrix' Wohnung

von Jimi Hendrix. Der US-Gitarrist und Sänger wohnte vom Sommer 1968 bis zum Frühjahr 1969 neun Monate lang im Nachbarhaus von Händel. Sein im dritten Stock gelegenes Apartment wurde nach Originalfotos eingerichtet. Zudem kann man in einer Nachbildung von Hendrix' Plattensammlung stöbern.

25 Brook Street, W1, Ⓤ Bond Street. Tgl. 11–18 Uhr, So ab 12 Uhr. Eintritt £ 10, erm. £ 5, nur Handel House £ 7.50, erm. £ 3. www.handelhendrix.org.

Praktische Infos

→ Karte S. 105

Essen und Trinken

Umu 6, japanische Küche auf höchstem Niveau (ein Michelin-Stern) bietet Londons einziges Restaurant im Kyoto Style. Ein achtgängiges Kaiseki-Menü kostet £ 155 (auch als Sushi-Variante). Glücklicherweise kann man sich mittags an *Shokado bento* bereits für £ 35 satt essen. 12,5 % Service Charge. Samstagmittag und Sonntag geschlossen. 14–16 Bruton Place, W1, ✆ 020/74998881. www.umurestaurant.com. Ⓤ Green Park.

The Avenue 22, das mitten in St James's gelegene Szenerestaurant wird von einem lang gestreckten Tresen dominiert. Die Küche wandelt auf englischen und italienischen Pfaden. Hauptgerichte um die £ 18, so beispielsweise ein delikater Kaninchenschlegel. Günstig sind die Mittagsmenüs zu £ 20 oder £ 25, zzgl. 12,5 % Service Charge. Abends ist eine Reservierung ratsam. Samstagmittag geschlossen. 7 St James's Street, W1, ✆ 020/73212111. www.theavenue-restaurant.co.uk. Ⓤ Green Park.

Chor Bizarre 14, hinter dem etwas seltsam anmutenden Namen verbirgt sich ein hervorragendes indisches Restaurant mit Anspruch und Stil. Hauptgerichte zwischen £ 17 und £ 22. Sonntagmittag geschlossen. 16 Albemarle Street, W1, ✆ 020/76299802. www.chorbizarre.com. Ⓤ Green Park.

Sumosan 13, das Sumosan trägt eindeutig die Handschrift eines Designers, die Küche hat sich der japanischen Kochkunst verschrieben, wobei sich auch leichte europäische Einflüsse ausmachen lassen. Gehobenes Preisniveau, das Mittagsmenü für stolze £ 24.90, das abendliche Tasting-Menü kostet £ 75, jeweils zzgl. Service Charge. Am Wochenende nur abends geöffnet. 26B Albemarle Street, W1, ✆ 020/74955999. www.sumosan.com. Ⓤ Green Park.

Momo 8, in einer kleinen Nebenstraße öffnet sich das Tor zum Orient. Gehobene marokkanische Küche in feinstem Dekor. Hauptgerichte £ 20 und £ 25. Übrigens sollte man den Gang auf die Toilette keinesfalls versäumen ... Sonntagmittag geschlossen. 25 Heddon Street, W1, ✆ 020/74344040. www.momoresto.com. Ⓤ Piccadilly Circus oder Oxford Circus.

Tibits 5, dieses moderne vegetarische Restaurant empfiehlt die Leserin Evi Hofmeister, die auch von der entspannten Atmosphäre begeistert war: „Es gibt ein gaaanz vielfältiges (und abwechslungsreiches!) vegetarisches Buffet mit warmen und kalten Speisen sowie Desserts, mit seinem gefüllten Teller geht man zur Kasse, dort wird nach Gewicht bezahlt." Eine Mahlzeit kommt auf rund £ 10. WLAN. 12–14 Heddon Street, W1, ✆ 020/77584110. www.tibits.co.uk. Ⓤ Piccadilly Circus oder Oxford Circus.

Hush 2, vor allem die Straßenterrasse dieser Brasserie ist eine wahre Oase. Direkt hinter dem Händel-Museum gelegen, ist man hier den ganzen Tag vollkommen von der Großstadthektik entfernt. In einem privaten Innenhof werden leckere Mittagsgerichte (£ 13–25) serviert. Wer will, kann den Abend auch mit einem Cocktail ausklingen lassen. Mo–Sa 11–24 Uhr geöffnet. Lancashire Court, W1, ✆ 020/76591500. www.hush.co.uk. Ⓤ Bond Street.

The Hard Rock Café 23, in den 1970er-Jahren eröffnet, ist das Original Hard Rock Café längst zum Klassiker avanciert. Die Schlange am Eingang reicht manchmal sogar bis um die Ecke. Ein Rätsel bleibt allerdings, warum das Hard Rock Café im noblen Mayfair eröffnet wurde. Das Speisenangebot lässt sich auf die Kurzformel Tex-Mex and Burgers bringen. Es gibt auch vegetarische Burger. Reservierungen werden nicht angenommen. 150 Old Park Lane, W1, ✆ 020/76290382. Ⓤ Hyde Park Corner.

Below Zero 7, eine auf den ersten Blick ganz normale Mischung aus Bar und Restaurant, die Überraschung wartet im Untergeschoss: Die *Absolut Icebar* ist komplett aus Eis errichtet und daher cool in jeder Hinsicht! Allerdings sollte man sich bei −5 °C warm anziehen. Für den Preis von £ 14.50 bekommt man aber auch Handschuhe und eine Thermojacke geliehen. Die Bar ist tgl. ab 15 Uhr, Sa. ab 12.30 Uhr, die angegliederte Icebar am Wochenende bis 1 Uhr geöffnet. 31–33 Heddon Street, W1B, ✆ 020/74788910. www.belowzerolondon.com. Ⓤ Piccadilly Circus.

Boudin Blanc 20, eine perfekte Adresse für Liebhaber der französischen Küche. Wie wäre

St Martin-in-the-Fields

es mit einem *Tartare* von der Dorade? Die namensgebende *Boudin Blanc* (eine Art Weißwurst) kostet £ 16.95. 12,5 % Service Charge. 5 Trebeck Street, W1J, ✆ 020/74993292. www.boudinblanc.co.uk. Ⓤ Piccadilly Circus.

Sotheby's Café 3, warum nicht einmal bei Sotheby's Tee trinken? Das Café im Erdgeschoss des weltberühmten Auktionshauses vermittelt ein authentisches englisches Flair. Zweigängiges Mittagsmenü für £ 22.50. Mo–Fr 9.30–17 Uhr. 34–35 Bond Street, W1, ✆ 020/74085077. www.sothebys.com/cafe. Ⓤ Bond Street.

5th View 15, dieses im fünften Stock der Waterstones-Buchhandlung gelegene Lokal besitzt eine phantastische Aussicht über die Dächer Londons bis hin zu Westminster und Big Ben. Neben Kaffee und Kuchen gibt es leckere Salate und andere Snacks. Sonntags nur von 12 bis 18 Uhr geöffnet. 203–206 Piccadilly, W1V, ✆ 020/78512433. www.5thview.co.uk. Ⓤ Piccadilly Circus.

Einkaufen

Fortnum & Mason 17, F & M ist weniger ein Kaufhaus denn eine Londoner Institution. Schon vor der Schlacht von Waterloo labten sich die englischen Offiziere an den Köstlichkeiten des zum Hoflieferanten geadelten Delikatessenhändlers. Bedient wird im Frack. Sehenswert ist vor allem die Lebensmittelabteilung im Erdgeschoss samt Café. Antiquitäten und erlesene Möbel gibt es im vierten Stock. Auch wenn man nur ein kleines Glas Orangenmarmelade erstanden hat, eine Tüte von Fortnum & Mason macht sich einfach gut. 181 Piccadilly, W1. www.fortnumandmason.com. Ⓤ Green Park oder Piccadilly Circus.

MeinTipp **Waterstones 15**, Bibliophile sollten unbedingt Europas größte Buchhandlung besuchen. Auf sechs Stockwerken findet sich (fast) alles, was derzeit auf dem angelsächsischen Buchmarkt lieferbar ist. Auch das aus den 1930er-Jahren stammende Gebäude mit seinem historischen Treppenhaus ist sehenswert. Wer Durst hat, kann sich im zugehörigen Restaurant oder Café verwöhnen lassen. Sonntags von 12–18 Uhr geöffnet. 203–206 Piccadilly, W1V. Ⓤ Piccadilly Circus.

Frau trägt Hut

Hatchard's 16, zurückhaltend vornehm präsentiert sich die älteste noch bestehende Buchhandlung Londons. Hier deckten sich schon Oscar Wilde und Lord Byron mit Literatur ein. Genau besehen, gehört Hatchard's allerdings schon längst zum Waterstone-Imperium. Auch sonntags von 12 bis 18 Uhr geöffnet. 187 Piccadilly, W1V. www.hatchards.co.uk. Ⓤ Piccadilly Circus.

The Swatch Store 1, ein Eldorado für die Fans des Schweizer Uhrenherstellers. Die Zeit messenden Kultobjekte gibt es hier in zahllosen Variationen. 313 Oxford Street, W1R. Ⓤ Bond Street.

Burlington Arcade 12, die vornehme, 1819 eröffnete Einkaufspassage war für den „Verkauf von Kurzwaren, Kleidungsstücken und Gegenständen, die weder durch ihr Aussehen noch ihren Geruch Anstoß erregen". Den einstigen Vorgaben ist man bis heute treu geblieben. In der fast 200 Meter langen Arkade findet man Juweliere, Antiquitätenhändler, Modeboutiquen und edle Schuhgeschäfte. www.burlington-arcade.co.uk. W1. Ⓤ Piccadilly Circus.

Vivienne Westwood 4, die Queen unter den englischen Modemachern bietet in ihrem *Flagship Store* ausgefallene Kreationen feil. Sonntag geschlossen. 44 Conduit Street, W1S. www.viviennewestwood.com. Ⓤ Bond Street.

Stella McCartney 9, in einem georgianischen Gebäude bietet die Tochter von Paul McCartney auf mehreren Stockwerken exklusive Mode bis zum Schuhwerk. Stella McCartney produziert übrigens nur „vegane" Produkte, da sie die Verarbeitung tierischer Materialien wie Schurwolle, Seide, Leder oder Pelz völlig ablehnt. 30 Bruton Street. W1J. www.stellamccartney.com. Ⓤ Bond Street oder Green Park.

Abercrombie & Fitch 10, die erste englische Filiale der amerikanischen Kultmarke ist ein Muss für Modefreaks. Eigentlich gibt es hier gar keine Klamotten, sondern ein Lebensgefühl mit dem Elch im Logo zu kaufen. Bei Abercrombie & Fitch arbeiten übrigens keine Verkäufer, sondern „Store Models" – alle maximal 25 Jahre alt, schlank, schön, durchtrainiert, wohlgelaunt und im Firmeneinheitslook. 42 Savile Row (Eingang Burlington Gardens). W1S. Ⓤ Piccadilly Circus.

Königlicher Hoflieferant: Fortnum & Mason

John Lobb 19, wer bei Londons berühmtestem Schuhmacher Schuhe kaufen möchte, muss mindestens ein halbes Jahr warten. Schließlich wird exakt Maß genommen und ein Holzmodell des Fußes gefertigt, bevor der Schuh nach den Wünschen des Kunden in reiner Handarbeit hergestellt wird. Das Endprodukt kostet dann ab £ 1200 aufwärts und hält ein Leben lang. Das zweite Paar ist dann aber billiger ... 9 St James's Street, SW1. www.johnlobb.com. Ⓤ Green Park.

Lock & Co Hatters 21, nicht nur für einen Londoner Gentleman ist es wichtig, „gut gehütet" durchs Leben zu schreiten ... In diesem Geschäft versteht man sich seit 1676 auf die Kunst des Hütemachens – selbstverständlich auch für feine Damen. Mo–Fr 9–17.30 Uhr, Sa 9.30–17 Uhr. 6 St James's Street, SW1. www.lockhatters.co.uk. Ⓤ Green Park.

Hollister 11, flankiert von durchtrainierten Store-Models wird man in den beliebten Concept-Store mit der Seemöwe geleitet. Mo–Sa 10–20 Uhr, So 12–18 Uhr. 83–87 Regent Street, W1B. www.hollisterco.com. Ⓤ Piccadilly Circus.

Sotheby's 3, das 1745 gegründete Auktionshaus ist zwar bekannt für die Versteigerungen von sündhaft teuren Kunstschätzen, doch ist vieles, was täglich unter den Hammer kommt, auch für den Normalbürger erschwinglich. Also keine Hemmungen! Die Öffnungszeiten variieren je nach den anstehenden Versteigerungen. 34–35 Bond Street, ✆ 020/74938080. www.sothebys.com. Ⓤ Bond Street.

Heywood Hill Books 18, alteingessener Buchladen, in dem schon die Schriftstellerin Nancy Mitford gearbeitet hat. Auch antiquarische Bücher. Mo–Fr 9–17.30 Uhr, Sa 9–16.30 Uhr. 10 Curzon Street, W1J. www.heywoodhill.com. Ⓤ Green Park.

Was haben Sie entdeckt?

Haben Sie ein empfehlenswertes Restaurant, ein nettes Pub oder ein gemütliches Hotel entdeckt? Wenn Sie Ergänzungen, Verbesserungen oder Tipps zum Buch haben, lassen Sie es uns bitte wissen!

Schreiben Sie an: Ralf Nestmeyer, Stichwort „London" |
c/o Michael Müller Verlag GmbH | Gerberei 19, D – 91054 Erlangen |
ralf.nestmeyer@michael-mueller-verlag.de

Im Schatten von Big Ben

Tour 10

So wie sich in der City of London alles um das Geld dreht, so steht in Westminster die hohe Politik im Mittelpunkt: Die Ministerien haben an der Whitehall ihren Sitz, der Premierminister wohnt in der Downing Street No 10, die Queen im Buckingham Palace und das Ober- sowie das Unterhaus tagen in den Houses of Parliament.

Houses of Parliament, heilige Hallen der Politik, S. 116

Big Ben, bimmelndes Wahrzeichen der Stadt, S. 118

Tate Gallery of British Art, ein Mekka für Kunstliebhaber, S. 120

Buckingham Palace, wo die Queen wohnt, S. 122

Londons Regierungsviertel

Westminster

Die Keimzelle von Westminster ist die gleichnamige Abtei, die Benediktinermönche auf einer ehemals sumpfigen Insel im Westen von London errichteten. Eduard der Bekenner, der große Förderer des Benediktinerklosters, verlegte im 11. Jahrhundert seine Hauptresidenz aus der City in die Nähe des „westlichen Münsters" direkt an die Themse, um den Baufortschritt besser mitverfolgen zu können. Als Residenz ließ er sich einen Palast erbauen, der Ende des 12. Jahrhunderts unter Wilhelm II. erweitert wurde und heute als Westminster Hall bekannt ist. Sie gehört heute zu den Houses of Parliament, also zum Sitz des englischen Ober- und Unterhauses. Westminster Abbey, Big Ben und die Houses of Parliament bilden ein Dreieck, das Besucher aus aller Welt geradezu magisch anzuziehen scheint. Nördlich von Westminster erstreckt sich entlang der Whitehall das Londoner Regierungsviertel. Verwaltungstechnisch umfasst der Stadtteil Westminster einen großen Teil des West End. Die Grenzen der City of Westminster bilden die Themse und die Chelsea Bridge im Süden, Kensington im Westen, Regent's Park im Norden und Soho beziehungsweise Covent Garden im Nordosten.

Spaziergang

Direkt vom Trafalgar Square führt die *Whitehall*, eine breite Allee, nach Süden in Richtung der Houses of Parliament. Auf der kleinen Verkehrsinsel steht das *Denkmal Charles I.*, des Königs, den Oliver Cromwell am 30. Januar 1649 vor dem Banqueting House enthaupten ließ. Geköpft wird glücklicherweise schon längst niemand mehr, ganz human stimmen die Wähler heute darüber ab, wer in die verschiedenen Ministerien der englischen Regierung, die sich entlang der Whitehall aneinanderreihen, einziehen darf. Von dem einstigen Royal Palace of Whitehall, der 1698 einem Brand zum Opfer fiel, ist nur ein einziges Gebäude übrig geblieben: das zwischen 1619 und 1622 von Inigo Jones erbaute **Banqueting House**. Gleich gegenüber findet die berühmte Wachablösung der *Horse Guards* statt. Die berittene königliche Garde hält mit stoischer Ruhe täglich von 10 bis 16 Uhr vor der Kaserne der Horse Guards Wache. Fanfarenstöße begleiten die tägliche Wachablösung (Mo–Sa 11 Uhr, So 10 Uhr). Es empfiehlt sich, schon frühzeitig einzutreffen, denn sonst sieht man – eingekeilt in der Menschentraube – nur sehr wenig. In einer Seitengasse der Whitehall hat auch der Premierminister seinen Amtssitz – **Downing Street No. 10**. Die eine Querstraße weiter rechts abzweigende King Charles Street führt zum **Churchill Museum** und den **Cabinet War Rooms**, von denen aus Churchill mit dem amerikanischen Präsidenten per rotem Telefon verbunden war. Vorbei an Regierungsgebäuden spaziert man nun wieder Richtung Westminster Abbey. Auf der linken Seite führt eine kleine Straße mit dem Namen Derby Gate zum ehemaligen Hauptquartier von *Scotland Yard*. Der Architekt *Norman Shaw* entwarf dieses burgähnliche Gebäude in den 70er-Jahren des 19. Jahrhunderts. Der für den Bau verwendete Granit wurde in den Steinbrüchen des berüchtigten Dartmoor-Gefängnisses abgebaut. Schließlich zog hier 1890 die *Metropolitan Police* ein. Ursprünglich hatte die Londoner Kriminalpolizei ihren Sitz auf dem Gelände des Whitehall Palace und zwar genau dort, wo vor langer Zeit die schottischen Könige bei ihren Besuchen untergebracht waren (daher auch die Bezeichnung Scotland Yard). Seit 1967 befindet sich das neue Büro (New Scotland Yard) an der Kreuzung Victoria Street und Broadway. Am Parliament Square herrscht Tag für Tag ein riesiger Andrang von Schulklassen und Touristen, dass das Denkmal von Winston Churchill kaum wahrgenommen wird. Die neugotischen **Houses of Parliament** und der berühmte **Big Ben** sind indes nicht zu übersehen. Das nachts leuchtende Zifferblatt der Uhr hat einen Durchmesser von sieben Metern! Den schönsten Postkartenblick auf den Big Ben und die Houses of Parliament hat man von der *Westminster Bridge*, die 1749 als zweite Londoner Themsebrücke eröffnet worden ist. Die heutige Brücke mit ihren Eisenbögen stammt aus dem Jahre 1862. Gegenüber der Houses of Parliament steht der mittelalterliche **Jewel Tower**, in dem einst die Kronjuwelen untergebracht waren. An der *St Margaret's Church*, einem spätmittelalterlichen Sakralbau, vorbei geht es nun zur mächtigen **Westminster Abbey**, die alljährlich vier Millionen Besucher anzieht. Interessierte können, bevor sie sich in die Besucherschlangen einreihen, noch einen Blick in die *Central Hall* der Londoner Methodisten werfen. Der Eingang zur Westminster Abbey befindet sich nicht am Hauptportal, sondern am nördlichen Seitenschiff.

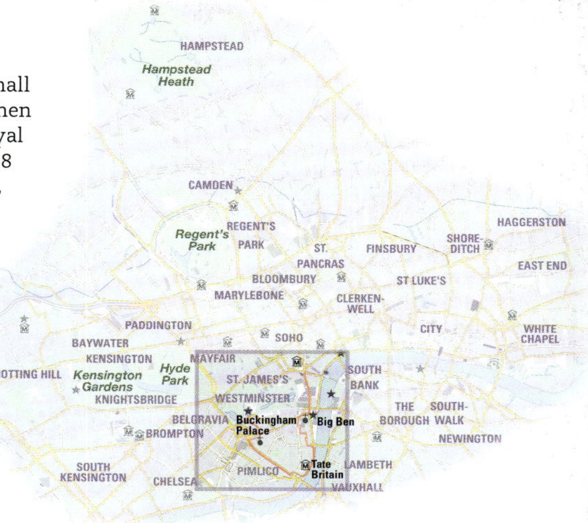

Ein Blick auf den in der Abtei bereitliegenden Prospekt mit der Aufforderung: „Denken Sie in ihren Gebeten an die heutigen führenden Politiker aller Nationen," lässt uns sogleich in die Knie sinken, um für das Seelenheil von Merkel, Putin und Obama zu beten …

Auf dem Weg zur Tate Gallery beeindrucken in der Nähe des Smith Square die vornehmen georgianischen Häuser; sie sind seit jeher eine beliebte Wohngegend konservativer Politiker von Churchill über Thatcher bis hin zu Michael Portillo und Jonathan Aitken. Obwohl die moderne Kunst in die neue Tate Gallery am Südufer der Themse umgezogen ist, gehört die **Tate Gallery of British Art** weiterhin zum Pflichtprogramm eines Londonaufenthalts. Um sich einen langweiligen Weg zu ersparen, empfiehlt es sich, mit dem Bus die Vauxhall Bridge Road zur Victoria Station hinaufzufahren oder die Tube von Pimlico nach Victoria zu nehmen. Die *Victoria Station*, „The Gateway to the Kontinent", wie der traditionelle Bahnhof für die Züge in Richtung Süden genannt wird, liegt nur fünf Fußminuten von der **Westminster Cathedral** mit ihrer byzantinisch inspirierten Architektur entfernt. Über die Palace Street ist es nur ein Katzensprung zum **Buckingham Palace**, der Residenz der Queen. Umgeben ist der Palast von einer riesigen Parkanlage aus *St James's* und *Green Park* sowie den *Palace Gardens*. Auf dem Platz vor dem Palast steht das 250.000 Pfund teure *Queen Victoria Memorial*, das *Sir Aston Webb* 1910 als Hommage an die legendäre Königin schuf, die 64 Jahre auf dem englischen Thron saß. Es lohnt sich, zur stark besuchten Wachablösung *(Changing of the Guard)* zum Buckingham Palace zu kommen, die jeden Vormittag von April bis Juli gegen 11.30 Uhr (in den übrigen Monaten nur jeden zweiten Tag) stattfindet und 45 Minuten dauert. Kunstfreunden ist zudem ein Besuch der **Queen's Gallery** zu empfehlen.

Durchblick – Horse Guard Ihrer Majestät

Sehenswertes

Deckenmalereien von Rubens

Banqueting House

Das 1619 von Inigo Jones errichtete Banqueting House war das erste Gebäude Englands im so genannten *Palladian Style*. Die Deckenmalereien im Inneren des von der italienischen Renaissance geprägten Gebäudes stammen von Peter Paul Rubens, der dafür 1634 mit £ 3000 Honorar bedacht und zum Ritter geschlagen wurde. Von 1654 bis zu seinem Tod lebte der Lord Protector *Oliver Cromwell* in dem Palast. Achtung: Da oft Staatsgäste zu offiziellen Banketten hierher geladen werden, ist das Banqueting House an einigen Tagen ohne Ankündigung geschlossen.

Whitehall, SW1. Ⓤ Charing Cross oder Westminster. Tgl. außer So 10–17 Uhr. Eintritt £ 6.60, erm. £ 5.50, Kinder unter 16 Jahren frei! www.hrp.org.uk/banquetingHouse.

Berühmteste Dienstwohnung der Welt

Downing Street No. 10

Downing Street No. 10 – wer kennt die Dienstwohnung des englischen Premierministers (Prime Minister), ein von außen unscheinbares Häuschen, nicht. Die Straße selbst wurde von Sir Georg Downing im späten 17. Jahrhundert entworfen. Im Jahre 1732 schenkte König George II. das Haus mit der Nummer 10 dem damaligen Premierminister Sir Robert Walpole, der es wiederum an seinen Nachfolger abtrat. Der aktuellen englischen Premierministerin Theresa May kommt man allerdings nicht nahe, da die Straße nur von dem 1989 angebrachten Eisengatter eingesehen werden kann.

Downing Street, SW1. Ⓤ Westminster.

Kriegsarbeitsplatz des größten Briten

Churchill Museum and Cabinet War Rooms

Die „Kabinettsräume", von denen aus Winston Churchills Regierung im Zweiten Weltkrieg den Kampf gegen Deutschland aufnahm, sind im Originalzustand erhalten und ein Besuch dank einer informativen Audioguide-Tour sehr zu empfehlen. Wer jetzt an üppig ausgestattete Konferenzräume denkt, wird sich verwundert die Augen reiben, denn die Cabinet War Rooms sind nichts anderes als eine zur Kommandozentrale ausgebaute Bunkeranlage. Die unterirdischen Räume vermitteln einen hervorragenden Eindruck von der Zeit des Zweiten Weltkrieges, auch wenn man sich den Lärm, die Enge und die Hektik, die damals geherrscht haben müssen, nur schwer vorstellen kann. Die beiden wichtigsten Räume waren das Sitzungszimmer des Kabinetts und der Kartenraum, in dem die exakten Truppenbewegungen vermerkt wurden, obwohl sich die meisten Besucher für Churchills Schlafzimmer inklusive Nachttopf interessieren. Das Churchill Museum zeigt eine interessante Dauerausstellung über das Leben von Sir Winston Churchill (1874–1965), den seine Landsleute für den „größten Briten" aller Zeiten halten. Die Besucher schreiten eine fünfzehn Meter lange „Lebenslinie" ab, die mit interaktiven Touchscreen-Funktionen

Westminster → Karte S. 117

Direkt mit der Tube ins Regierungsviertel

Houses of Parliament: hier tagt das britische Parlament

versehen ist. Anhand von Film- und Tondokumenten sowie persönlichen Gegenständen, wie einem Taufkleid und einer abgekauten Zigarre, kann man sich ein eindrucksvolles Bild über das Leben und Wirken Churchills verschaffen.

King Charles Street, SW1. Ⓤ Westminster. Tgl. 9.30–18 Uhr. Eintritt £ 17.25, erm. £ 13.80, Kinder unter 16 Jahren £ 8.60. www.iwm.org.uk.

Heilige Hallen der Politik

Houses of Parliament

Am Anfang der Baugeschichte stand die *Westminster Hall*, ursprünglich von Eduard dem Bekenner errichtet und von Wilhelm II. erweitert. Hier residierten bis zur Ära Heinrich VIII. die Könige von England. Ab 1550 tagte das *House of Commons* in der *St Stephen's Chapel* und das *House of Lords* in einem heute nicht mehr vorhandenen Gebäudeteil, der den *Old Palace Yard* umgab. Im Jahre 1605 planten der konvertierte Katholik *Guy Fawkes* und seine Komplizen den *Gunpowder Plot*. Dabei sollte das Parlament samt König James I. in die Luft gesprengt werden. Der Plan wurde jedoch vereitelt und die Übeltäter zum Tode verurteilt. Seither werden vor jeder neuen Sitzungsperiode die Kellerräume nach Sprengstoff durchsucht. Ein großes Feuer zerstörte am 16. Oktober 1834 fast den gesamten Palace of Westminster. Den Brand überstanden nur die *Westminster Hall* und die Kellergewölbe der *St Stephen's Chapel*. Ein Wettbewerb für den Wiederaufbau wurde ausgeschrieben, der sich zu einem heftigen Ringen zwischen den Vertretern der neugotischen und der neoklassizistischen Stilrichtung entwickelte. Aus rund 1400 Entwürfen von 97 Architekten fiel die Wahl auf *Charles Barry*, dessen Houses of Parliament dem neugotischen Stil in ganz England zum Durchbruch verhalfen. Die neugotischen Elemente sind für die Konstruktion eines Bauwerks jedoch bedeutungslos, sie sind nur noch dekorativer Schmuck. Die Innenausstattung stammt von *Augustus Welby Pugin*, der alle Details bis hin zu den Tintenfässern, Türbeschlägen und Schirmständern entworfen hat. Schon 1837 begannen die Arbeiten; 1860 wur-

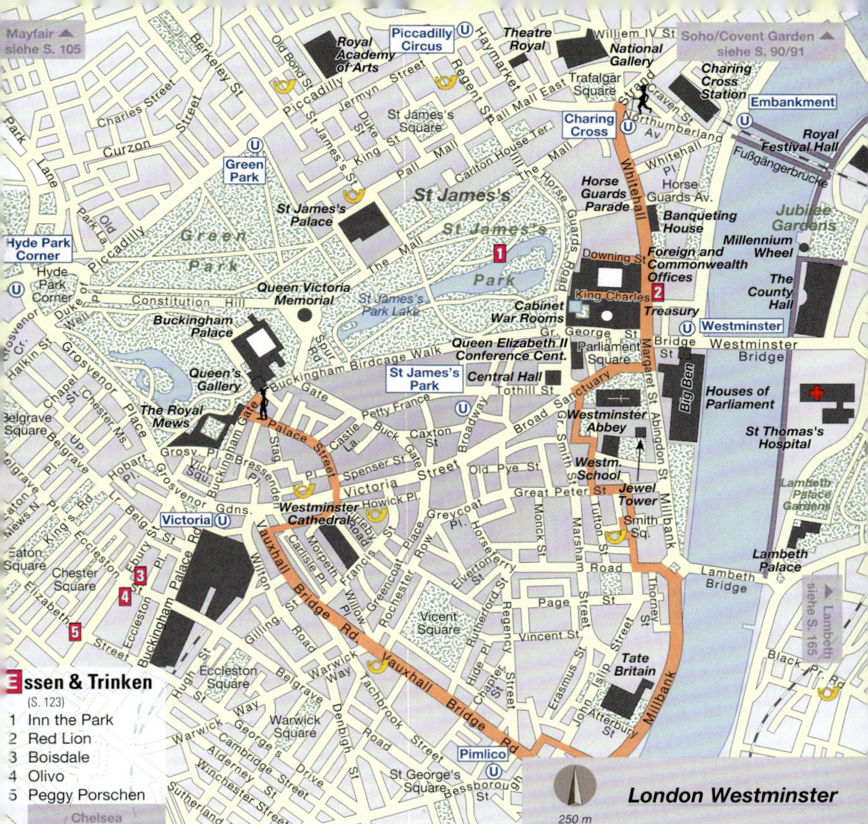

de der neue Palace of Westminster vollendet, und das Parlament konnte wieder einziehen. Allein die nüchternen Daten des Gebäudes sind beeindruckend: 1100 Räume, hundert Treppenhäuser, elf Innenhöfe und knapp fünf Kilometer lange Korridore!

Nach einem Attentat Ende der 1970er-Jahre sind die Houses of Parliament und die Westminster Hall nicht mehr für die Öffentlichkeit zugänglich. Dennoch gibt es zwei Möglichkeiten hineinzukommen: Entweder nach Vereinbarung mit einem Abgeordneten (höchst unwahrscheinlich), oder man beantragt bei der deutschen Botschaft eine Eintrittskarte. Wer keine Eintrittskarte hat und gerne eine Sitzung des House of Lords miterleben möchte, stellt sich am Eingang der St Stephen's Hall an. Für das House of Commons wartet man ebenfalls vor der St Stephen's Hall. Generell ist es etwas einfacher, in eine Sitzung des Oberhauses zu gelangen. Die besten Chancen auf einen Platz hat man am späten Nachmittag ab 17 Uhr.

Westminster, SW1. Ⓤ Westminster. Nur im Sommer (9.30–16.30 Uhr ca. Ende Juli bis Ende Sept.) gibt es Führungen (auch auf Deutsch) für £ 25.50, erm. £ 21 oder £ 11, die allerdings im Voraus unter der Rufnummer ✆ 0870/9063773 oder im Internet www.parliament.uk/visiting gebucht werden können. Zudem gibt es bei Verfügbarkeit Tickets für die nächste freie Führung beim Juwel Tower zu kaufen.

Bimmelndes Wahrzeichen der Stadt

Big Ben (Elizabeth Tower)

Die Silhouette der Houses of Parliament (auch Palace of Westminster genannt) mit ihrem 96 Meter hohen Clock Tower ist das Wahrzeichen Londons. In diesem Turm befindet sich die 13,5 Tonnen schwere Glocke *Big Ben*, die jede volle Stunde mit 16 Schlägen einläutet. Das berühmte Läuten, das eine Arie aus Händels „Messias" interpretiert, wird übrigens von der BBC in die ganze Welt übertragen. Der Glockenturm ist für die Öffentlichkeit leider nicht zugänglich, dabei wäre es wirklich eine Herausforderung, die 344 Stufen hinaufzusteigen. Der Minutenzeiger hat übrigens die stolze Länge von 4,27 Metern! Anlässlich des 60. Thronjubiläums von Queen Elizabeth II. wurde der Big Ben 2012 offiziell in „Elizabeth Tower" umbenannt. Allerdings wird es wohl lange dauern, bis die Bezeichnung in den Alltagssprachgebrauch übergehen wird.

Westminster, SW1. Ⓤ Westminster.

Der Glockenschlag von Big Ben gilt als *The Voice of Britain*

Keine Juwelen, nirgends

Jewel Tower

Der Jewel Tower ist noch ein Teil des mittelalterlichen Westminster Palace; von mächtigen Wassergräben geschützt, wurde er 1365 als Tresor für die Kronjuwelen errichtet. Nachdem die Juwelen in den Tower verlagert worden waren, nutzte man die alten Gemäuer, um die Akten und Protokolle des House of Lords zu archivieren. Heute findet man im Jewel Tower ein Museum zur Geschichte des Parlaments vor, das allerdings eher langweilig ist.

Abingdon Street, SW1. Ⓤ Westminster. April bis Sept. 10–18 Uhr, Okt. bis März 10–17 Uhr. Eintritt £ 4.70, erm. £ 4.20 bzw. £ 2.80 (EH).

Kirche der britischen Monarchen

Westminster Abbey

Gleich neben den Houses of Parliament steht die Westminster Abbey. Wie kein anderes Bauwerk erinnert das altehrwürdige Gotteshaus an die Königshäuser und den Glanz der englischen Nation. Westminster Abbey ist mehr als ein Gotteshaus, Westminster Abbey ist ein steinernes Monument der englischen Geschichte und ein Symbol für die anglikanische Kirche. Bis auf wenige Ausnahmen wurden hier alle englischen Könige und Königinnen gekrönt, zuletzt Elizabeth II. am 2. Juni 1953. Mehr als hundert Mitglieder des englischen Königshauses liegen in der Abbey begraben.

Eduard der Bekenner ließ hier in der Mitte des 11. Jahrhunderts eine Abtei und eine Kirche nach den normannischen Vorbildern erbauen, die er während seines Exils in der Heimat seiner Mutter kennen gelernt hatte. Die Abtei erhielt den Namen „West Minster", da sie westlich des alten Stadtkerns lag. Nur wenige Reste dieser Bauten sind heute noch zu sehen. Als Eduard am 28. Dezember 1065 starb, wurde er direkt vor dem Hochaltar beigesetzt. Seither haben sich – mit wenigen Ausnahmen – die englischen Könige hier krönen lassen. Den Anfang machte Harold I., und wenige Monate später folgte Wilhelm der Eroberer seinem Beispiel. Heinrich III. entschied sich im Jahre 1145, dem Gotteshaus ein neues, imposanteres Aussehen zu verleihen. Die Architekten *Henry de Reynes*, *John of Gloucester* und *Robert of Beverley* entwarfen die heutige Abbey im Stil der englischen Frühgotik, wobei die großen französischen Kathedralen als Vorbilder dienten. Nachdem Heinrich VIII. alle englischen Klöster aufgelöst hatte, verstärkte sich der Einfluss der Krone auf Westminster Abbey: Da bereits Heinrich VII. seine letzte Ruhestätte in Westminster gefunden hatte – seine prachtvolle Grabkapelle wird von einem wunderschön gearbeiteten Fächergewölbe gekrönt –, wurde die Kirche zur königlichen Begräbnisstätte erklärt. Insgesamt befinden sich die Gräber von 16 Königen, darunter auch das von Elizabeth I., in dem Gotteshaus; der letzte König, der in Westminster beigesetzt wurde, war Georg II. (gestorben 1760).

Im 18. Jahrhundert legte dann der berühmte Architekt *Christopher Wren* Hand an die Abtei. Er renovierte das gesamte Äußere und konstruierte die beiden Westtürme. Um 1730 beendete Wrens Schüler *Nicholas Hawksmoor* die Arbeiten. Bei einer Besichtigung sollte man auf keinen Fall die *Poets' Corner* versäumen. Hier liegen die führenden britischen Dichter begraben. *Geoffrey Chaucer* war der erste seiner Zunft, der seine letzte Ruhe im südlichen Querschiff fand (1400). Ihm folgten literarische Größen wie *Edmund Spenser*, *Ben Jonson*, *John Dryden*, *Samuel Johnson*, *Robert Browning*, *Tennyson*, *Rudyard

Mittelalterlicher Jewel Tower

Kipling* und *Charles Dickens*. Anderen wiederum wurde eine Gedenktafel gewidmet (z. B. *Shakespeare*, *Epstein*, *Shelley*, *Jane Austen*, *Walter Scott*, *Coleridge*, *Wordsworth*, *John Ruskin*, *T. C. Eliot* und *Henry James*), obwohl sie hier nicht begraben liegen. Die Gräber von *Newton*, *Rutherford*, *Kelvin*, *Stephenson*, *Telford* und *Darwin* sind ebenfalls in der Kirche zu finden. Alle auf den Schlachtfeldern Gefallenen werden stellvertretend durch das Grab des Unbekannten Soldaten geehrt. Überhaupt ist die Kirche so mit Gräbern und Sarkophagen angefüllt, dass man sich fast wie auf einem Friedhof fühlt. Ständig läuft man über und zwischen Grabplatten hindurch. Nachdenklich befand der französische Schriftsteller Chateaubriand: „In diesem Labyrinth von Grabstätten muss ich daran denken, dass auch die meine sich bald öffnen könnte."

Sehenswert ist außerdem der *Coronation Chair* (Krönungsstuhl) aus dem 13. Jahrhundert, der bis 1996 den *Stone of Scone* enthielt. Auf diesem roten Sandstein wurden seit jeher die schottischen Könige gekrönt, und er galt daher als Symbol der schottischen Unabhängigkeit. Durch James I. kam er 1603 nach London. Es entbrannte ein heftiger Streit, der bis in unser Jahrhundert seine Auswirkungen zeigt. 1950 stahlen ihn schottische Nationalisten, doch im darauf folgenden Jahr befand er sich schon wieder in der Westminster Abbey. Erst infolge des neuen politischen Klimas gelangte der Stone of Scone 1996 wieder nach Schottland zurück.

Westminster Abbey: königlicher Hochzeitssaal und Grabstätte

Eine Besichtigung der Abtei ist nur auf einem festgelegten Rundgang möglich, der vorbei an den zahlreichen Kapellen führt. Sehenswert sind vor allem die Chapel of St Edward the Confessor mit dem Krönungsstuhl und die spätgotische Henry VII. Chapel.

Einen Besuch sollte man auch dem angrenzenden Undercroft Museum und den beiden Kreuzgängen abstatten. Besonders wohltuend ist es, dass sich nur sehr wenige Besucher hierher verirren. Der Eintritt zum *Great Cloister* ist frei (Eingang über den Dean's Yard); der älteste Teil des Kreuzgangs ist der hochgotische Ostflügel, der in der Mitte des 13. Jahrhunderts gebaut wurde. Sehenswert ist das achteckige *Chapter House* (Kapitelsaal) mit seinem Mosaikfußboden und Wandmalereien sowie die unmittelbar nach der normannischen Eroberung Englands errichtete *Pyx Chamber* (einstige Schatzkammer); in der Krypta werden im *Undercroft Museum* Bildnisse und Totenmasken (*Funeral Effigies*) von zahlreichen Monarchen aus Holz, Gips und Wachs sowie eine Ausstellung zur Geschichte der Westminster Abbey gezeigt. Im Kreuzgang befindet sich zudem ein nettes Café.

Broad Sanctuary, SW1. Ⓤ St James's Park. Mo–Fr 9.30–16.30 Uhr, Sa 9.30–14.30 Uhr, Mi bis 19 Uhr (letzter Zugang jeweils eine Stunde vor Schließung). Eintritt £ 20, erm. £ 17 bzw. £ 9, Familien ab £ 45. Der Eintritt ins Kloster und zum College Garden ist frei! Führung durch die Abbey zusätzlich £ 3. www.westminster-abbey.org.

Wenn Kunst, dann hier

Tate Gallery of British Art

Die direkt an der Themse gelegene Tate Gallery gibt einen Gesamtüberblick über die britische Malerei der letzten fünf Jahrhunderte, mit Ausnahme der Kunst des 20. Jahrhunderts, die seit dem Mai 2000 größtenteils in der Tate Gallery of Modern Art im Stadtteil Southwark präsentiert wird. In den angestammten Räumen an der Millbank

Treppenhauskunst der Tate Britain

Westminster → Karte S. 117

sind Werke der bekanntesten englischen Maler wie Joshua Reynolds, Thomas Gainsborough, William Blake, George Stubbs, John Constable, William Hogarth und Lawrence sowie von renommierten internationalen Künstlern ausgestellt. Durch die Eröffnung der Tate Gallery of Modern Art wurden im Jahr 2001 sechs neue Galerien eingerichtet und mehrere bestehende Galerien neu konzipiert. Begründet wurde die Tate Gallery 1897 von dem namensgebenden *Sir Henry Tate*, der es im Zuckerhandel zum mehrfachen Millionär gebracht hatte. Tate übereignete seine Sammlung zeitgenössischer Kunst der Öffentlichkeit und versprach, ein Museum zu stiften, falls die britische Regierung hierfür ein Grundstück zur Verfügung stellen sollte. Im Jahre 1917 erweiterte man die Sammlung „rückwärts" ins 16. Jahrhundert und durch die Aufnahme internationaler Kunst des 20. Jahrhunderts.

Zum Fundus der Tate Gallery gehörten auch knapp 300 Ölgemälde und 20.000 Zeichnungen des 1851 verstorbenen Malers *Johann Malford William Turner*. Durch Wasser- und Kriegsschäden ging ein großer Teil dieser Sammlung leider verloren, der Rest war jahrelang im British Museum untergebracht. Die Tochter von Sir Charles Clore gab den Anstoß zum Bau eines neuen Flügels, der so genannten „Clore Gallery". Der von den Architekten Wilford und Stirling entworfene, 1985 eingeweihte Neubau bietet einen gelungenen Rahmen für die Präsentation der Turner Collection.

Im Museumsshop werden neben zahlreichen Katalogen, Plakaten, Drucken und Postkarten auch Kaffeetassen, T-Shirts und andere Mitbringsel verkauft. Ein ansprechendes Selbstbedienungscafé sowie ein ausgezeichnetes Restaurant befinden sich im Kellergeschoss.

Millbank, SW1. Ⓤ Pimlico. Tgl. 10–18 Uhr, jeden 1. Fr im Monat bis 22 Uhr. Eintritt frei! Es empfiehlt sich aber, einen Audioguide für £ 3.50 auszuleihen. Eintritt bei Sonderausstellungen £ 10.90, erm. £ 9.50. www.tate.org.uk.

Dom des röm.-kath. Erzbistums

Westminster Cathedral

John Francis Bentley, der Architekt der Westminster Cathedral, orientierte sich

Ein Hauch von Orient: Westminster Cathedral

beim Bau für die Kathedrale der Londoner Katholiken an der Hagia Sophia. Die Fassade besteht aus terracottafarbenen Ziegelsteinen, die durch Bänder aus hellem Portland Stein akzentuiert wird, das 120 Meter lange Kirchenschiff ist relativ düster, der geplante Mosaikschmuck im neo-byzantinischen Stil kam aus Geldmangel nur in den Ostteilen und den Kapellen zur Ausführung. Von dem 83 Meter hohen Glockenturm – als Vorbild dienten die Campanile von Venedig und Siena – kann man einen Blick auf das Londoner Architektur-Potpourri werfen.

Tgl. 9.30–18 Uhr. Nur die Fahrt mit dem Aufzug auf den Glockenturm kostet £ 6, erm. £ 3. Ⓤ Victoria. http://westminstercathedral.org.uk.

Hier wohnt die Queen

Buckingham Palace

Für überzeugte Royalisten gehört ein Besuch zum Pflichtprogramm. Der Palast hatte in der ersten Hälfte des 18. Jahrhunderts dem Duke of Buckingham gehört, ehe er 1762 an Georg III. verkauft wurde.

Der berühmte Architekt *John Nash* leitete die Umbauarbeiten zur königlichen Residenz; erst 1837 wurde der Palast fertig gestellt, so dass Queen Victoria die Erste war, die hier residierte. Ihr Denkmal steht direkt vor dem Eingangstor, wo sich heute die Touristenmassen versammeln, in der Hoffnung, ein Mitglied der königlichen Familie zu sehen. Doch das passiert höchst selten. Ragt die königliche Standarte nicht über dem Gebäude, ist die Queen erst gar nicht zu Hause. Insgesamt zählt der Buckingham Palace über 600 Räume, aber nur zwölf werden von der Queen und ihrem Gemahl genutzt.

Nach dem Feuer im Windsor Castle hatte die Queen entschieden, die teuren Reparaturen durch die Öffnung des Buckingham Palace für die Allgemeinheit zu finanzieren – allerdings nur für zwei Monate im Jahr. Nach mehr als zwei Stunden Schlangestehen können die Besucher nur 18 Zimmer besichtigen, die Einblicke über die gekonnte Repräsentation vermitteln. Der kostenlose Audioguide beschreibt die Vorgänge im Palast. Die meisten Besucher warten auf die königliche Zeremonie der Wachablösung; sie beginnt um 11.30 Uhr vor dem Buckingham Palace und endet nach rund 45 Minuten. Von April bis Juli findet die Wachablösung täglich statt, im Herbst und Winter jeden zweiten Tag, doch kann sie bei Regen ausfallen.

Buckingham Palace Road, SW1. Ⓤ Victoria. Ende Juli/Anfang Aug. bis Ende Sept. (jedes Jahr um ein paar Tage leicht schwankend), tgl. 9.45–18.30 Uhr. Eintritt £ 21.50, erm. £ 19.60 bzw. £ 12.30. www.royalcollection.org.uk.

Königliche Gemäldesammlung

Queen's Gallery

Rund 100 Meter links neben dem Eingangstor zum Buckingham Palace ist die Queen's Gallery untergebracht. Das Museum, das auf den Ruinen der im Zweiten Weltkrieg zerstörten Kapelle von Königin Victoria errichtete wurde, zeigt Bilder aus der königlichen Gemäldesammlung. Aus dem riesigen Fundus, zu dem Werke von Michelangelo, Rembrandt, Vermeer, Gainsborough, Reynolds und Canaletto gehören, werden wechselnde Ausstellungen gezeigt.

Ein Denkmal für den Großvater von Queen Elizabeth II.

Buckingham Palace Road, SW1. Ⓤ Victoria. Tgl. 10–17.30 Uhr (letzter Zugang 16.30 Uhr), Juli bis Ende Sept. ab 9.30 Uhr. Eintritt £ 10.30, erm. £ 9.40 bzw. £ 5.30. www.royalcollection.org.uk.

Praktische Infos

→ Karte S. 117

Essen und Trinken

Boisdale 3, von Geschäftsleuten gerne besuchtes schottisches Restaurant mit Clubatmosphäre. Selbstverständlich gibt es auch Lachs und Malt Whisky. Hauptgerichte £ 25–28. Abends ab 22 Uhr oft Livejazz. Samstagmittag und Sonntag geschlossen. 15 Ecclestone Street, SW1, ✆ 020/77306922. www.boisdale.co.uk. Ⓤ Victoria.

Olivo 4, ein paar Häuser weiter lockt die Küche Sardiniens in gelb-blauen Gasträumen. Unter den mit zuvorkommendem Service servierten Köstlichkeiten finden sich beispielsweise delikate Ravioli mit einer Füllung aus Auberginen, Ricotta und Walnüssen. Zweigängiges Menü £ 24.50, drei Gänge £ 29, die Flasche Wein ab £ 24.50. 12,5 % Service Charge. Am Wochenende nur abends geöffnet. Reservierung empfohlen. 21 Ecclestone Street, SW1, ✆ 020/77302505. www.olivorestaurants.com. Ⓤ Victoria.

Red Lion 2, das Pub in unmittelbarer Nähe zum Parlament wird seit jeher gern von Politikern aller Fraktionen besucht. Charles Dickens hat es in *David Copperfield* verewigt. 48 Parliament Street, SW1, ✆ 020/79305826. www.redlionwestminster.co.uk. Ⓤ Westminster.

Inn the Park 1, eine wundervolle Adresse inmitten des St James's Park. Wer will, kann hier entweder frühstücken, zu Mittag essen oder für ein anspruchsvolles Dinner reservieren – und zwischendrin ist für Snacks und Tee geöffnet. Nur ganz billig ist es nicht ... Tgl. 8–23 Uhr. St James's Park, SW1, ✆ 020/74519999. www.innthepark.com. Ⓤ Charing Cross.

Peggy Porschen 5, ein Lesertipp: „in dem Eckhaus hinter der rosa Fassade gibt es die frischesten, besten Cup Cakes von London. Es riecht so lecker, wenn man die pinke Türe öffnet ..." Einladendes, verspieltes Ambiente, nette Straßenterrasse. Tgl. 10–18 Uhr, Fr und Sa bis 19 Uhr. 116 Ebury Street, ✆ 020/77301316. www.peggyporschen.com. Ⓤ Victoria.

Sloane Square und King's Road

Tour 11

Prächtige Herrenhäuser machten das einstige Fischerdorf im 16. Jahrhundert zum „Village of Palaces", später ließen sich hier namhafte Maler und Schriftsteller nieder.

Saatchi Gallery, von Bildern, Skulpturen und Installationen, S. 126

Chelsea Physic Garden, Oase der Heilkräuter, S. 126

Battersea Park, Erholung mit Kinderzoo und Bootsverleih, S. 127

Künstlerviertel an der Themse

Chelsea

Chelsea war ursprünglich ein Fischerdorf, dessen Bewohner trotz unmittelbarer Nähe zur Londoner City von der hohen Politik unbeeindruckt in den Tag hineinlebten, bis der Humanist *Thomas Morus* im Jahre 1520 hier ein Landhaus bezog. Sowohl der Hochadel als auch König Heinrich VIII. ließen sich hier ebenfalls prächtige Herrenhäuser errichten und Chelsea stieg somit zum „Village of Palaces" auf. Die berühmte King's Road ging beispielsweise aus einer dem König und seinem Gefolge vorbehaltenen Privatstraße hervor, die erst 1820 für die Öffentlichkeit freigegeben wurde. Der französische Schriftsteller *Stendhal* zeigte sich bei einem Besuch vom dörflichen Flair begeistert: „London rührte mich durch seine Promenade an der Themse nach Little Chelsea sehr. Dort standen Häuschen zwischen Rosensträuchern versteckt; sie wirkten auf mich wie eine wahre Elegie." Chelsea war damals eine Hochburg der Intellektuellen. Im 18. Jahrhundert trafen sich berühmte Schriftsteller wie Jonathan Swift und John Gay sowie William Congreve und Alexander Pope regelmäßig zum gemeinsamen Gedankenaustausch. Aber auch die Maler William Turner, Joseph Mallord, Dante Gabriel Rossetti, John Singer Sargent und Steer nannten Chelsea ihre Heimat. Langsam entwickelte sich Chelsea zu einem Künstlerviertel. Eine Vorreiterrolle kam dem Dichter Percy Bysshe Shelley zu; auch George Eliot, Oscar Wilde, Henry James und Jack London wohnten – zumindest zeitweise – in der Nähe des Cheyne Walk. *Oscar Wilde* schrieb in der Tite Street seinen berühmten Roman „Das Bildnis des Dorian Gray", bevor er wegen Homosexualität zu zwei Jahren Zuchthaus verurteilt wurde, die er im Gefängnis von Reading verbüßte, und anschließend als gebrochener Mann nach Paris übersiedelte, wo er drei Jahre später starb. Wer mit offenen

Augen durch Chelsea schlendert, wird zahlreiche blaue Gedenktafeln entdecken, die an die berühmten Bewohner des Stadtteils erinnern.

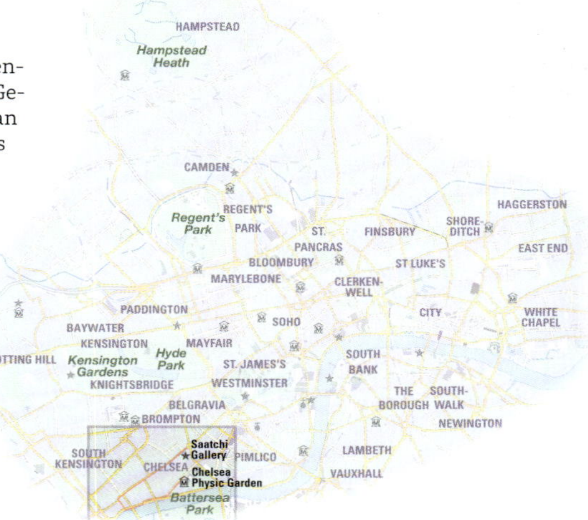

Bekannt ist der Stadtteil auch für die alljährlich Ende Mai stattfindende *Chelsea Flower Show*. Fünf Tage lang verwandelt sich ein Areal am Royal Hospital in einen bunten Blumenteppich. Gartenfachgeschäfte, Saatgutfirmen und Pflanzenzüchter nutzen die Veranstaltung, um ihre neuesten „Produkte" einem breiten Publikum vorzustellen.

Spaziergang

Der belebte Sloane Square eignet sich ideal als Ausgangspunkt für die Erkundung von Chelsea: Am Royal Court Theatre inszenierte in den 1950er-Jahren beispielsweise auch Harold Pinter verschiedene Stücke und das in den 1930er-Jahren mit viel Glas errichtete Kaufhaus *Peter Jones* galt einst als architektonischer Meilenstein, besaß es doch die erste Glasfassade von London. Zudem ist im Herbst 2008 auch die berühmte **Saatchi Gallery** hierher gezogen. Direkt am Sloane Square beginnt Chelseas pulsierende Hauptschlagader, die King's Road, mit ihren Designerläden, Coffee Shops, asiatischen Noodle Bars und Kunstgalerien. Im Haus Nr. 120 lebte übrigens *Thomas Crapper*, der Erfinder des Wasserklosetts. Dort, wo die King's Road einen Knick macht und sich Vivienne Westwoods *World's End* befindet, geht es durch die Milman's Street hinunter zur Themse; hier liegen neben der Battersea Bridge einige Hausboote vor Anker. Der direkt am Ufer entlangführende Cheyne Walk (gesprochen: „Tscheini" Walk) ist seit jeher eine der beliebtesten Adressen von Chelsea: Henry James lebte in Nr. 21, George Eliot in Haus Nr. 4, *Mick Jagger* wohnte zusammen mit Bianca im Haus Nr. 48, während *Keith Richards* im Haus Nr. 3 wüste Drogenpartys feierte. Vor der Chelsea Old Church steht ein Denkmal von *Thomas Morus*, der als Autor der „Utopia" unvergessen geblieben ist. In einer Seitenstraße befindet sich **Carlyle's House**, das das Andenken an den schottischen Historiker bewahrt. Nur drei Fußminuten entfernt, stößt man auf den **Chelsea Physic Garden**, der sich hinter einer unscheinbaren, leicht zu übersehenden Tür verbirgt. Es handelt sich hier nicht etwa um einen modernen Fitnesspark, sondern um einen altehrwürdigen Heilkräutergarten.

In unmittelbarer Nachbarschaft liegen das **National Army Museum** und das von einem großen Park umgebene **Royal Hospital**, in dem die Veteranen der britischen Armee ihren Lebensabend verbringen. Am gegenüberliegenden Ufer der Themse – über die Chelsea Bridge leicht und schnell zu erreichen – lockt der **Battersea Park** mit dem **Children's Zoo** als lohnenswertes Ausflugsziel.

Sehenswertes

Von Bildern, Skulpturen und Installationen

Saatchi Gallery (Museum of Contemporary Art)

Charles Saatchi ist der wohl bekannteste Sammler zeitgenössischer Kunst in England. Seit dem Herbst 2008 präsentiert er Teile seine Kollektion in einer ehemaligen Militärbaracke in Chelsea. Auf 6500 Quadratmetern werden in 15 Räumen Installationen, Skulpturen und Bilder in ständig wechselnden Ausstellungen präsentiert. Mit anderen Worten: Ein Muss für Freunde von zeitgenössischer Kunst. Im Sommer 2010 verkündete Saatchi, seine „Gallery" sowie mehr als 200 Kunstwerke dem britischen Staat zu schenken.

King's Road. Ⓤ Sloane Square. Tgl. 10–18 Uhr. Eintritt frei, bei Sonderausstelllungen bis zu £ 20. www.saatchi-gallery.co.uk.

Thomas Carlyles Denkerstube

Bildungsbürgertum des 19. Jh. hautnah

Carlyle's House

Der Historiker Thomas Carlyle (1795–1881), dessen Werke über die Französische Revolution, Oliver Cromwell und Friedrich den Großen sich durch einen geradezu exaltierten Heldenkult auszeichneten, lebte von 1834 bis zu seinem Tod in Chelsea. In Carlyles Ziegelsteinhaus waren Gäste stets willkommen; zu den Besuchern gehörte neben George Eliot, Dickens, Mazzini und Tennyson auch Chopin, der auf Carlyles Flügel spielte. Das Haus blieb nach Carlyles Tod weitgehend unverändert und vermittelt einen guten Einblick in das Leben des gebildeten Bürgertums im 19. Jahrhundert. Erholsam wirkt der kleine, durch eine hohe Mauer eingegrenzte Garten hinter dem Haus.

24 Cheyne Row, SW3. Ⓤ Sloane Square. Mitte März bis Okt. Mi–So 11–16.30 Uhr. Eintritt £ 6, erm. £ 3 (NT).

Oase der Heilkräuter

Chelsea Physic Garden

Hinter hohen Mauern verbirgt sich ein Heilkräutergarten, der 1673 von der *Society of Apothecaries* angelegt wurde. Neben dem ältesten Steingarten befindet sich auf dem Areal auch der älteste Olivenbaum des Inselreichs. Übrigens wurde der Baumwollanbau in den amerikanischen Südstaaten 1732 mit Setzlingen aus dem Chelsea Physic Garden begründet.

Royal Hospital Road, SW3. Ⓤ Sloane Square. April bis Okt. tgl. außer Mo und Sa 11–18 Uhr. Eintritt £ 9.50, erm. £ 6.50. www.chelseaphysicgarden.co.uk.

London im Kasten

King's Road – Laufsteg modischer Provokationen

In den letzten vier Jahrzehnten konnte man in den Geschäften und Boutiquen der *King's Road* den neuesten modischen Schrei erwerben. In Mary Quants „Bazaar" wurde der Minirock erfunden, während Mick Jagger, David Bailey und George Best sowie der Rest vom „Chelsea Set" wüste Partys feierten. Spätestens in den 1970er-Jahren waren die letzten Metzgereien, Gemüsehändler und Bäcker von modernen Designerläden und Galerien verdrängt worden. *Vivienne Westwood*, die damals mit *Malcolm McLaren*, dem Manager der Sex Pistols zusammenlebte, eröffnete eine Boutique mit ihren avantgardistischen Kreationen. Punks aus Nah und Fern kauften in Chelsea ihre zerfetzten Klamotten, Ketten, Nieten und Nägel ein, um anschließend auf irgendeiner Treppenstufe von einer Freiheit jenseits aller bürgerlicher Konventionen zu träumen. Heute ist nur noch wenig von diesem Flair zu spüren. Ein Schaufensterbummel durch die King's Road macht zwar nach wie vor viel Spaß, die Trends von morgen wird man hier allerdings nicht mehr entdecken können.

Britische Militärgeschichte

National Army Museum

Das 1971 eröffnete Museum widmet sich der militärischen Vergangenheit Großbritanniens von 1415 bis zum Falkland Krieg.

Allerdings bleibt die Qualität der Dauerausstellung deutlich hinter dem Imperial War Museum in Lambeth zurück. Ausgestellt ist eine bunte Sammlung an Waffen, Uniformen und Gemälden mit dokumentarischem Charakter. Anhand eines Modells wird der Verlauf der berühmten Schlacht von Waterloo ausführlich dargestellt, wobei auch die Erlebnisse aus der Sicht eines einfachen Soldaten wiedergegeben werden. Skurril wirkt allerdings ein Skelett von Marengo, dem Pferd, auf dem Napoleon in die legendäre Schlacht geritten ist.

Royal Hospital Road, SW3. Ⓤ Sloane Square. Tgl. 10–17.30 Uhr. Eintritt frei! www.nam.ac.uk.

Altersruhesitz für ehemalige Militärs

Royal Hospital

Hier handelt es sich nicht etwa um ein Krankenhaus, sondern um ein Heim, in dem die Veteranen der königlichen Armee ihren Ruhestand genießen. Gegründet wurde das Royal Hospital 1682 von Charles II., der dem Beispiel des französischen Königs Ludwig XIV. folgend, den Invaliden seiner Armee einen gesicherten Lebensabend ermöglichen wollte. Derzeit leben hier rund 400 *Chelsea Pensioners*, die an ihren scharlachroten Ausgehuniformen und dem Dreispitz zu erkennen sind. Die Veteranen nehmen ihre Mahlzeiten gemeinsam im holzgetäfelten Speisesaal ein und verfügen nur über eine neun Quadratmeter große Schlafzelle (*berth*). Wer aufgenommen werden will, muss alleinstehend sein und auf einen mindestens 20-jährigen Militärdienst zurückblicken können (dafür gibt es dann auch täglich ein kostenloses Pint Bier). Besucher können in dem von Cristopher Wren entworfenen Gebäude nur die Kapelle und ein kleines Museum besichtigen.

Royal Hospital Road, SW3. Ⓤ Sloane Square. Tgl. 10–12 und 14–16 Uhr, So nur 14–16 Uhr. www.chelsea-pensioners.co.uk.

Erholung mit Kinderzoo und Bootsverleih

Battersea Park

Der Battersea Park ist eines der beliebtesten Naherholungsgebiete im Londoner Westen. 1853 als zweiter, nicht

Chelsea → Karte S. 128/129

königlicher Park eröffnet, finden sich auf dem Areal Tennisplätze, ein Teich zum Bootfahren sowie eine buddhistische Friedenspagode. Musikfans ist vielleicht die Battersea Power Station bekannt, die auf dem Plattencover von Pink Floyds Album „Animals" zu sehen ist. Das 1983 stillgelegte Wärmekraftwerk aus den 1930er-Jahren sucht derzeit einen Investor.

In den Gehegen des kleinen **Children's Zoo** sind Affen, Vögel, Reptilien und Otter zu sehen (Ostern bis Sept. tgl. 10–17.30 Uhr, Okt. bis Ostern 10–16.30 Uhr, Eintritt £ 8.95, erm. £ 6.95, www.batterseaparkzoo.co.uk).

Praktische Infos

Essen und Trinken

Gordon Ramsay **17**, ein Name, ein Programm. Gordon Ramsay ist der bekannteste Koch Englands – auch wenn man in Deutschland eher Jamie Oliver kennt. Seit Jahrzehnten hat sich Gordon Ramsay um die englische Küche verdient gemacht, sei es mit Kochbüchern, mit Fernsehsendungen oder seinen Restaurants. Es gibt inzwischen mehrere Ableger, doch das Zentrum seines kulinarischen Imperiums befindet sich in Chelsea und wurde mehrfach mit drei Michelin-Sternen ausgezeichnet. Ein dreigängiges Lunchmenü ist für £ 65 nahezu ein Schnäppchen, abends öffnet sich der Gourmethimmel mit sieben Gängen ab £ 145, zzgl. 12,5 % Service Charge. Eine rechtzeitige Reservierung ist dringend empfohlen, da das Restaurant oft schon lange Zeit im Voraus ausgebucht ist. Samstag und Sonntag ist geschlossen. 68–69 Royal Hospital Road, SW3, ✆ 020/73524441. www.gordonramsayrestaurants.com. Ⓤ Sloane Square.

Mein Tipp **Bluebird** **18**, Terence Conrans „Filiale" in Chelsea trägt den Namen eines legendären Rennautos, schließlich befindet sich das Bluebird in einer Autowerkstatt aus den 1930er-Jahren. Neben einem anspruchsvollen Restaurant gehören auch eine Bar, ein Café sowie ein Delikatessengeschäft (Épicerie) und eine Boutique zu diesem Designertempel. Herrliche Straßenterrasse. Hauptgerichte ab £ 15 im Restaurant (Mittagsmenü £ 20 bzw. £ 25) sowie ab £ 12 im Café, wo man auch nur kurz etwas trinken kann. Große Straßenterrasse. Im Restaurant zzgl. 12,5 % Service Charge. 350 King's Road, SW3, ✆ 020/75591000. www.bluebird-restaurant.com. Ⓤ Sloane Square.

Rasoi Vineet Bhatia **6**, dies ist nicht der typische Inder, bei dem man sich für ein paar Pfund

Essen & Trinken (S. 128 – 131)
3 Colbert
6 Rasoi Vineet Bhatia
7 Gallery Mess
9 No. 11 Pimlico Road
10 The Pheasantry
11 Chelsea Potter
16 Chelsea Quarter Café
17 Gordon Ramsay
18 Bluebird
19 New Culture Revolution
20 busaba eathai

Einkaufen (S. 131)
1 David Mellor
2 General Trading Company
4 Peter Jones
5 Calvin Klein
8 Taschen
12 Habitat
13 Anthropologie
14 Here
15 Heal's
18 The Shop at Bluebird
21 Natural Shoe Store
22 World's End

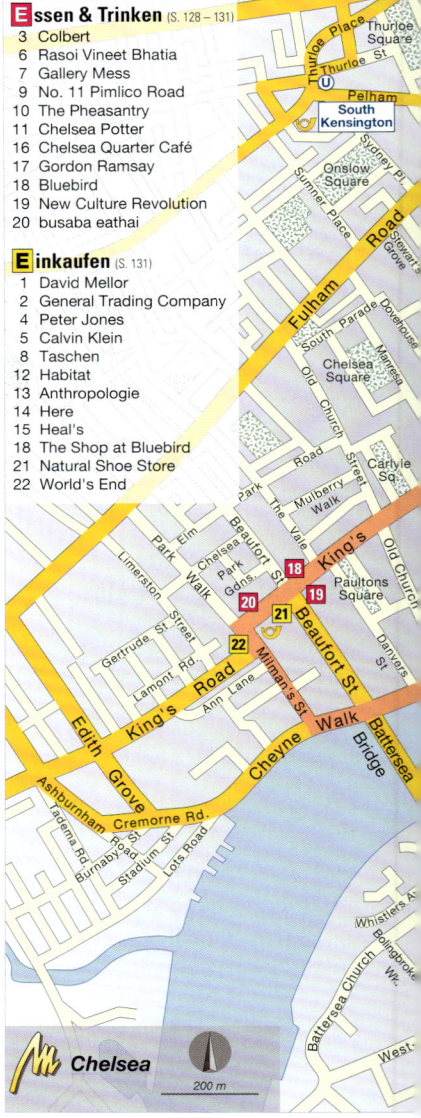

Chelsea
200 m

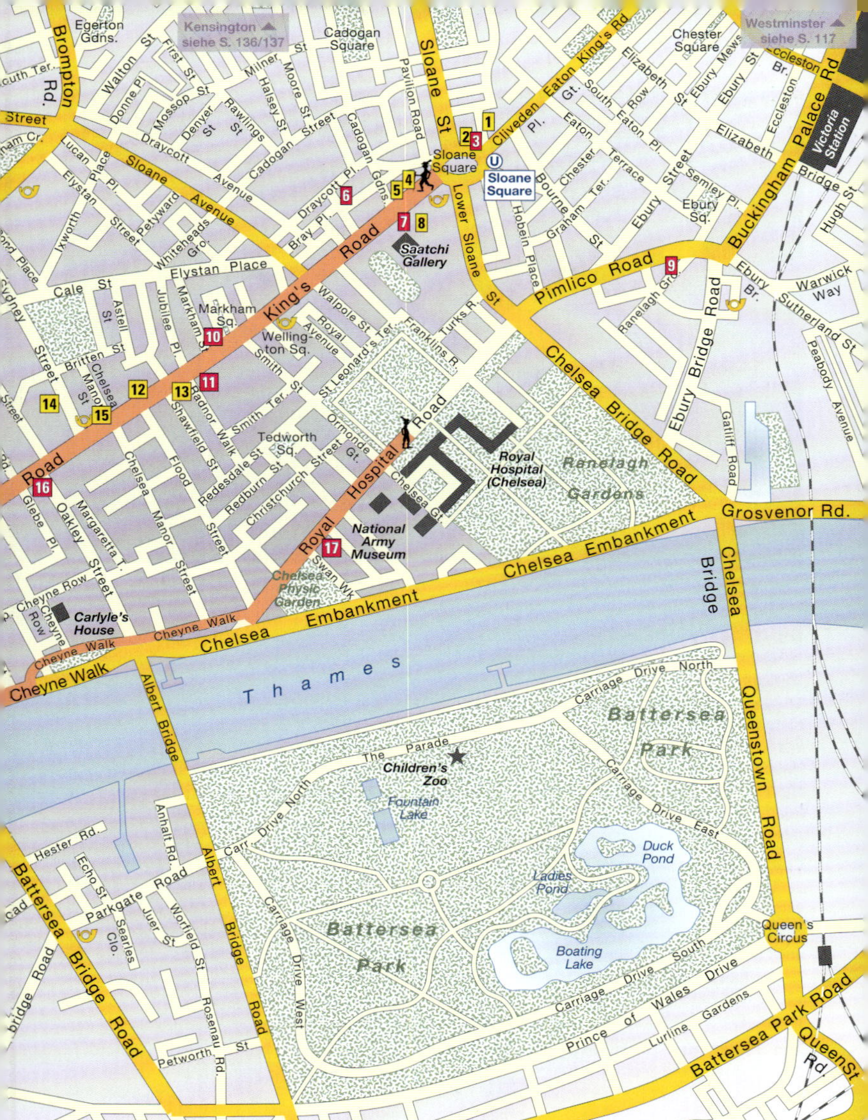

ein Curry mit nach Hause nimmt. Dieses in einem familiär wirkenden Endreihenhaus untergebrachte Restaurant ist wahrscheinlich das beste indische Restaurant in London. Der Erfolg basiert einerseits auf der perfekten Zubereitung, andererseits werden nur erlesene Zutaten verwendet – die Gerichte begeistern optisch wie auch durch das ungewöhnliche Zusammenspiel der Gewürze. Lunchmenü ab £ 24 (zwei Gänge), abends £ 66 für drei Gänge, das siebengängige Verwöhnmenü kostet stolze £ 89. Zzgl. 12,5 % Service Charge. Montag geschlossen. 10 Lincoln Street, SW3, ✆ 020/72251881. www.rasoi-uk.com. Ⓤ Sloane Square.

Designrestaurant Blue Bird

No. 11 Pimlico Road 9, eine interessante Mischung aus Gastropub und Brasserie. Vollkommen durchgestylt, mit einer großen Fensterfront, ist das Ambiente eher ungewöhnlich, dennoch fühlt man sich hier schnell wohl. Serviert wird eine internationale Küche. WLAN. Hauptgerichte um die £ 15, auch kleine Häppchen *for sharing*. Gute Desserts. 11 Pimlico Road, SW1W, ✆ 020/77306784. www.no11pimlicoroad.co.uk. Ⓤ Sloane Square.

Colbert 3, ein Hauch von Paris an der Themse. Die Küche dieser tollen Brasserie ist selbstverständlich französisch inspiriert, so bei den *Rognons de Veau* (Kalbsnieren) für £ 19. Aber auch eine gute Adresse, um zu frühstücken oder einen Kaffee zu trinken. Straßenterrasse. 51 Sloane Square, SW1W, ✆ 020/77302804. www.colbertchelsea.com. Ⓤ Sloane Square.

The Pheasantry (Pizza Express) 10, das stattliche Haus mit seinem von einer Quadriga gekrönten Portikus beherbergte einst einen bekannten Nachtclub, zu dessen Stammgästen Eric Clapton und Dylan Thomas gehörten. Heute bietet ein Restaurant mit Café – eine Filiale der Pizza-Express-Kette – seinen Gästen vergleichsweise günstige Preise, Pizza ab £ 8.95. Schöne Straßenterrasse. 152 King's Road, SW3. Ⓤ Sloane Square.

busaba eathai 20, die beliebteste Thairestaurant-Kette Londons betreibt auch in Chelsea eine Filiale. Den Gästen gefällt das modern-gestylte, in dunklem Holz verkleidete Lounge-Ambiente genauso wie die authentische Küche. Unser Tipp: *Jungle Chicken* (£ 10.25 zzgl. 10 % Service Charge). 358 King's Road, SW3. www.basuba.com. Ⓤ Sloane Square.

New Culture Revolution 19, *Noodle Bar* mit zeitlos minimalistischem Interieur. Die Nudelsuppen und Nudelgerichte – nordchinesische Küche – kosten zwischen £ 7.90 und £11.50, aber auch die anderen Gerichte, wie beispielsweise die gegrillten Scampi mit Chili und Knoblauch, enttäuschen nicht. Schneller Service, zur Mittagszeit muss man wegen des großen Andrangs dennoch oft Schlange stehen. 305 King's Road, SW3, ✆ 020/73529281. www.newculturerevolution.co.uk. Ⓤ Sloane Square.

Gallery Mess 7, die Brasserie der Saatchi Gallery begeistert durch ansprechende Räumlichkeiten mit einem dominierenden Tresen und einer herrlichen Terrasse, die vom Verkehrslärm der King's Road abgeschirmt ist. Internationale Küche, Afternoon Tea und Puddings. Zuvorkommender Service, Menüs zu £ 24.50 oder £ 29.50 (jeweils inkl. eines Glases Wein). Tgl. 10–23.30 Uhr, So und Mo bis 19 Uhr. King's Road, SW3, ✆ 020/77308135. www.saatchigallery.co.uk/gallerymess. Ⓤ Sloane Square.

Chelsea Potter 11, das Pub ist ein beliebter Treffpunkt in Chelsea. Durch die großen Fenster lässt sich das Treiben auf der King's Road gut beobachten, während man sich mit *Sandwiches* oder *Fish'n Chips* stärkt. 119 King's Road, SW3, ✆ 020/73529479. Ⓤ Sloane Square.

Chelsea Quarter Café 16, ein modernes, einladendes Café in einem Eckhaus. Die Kuchen und Sandwiches sind ein Augenschmaus! Tgl. 7.30–20 Uhr, So bis 19 Uhr. 219 King's Road, SW3, ✆ 020/73523844. www.chelseaquarter cafe.com. Ⓤ Sloane Square.

Einkaufen

Peter Jones 4, nach Harrods und Selfridges gilt Peter Jones als die Nummer drei unter den Londoner Kaufhäusern. Die Präsentation der Waren wirkt allerdings ziemlich antiquiert. Schön ist die Aussicht vom Selbstbedienungsrestaurant im fünften Stock. Sloane Square, SW1. Ⓤ Sloane Square.

David Mellor 1, die Topadresse für Liebhaber von anspruchsvollem Küchendesign. Hier gibt es alles vom Topf übers Besteck bis hin zur Zuckerdose. 4 Sloane Square, SW1. www.david mellordesign.co.uk. Ⓤ Sloane Square.

Taschen 8, die opulenten Bildbände aus dem Kölner Taschen Verlag werden in diesem von Philippe Starck gestalteten Flagship-Store unweit der Saatchi-Gallery besonders eindrucksvoll präsentiert. Tgl. 10–18 Uhr, So ab 12 Uhr. 12 Duke of York Square. SW1. Ⓤ Sloane Square.

Habitat 12, das innovative Einrichtungshaus bietet schlichtes Design zu vergleichsweise moderaten Preisen. 206 King's Road, SW3. Ⓤ Sloane Square.

Heal's 15, direkt nebenan, ähnliche Produktpalette, allerdings einen Tick teurer. 228 King's Road, SW3. www.heals.com. Ⓤ Sloane Square.

Here 14, ansprechender und gut sortierter Biosupermarkt inmitten des Chelsea Farmers' Market. Tgl. 9.30–20 Uhr, So 12–18 Uhr. 125 Sydney Street, SW3. Ⓤ South Kensington oder Sloane Square.

General Trading Company 2, hier trifft sich die Londoner Oberschicht zum Einkauf von anspruchsvollen Accessoires und edlen Einrichtungsdetails. 2–6 Symons Street, SW1. www. generaltradingcompany.co.uk. Ⓤ Sloane Square.

Calvin Klein 5, Unterwäsche und Dessous für alle, die ihre Haut nur einer edlen Marke anvertrauen. 68 King's Road, SW3. Ⓤ Sloane Square.

MeinTipp **Anthropologie 13**, in diesem ungewöhnliche Geschäft wird Frauenmode wie in einer Galerie präsentiert. Es gibt aber auch Bücher, Schuhe und andere Modeaccessoires. Tgl. 10–19 Uhr, So 12–18 Uhr. 131–141 King's Road, SW3. www.anthropologie.eu. Ⓤ Sloane Square.

The Shop at Bluebird 18, die Reparaturwerkstätten der ehemaligen Tankstelle (hinter dem Bluebird Restaurant) präsentieren sich als cooler Concept-Store. Das Spektrum reicht von Büchern, CDs bis hin zu trendigen Modelabels und hippen Accessoires. 350 King's Road, SW3. www.theshopatbluebird.com. Ⓤ Sloane Square.

Natural Shoe Store 21, Gesundheitsschuhe von Arche, Birkenstock, Ecco und Think! sind längst Kult und nicht nur etwas für Ökofreaks. 325 King's Road, SW3. Ⓤ Sloane Square.

World's End 22, die Stammboutique von Vivienne Westwood, die in den 1970er-Jahren den Punk-Look salonfähig gemacht hat, ist an ihrer großen Uhr mit den rückwärts laufenden Zeigern leicht zu erkennen. Mo–Sa 10–18 Uhr. 430 King's Road, SW3. www.viviennewestwood. com. Ⓤ Sloane Square.

Bei Vivienne Westwood gehen die Uhren anders

Museen und Parks

Tour 12

Kensington – das sind Nobelkaufhäuser, attraktive Museen und gepflegte viktorianische Häuserzeilen. Naturliebhaber lockt Londons „grüne Lunge", der Hyde Park und die angrenzenden Kensington Gardens.

Londons grüne Lunge

Kensington

Kensington, das bereits 1068 im *Domesday Book* erwähnt wurde, hat dem Pioniergeist von Prinz Albert von Sachsen-Coburg-Gotha (1819–1861) viel zu verdanken. Der deutschstämmige Gemahl von Königin Victoria initiierte nicht nur die Weltausstellung von 1851, die in einem riesigen Kristallpalast im Hyde Park stattfand, sondern finanzierte mit den dadurch erwirtschafteten Gewinnen zudem den Kauf eines 35 Hektar großen Grundstücks südlich der Kensington Road. Der Prinzgemahl, der übrigens zugleich auch Victorias Cousin war, plante nämlich dort den Bau eines der weltweit größten Museenkomplexe, der auch scherzhaft-ehrfürchtig als „Albertopolis" bezeichnet wurde. Eineinhalb Jahrhunderte später lässt sich das Resümee ziehen, dass sich mit dem auf Kunstgewerbe spezialisierten *Victoria and Albert Museum*, dem *Natural History Museum* und dem *Science Museum* die hehren Vorstellungen des Prinzgemahls mehr als erfüllt haben.

Der Kristallpalast, der nach dem Ende der Weltausstellung abgebaut und im Südosten Londons wieder errichtet wurde, fiel 1936 einem Brand zum Opfer. Das Viertel südlich des Hyde Park entwickelte sich im Zuge der königlichen Baumaßnahmen zu einem kulturellen Brennpunkt der Metropole. Zu den schon erwähnten Museen gesellten sich noch die *Royal Albert Hall*, die *Royal Geographical Society*, das *Imperial College of Science* sowie das *Royal College of Art*. Vor diesem bildungsschweren Hintergrund verwundert es nicht, dass auch das *Goethe Institut* und sein französisches Pendant, das *Institut Français*, in Kensington zu finden sind.

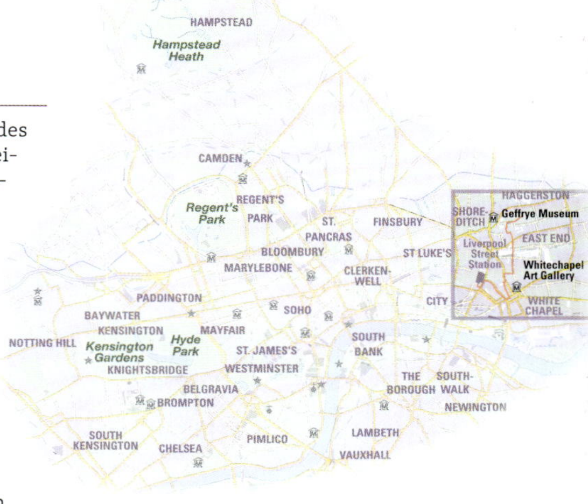

Spaziergang

Die südöstliche Ecke des Hyde Park steht ganz im Zeichen des Herzogs von Wellington. Ein monumentaler Triumphbogen, der *Wellington Arch*, sowie eine Statue erinnern an den siegreichen Feldherrn, der einst im gegenüberliegenden **Apsley House** gelebt hat. Am Rand des Hyde Parks entlang führt der Spaziergang direkt zu den erlesenen Geschäften von Knightsbridge; *Harvey Nichols* macht den Anfang, in der hier abzweigenden Sloane Street unterhalten viele renommierte Designer eine Boutique, darunter Kenzo, Versace und Gucci, ein Stück weiter die Brompton Road hinauf, öffnet sich das Wunderland von *Harrods*. Zu einem Schaufensterbummel verführen auch die Walton Street und der Beauchamp Place. Nach einem kleinen Abstecher zum *Michelin Building*, einem faszinierenden Gebäude im Art-déco-Stil, das 1905 für den Reifenhersteller gebaut wurde und nun eine Austernbar, ein edles Restaurant sowie ein Einrichtungsgeschäft beherbergt, steht Kulturgenuss auf dem Programm: Die teilweise verkehrsberuhigte Exhibition Road führt direkt ins Kensingtoner *Museumland*. Das im Zeitalter des Historismus erbaute **Victoria and Albert Museum** erinnert an eine gotische Kathedrale. Keinesfalls versäumen sollte man einen Besuch des benachbarten **Natural History Museum** sowie des **Science Museum**, wenngleich sich die meisten Besucher aus Zeitgründen oft auf ein Museum beschränken.

Beschaulich ist ein Rundgang durch das Natural History Museum oder das Science Museum nicht: An manchen Tagen kann man sich des Eindrucks nicht erwehren, dass hier jede Londoner Schule zumindest mit einer laut tobenden Klasse vertreten ist. Im benachbarten *Imperial College of Science* ist die naturwissenschaftliche Fakultät der Londoner Universität untergebracht. Nur drei Fußminuten entfernt, erhebt sich die monumentale **Royal Albert Hall**, die in ganz England vor allem für die alljährlich stattfindende „Last Night of the Proms" bekannt ist. Das gegenüber der Royal Albert Hall am Rand des Hyde Park errichtete *Albert Memorial* erinnert an den 1861 an Typhus verstorbenen Gemahl von Queen Victoria. Da sich Albert sehr um die Förderung der schönen Künste und Wissenschaften verdient gemacht hatte, sind am Sockel des 54 Meter hohen neugotischen Denkmals zahlreiche berühmte Persönlichkeiten dargestellt. Bei schönem Wetter bietet sich ein ausgedehnter Spaziergang durch den **Hyde Park** an, an dessen westlichem Rand sich der **Kensington Palace** befindet. Wer will, findet in der Kensington High Street zahlreiche Boutiquen und Schuhgeschäfte, die das Herz jedes modernen Konsumenten höher schlagen lassen. Am Kensington Square lebten im 19. Jahrhundert mehrere Bohemiens, darunter auch William Makepeace Thackery (Nr. 16), der Autor von „Vanity Fair", und der Philosoph John Stuart Mill (Nr. 18), der hier von einer

London im Kasten

The Iron Duke

Wenn man einen Blick auf die Londoner Pubs wirft, so scheint der Herzog von Wellington (1769–1852) nach wie vor der angesehenste Politiker zu sein, den England je hatte: Es gibt keine historische Persönlichkeit, nach der mehr Pubs in London benannt sind. Als Arthur Wellesley in Dublin geboren, schlug er früh die militärische Laufbahn ein, die ihn bis nach Indien führte. Als Leiter des britischen Expeditionskorps siegte Wellesley in Portugal und Spanien mehrmals gegen die Truppen seines gleichaltrigen Widersachers Napoleon; 1813 wurde er zum Oberbefehlshaber des spanischen Heeres und ein Jahr später zum „Duke of Wellington" ernannt. Seinen größten Triumph feierte Wellington in der Schlacht von Waterloo mit seinem Sieg über Napoleon, wobei die Engländer – nach zwei Weltkriegen gegen Deutschland – allzu gerne die Beteiligung des preußischen Feldmarschalls Blücher vergessen. Der erzkonservative Wellington startete später noch eine beachtliche Karriere als Politiker. Zuerst machte er als Premierminister, später als Außenminister sowie Minister ohne Geschäftsbereich seinen Einfluss geltend. Seinen Spitznamen „Iron Duke" erhielt er, weil er das Apsley House mit eisernen Jalousien versehen ließ, nachdem ihm aufgebrachte Demonstranten zweimal die Scheiben eingeworfen hatten. Seinem Ruhm tat dies keinen Abbruch: Als Wellington 1852 starb, säumten rund zwei Millionen Menschen die Londoner Straßen, um dem Helden von Waterloo das letzte Geleit zu geben!

Harmonie zwischen Individuum und Gemeinschaft träumte. Direkt oberhalb der Kensington High Street befindet sich mit den **Roof Gardens** eine versteckte Gartenoase auf dem Dach eines ehemaligen Kaufhauses. Einen Besuch des verspielten **Leighton House** sollte man sich nicht entgehen lassen, bevor der Spaziergang mit einem Einkaufsbummel oder einem Abstecher zu dem hinter dem Commonwealth Institute (ab 2016 beherbergt es das **Design Museum**) gelegenen **Holland Park** ausklingt.

Sehenswertes

Wohnhaus von Napoleons Bezwinger

Apsley House

Der am Rande des Hyde Park gelegene Stadtpalast widmet sich vor allem dem Gedenken seines berühmtesten Bewohners, des Herzogs von Wellington. Da das Haus ursprünglich zwischen 1771 und 1778 für den Grafen Bathurst, der auch den Titel eines Baron Apsley führte, errichtet worden war, führt es allerdings noch immer den Namen Apsley House. Wellington erwarb das Anwesen aus rotem Backstein im Jahre 1817, als er den Zenit seiner Karriere erreicht hatte. Durch seinen glanzvollen Sieg über Napoleon am 18. Juni 1815 bei Waterloo hatte sich Wellington einen Ehrenplatz in der britischen Geschichte gesichert. Seinem Ansehen entsprechend, ließ „The Iron Duke" – so sein Spitzname als konservativer Politiker – sein neues Haus zu einem repräsentativen Palast mit imposanten Portikus umbauen. Die vornehmen, reich verzierten Räumlichkeiten beherbergen heute das *Wellington Museum* mit einer kostbaren Gemäldegalerie, darunter Werke von Velázquez, Goya, Rubens, van Dyck, Breughel und Correggio. Die meisten der Gemälde sind übrigens Kriegsbeute, die Wellington 1813 aus Spanien mitbrachte. Neben dem Treppenaufgang steht eine von Antonio Canova geschaffene überlebensgroße Statue Napoleons, die den Imperator im Adamskostüm zeigt. Wellington erhielt die Skulptur 1816 vom Prinzregenten als Geschenk für seine Verdienste.

Hyde Park Corner, W1V. Ⓤ Hyde Park Corner. Mi–So 11–17 Uhr, im Winter nur bis 16 Uhr. Eintritt £ 8.80, erm. £ 7.90 bzw. £ 5.20 (EH). Am Waterloo-Tag (18. Juni) ist der Eintritt für alle Besucher kostenlos!

Kunst und Design treffen auf Handwerk

Victoria and Albert Museum

Das V&A, wie die Londoner das größte Kunstgewerbemuseum der Welt nennen, besitzt ein geradezu erschlagendes Spektrum an Kunstschätzen. Daher empfiehlt es sich, ausgerüstet mit einem der kostenlosen Übersichtspläne, das Museum je nach persönlicher Interessenlage zu erkunden. Präsentiert werden Bilder, Miniaturen, Zeichnungen, Textilien, Glas, Musikinstrumente, Juwelen, edle Gold-, Silber- und Töpferarbeiten sowie Porzellan und Wandschmuck aus nahezu allen Ecken unseres Planeten. Auffallend ist, dass von den Ausstellungsstücken aus der Zeit vor 1700 nur wenige aus England stammen; die spärlichen einheimischen Exponate aus jener Epoche sind nur von mittelmäßiger Qualität. Der Grund dafür ist, dass die durch den Textilhandel reich gewordenen Engländer seit dem Hochmittelalter kunsthandwerkliche Luxusgüter überwiegend vom Kontinent importierten.

Ein kurzer Überblick über die bedeutendsten Sammlungen erleichtert die Orientierung: Die meisten Besucher zieht es zu den *Raphael Cartoons* (Level 0, Raum 48a), die der Renaissancekünstler 1516 im Auftrag von Papst Leo X. als Vorlage für die Wandteppiche der Sixtinischen Kapelle angefertigt hat. Besonders spektakulär sind die beiden Räume mit den *Plaster Casts* (Level 0,

Kensington → Karte S. 136/137

London im Kasten

Harrods: eine Londoner Institution

Als der Teehändler Henry Charles Harrod 1849 einen Krämerladen eröffnete, hätte er sich wohl in seinen kühnsten Träumen nicht vorstellen können, dass er damit den Grundstein zu dem wohl renommiertesten Kaufhaus der Welt gelegt hat. Seinem Sohn Charles Digby gebührt das Verdienst, das Unternehmen um eine Parfümerie, eine Drogerie- und eine Schreibwarenabteilung erweitert zu haben. Nachdem das alte Kaufhaus 1883 in Flammen aufgegangen war, wurde Harrods in seiner heutigen Form als lang gestreckter, von einer Kuppel gekrönter Terrakottabau errichtet. Selbst die ausgefallensten Wünsche werden von den rund 4000 Beschäftigten getreu des Firmenmottos *Omnia Omnibus Ubique* („Alles für alle, überall") erfüllt. Groß war der öffentliche Aufschrei, als der Familienclan des Ägypters Mohammed Al-Fayed das berühmte Kaufhaus 1985 für 615 Millionen Pfund erwarb. Hätte die Queen ihre Kronjuwelen bei Sotheby's versteigern lassen, der Protest wäre kaum größer ausgefallen. Verziehen haben die Engländer Al-Fayed seinen „Anschlag" auf die englische Tradition noch immer nicht: Mehrfach wurde sein Anliegen abgewiesen, die britische Staatsbürgerschaft zu erwerben. Selbst als sein Sohn „Dodi" mit Prinzessin Diana liiert war, blieben die zuständigen Behörden unerbittlich. Als letzter Höhepunkt der Unstimmigkeiten entzog Prinz Philipp im Januar 2000 dem Kaufhaus das Siegel „Hoflieferant". Im Mai 2010 verkaufte Al-Fayed das Kaufhaus für 1,5 Milliarden Pfund an Investoren aus dem Emirat Katar.

Kensington
250 m
Marylebone siehe S. 83
Notting Hill siehe S. 149
Einkaufen (S. 144/145)
5 Harvey Nichols
6 Whole Foods Market
8 Muji
9 Dolce & Gabbana
11 Harrods
14 The Map House
18 La Cave à Fromage
24 The Conran Shop
25 European Bookstore
Westbourne Grove
Bishop's Bridge Road
Westbourne Terrace
Gloucester Terrace
Eastbourne Terrace
Praed
Cleveland Square
Leinster Square
Kensington Square
Garway Rd.
Porchester Gdns.
Inverness Terrace
Queensborough Terrace
Porchester Terrace
Leinster Gdns.
Leinster Ter.
Craven Hill
Craven Terrace
Lancaster Gate
Prince's Square
Chepstow Villas
Chepstow Pl.
Pembridge Crescent
Portobello Road
Dawson Place
Pembridge Square
Moscow Road
Ossington St.
Palace Court
St. Petersburgh Place
Queensway
Bayswater
Bayswater Road
Kensington Park Road
Ladbroke Square
Ladbroke Road
Pembridge Rd.
Pembridge Gdns.
Notting Hill Gate
Queensway
Diana Memorial Playground
Holland Park Av.
Campden Hill Square
Aubrey Walk
Uxbridge St.
Kensington Pl.
Kens. Mall
Peel Street
Campden St.
Bedford Gdns.
Sheffield Ter.
Brunswick Ter.
Palace Gdns. Terrace
Kensington Palace Gdns.
Kensington Church Street
The Orangery
Kensington Palace
Palace Avenue
Palace Green
Kensington Gardens
The Round Pond
Campden Hill Road
Gloucester Wk.
Campden Grove
Hornton Street
Holland St.
Holland Park
Holland House
Duchess of Bedford's Wk.
Upr. Phillimore Gdns.
Argyll Road
Campden Hill Rd.
Phillimore Walk
Phillimore Gardens
Kensington High St.
High Street Kensington
Kensington Square
Kensington Road
Albert Memorial
Royal Albert Hall
Prince Consort
Imperial College
Science Museum
Natural History Museum
De Vere Gdns.
Palace Gate
Victoria Road
Reston Pl.
Hyde Park Gate
Queen's Gate Ms.
Queen's Gate
Queen's Gate Ter.
Elvaston Pl.
Queen's Gate Pl.
St. Alban's Gro.
Stanford Rd.
Launceston Pl.
Gloucester Road
Cornwall Gardens
Grenville Pl.
Leighton House
Design Museum
Melbury Road
Holland Park Road
Abingdon Rd.
Allen Street
Abingdon Villas
Scarsdale Villas
St. Mary Abbots Hospital
Edwardes Square
Pembroke Square
Earl's Court Road
Stratford Road
Marloes Rd
Lexham Gardens
Warwick Gardens
Warwick Road
Pembroke Rd.
Logan Pl.
Cromwell Road
Gloucester Road
Stanhope Gdns.
Harrington Road
Queen's Gate
Longridge Road
Templeton Pl.
Nevern Square
Trebovir Rd.
Earl's Court
Hogarth Rd.
Earl's Court Gdns.
Knaresborough Pl.
Barkston Gdns.
Collingham Road
Courtfield Road
Ashburn Place
Harrington Gdns.
Wetherby Gdns.
Hereford Square
Bramham Gdns.
Philbeach Gardens
Penywern Rd.
Earl's Ct Square
Old Brompton Road
The Boltons
Drayton Gdn.
Cranley Gardens
Neville Te.

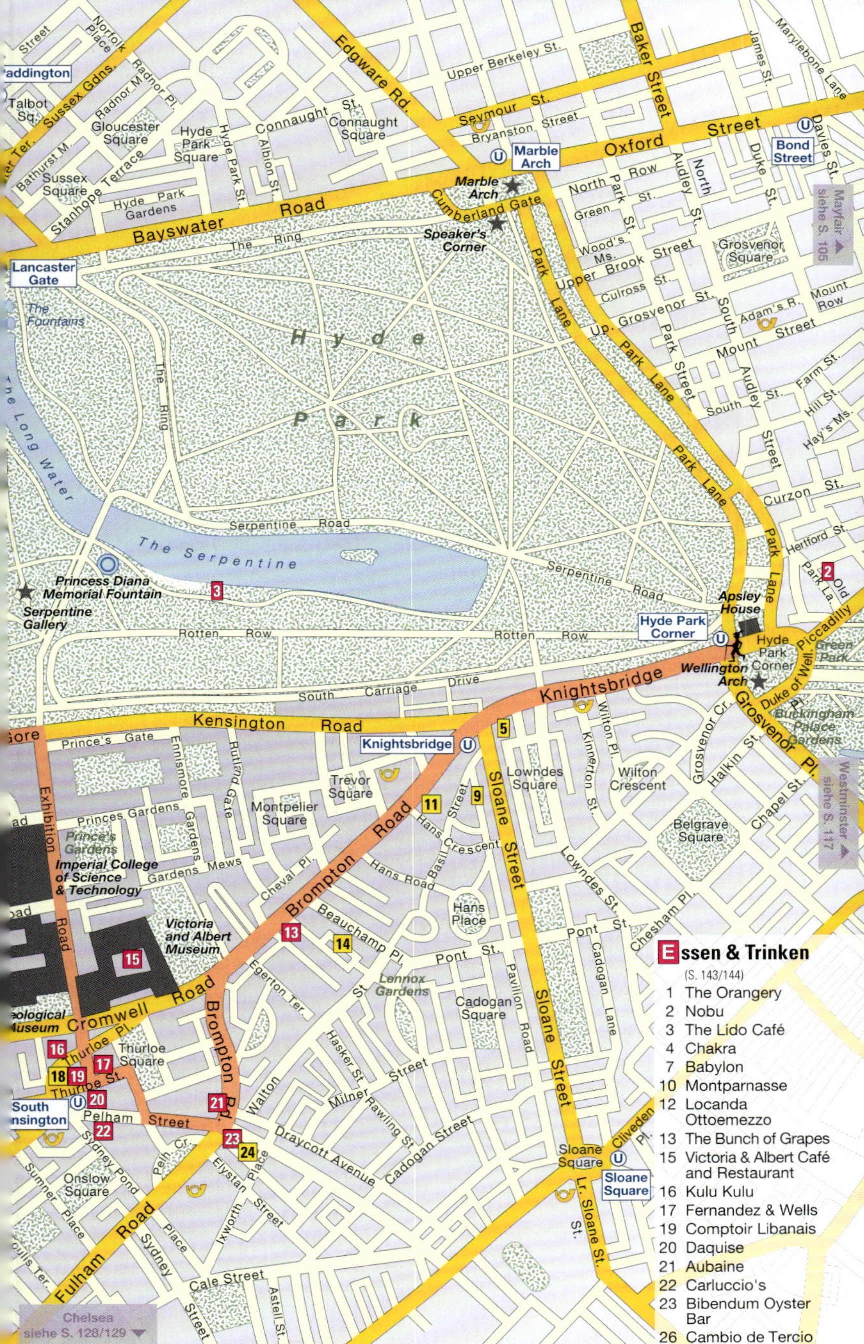
Essen & Trinken
(S. 143/144)
1 The Orangery
2 Nobu
3 The Lido Café
4 Chakra
7 Babylon
10 Montparnasse
12 Locanda Ottoemezzo
13 The Bunch of Grapes
15 Victoria & Albert Café and Restaurant
16 Kulu Kulu
17 Fernandez & Wells
19 Comptoir Libanais
20 Daquise
21 Aubaine
22 Carluccio's
23 Bibendum Oyster Bar
26 Cambio de Tercio
Hyde Park
The Serpentine
The Long Water
The Fountains
Princess Diana Memorial Fountain
Serpentine Gallery
Speaker's Corner
Marble Arch
Apsley House
Wellington Arch
Hyde Park Corner
Green Park
Buckingham Palace Gardens
Victoria and Albert Museum
Imperial College of Science & Technology
Prince's Gardens
Lennox Gardens
Paddington
Lancaster Gate
Bond Street
Knightsbridge
South Kensington
Sloane Square
Mayfair siehe S. 105
Westminster siehe S. 117
Chelsea siehe S. 128/129
Oxford Street
Bayswater Road
Edgware Rd.
Baker Street
Park Lane
Piccadilly
Knightsbridge
Kensington Road
Brompton Road
Cromwell Road
Sloane Street
Fulham Road
Exhibition Road
Grosvenor Pl.
Serpentine Road
Rotten Row
South Carriage Drive
The Ring
Belgrave Square
Cadogan Square
Hans Place
Trevor Square
Montpelier Square
Lowndes Square
Wilton Crescent
Grosvenor Square
Onslow Square
Thurloe Square
Gloucester Square
Sussex Square
Connaught Square
Hyde Park Square
Talbot Sq.
Draycott Avenue
Pelham Street
Pont St.
Cale Street

Lauschig: der Innenhof des Victoria & Albert Museum

Raum 46a und 46b), maßstabsgetreue Abgüsse weltberühmter Kulturgüter, darunter Michelangelos „David", die römische Trajanssäule – aus Platzgründen in zwei Teile „gesägt", wodurch man die Reliefs mit ihren 2500 Figuren besser studieren kann als am Original – sowie das Hauptportal der Kathedrale von Santiago de Compostela. Wer die europäischen Grenzen in künstlerischer Hinsicht überschreiten will, dem empfiehlt sich eine Besichtigung der *Nehru Gallery of Indian Art* (Level 0, Raum 41) sowie der benachbarten Räume, die der islamischen (Raum 42), chinesischen (Raum 44) und japanischen Kunst (Raum 45) gewidmet sind. In der *Canon Photography Gallery* (Level 0, Raum 38) sind historische Fotografien ausgestellt, einen Besuch lohnt die Gallery aber insbesondere wegen der anspruchsvollen Wechselausstellungen berühmter Fotografen (Cartier-Bresson etc.). In London fand übrigens 1850 die weltweit erste Fotoausstellung statt, das V&A selbst besitzt eine Sammlung von rund 300.000 Fotografien. Modernes Wohndesign von Bauhaus bis Alvar Aalto zeigen die *Twentieth-Century Galleries* (Level 3, Räume 72–74). Faszinierend ist auch der 2009 vollkommen neu gestaltete Mittelalter und Renaissanceflügel, dessen epochenübergreifende Präsentationsform als zukunftsweisend gilt. Im Sommer 2017 wird ein Erweiterungsbau eröffnet, der die umliegenden Gebäudeteile thematisch und architektonisch verbinden soll.

Im Innenhof begeistert der *John Madejski Garden*: Eine grüne Oase mit Wasserbecken und Mini-Bäumen, ideal zum Ausspannen. Im zugehörigen Café und Restaurant kann man im Sommer diverse Köstlichkeiten und Snacks probieren.

Cromwell Road (Haupteingang), SW7 2 RL. Ⓤ South Kensington. Tgl. 10–17.45 Uhr, Freitag bis 22 Uhr. Eintritt frei! www.vam.ac.uk.

Vom Big Bang bis zu den Erdbewohnern

Natural History Museum

Das Natural History Museum gehört zu den interessantesten naturhistorischen Museen der Welt. Aufgeteilt in farblich unterschiedliche *Zonen*, wartet das Museum mit einem faszinierenden Einblick in die Geschichte der Erde und ihrer Bewohner auf. Ähnlich wie das British Museum ging auch das Natural History Museum aus einer Sammlung des Arztes *Sir Hans Sloane* hervor. Es begeistert durch eine überaus ansprechende Präsentation, insbesondere in der neu gestalteten *Red Zone* zur Erdgeschichte.

Wer in der Exhibition Road das Museum *(Red Zone)* betritt, dringt auf einer lang gestreckten Rolltreppe gewissermaßen ins Innere eines langsam rotierenden Globusses vor. Die Entstehungsgeschichte unseres Planeten wird mit Hilfe von Videofilmen, bedienbaren Maschinen und interaktiven Displays auch für Kinder interessant dargestellt. Neu sind die Abteilungen „The Power Within", in der auf recht spektakuläre Weise Erdbeben und Vulkanausbrüche nachgebildet werden, und „The Restless Surface" zu den Themen Erosion und Erwärmung der Erdatmosphäre. Im Erdgeschoss mahnt die Abteilung „The Earth Today and Tomorrow" einen bewussteren Umgang mit den Ressourcen unseres Planeten an und warnt vor den Folgen der globalen Umweltverschmutzung. Die meisten Besucher widmen sich dennoch der *Blue Zone*, deren große Attraktionen ein 30 Meter langes Modell eines Blauwals und mehrere Dinosaurierskelette sind. Einige Modelle dieser Urviecher sind automatisiert und können bewegt werden. Aber auch kleinere Tierarten wie Amphibien, Reptilien und Vögel werden eingehend behandelt. Von Experten hoch geschätzt wird die Paläontologische Abteilung (*Green Zone*). Beeindruckend ist eine riesige Baumscheibe eines 1300 Jahre alten Sequoia-Baumes.

Achtung: In der Hauptsaison und während der Ferien empfiehlt es sich wegen des großen Andrangs, das Museum nicht durch den Haupteingang in der Cromwell Road zu betreten, sondern den Seiteneingang in der Exhibition Road zu benutzen.

2009 wurde das *Darwin Centre* (*Orange Zone*) eröffnet: Auf einer interaktiven Reise präsentiert es auf acht Stockwer-

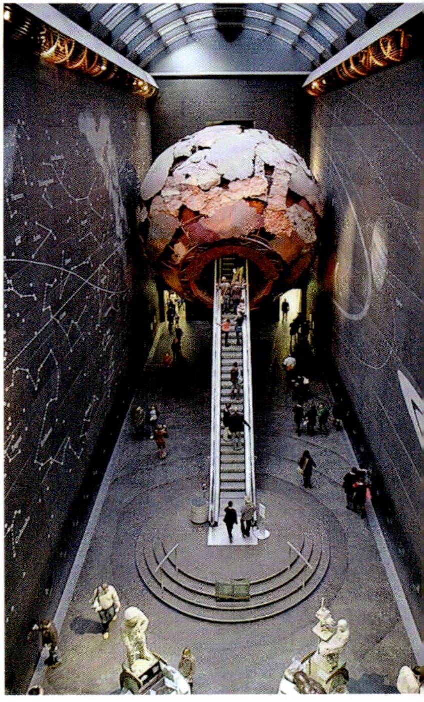

Natural History Museum

ken mehr als 22 Millionen Spezies, die in Äthylalkohol konserviert sind. Das Spektrum reicht vom Elefantenfötus über die Giftschnecke bis zum Großen Armmolch.

Exhibition Road/Cromwell Road, SW7. Ⓤ South Kensington. Tgl. 10–17.50 Uhr. Eintritt frei! www.nhm.ac.uk.

Experimentieren und staunen

Science Museum

Auf sieben Ebenen zeigt sich das Science Museum als wahres Eldorado für Technikfreunde; es bietet einen umfassenden Einblick in die Wissenschafts- und Technikgeschichte von ihren Anfängen bis ins 21. Jahrhundert. Zu den Exponaten gehören viele, für die industrielle Entwicklung Englands wegbereitende Erfindungen, beispielsweise

Dampfmaschinen von James Watt, der erste Dieselmotor und die älteste Lokomotive der Welt („Puffing Billy"); ein alter Benz von 1888, ein Rolls Royce von 1904 sowie viele Flugzeugmodelle und ein originalgetreuer Nachbau der Apollo-11-Landekapsel fehlen ebenfalls nicht. Egal ob man sich für das Thema „Optik", „Medizin", „Fotografie", „Computer", „Telekommunikation", „Mathematik", „Chemie", „Wetter", „Papier und Druck", „Landwirtschaft", „Luftfahrt", „Schifffahrt" oder „Weltraumfahrt" interessiert, in jeweils einer eigenen Abteilung wird man darüber umfassend informiert. Nicht nur Kinder und Jugendliche sind von den zahlreichen Simulatoren und interaktiven Displays begeistert. Das Experimentieren ist ausdrücklich erwünscht!

Im Rahmen des im Sommer 2000 abgeschlossenen Erweiterungsbaus erhielt das Museum einen neuen Eingangsflügel mit einer Ausstellung zum Thema „Making the Modern World" und ein IMAX-Kino mit 450 Sitzplätzen.

Exhibition Road, SW7. Ⓤ South Kensington. Tgl. 10–18 Uhr. Eintritt frei! www.nmsi.ac.uk oder www.sciencemuseum.org.uk.

Die Konzerthalle schlechthin

Royal Albert Hall

Die mit schönen Mosaikarbeiten und einem Terrakottafries verzierte Konzerthalle, ein mächtiger Ziegelrundbau, ist eine wahre Augenweide. Um die immensen Baukosten zu finanzieren, verfiel Sir Henry Cole, der Vorsitzende der *Society of Arts*, auf die Idee, Sitzplätze für einen Preis von £ 100 für die Dauer von 999 Jahren zu „vermieten". Insgesamt 1300 der 8000 Sitzplätze wurden so verkauft und seither von einer Generation auf die nächste vererbt, die sich über kostenlose Konzertbesuche freuen darf. Am 29. März 1871 war es soweit: Der Prince of Wales eröffnete den Prachtbau am Hyde Park. Die erwartungsvoll gestimmten Zuschauer erlebten allerdings eine herbe Enttäuschung: Um die Akustik der „Suppenschüssel" war es alles andere als gut bestellt, ein lästiger Echoeffekt störte das Konzertvergnügen. Erst 1960 konnten die unangenehmen Störungen endgültig beseitigt werden.

Kensington Road, SW7. Ⓤ Knightsbridge oder High Street Kensington. www.royalalberthall.com.

Die grüne Lunge der Stadt

Hyde Park

Der Hyde Park, der nach Westen in die Kensington Gardens übergeht, ist Londons größte Grünfläche. Von West nach Ost misst der Park mehr als drei Kilometer! Berühmt ist der Hyde Park aber vor allem für die *Speaker's Corner* (→ Marylebone) an seiner nordöstlichen Ecke. Der ehemals als Jagdrevier genutzte königliche Park wurde 1640 für die Öffentlichkeit zugänglich gemacht und 1830 durch die *Serpentine*, einen künstlichen See, der sich zum Tretbootfahren und Schwimmen eignet, bereichert. Der *Lido* ist eines der wenigen Londoner Freibäder. Einkehren kann man in das frei zugängliche *Lido Café*. In unmittelbarer Nähe des Lido befindet sich der *Princess Diana Memorial Fountain*, ein überdimensionaler Brunnen, in dem man sich im Sommer herrlich die Füße abkühlen kann.

Der Hyde Park hat aber noch mehrere Attraktionen zu bieten: Mit dem *Rotton Row*, der ursprünglich als königlicher Verbindungsweg („Route de Roi") zwischen Kensington Palace und St James's Palace angelegt wurde, verfügt London sogar über einen Reitweg inmitten der Stadt. In der *Serpentine Gallery* finden im Sommer immer wieder anspruchsvolle Kunstausstellungen statt, Kinder können am *Round Pond* Enten füttern oder ein Modellschiff in See stechen lassen. Im nordwestlichen Teil des Parks lockt ein schöner Spielplatz, Liegestühle werden an verschiedenen Stellen vermietet.

Hyde Park. Ⓤ Knightsbridge, Marble Arch, Hyde Park Corner oder Lancaster Gate. Tgl. von 5–24 Uhr. www.royalparks.org.uk/parks/hyde-park; www.serpentinegalleries.org.

Diana-Gedenkstätte: Kensington Palace

Pilgerort mit herrlichen Gärten

Kensington Palace

Tag für Tag pilgern noch immer zahllose Verehrer und Verehrerinnen zum letzten offiziellen Wohnsitz der im Sommer 1997 bei einem Verkehrsunfall tragisch ums Leben gekommenen Prinzessin Diana, um Blumen und Erinnerungsfotos für die „Prinzessin des Volkes" niederzulegen. Diana wohnte nicht zufällig im Kensington Palace: Seit 1689 ist der Landsitz, der von Christopher Wren zu einem Palast umgebaut wurde, im Besitz der Königsfamilie. Ursprünglich als Residenz für den asthma- und bronchitiskranken Wilhelm III. erworben, der das feuchte Klima in der Nähe der Themse nicht vertrug, haben hier zahllose Royals regiert und gelebt, Königin Victoria erblickte beispielsweise am 24. Mai 1819 im Kensington Palace das Licht der Welt. Der größte Teil des Palastes ist öffentlich nicht zugänglich, da hier der Herzog und die Herzogin von Kent sowie der Herzog und die Herzogin von Gloucester wohnen; Besucher – der Eingang befindet sich an der Nordseite – haben nur Zutritt zu den *State Apartments*. Hierzu gehören die einst dem König und der Königin vorbehaltenen Räumlichkeiten. Ebenfalls besichtigt werden kann die *Royal Ceremonial Dress Collection*, eine Ausstellung zur Kleidung, die in den letzten 250 Jahren am englischen Hof getragen wurde. Die neue Dauerausstellung „Victoria Revealed" widmet sich dem Leben von Queen Victoria.

Außerhalb des Palastes lohnen die *Kensington Gardens* einen Besuch, vor allem der *Sunken Garden*, ein abgesenkter Ziergarten, sowie die bronzene Peter-Pan-Statue und die von Nicholas Hawksmoor entworfene *Orangery* verdienen Beachtung. Letztere beherbergt heute ein einladendes Café. Absolut lohnend für Familien mit Kindern ist ein Besuch des *Diana Memorial Playground* mit Piratenschiff, Musikanlagen, Tunnels und jeder Menge Schaukeln.

Hyde Park. Ⓤ High Street Kensington oder Queensway. Tgl. 10–17 Uhr, im Winter nur bis 16 Uhr. Eintritt £ 18, erm. £ 14.30, Kinder unter 16 Jahren sind frei. www.hrp.org.uk.

Über den Dächern von London

Roof Gardens

Dieser Dachgarten hoch über der Kensington High Street ist ein wahrer Geheimtipp. In den 1930er-Jahren auf dem Dach eines Kaufhauses angelegt, gehört der Garten heute dem Multimanager *Sir Richard Branson* und seiner Virgin Firmengruppe, die hier auch das Restaurant *Babylon* betreibt.

Der eigentliche Dachgarten ist in einen Spanish, einen Tudor und einen English Woodland Garden unterteilt. Das eineinhalb Hektar große Terrain mit Wasserspielen, Torbögen und zahlreichen Obstbäumen lädt dazu ein, eine ungewöhnliche Seite Londons zu entdecken.

99 Kensington High Street (Eingang Derry Street), W14. Ⓤ High Street Kensington. Mo–Fr 9–17 Uhr, bei Veranstaltungen ist der Garten nicht zugänglich. Infos: ✆ 020/7937994. www.roofgardens.com. Eintritt frei!

Wohnhaus als Gesamtkunstwerk

Leighton House

Wie ein Künstlerfürst lebte Frederic Lord Leighton (1830–1896) in seinem Kensingtoner Haus. Der 1878 zum Präsidenten der Royal Academy gewählte Maler gestaltete sein von dem Architekten George Aitchison entworfenes Haus als exzentrisches Gesamtkunstwerk. Das Zentrum des Bauwerks bildet die arabische Halle, die mit islamischen Mosaikkacheln – sie stellen mythologische Szenen dar – verziert ist und einen munter vor sich hin sprudelnden Brunnen besitzt.

Kensington Palace: Sunken Gardens

12 Holland Park Road, W14. Ⓤ High Street Kensington. Tgl. außer Di 10–17.30 Uhr. Führungen: Mi und Do um 14.30 Uhr. Eintritt £ 10, erm. £ 8. www.leightonhouse.co.uk.

Große Namen, großes Design

Design Museum

Ende des Jahres 2016 ist das Design Museum in das ehemalige Commonwealth Institute gezogen und hat seinen zu klein gewordenen Standort in Southwark aufgegeben. Das genaue Ausstellungskonzept war bis Redaktionsschluss leider noch nicht bekannt.

Kensington High Street, W14. Ⓤ High Street Kensington. Tgl. 10–17.45 Uhr. Eintritt £ 10, erm. £ 7. www.designmuseum.org.

Entspannung, auch im japanischen Garten

Holland Park

Eingerahmt von viktorianischen gepflegten Häusern, gehört der Holland Park mit seinem japanischen Garten zu den beliebtesten Grünanlagen der englischen Metropole. Vor allem im Sommer legen die Londoner unter den zahlreichen Bäumen des Parks eine Pause ein. Der Name des Parks und des in seinem südlichen Teil gelegenen Holland House erinnern an Sir Henry, seines Zeichens Earl of Holland, der hier einst gelebt hat. Für den Schriftsteller Hanif Kureishi ist die Gegend um den Holland Park gleichbedeutend mit dem „Zuckerguss-London für die Reichen“.

W8. Ⓤ Holland Park oder High Street Kensington. Tgl. 7.30 Uhr bis zum Anbruch der Dämmerung.

Sommerfeeling im Hyde Park

Praktische Infos

→ Karte S. 136/137

Essen und Trinken

Babylon 7, das zu den Roof Gardens gehörende Restaurant ist eine der ungewöhnlichsten Locations, um stilvoll und gut essen zu gehen. Die Küche zeigt sich *modern european* und basiert großteils auf regionalen Zutaten. Zweigängiges Lunchmenü ab £ 24, abends Hauptgerichte ab £ 20 zzgl. 12,5 % Service Charge, der Blick über die Dächer Londons ist kostenlos ... Sonntagabends geschlossen, am Freitag- und Samstagabend können Gäste für £ 10 ab 22 Uhr in den zugehörigen Night Club wechseln. 99 Kensington High Street (Eingang Derry Street), W14, ✆ 020/73683993. www.roofgardens.com. Ⓤ High Street Kensington.

Nobu 2, dieses japanische Restaurant östlich des Hyde Park ist längst eine Londoner „Touristenattraktion". Allerdings nicht wegen der wirklich vorzüglichen asiatischen Küche (gehobenes Preisniveau, 12,5 % Service Charge) und des minimalistischen Designs, sondern weil hier Boris Becker 1999 während des Wimbledon-Turniers eine folgenreiche Bekanntschaft machte und sich für drei Millionen Euro zehn Minuten lang in der „Besenkammer" des zugehörigen Metropolitan Hotels vergnügte ... Sonntagmittag geschlossen. 19 Old Park Lane, W1, ✆ 020/74474747. www.noburestaurants.com. Ⓤ Hyde Park Corner.

The Bunch of Grapes 13, urkundlich bereits 1770 erwähnt, besitzt das Pub viel Patina. Traditionelle Fish & Chips für £ 10.75. 207 Brompton Road, SW3, ✆ 020/75894944. Ⓤ Knightsbridge oder South Kensington.

meinTipp **Aubaine 21**, eine ansprechende Mischung aus Boulangerie, Patisserie und Restaurant mit schmaler Straßenterrasse. Egal, ob zum Frühstück oder zum Abendessen, durch die Räumlichkeiten weht französisches Flair, die Küche versteht sich auf mediterrane Kost. Mo–Fr 9–23, Sa 10–23 Uhr. 260–262 Brompton Road, SW3, ✆ 020/70520100. www.aubaine.co.uk. Ⓤ South Kensington.

Bibendum Oyster Bar 23, im phantastischen Michelin House, Sir Terence Conrans Lieblingslocation, warten ein Café im Foyer und ein anspruchsvolles französisches Restaurant auf Gäste, die das in London einmalige Dekor und die Qualität der Speisen zu würdigen wissen. Appetitanregend ist bereits der Fruits-de-Mer-Stand im Eingangsbereich, Meeresfrüchteteller £ 38 pro Pers. (ab 2 Pers.), zzgl. 12,5 % Service Charge. 81 Fulham Road, SW3, ✆ 020/75891480. www.bibendum.co.uk. Ⓤ South Kensington.

Daquise 20, für Liebhaber der traditionellen polnischen Küche. Marinierte Heringe, Fleischbällchen in Dillsoße oder Rinderhaschee mit gebratenen Zwiebeln. Das Preis-Leistungs-Verhältnis erscheint angemessen und nicht überteuert. Günstiges Mittagsmenü für £ 10. 12,5 % Service Charge. 20 Thurloe Street, SW7, ✆ 020/75896117. http://daquise.co.uk. Ⓤ South Kensington.

Comptoir Libanais 19, in einem ebenso modernen wie bunten Ambiente mit leicht orientalischem Flair (schöner Fußboden!) wird hier libanesische Küche geboten. Das Spektrum reicht von Salaten über Tagines und Wraps bis hin zu Baklava. Günstiges Preisniveau. 1–5 Exhibition Road, SW7, ✆ 020/72255006. www.lecomptoir.co.uk. Ⓤ South Kensington.

Locanda Ottoemezzo 12, ansprechendes Restaurant mit ausgezeichnetem Frühstücksangebot. Der Schwerpunkt liegt auf italienischer Küche, von der hausgemachten Lasagne (£ 9) bis zu Pasta und Risotto. Straßenterrasse. 2–4 Thakeray Street, W8, ✆ 020/79372200. www.locandaottoemezzo.co.uk. Ⓤ High Street Kensington.

Chakra 4, kleines, einladendes Restaurant mit vorzüglicher indischer Küche, von Michelin gelobt. Besonders schön sitzt man im Sommer auf der Terrasse. *Tandoori Gressingham Duck Breast* für £ 14.95. Sonntagabend und Montag geschlossen. 33C Holland Street, W8, ✆ 020/72292115. www.chakralondon.com. Ⓤ High Street Kensington.

Kulu Kulu 16, originelles japanisches Restaurant. Man sitzt entlang eines Förderbands und schnappt sich diverse Sushi-Köstlichkeiten. Moderates Preisniveau. 39 Thurloe Place, SW7, ✆ 020/75892225. Ⓤ South Kensington.

Carluccio's 22, italienisches Feinkostgeschäft mit angeschlossenem Restaurant. Helle, moderne Räume mit langen Tischen und bunten Stühlen. Leckere Pasta zu zivilen Preisen. Tgl. 7.30–23.30 Uhr, So 9–22.30 Uhr. 1 Old Brompton Road, SW7, ✆ 020/75818101. www.carluccios.com. Ⓤ South Kensington.

Cambio de Tercio 26, anspruchsvolle spanische Küche im modernen Ambiente. Ausgezeichnete Weinauswahl. Hauptgerichte ab £ 15, Tapas ab £ 7.50. 163 Old Brompton Road, SW5, ✆ 020/72448970. www.cambiodetercio.co.uk. Ⓤ Gloucester Road.

Fernandez & Wells 17, kleines Café mit leckeren Snacks und Kuchen. Ideal für einen Zwischenstopp vor dem nächsten Museumsbesuch. Straßenterrasse. Tgl. 8–22 Uhr, So bis 20 Uhr. 8 Exhibition Road, SW7, ✆ 020/5897473. www.fernandezandwells.com. Ⓤ South Kensington.

Victoria & Albert Café and Restaurant 15, das im Innenhof des Museums gelegene Café und Restaurant ist im Sommer eine traumhafte Adresse für eine Pause. Tgl. 10–17.45 Uhr, Fr bis 22 Uhr. SW3. Ⓤ South Kensington.

The Lido Café 3, passables Café am Südufer des Serpentine. Ideal, um während eines Hyde-Park-Spaziergangs einzukehren und auf der großen Terrasse in der Sonne zu sitzen. Tgl. 9–18 Uhr, im Winter 10–16 Uhr. SW1, ✆ 020/77067098. www.lidohydepark.co.uk. Ⓤ Knightsbridge.

meinTipp **Montparnasse 10**, nettes, kleines Café mit viel französischem Flair. Zu essen gibt es Quiche und andere kleine Köstlichkeiten wie Croissants und *Pain au chocolat*. 22 Thakeray Street, W8, ✆ 020/73762212. Ⓤ High Street Kensington.

The Orangery 1, das in der Orangerie des Kensington Palace untergebrachte Café ist ein angenehmer Ort, um bei Kaffee und Kuchen einige Mußestunden zu verbringen. Mittags werden auch warme Speisen serviert. Tgl. 10–18 Uhr, im Winter nur bis 16 Uhr geöffnet. Kensington Garden, W8. Ⓤ High Street Kensington oder Queensway.

Einkaufen

Harrods 11, das berühmteste Kaufhaus von London, wenn nicht gar das der ganzen Welt. Hier gibt es nichts, was es nicht gibt. Und auch die Queen geht bei Harrods einkaufen, allerdings zu besonderen Öffnungszeiten. Eindrucksvoll sind die Food Halls und die Egyptian Hall. Dort gibt es eine Rôtisserie, eine Oyster Bar und zahlreiche andere Möglichkeiten, an Ort und Stelle einzukehren. Faszinierend ist beispielsweise die Chocolate Bar. Kinder sind vor allem von der Spielzeugabteilung begeistert, da dort verschiedene Spiele von Mitarbeitern vorgeführt werden. Wer übrigens nur einmal schnell auf die Toilette möchte, sollte sich hierfür £ 1 einstecken ... Tgl. 10–21 Uhr, So 11.30–18 Uhr. 87–135 Brompton Road, SW1X. www.harrods.com. Ⓤ Knightsbridge.

Harvey Nichols 5, unweit von Harrods entfernt, ist das Kaufhaus vor allem für seine ausgefallenen Schaufensterdekorationen bekannt. Modebewusste Kunden finden bei „Harvey Nicks“ eine breite Auswahl an bekannten Namen wie Gaultier, YSL, John Smedley, Tommy

Einkaufsparadies Harrods

Hilfiger, Hugo Boss und Ralph Lauren. Anschließend trifft man sich im fünften Stock im *Fifth Floor Restaurant* zum Lunch. Dort gibt es auch ein Café, eine Espresso-Bar und einem Ökoimbiss. Nicht genug damit: Im Keller serviert *Wagamama* japanische Nudelkreationen. Tgl. 10–21 Uhr, Sa 10–20, So 11.30–18 Uhr geöffnet. 109–125 Knightsbridge, SW1X. www.harveynichols.com. Ⓤ Knightsbridge.

Dolce & Gabbana **9**, wo, wenn nicht hier in Chelsea, sollte D&G einen eigenen Laden betreiben? Italienisches Modedesign und diverse Accessoires zu den entsprechenden Preisen. 175 Sloane Street, SW1. Ⓤ Knightsbridge.

Whole Foods Market **6**, ein riesiger, hervorragend sortierter Ökosupermarkt mit schöner Präsentation. Im ersten Stock gibt es zudem ein Restaurant. 63–97 High Street Kensington, W8. www.wholefoodsmarket.com. Ⓤ Knightsbridge.

Mein Tipp **La Cave à Fromage** **18**, dieser Käseladen ist ein wahrer Traum! Ausgesuchte Käsesorten aus England sowie aus Frankreich – egal, ob von der Kuh, vom Schaf oder der Ziege. Wer will, kann sich gleich im Laden einen Käseteller zusammenstellen lassen (es gibt vier Tische) oder ein belegtes Baguette mit Käse und/oder Schinken, gewürzt mit Brunnenkresse, kaufen. 24–25 Cromwell Place, SW7, ✆ 0845/1088222. www.la-cave.co.uk. Ⓤ South Kensington.

European Bookstore **25**, hervorragende Auswahl an fremdsprachiger Literatur (vor allem in französischer und deutscher Sprache). Wer noch eine anspruchsvolle Urlaubslektüre sucht, wird hier garantiert fündig. 123 Gloucester Road, SW7. www.europeanbookshop.com. Ⓤ Gloucester Road.

The Map House **14**, für Liebhaber alter Landkarten, Stiche und Globen. Mo–Fr 10–18 Uhr, Sa bis 17 Uhr geöffnet. 54 Beauchamp Place, SW3, ✆ 020/75893002. Ⓤ Knightsbridge.

The Conran Shop **24**, im Michelin House bietet Terence Conran ausgesuchte Designmöbel und -accessoires feil. Wer will, kann sich die Möbel über eine der drei deutschen Filialen liefern lassen. 81 Fulham Road, SW3. Ⓤ South Kensington.

Muji **8**, die japanische Kette unterhält in London mehrere Shops. Das Konzept setzt auf minimalistisches, funktionales Design (schlichter ist schöner), gute Qualität und günstige Preise. Von der Klobürste bis zum Fahrrad ist hier alles zu haben. Der Schwerpunkt liegt allerdings auf Kleidung und Wohnaccessoires. Das Londoner *Time Out Magazin* verlieh Muji kürzlich das Adjektiv „über-cool" (sic!). Auch am Sonntag von 12–18 Uhr geöffnet. 157 Kensington High Street, W8. Ⓤ High Street Kensington.

Bunt, cool und teuer

Tour 13

Notting Hill gehört seit dem gleichnamigen Film mit Julia Roberts und Hugh Grant zu den bekanntesten Londoner Stadtteilen. Zuvor war Notting Hill schon für seinen lebendigen Samstagsmarkt und den farbenprächtigen Notting Hill Carnival berühmt.

Museum of Brands, Kultmarken und Werbung, S. 148

Portobello Market, Kultmarkt am Samstag, der Massen anzieht, S. 151

Szeneviertel und Filmkulisse

Notting Hill

Die Geschichte von Notting Hill, das sich nördlich der Holland Park Avenue erstreckt, reicht zurück bis in das 19. Jahrhundert. Vorher existierten in diesem Teil des Londoner Nordwestens nur ein paar Töpfereien und ländliche Anwesen, die sich auf die Schweinezucht spezialisiert hatten. In dem seit 1840 allmählich anwachsenden Stadtviertel ließen sich vor allem die ärmeren Schichten der Stadt nieder. Nach Ende des Zweiten Weltkrieges fanden in den heruntergekommenen Häusern, die zum Großteil dem berühmt-berüchtigten *Peter Rachman* gehörten, zahlreiche Arbeitsimmigranten aus der Karibik ein neues Zuhause. Rachman – *Rachmanism* ist heute ein gebräuchliches Synonym für ausbeuterische Machenschaften auf dem Wohnungsmarkt – nutzte die Lage der Einwanderer schamlos aus und verlangte horrende Mieten für winzige, mit Brettern abgetrennte Räume, ohne sich um deren Erhalt zu kümmern. Gelegentlich ließ Rachman von seinen Schergen ein Haus auch mit Gewaltandrohung „entmieten". Es dauerte nicht lange, bis das Viertel zum Slum verkam. Im August 1958 brachen dann in Notting Hill die ersten Rassenunruhen von London aus. Schuld daran trugen allerdings nicht die Immigranten, die verständlicherweise gegen ihre unzumutbaren Wohnverhältnisse protestieren hätten können, sondern weiße Engländer, die Steine werfend in das Viertel einfielen und auf die Schwarzen einprügelten.

Notting Hill war damals ein übel beleumdeter Stadtteil. Prostitution und Drogenhandel gehörten zum Alltag. Die All Saints Road, die Allerheiligenstraße, galt als einer der berüchtigtsten Drogenumschlagplätze des Hippiezeitalters. In dieses Bild fügt sich, dass sich *Jimi Hendrix* am 18. September 1970 in Notting Hill einer ausgiebigen Drogen-

Session hingab und nur wenige Stunden darauf im Great Cumberland Hotel an der Oxford Street im Alter von 28 Jahren starb. Und auch *Christine Keeler*, die zu Beginn der 1960er-Jahre die Hauptperson in der Profumo-Affäre war, ging in Notting Hill anschaffen. Ihren Reizen erlag der britische Kriegsminister John Profumo, was an sich nicht weiter bemerkenswert gewesen wäre, hätte nicht auch der stellvertretende sowjetischen Militärattaché die Dienste von Christine Keeler rege in Anspruch genommen …

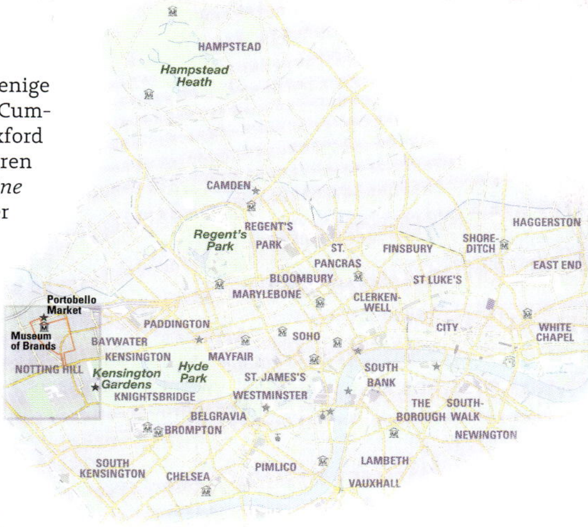

In den späten 1980er-Jahren entwickelte sich Notting Hill zu einem Szeneviertel mit Werbeagenturen, Bars, Secondhandshops und Boutiquen. Die Mieten zogen schnell an, so dass die alteingesessene schwarze Bevölkerung langsam wieder zur Minderheit wurde. Quadratmeterpreise von umgerechnet 8000 Euro sind keine Seltenheit. Besonderer Beliebtheit erfreuen sich die Häuser, die einen *communal garden* umschließen, der nur von den angrenzenden Anwesen aus zugänglich ist. Zu den berühmtesten Bewohnern gehören beispielsweise Richard Branson, der Gründer des Virgin-Imperiums, Madonna und das Supermodel Kate Moss. Dem britischen Politiker *Peter Mandelson*, lange Zeit die rechte Hand von Premierminister Tony Blair, kostete seine Liebe zu Notting Hill gar sein Ministeramt. Um sich ein repräsentatives Haus kaufen zu können, nahm Mandelson bei einem Ministerkollegen einen millionenschweren Kredit auf. Entgegen den gesetzlichen Bestimmungen für Abgeordnete verschwieg er jedoch die Kreditaufnahme. Nach einem dezenten Hinweis kam die Geschichte an die Öffentlichkeit und Mandelson musste seinen Hut nehmen.

Ebenfalls in Notting Hill wohnte der Drehbuchautor Robert Curtis, der, nachdem er mit „Vier Hochzeiten und ein Todesfall" seinen ersten großen Erfolg gelandet hatte, sein Wohnviertel mit dem romantischen Kassenschlager „Notting Hill" in der ganzen Welt populär machte. Seit dem Sommer 1999 kommen unzählige Kinofreunde nach Notting Hill, um auf den Spuren von Julia Roberts und Hugh Grant zu wandeln. Sehr zum Ärger vieler Londoner bewohnen das Zelluloid-Notting-Hill nur schöne weiße Menschen … Im Januar 2000 ist noch eine weitere blonde Schönheit hinzugekommen: Das Supermodel Claudia Schiffer hat sich für umgerechnet 1,1 Millionen Euro ein Appartement in Notting Hill gekauft.

Spaziergang

Von der Tube-Station Notting Hill Gate tobello Road. Der Name der Straße erinnert an einen Hafen namens Porto Bello im Golf von Mexiko, den der englische Admiral Vernon im 18. Jahrhundert erobert hatte. Wer am Samstag unterwegs ist, kann sich einfach von den zum Portobello Market strömenden

Massen mittreiben lassen. Im unscheinbaren Haus Nummer 22 in der Portobello Road wohnte übrigens *George Orwell*; ob er sich im heute so lieblichen Notting Hill zu seiner düsteren Zukunftsprophezeiung „1984" inspirieren ließ, sei dahingestellt. Der südliche Teil der Portobello Road mit dem berühmten Markt ist seit mehreren Jahrzehnten fest in der Hand von Antiquitätenhändlern, im nördlichen Teil geht sie in einen Gemüse- und Obstmarkt über. Rechter Hand zweigt die Lonsdale Road ab, die zum **Museum of Brands** führt. Ein Stück weiter in der Portobello Road kommt man zum unter Denkmalschutz stehenden Electric Cinema, das seit 1911 einen guten Ruf in Londoner Cineasten-Kreisen genießt. Der Reisebuchladen, der dem Film „Notting Hill" als Modell diente, liegt ums Eck im Blenheim Cresent. Sarah Anderson, die freundliche Besitzerin des Travel Bookshop, ist durch den Kinohit unverhofft zu einer der prominentesten Buchhändlerinnen Londons geworden. Das Haus mit der auffälligen blauen Tür aus dem Film „Notting Hill", in dem der Drehbuchautor Robert Curtis einst selbst gewohnt hat, befindet sich nur unweit entfernt in der Westbourne Park Road Nummer 280. Curtis nutzte den Wirbel um den Film geschäftstüchtig aus und bot sein Haus – mit Erfolg – für schlappe 1,3 Millionen Pfund auf dem Immobilienmarkt an. Die Talbot Road, in der sich neben mehreren Szenekneipen auch eine zum Kulturzentrum umfunktionierte Backsteinkirche befindet, führt in den nobleren Teil des Viertels. Wunderschöne viktorianische Fassaden lassen sich entlang des Chepstow Place bewundern. Wer will, kann sich in den Kensington Gardens oder im beschaulichen Holland Park noch ein wenig die Zeit vertreiben oder eines der vielen trendigen Restaurants des Viertels aufsuchen, von denen einige längst einen Kultstatus besitzen.

Sehenswertes

Kultmarken und Werbung

Museum of Brands

Das kleine, liebevoll geführte Museum lädt zu einer Zeitreise durch die Geschichte der Werbung, Marken und Verpackungen ein. Beginnend mit dem späten 19. Jahrhundert bewegt sich der Besucher durch Vitrinen mit bunten Schachteln und Flaschen bis in die Gegenwart. Kellogg's, Heinz Baked Beans und Coca Cola dürfen selbstverständlich nicht fehlen.

2 Colville Mews, Lonsdale Road, W11 2AR. Ⓤ Notting Hill Gate. Tgl. 10–18 Uhr, So 11–17 Uhr. Eintritt £ 7.50, erm. £ 5 bzw. £ 3. www.museumofbrands.com.

London im Kasten

Notting Hill Carnival

Der Notting Hill Carnival war gewissermaßen die friedliche Antwort auf die Unruhen von 1958. Sieben Jahre später fand Ende August am *August Bank Holiday* erstmals ein Straßenfest statt, das sich seither zum weltweit drittgrößten Karneval nach Rio de Janeiro und Teneriffa entwickelt hat. Drei Tage dauert das Spektakel, bei dem mehr als eine Million Menschen tanzend und feiernd auf den Straßen zusammenkommen. Der Rhythmus des Soca, ein Mix aus Soul und Calypso, heizt die Menge an. Der sonntäglichen Kostümparade der Kinder folgen am Montag die Umzüge der Erwachsenen, begleitet von prächtig geschmückten Wagen und Livemusik. Der rund fünf Kilometer lange Rundkurs beginnt am Ladbroke Grove und führt durch die Westbourne Grove, die Chepstow Road und die Great Western Road.

Praktische Infos

Essen und Trinken

mein Tipp **Books for Cooks** **3**, eigentlich eine gut sortierte, auf Kochbücher spezialisierte Buchhandlung (angeblich gibt es mehr als 8000 Exemplare). Im hinteren Teil des Geschäfts, dem „Kochstudio", werden die besten Rezepte gleich vor Ort ausprobiert und von den lesenden Feinschmeckern mit Begeisterung „verkostet". Serviert werden täglich wechselnde Mittagsgerichte zu günstigen Preisen, aber auch Kaffee und leckere Kuchen. Di–Sa 10–18 Uhr, 3 Wochen im August Betriebsferien. 4 Blenheim Crescent, W11, ✆ 020/72211992. www.booksforcooks.com. Ⓤ Ladbroke Grove oder Notting Hill Gate.

Daylesford Organic **12**, eine der Hot-Spots in Notting Hill für Liebhaber von Ökokost. Eine durchgestylte Brasserie mit integriertem Biosupermarkt. Straßenterrasse. Tgl. 8–18 Uhr, Sa 10–15 Uhr. 210 Westbourne Grove, W11, ✆ 020/73138050. www.daylesfordorganic.com. Ⓤ Notting Hill Gate.

202 **11**, eine der besten Brunchadressen in London, integriert in einer Boutique. Kein

Wunder, dass sich die coolsten Typen von Notting Hill hier versammeln und sich an leckeren *Blueberry Pancakes* laben. Tgl. 8.30–22.30 Uhr, So und Mo 10–17 Uhr geöffnet. 202 Westbourne Grove, W11, ☏ 020/77272722. www.202london.com. Ⓤ Notting Hill Gate.

Granger & Co. **15**, dies ist die erste europäische Filiale des australischen Kochs und Kochbuchautors Bill Granger. Vom Frühstück (*Fresh Aussie Breakfast* £ 13.80) bis zum Abendessen ist hier viel los, manchmal stehen die Londoner zum Wochenendbrunch auch geduldig in der Schlange, um in dem lichtdurchfluteten Lokal einen Platz zu ergattern. Hauptgerichte £ 15–18. 12,5 % Service Charge. Tgl. ab 7 Uhr, So ab 8 Uhr. Keine Reservierung möglich. 175 Westbourne Grove, W11, ☏ 020/72299111. www.grangerandco.com. Ⓤ Ladbroke Grove oder Notting Hill Gate.

Taqueria **13**, an geschmirgelten Holztischen wird in einem bodenständigen Ambiente die mexikanische Küche mit Tacos in zahlreichen Variationen (ab £ 7.50) gepflegt. 141–145 Westbourne Grove, W11, ☏ 020/72294734. www.taqueria.co.uk. Ⓤ Notting Hill Gate.

Rodizio Rico **10**, dieses brasilianische Steakhouse ist eine Adresse für Fleischliebhaber, denn hier kann man sich vom Salat- und Beilagenbuffet bedienen, dann muss man nur noch darauf warten, dass die Kellner mit ihren riesigen Fleischspießen vorbeikommen und man sich von den rund 10 verschiedenen Fleischsorten eine Portion absäbeln lässt – so lange, bis man endgültig satt ist. Pro Person £ 26.50 (*all you can eat*). 111 Westbourne Grove, W11, ☏ 020/77924035. www.rodiziorico.com. Ⓤ Notting Hill Gate.

The Castle **2**, dieses Pub ist eine moderne Eckkneipe mit viel Flair. Man sitzt an blank gescheuerten Tischen und lässt sich Burger und anderes Pub-Food munden. Tgl. 11–23, Fr und Sa bis 24 Uhr. 225 Portobello Road, W11, ☏ 020/72217103. www.castleportobello.co.uk. Ⓤ Notting Hill Gate.

Ehemalige Filmkulisse: The Notting Hill Bookshop

Assaggi **18**, wer bei diesem Szene-Italiener zu Abend essen will, sollte wahrscheinlich besser schon ein paar Wochen im Voraus einen Tisch reservieren. Dementsprechend ist das Preisniveau auch relativ hoch. Ausgezeichnet sind die *Burrata con melanzane* (£ 13.90) und *Fegato di Vitello* (£ 22.90). Im ersten Stock über dem Colchis Restaurant gelegen. Sonntag geschlossen. 39 Chepstow Place, W11, ☏ 020/77925501. Ⓤ Notting Hill Gate.

MeinTipp **Ottolenghi** **4**, dieses Restaurant präsentiert sich in grellem Weiß, so dass der Verdacht nahe liegt, der Innenarchitekt sei Spezialist für Zahnarztpraxen. Täglich wechselnde Gerichte sowie traumhafte Salate und außergewöhnliche Croissants. Alles wird absolut frisch zubereitet! Yotam Ottolenghi hat übrigens ein hervorragendes Kochbuch geschrieben, das im deutschen Buchhandel unter dem Titel „Genussvoll vegetarisch" erhältlich ist. Keine Reservierung, keine Toiletten. Tgl. 8–20 Uhr, Sa bis 19 Uhr, So 8.30–18 Uhr. 63 Ledbury Road, W11, ☏ 020/77271121. www.ottolenghi.co.uk. Ⓤ Notting Hill Gate.

Osteria Basilico **9**, die preisgünstige italienische Variante mitten in Notting Hill und dies trotz des tollen Ambientes mit den blank gescheuerten Holztischen. An der Küche gibt es ebenfalls nichts auszusetzen. Lecker ist das Lamm mit Tomaten und Auberginen. Nudelgerichte und Pizzen ab £ 11, Hauptgerichte ab £ 18. 12,5 % Service Charge. 29 Kensington Park Road, ☏ 020/77279372. www.osteriabasilico.co.uk. Ⓤ Notting Hill Gate.

Electric Diner **17**, das Diner vom Electric Cinema ist einer der beliebten Anlaufpunkte in der Portobello Road. Egal, ob zum Frühstück, Brunch oder Dinner. Tgl. ab 8 Uhr geöffnet. 191 Portobello Road, W11, ☏ 020/79089696. www.electricdiner.com. Ⓤ Ladbroke Grove oder Notting Hill Gate.

Kensington Place **21**, trotz der nicht zu übersehenden Designerhandschrift liegt ein gewisses Kantinenflair über dem Restaurant (vielleicht liegt es auch daran, dass es zu laut ist). Die Küche ist ausgezeichnet, saisonal wechselnde Menüs, *Modern European Style* mit Schwerpunkt auf Fisch und Krustentieren, die nebenan im Fish Shop auch verkauft werden. Zweigängiges Mittagsmenü £ 20, drei Gänge £ 25. Zum Lokal gehört auch noch der benachbarte Imbiss **Notting Gill Chippy**, eine nette Adresse für Fish & Chips (£ 8.50). 2 Farmer Street, W8, ✆ 020/77273184. www.kensingtonplace-restaurant.co.uk. Ⓤ Notting Hill Gate.

meinTipp **The Churchill Arms** **22**, das Churchill sieht von außen aus wie ein ganz gewöhnliches Pub, doch wird im grün bepflanzten Hinterzimmer (wie auch im Pub) überraschenderweise eine hervorragende Thaiküche serviert. Und der Clou: Jedes der üppig bemessenen Hauptgerichte – stets frisch zubereitet – kostet nur £ 8.50. Schneller Service, das einzige Manko: Es gibt weder Salate noch Suppen – stattdessen Currys, gebratenen Reis und Nudelgerichte in verschiedenen Variationen. Und selbst wer nur Pub-Atmosphäre schnuppern will, wird nicht enttäuscht sein, der Laden ist abends immer voll. Kinder sind willkommen. Bis 23 Uhr geöffnet, Fr und Sa bis 24 Uhr. 119 Kensington Church Street, W8, ✆ 020/77921246. Ⓤ Notting Hill Gate.

Kitchen & Pantry **8**, ein wunderbarer Coffee Shop in einem Eckhaus, an den Holztischen treffen sich Touristen und Londoner, lesen Zeitung, trinken Kaffee und surfen im Internet. 14 Elgin Crescent, ✆ 020/77278888. www.kitchenandpantry.co.uk. Ⓤ Notting Hill Gate.

Einkaufen

meinTipp **Portobello Market** **14**, der samstägliche Markt auf der Portobello Road wird als der schönste der Stadt gerühmt. Mehr als tausend Händler säumen den sich über eine Meile hinziehenden Markt. Neben viel Ramsch lässt sich dennoch das eine oder andere Schnäppchen machen. Unter der Woche werden hingegen vor allem Obst und Gemüse feilgeboten. W11. Ⓤ Notting Hill Gate.

La Cave à Fromage **16**, ein Traum für Käseliebhaber. Zahllose perfekt gereifte Käsesorten, dazu super lecker belegte Brötchen und Käseteller. 148 Portobello Road, W11. www.la-cave.co.uk. Ⓤ Notting Hill Gate.

Paul Smith **19**, ausgefallenes „Modekaufhaus", dessen Kreationen auch bei Harrods und Selfridges verkauft werden. So erst ab 12 Uhr geöffnet. 122 Kensington Park Road, W11. www.paulsmith.co.uk. Ⓤ Notting Hill Gate.

meinTipp **The Notting Hill Bookshop** **6**, der zu Filmehren gekommene Reisebuchladen (allerdings wurde der Film nicht hier, sondern in einem Nachbau um die Ecke gedreht) besitzt ein

Trödelzentrum Portobello Road

umfassendes Sortiment an englischsprachigen Reiseführern, Bildbänden, Reiseliteratur – auch antiquarisch – und Landkarten. 13 Blenheim Crescent, W11. www.thenottinghillbookshop.co.uk. Ⓤ Ladbroke Grove oder Notting Hill Gate.

Couverture **7**, hier werden Designermoden ebenso wie Vintagemöbel, Keramik und Bettwäsche verkauft, und zwar so ungewöhnlich, dass die „Times" den Laden zum „Cult Shop of the Year 2008" erklärte. 188 Kensington Park Road, W11. www.couverture.co.uk. Ⓤ Ladbroke Grove oder Notting Hill Gate.

The Spice Shop **5**, ein Eldorado für Liebhaber ausgefallener Gewürzmischungen ist dieser Laden, der übrigens einer Deutschen gehört, die aus dem Schwarzwald stammt. Wer es scharf liebt, kann zwischen 20 verschiedenen Chilisorten und mehr als zehn Paprikasorten wählen. Tgl. 9.30–18 Uhr, So 11–15 Uhr. 1 Blenheim Crescent, W11. www.thespiceshop.co.uk. Ⓤ Notting Hill Gate.

meinTipp **Rough Trade** **1**, dieses kleine, gemütliche Musikgeschäft (Vinyl und CDs) in Notting Hill ist bekannt für die außerordentlich gute Beratung. Übrigens sollen auch Madonna, David Bowie, Adele, Robert Plant und Morrissey hier schon eingekauft haben. Auch So von 12 bis 17 Uhr geöffnet. 130 Talbot Road, W11. www.roughtrade.com. Ⓤ Notting Hill Gate.

Notting Hill → Karte S. 149

Entlang der Themse

Tour 14

Das Südufer der Themse, die South Bank, wurde jahrhundertelang in städtebaulicher Hinsicht vernachlässigt. Erst unlängst fand ein Umdenken statt. Mit der Tate Gallery of Modern Art besitzt Southwark seit einigen Jahren einen wahren Publikumsmagneten.

- **HMS Belfast**, Alltag auf einem ehemaligen Zerstörer, S. 154
- **Golden Hinde**, Francis Drakes Schiff auf dem Trockenen, S. 156
- **Shakespeare's Globe Theatre**, weltbekanntes Rund mit Ausstellung, S. 157
- **Tate Gallery of Modern Art**, Mekka für Liebhaber moderner Kunst, S. 158

Arbeiterviertel mit Top-Sights

Southwark

Da die London Bridge bis 1750 die einzige Brücke über die Themse war, bildete die Borough High Street in Southwark den wichtigsten Verkehrsknotenpunkt im Süden der Stadt. Um den Ruf der Vorstadt war es allerdings schlecht bestellt: In den vielen Gasthöfen, Schenken und Bordellen waren vor allem zwielichtige Gestalten anzutreffen, da Southwark nicht der Londoner Gerichtsbarkeit unterstand. Eine zweischneidige Rolle spielten lange Zeit die Bischöfe von Winchester; sie tolerierten in ihrem Hoheitsgebiet nicht nur die Prostitution, sondern erteilten den Bordellen – gegen eine angemessene finanzielle Entschädigung – auch freizügig Lizenzen. Die im Bischofsdistrikt anschaffenden Damen waren als „Winchester-Gänse" in ganz England bekannt. Um dem allzu wüsten Treiben Einhalt zu gebieten, betrieben die Bischöfe „sinnvollerweise" auch ein eigenes Gefängnis auf dem Südufer der Themse. Da die Schauspielkunst im 16. Jahrhundert nur wenig öffentliches Ansehen genoss, hatte auch Shakespeares *Globe* wie die anderen frühen Theater, darunter das *Rose* und das *Swan*, seinen Sitz in Southwark. Wer lieber aufregendere Spektakel bevorzugte, konnte auch die in unmittelbarer Nachbarschaft veranstalteten Bärenhatzen und Hahnenkämpfe besuchen. Oliver Cromwells Puritaner setzten dem gottlosen Treiben schließlich ein Ende; selbst das *Globe Theater* erschien ihnen als eine Lasterhöhle, weswegen es 1642 geschlossen und zwei Jahre später sogar abgerissen wurde.

Eine Aufwertung des Viertels erfolgte erst in den letzten Jahrzehnten. Mehrere ansprechende Museen, darunter die Tate Gallery of Modern Art, machen das Südufer für viele Reisende und Kulturfreunde interessant. Durch die Verlängerung der Jubilee Line bis nach North Greenwich und den Bau einer Fußgängerbrücke über die Themse verbesserte sich die Infrastruktur des Südufers erheblich. Verwaiste Dockanlagen wurden in moderne Büros und Einkaufszentren verwandelt, citynahe Luxuswohnungen mit Themseblick erzielen auf dem Immobilienmarkt ausgezeichnete Preise. Zuletzt wurde mit dem 310 Meter hohen Shard London Bridge das höchste Gebäude Londons errichtet, dessen an eine Glasscherbe erinnernde gläserne Silhouette nicht nur Southwark, sondern ganz London dominiert. Doch nur ein paar Fußminuten von der Themse und dem Shard entfernt, präsentiert sich Southwark immer noch als ein typisches Arbeiter- und Kleinbürgerviertel.

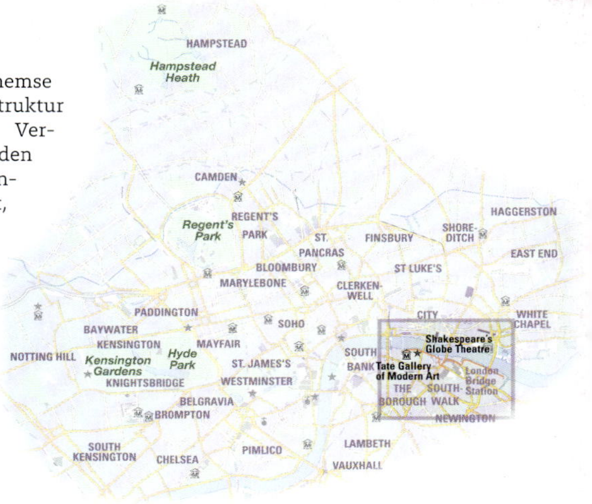

Spaziergang

Direkt neben der Tower Bridge steht das *Butlers Wharf*, ein luxussaniertes Areal aus denkmalgeschützten Speicherhöfen. Nach diesem kurzen Abstecher geht man unterhalb der Tower Bridge Road hindurch, um dann auf dem Thames Path vorbei an der futuristischen **City Hall** entlang der Themse zu schlendern, bis man zu der am Themseufer verankerten **HMS Belfast** gelangt. Vom Deck des Kriegsschiffes sieht man bereits *Hay's Galleria*, eine ehemalige Werftanlage, deren Hafenbecken in ein tonnengewölbtes Atrium verwandelt wurde. An die Vergangenheit des Gebäudes mahnt die von *David Kemp* aus Schrottteilen zusammengeschweißte Galeonen-Skulptur „The Navigators".

Über die Tooley Street gelangt man zum St Olaf's House, einem im Art-déco-Stil errichteten ehemaligen Kaufhaus. Nachdem das „Hindernis" der London-Bridge-Station überwunden ist, gewährt das auf dem Dach der St-Thomas-Kirche untergebrachte **Old Operating Theatre** Einblicke in die Medizinkunst früherer Zeiten. Allerdings liegt der ehemalige „Operationssaal" nicht nur sprichwörtlich im Schatten des mächtigen **Shard London Bridge**. Die **Southwark Cathedral**, die übrigens eine Zeitlang gar als Bäckerei und Schweinestall zweckentfremdet wurde, erinnert daran, dass Southwark der älteste Londoner Vorort ist, dessen Geschichte bis in das Mittelalter zurückreicht. Direkt an ihre Südseite angrenzend befindet sich der *Borough Market*, dessen Besuch man nicht versäumen sollte. Nur einen Steinwurf weit entfernt liegt, eingekeilt zwischen modernen Bauten, eine maßstabsgetreue Rekonstruktion von Sir Francis Drakes Flaggschiff **Golden Hinde** vor „Anker". Neben den Ruinen des Winchester Palace lädt das **Clink Prison Museum** zu einem schaurigen Gefängnisbesuch ein. Noch ein paar Häuser weiter widmet sich der *Anchor Pub* angenehmeren, bierseligeren Facetten des Lebens. Weiter geht es auf dem Thames Path: Auf der anderen Seite der Southwark Bridge kann man sich in dem originalgetreu wieder aufgebauten **Shakespeare's Globe Theatre** über das Schaffen des großen Dramatikers informieren. Ein Eldorado für Kunstfreunde ist die **Tate Gallery of Modern Art**, die ihre Schätze in einem riesigen, 1981 stillgelegten Kraftwerk präsentiert, das an seinem hundert Meter hohen Schornstein schon von Weitem zu erkennen ist. Wer abschließend noch in Richtung St Paul's Cathedral schlendern will, kann das nördliche Themseufer über die von Lord Norman Forster entworfene *Millennium Bridge* erreichen. Für 14 Millionen Pfund entwarf das renommierte Architektenbüro nach mehr als hundert Jahren erstmals wieder eine neue Brücke über die Themse, die sich zudem rühmen darf, nur für Fußgänger zugänglich zu sein. Die technischen Probleme, die aufgrund starker Schwankungen zu einer Schließung der Brücke führten, sind inzwischen glücklicherweise behoben. Wer will, kann anschließend auch mit dem *Tate Boat* auf der Themse zur Tate Britain fahren.

Sehenswertes

Futuristisches Rathaus

City Hall

Das 2002 von Lord Norman Foster (von wem auch sonst?) entworfene Rathaus von London ist ein elliptischer Glasbau, der je nach Phantasie und Blickwinkel ein wenig an Darth Vaders Helm oder einen gläsernen, ins Rutschen geratenen Wackelpudding erinnert. Die futuristische Form soll dazu dienen, die Gebäudeoberfläche zu verkleinern und dadurch die Energieeffizienz zu erhöhen. Sehenswert ist vor allem die 500 Meter lange Wendeltreppe, die sich im Inneren zum Ratssaal hinaufwindet.

Tooley Street, SE1. Ⓤ Tower Hill. Mo–Fr 8–17.30 Uhr. Eintritt frei! www.london.gov.uk/gla/city_hall.

Alltag auf einem ehemaligen Zerstörer

HMS Belfast

Direkt neben der Tower Bridge liegt Europas einziger, noch existierender Leichter Kreuzer aus dem Zweiten Weltkrieg

Einst Kriegsschiff, heute Museum – HMS Belfast

vor Anker. Die 1938 gebaute „HMS Belfast“ war beim Kampf um das deutsche Schlachtschiff Scharnhorst beteiligt und bis zum Ende des Korea-Krieges aktiv im Einsatz. Das 187 Meter lange schwimmende Museum mit neun Decks kann von der Admiralsbrücke bis hinunter in den Maschinenraum erkundet werden und vermittelt einen authentischen Eindruck vom Leben auf einem Kriegsschiff, der durch Filmvorführungen und Tondokumente ergänzt wird.

Morgan's Lane, Tooley Street, SE1. Ⓤ Tower Hill. Tgl. 10–18 Uhr, im Winter nur bis 17 Uhr. Eintritt £ 14.50, erm. £ 11.60, Kinder unter 16 Jahren £ 7.25. www.iwm.org.uk.

Operieren und heilen mit Kräutern

Old Operating Theatre and Herb Garret

Es handelt sich hier nicht etwa um ein altertümliches Studiotheater, sondern um den einzigen noch erhaltenen historischen Operationssaal Englands. Inmitten des „Theaters“ steht ein karger Operationstisch, der von Zuschauerrängen umgeben ist. Hier saßen die angehenden Ärzte, die so praxisnah an ihre späteren Aufgaben herangeführt werden konnten. Den benachbarten Dachstuhl der Kirche nutzten die Apotheker zum Trocknen und Lagern von Heilkräutern. Kurioserweise wurde der Operationssaal vergessen und erst 1956 wiederentdeckt.

St Thomas Street, SE1. Ⓤ London Bridge. Tgl. 10.30–17 Uhr. Eintritt £ 6.50, erm. £ 5 bzw. £ 3.50. www.thegarret.org.uk.

Spitzer Blickfang in der Skyline

Shard London Bridge

Die schlanke, pyramidenähnliche Silhouette des 310 Meter hohen Hochhauses mit seiner Glasfassade dominiert seit 2012 das Südufer der Themse. Der Entwurf stammt von dem Stararchitekten *Renzo Piano*, der die technischen Einrichtungen in die oberen Etagen verlagert hat. Das Gebäude beherbergt neben 44 Aufzügen mehrere Restaurants, ein 5-Sterne-Hotel (Shangri-La) sowie eine Aussichtsplattform in der 72. Etage, die neben einem Panoramablick über London den unschlagbaren Vorteil bietet, dass man von hier aus den gigantischen Wolkenkratzer nicht sieht …

32 London Bridge Street, SE1. Ⓤ London Bridge. Tgl. 10–22 Uhr. Aussichtsplattform: £ 25.95, erm. £ 19.95. www.the-shard.com bzw. www.theviewfromtheshard.com.

Southwark → Karte S. 158/159

London im Kasten

Wenn der Doktor mit der Säge kommt

Denkt man an die hygienischen und technischen Rahmenbedingungen, die im Old Operating Theatre herrschten, läuft einem noch immer ein Schauer über den Rücken. Und dies, obwohl der Operationssaal sicherlich den Anforderungen der damaligen Zeit entsprach. Bis zu seiner Schließung im Jahre 1862 wurden alle Operationen ohne jegliche Betäubung durchgeführt. Stand eine Beinamputation bevor, so wurde das Blut des Patienten in einer bereitstehenden Sägemehlkiste aufgefangen. Durchschnittlich benötigten die Ärzte für eine Amputation eine Minute. Da die Patienten die Schmerzen kaum aushielten, wurden sie vorsichtshalber auf dem Operationstisch mit Lederriemen festgeschnallt und von kräftigen Helfern niedergedrückt. Um die anderen Patienten des St Thomas's Hospital nicht durch die Schreie der Operierten zu verschrecken, richtete man den OP in dem benachbarten Kirchturm ein. Die Erfolgsquote war übrigens beachtlich: Rund 70 Prozent aller Patienten überlebten die Operation, die meisten Todesfälle traten infolge einer bakteriellen Infektion ein.

Gotisches Gotteshaus

Southwark Cathedral

Nahe der London Bridge erhebt sich die Southwark Cathedral. Obwohl das baufällige Mittelschiff der Kathedrale vor einem Jahrhundert durch einen „originalgetreuen" Neubau ersetzt werden musste, hat sich das Gotteshaus seine mittelalterliche Aura bewahren können. Genau genommen ist es bereits die vierte Kirche an dieser Stelle. Einer Legende zufolge erbaute im 7. Jahrhundert ein reicher Fährmann das erste Gotteshaus. Zweihundert Jahre später erneuerte *St Swithun*, seines Zeichens Bischof von Winchester, den Bau und erweiterte ihn durch ein Augustinerkloster. Am Anfang des 13. Jahrhunderts zerstörte ein Feuer das Gotteshaus; 1220 begannen die Bauarbeiten für eine neue Kirche, die zusammen mit der Westminster Abbey als der älteste gotische Kirchenbau in London gilt. In der Kathedrale erinnert eine Gedenktafel an *John Harvard*, den Gründer der Bostoner Harvard University (USA). Harvard wurde 1607 in Southwark geboren und in der damaligen St Saviour's Church (heute Southwark Cathedral) getauft.

Southwark Cathedral

Tgl. 10–18 Uhr. Ⓤ London Bridge.

Francis Drakes Schiff auf dem Trockenen

Golden Hinde

Sieht man die Golden Hinde auf ihrem Trockendock liegen, so kann man sich schwer vorstellen, dass *Sir Francis Drake* mit einem Schiff von solch bescheidenen Ausmaßen von 1577 bis 1580 die Welt umsegelt hat und als erfolgreichster Freibeuter der englischen Geschichte zurückkehrte. Die ursprüngliche Golden Hinde ist zwar längst verrottet, doch haben sich ein paar Enthusiasten zusammengefunden, um Drakes Flaggschiff originalgetreu nachzubauen. Diese Golden Hinde ist übrigens alles andere als ein reines Museumsschiff: Seit ihrem Stapellauf im Jahre 1973 hat sie mehr als 100.000 Seemeilen zurückgelegt, wobei sie mehrfach als authentische Filmkulisse genutzt wurde. Nicht nur Kinder sind von einer Erkundung des „Piratenschiffs" begeistert. Die Lebensbedingungen auf diesem Schiff waren katastrophal und nur mit eiserner Disziplin ließ sich eine Besatzung von 60 Mann über Jahre hinweg auf einem Schiff wie der Golden Hinde zusammenhalten. Nur Drake besaß eine eigene Kajüte mit einem Bett, der einfache Matrose schlief auf den kahlen Deckplanken.

Cathedral Street, SE1. Ⓤ London Bridge. Tgl. 10–18 Uhr. Eintritt £ 7, erm. £ 5. www.goldenhinde.com.

The Globe – perfekte Rekonstruktion

Southwark → Karte S. 158/159

Wo Bischöfe einkerkerten

Clink Prison Museum

In dem kleinen Gefängnis der Bischöfe von Winchester, das aus einem mittelalterlichen Kerker namens „Clink" hervorging, wurden seit dem 15. Jahrhundert vor allem Prostituierte, Schuldner und randalierende Betrunkene inhaftiert. 1780 aufgelöst, fand die dem deutschen „Knast" entsprechende Bezeichnung *clink* Eingang in die Umgangssprache. Eine Besichtigung des Gefängnisses vermittelt einen Eindruck von der trostlosen Situation der Inhaftierten.

Clink Street, SE1. Ⓤ London Bridge. Tgl. 10–18 Uhr, Sa und So bis 21 Uhr. Eintritt £ 7.50, erm. £ 5.50. www.clink.co.uk.

Weltbekanntes Rund mit Ausstellung

Shakespeare's Globe Theatre

Mythen leben bekanntlich lang. Im Fall von William Shakespeares legendärem *Globe Theatre* wurden sie nach einem jahrhundertelangen Dämmerschlaf unverhofft wieder zum Leben erweckt: Das erste, 1599 errichtete *Globe Theatre* brannte schon 1613 während einer Aufführung des Dramas „Heinrich VIII." bis auf die Grundmauern nieder. Innerhalb von nur einem Jahr wieder aufgebaut, fiel das Theater 1642 wie alle anderen Bühnen Londons der puritanischen Sittenstrenge zum Opfer. Jahrhundertelang blieb nur die Erinnerung an *Shakespeare's Globe Theatre*. Erst durch die unermüdliche Initiative des amerikanischen Schauspielers und Regisseurs Sam Wanamaker kamen in den 90er-Jahren des 20. Jahrhunderts so viele Spendengelder zusammen, dass heute nur wenige Meter vom ursprünglichen Standort entfernt wieder eine weiß verputzte Rekonstruktion von Shakespeares berühmten *Globe Theatre* auf Besucher wartet. Die drei Ränge und der Innenhof bieten Platz für rund 1500 Zuschauer; Theateraufführungen finden wie zu Shakespeares Zeiten von Mitte Mai bis Mitte September bei Tageslicht unter freiem Himmel statt, die Schauspieler agieren vor einem minimalistischen Bühnenbild, der Schauplatz eines Dramas wird einzig durch die Magie der Worte beschworen.

Übrigens: Essen und Trinken ist ausdrücklich erlaubt.

Die dem Theater angegliederte *Shakespeare's Globe Exhibition* bietet eine Einführung in die Geschichte des elisabethanischen Theaters. Ein Café und ein Restaurant sorgen für das leibliche Wohl.

New Globe Walk, Bankside, SE1. Ⓤ Mansion House. Tgl. 9–17 Uhr. Eintritt £ 15, erm. £ 12.50 bzw. £ 9. www.shakespearesglobe.com.

Wenn moderne Kunst, dann hier

Tate Gallery of Modern Art

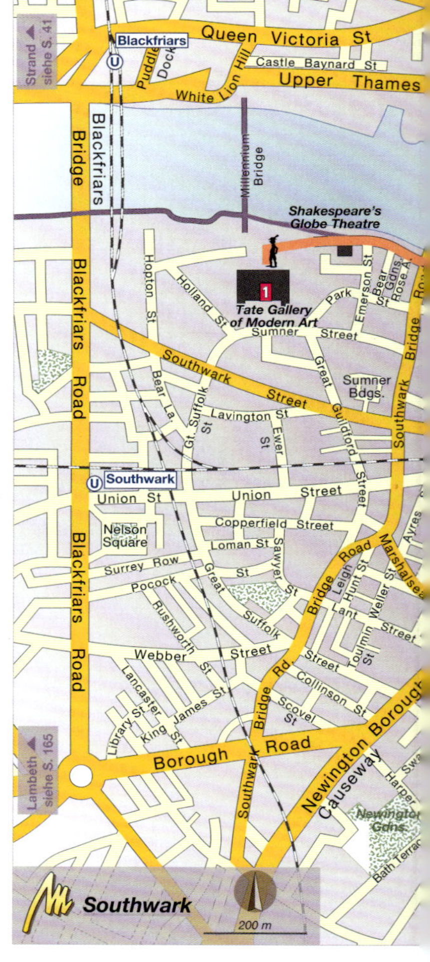

Keine Frage: Die Tate Gallery of Modern Art ist eine „Kathedrale der modernen Kunst", atemberaubend und faszinierend zugleich. Dies liegt – abgesehen von den faszinierenden Kunstwerken – an dem wuchtigen Backsteingebäude, in dem das Museum residiert. Es handelt sich um das ehemalige Kraftwerk der Bankside Power Station, das von Sir Giles Gilbert Scott – dem Erfinder der roten Telefonhäuschen – errichtet wurde. Rund 134 Millionen Pfund kostete der vom Schweizer Architektenbüro Herzog & de Meuron entworfene Umbau, durch den nicht nur die moderne Kunst der Tate Gallery endlich den ihr zustehenden Platz erhielt, sondern der es nun auch London ermöglicht, endlich in der gleichen Liga zu spielen wie New York mit seinem Museum of Modern Art und Paris mit dem Centre Pompidou. Bis auf einen zweistöckigen Glasaufbau, der die Proportionen des Gebäudes positiv beeinflusste, blieb das einstige Kraftwerk äußerlich unverändert, denn Jacques Herzog und Pierre de Meuron sind überzeugte Vertreter einer sinnlich-rationalen Moderne (für ihren Entwurf erhielten sie den renommierten Pritzker-Preis für Architektur). Die Dimensionen sind wahrhaft gewaltig: Allein die Haupthalle der Tate Gallery of Modern Art ist 160 Meter lang und 30 Meter hoch. Hinzu kommen weitere Ausstellungsräume mit einer Raumhöhe von bis zu zwölf Metern. Somit können moderne, überdimensional große Skulpturen und Kunstwerke, die in ehemaligen Industriehallen oder Lofts entstanden sind, angemessen präsentiert werden. Insgesamt steht eine Gesamtfläche von 34.000 Quadratmetern mit 14.000 Quadratmetern für Sammlungen zur Verfügung. Über eine Rampe werden die Besucher in den Bauch des Museums geleitet. Zu besichtigen sind Kunstwerke aus dem 20. Jahrhundert, beispielsweise von Monet, Picasso, Matisse, Duchamp, Dalí, Moore, Beckmann, Francis Bacon, Max Ernst, Giacometti, Roy

Lichtenstein und Andy Warhol, wobei es einen gewissen Wechsel in der Präsentation gibt. Die Kunstwerke sind im heute Boiler House genannten Trakt thematisch gruppiert: Im zweiten Stock befindet sich momentan Poetry and Dream, im dritten Stock Transformed Visions. Einen zwölf Meter hohen Beuys-Raum gilt es ebenfalls zu bewundern. Im vierten Stock erwarten den Kunstinteressierten Structure and Clarity sowie Energy and Process und Setting the Scene mit diverser Pop-Art. Hinzu kommen noch hochkarätige Wechselausstellungen sowie ein Skulpturengarten. Zum Gesamtkonzept gehören auch ein Café-Restaurant (sechster Stock) und die größte Kunstbuchhandlung Londons.

Mit rund fünf Millionen Besuchern pro Jahr erreichte die Tate Modern schnell ihre Kapazitätsgrenzen, so dass eine räumliche Vergrößerung notwendig war. Im Juni 2016 wurde ein mehr als 300 Millionen Pfund teurer, wiederum von Herzog & de Meuron entworfener, pyramidenförmiger Erweiterungsbau (Switch House) aus Betonstein eröffnet, durch den auch die ehemaligen Öltanks genutzt werden – die Ausstellungsfläche hat sich dadurch um 60 Prozent vergrößert. Auf insgesamt zehn Ebenen werden in dem avantgardistischen Gebäude Arbeiten zu Kunst, Film und Illustration präsentiert. In der zehnten Etage wartet eine Aussichtsplattform mit einem herrlichen Panoramablick.

Bank Side, SE1. Ⓤ Mansion House oder Southwark. Tgl. 10–18 Uhr, Fr und Sa bis 22 Uhr. Eintritt frei! Sonderausstellungen £ 16.50, erm. £ 14.50. Kostenlose Führungen tgl. um 11, 12, 14 und 15 Uhr. www.tate.org.uk.

Praktische Infos

→ Karte S. 158/159

Essen und Trinken

Butlers Wharf Chop House 10, ebenfalls ein durchgestyltes Conran-Restaurant, gekocht wird allerdings ziemlich traditionell. Wie wäre es einmal mit *Steak Kidney Pudding*? Schön sitzt man auf der Straßenterrasse direkt über der Themse. Recht preisgünstig sind in der Bar die Hauptgerichte ab £ 15, im Restaurant kostet ein dreigängiges Menü £ 27.50. 12,5 % Service Charge. Butlers Wharf, SE1, ✆ 020/74033403. www.chophouse-restaurant.co.uk. Ⓤ Tower Hill.

Cantina del Ponte 11, nur ein paar Meter weiter werden anspruchsvolle italienische Gerichte mit orientalischem Einschlag serviert. Pasta zwischen £ 11 und £ 17, günstig sind die Mittagsmenüs für £ 12.50 (2 Gänge) bzw. £ 15.50 (3 Gänge), abends ab £ 18.95. Hinzu kommen noch jeweils 12,5 % Service Charge. Schöne Straßenterrasse mit Blick auf die Themse. Butlers Wharf, SE1, ✆ 020/74035403. www.cantinadelponte.co.uk. Ⓤ Tower Hill.

Le Pont de la Tour 13, klassische französische Küche zu gehobenen Preisen. Wie wäre es mit einem Chateaubriand? Schöne langgestreckte Straßenterrasse mit Tower-Bridge-Blick. Menüs zu £ 28 und £ 32. Butlers Wharf, SE1, ✆ 020/74038403. www.lepontdelatour.co.uk. Ⓤ Tower Hill.

Wagamama 4, angenehmes Flair mit einfachen Bänken unter einem Gewölbe, serviert werden japanische Nudelgerichte in zahlreichen Variationen, beispielsweise als Suppe zu annehmbaren Preisen (Hauptgerichte £ 8–12). Riverside, SE1, ✆ 020/70210877. www.wagamama.com. Ⓤ London Bridge.

Bill's 3, eine tolle Adresse mit Marktflair, serviert wird eine frische Küche in lockerer Umgebung. Sehr ansprechend ist *Salad Nicoise* mit frischem Thunfisch. Hauptgerichte £ 10–15. Clink Street, SE1, ✆ 020/72340000. www.bills-website.co.uk. Ⓤ London Bridge.

Monmouth 6, vor dem beliebten Coffee Shop am Borough Market (eigene Rösterei!) bilden sich oft lange Schlangen. Mo–Sa 7.30–18 Uhr. 2 Park Street, SE1, ✆ 020/72323010. www.monmouthcoffee.co.uk/our-shops/the-borough. Ⓤ London Bridge.

mein Tipp **Fish! 7**, der Name ist Programm! Das in einem Glaspavillon untergebrachte Restaurant hat sich ganz dem Fisch verschrieben. Wer will, darf sich zwischen 13 verschiedenen Fischarten entscheiden, die nach Wunsch entweder gedünstet oder gegrillt und mit einer Sauce nach Wahl serviert werden (£ 11.95–22.95), Beilagen kosten extra. Straßenterrasse mit Blick auf die Kathedrale. Cathedral Street, SE1, ✆ 020/74073803. www.fishboroughmarket.com. Ⓤ London Bridge.

Wright Brothers 8, eine weitere gute Adresse beim Borough Market, um frischen Fisch und Austern im stimmungsvollen Rahmen zu essen. 6 Austern ab £ 15.70, Hauptgerichte ab £ 12. Sonntag Ruhetag. 11 Stoney Street, SE1, ✆ 020/74039554. www.thewrightbrothers.co.uk. Ⓤ London Bridge.

The Anchor 2, das relativ große Pub befindet sich an einem historischen Ort. Bereits vor mehreren hundert Jahren soll hier ein *Public House* gestanden haben, in dessen Hinterzimmern sich ein paar leichte Mädchen um das Wohl der Gäste kümmerten ... Das heutige Gebäude wurde um 1770 errichtet. Im Sommer sitzt man auf der großen Terrasse mit Blick auf die Themse. 34 Park Street, SE1, ✆ 020/74071577. Ⓤ London Bridge.

The George Inn 12, das ehrwürdige Pub aus dem 17. Jahrhundert mit seinen doppelstöckigen hölzernen Galerien ist eine Londoner Institution, gehört dem National Trust und steht unter Denkmalschutz. Bereits Chaucer, Johnson und Dickens haben hier gezecht. Im Sommer sitzt man im großen Innenhof. Tgl. 11–23 Uhr, So 12–22.30 Uhr. 77 Borough High Street, SE1, ✆ 020/74072056. www.george-southwark.co.uk. Ⓤ Borough oder London Bridge.

Tate Modern Café and Restaurant 1, die

Tate Modern ist ein so grandioses Gebäude, dass man keineswegs versäumen sollte, das zugehörige Restaurant im siebten Stock zu besuchen. Durch die durchgehende Fensterfront bietet sich eine atemberaubende Aussicht auf St. Paul's, die Themse und die Skyline von London. Entweder man trinkt nur einen Kaffee oder setzt sich in das Restaurant, das sich auf eine anspruchsvolle internationale Küche versteht, wobei das gehobene Preisniveau der einzigartigen Location geschuldet ist. Nur mittags sowie Freitag- und Samstagabend geöffnet. Bank Side, SE1, ✆ 020/74015020. Ⓤ Southwark.

Einkaufen

Borough Market 9, seit dem 13. Jahrhundert urkundlich bezeugt, findet unter einer viktorianischen Eisenkonstruktion unweit der Southwark Cathedral von Montag bis Samstag ein bunter Obst- und Gemüsemarkt mit viel Flair statt (Mo und Di sind nicht alle Stände geöffnet). Spätestens seitdem Jamie Oliver in seinen Fernsehsendungen medienwirksam über den Markt spaziert ist, kommen Feinschmecker aus der ganzen Stadt hierher, um sich je nach Saison die besten Produkte herauszupicken – der Markt wird um einen Glasbau erweitert, leider haben auch die Preise erheblich angezogen. Viele Bioprodukte! Wer will, kann gleich vor Ort das Angebot der 70 Stände probieren. Jeden dritten Samstag im Monat dehnt sich das Spektakel zum größten Londoner Bauernmarkt aus. www.boroughmarket.org.uk. Ⓤ London Bridge.

Maltby Street 15, zwar weniger bekannt als der Borough Market, lohnt dieser in einer langen Gasse und unter Eisenbahnbrückengewölben untergebrachte Markt aber sicherlich auch einen Besuch. Sa 9–16 Uhr, So 11–16 Uhr. Maltby Street, Ropewalk. www.maltby.st. Ⓤ Southwark.

Bermondsey (New Caledonian) Market 14, jeden Freitag von 5–14 Uhr werden auf dem Bermondsey Square Antiquitäten und diverser Nippes feilgeboten. Die besten Schnäppchen macht man in den frühen Morgenstunden. Ⓤ London Bridge.

Hay's Galleria 5, die ehemalige Werftanlage ist vor ein paar Jahren in ein kleines, aber feines Einkaufszentrum mit Restaurants, Cafés und Boutiquen verwandelt worden. Ⓤ London Bridge.

▲ Tate Modern, Café

▲ Auf dem Borough Market

▼ The George: Pub unter Denkmalschutz

Vorbei am London Eye

Tour 15

Durch die Eröffnung zahlreicher Museen, Kinos und Theater hat das Südufer der Themse erheblich an Attraktivität gewonnen. Bei einem gemütlichen Spaziergang entlang der Uferpromenade kann man das faszinierende Panorama der britischen Metropole genießen.

- **London Eye**, Riesenradrunde mit Panoramablick, S. 164
- **London Aquarium**, Fische, Fische, Fische, S. 164
- **London Dungeon**, organisierter Grusel, S. 166
- **Imperial War Museum**, das Thema Krieg klug aufbereitet, S. 167

Kultur in Ufernähe

Lambeth und South Bank

Die sich westlich der Blackfairs Bridge erstreckende South Bank geht südlich der Waterloo Station in den Stadtteil Lambeth über. Eine Besiedlung des Themseufers erfolgte erst relativ spät, da sich in diesem Bereich ein großes Sumpfgebiet erstreckte. Die namensgebende Residenz der Erzbischöfe von Canterbury und die benachbarte Kirche St Mary-at-Lambeth blieben lange Zeit die einzigen markanten Bauten. Verkehrstechnisch relevant war die *horse ferry* von Lambeth; bis ins 19. Jahrhundert hinein war sie die einzige Fähre, mit der Pferde über die Themse transportiert werden konnten; ihre Bedeutung verlor sie erst durch den Bau der Westminster Bridge.

Infolge des Bombenterrors wurden im Zweiten Weltkrieg zahlreiche Häuser auf der South Bank zerstört, so dass die Bevölkerung von 50.000 Einwohnern zur Zeit der Jahrhundertwende auf 4000 in den frühen 1970er-Jahren zurückging. In städtebaulicher Hinsicht eröffnete dies andererseits die Möglichkeit, auf dem zentrumsnahen Areal mit dem Royal National Theatre, der Queen Elizabeth Hall, der Hayward Gallery und dem National Film Theatre eine Art Kulturmeile zu schaffen, die mittags zur beliebten Joggingstrecke für die Angestellten aus den umliegenden Büros mutiert. Ähnlich bedeutende Kultureinrichtungen hat Lambeth kaum zu bieten, allerdings ist das Viertel in die Musikgeschichte eingegangen. Das in den 1930er-Jahren aufgeführte Musical „Me and My Girl" blieb vor allem aufgrund eines schwungvollen Songs, des „Lambeth Walk", in Erinnerung, bei dem die Tänzer ihren Daumen ruckartig nach hinten über die Schulter bewegen.

Spaziergang

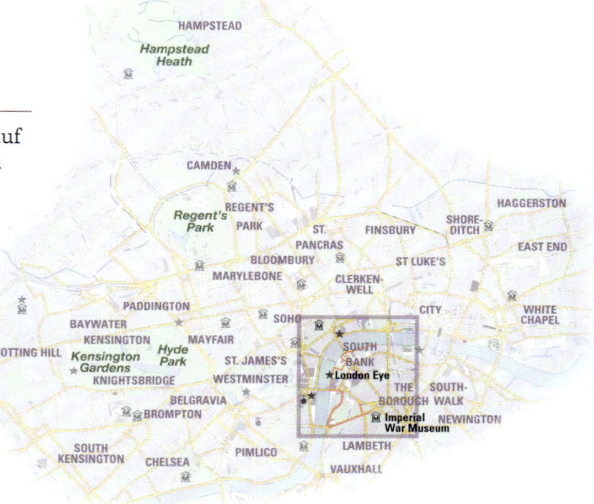

Die Tour führt größtenteils auf dem Thames Path direkt am Themseufer entlang, so dass man vom Autoverkehr unbehelligt bleibt. Als markanter Ausgangspunkt dient der schlank aufragende *Oxo Tower*; der architektonisch überaus ansprechende Bau aus den 1920er-Jahren wurde im Auftrag einer Firma für Suppenbrühwürfel errichtet, die, um ein Verbot für großflächige Werbung zu umgehen, ihren Firmennamen in die Fassade des Turms integrieren ließ.

Wer Lust hat, kann mit dem Aufzug in den achten Stock fahren und von der frei zugänglichen Aussichtsterrasse einen Blick auf das nördliche Themseufer werfen. *Gabriel's Wharf* ist bekannt für eine bunte Ansammlung von Restaurants, Bars, Künstlern und Kunsthandwerkern. Ein paar Schritte weiter westlich bietet das *National Film Theatre* anspruchsvolle Kinokost. Wer spektakuläre Perspektiven vorzieht, sollte eine Vorführung im *IMAX-Kino* besuchen: Das zweihundert Meter weiter in Richtung Waterloo Station gelegene Kino rühmt sich, die größte Leinwand Europas zu besitzen. Das Royal National Theatre, das zusammen mit der Queen Elizabeth Hall und der Hayward Gallery ein abschreckendes Beispiel für die Betonarchitektur der 1950er- und 1960er-Jahre darstellt, ist mit 3400 Zuschauerplätzen das größte Theater Londons. Aufgeführt werden qualitativ anspruchsvolle Inszenierungen moderner und klassischer Stücke. Musikfans können auch bei Sonnenuntergang zur Waterloo Bridge hinaufsteigen und im Gedenken an die Kinks deren wohl größten Hit „Waterloo Sunset" intonieren. Pünktlich zu den Feierlichkeiten zum Jahr 2000 wurde neben den Jubilee Gardens das nicht zu übersehende London Eye aufgestellt. In der repräsentativen County Hall, dem einstigen Sitz der Londoner **Stadtverwaltung**, befinden sich das **London Aquarium** und der **London Dungeon**. Auf der anderen Seite der Westminster Bridge Road erhebt sich der moderne Komplex des St Thomas's Hospital, in dessen Untergeschoss auch das **Florence Nightingale Museum** untergebracht ist. Weiter in südlicher Richtung läuft man entlang einer Parkanlage, die wie das Lambeth Palace zur offiziellen Londoner Stadtresidenz der Erzbischöfe von Canterbury gehörte. Das benachbarte **Museum of Garden History** widmet sich liebevoll der Gartenbaukunst, während sich die **Newport Street Gallery** der modernen Kunst widmet. Zuletzt lohnt ein Abstecher zum **Imperial War** Museum, das die militärischen Konflikte, in die England und das Commonwealth seit 1914 verwickelt waren, anschaulich dokumentiert. Das Museum ist in einem ehemaligen Hospital für „Geisteskranke, Wahnsinnige und Melancholiker" untergebracht, das unter dem verballhornten Namen „Bedlam" in früheren Jahrhunderten als kuriose Sehenswürdigkeit für Besucher geöffnet war. Zu den Patienten gehörte übrigens auch die Mutter von *Charlie Chaplin*, der im benachbarten Stadtteil Kennington aufwuchs.

London Eye: Panoramablick auf London

Sehenswertes

Wechselndes Zeitgenössisches

Hayward Gallery

Die 1968 eröffnete Galerie bietet der modernen Kunst ein respektables Forum. Einen festen Fundus gibt es nicht, dafür werden mehrmals im Jahr anspruchsvolle Wanderausstellungen gezeigt.

SE1. Ⓤ Queen Walk, Waterloo oder Embankment. Tgl. 10–18 Uhr, Fr 10–22 Uhr. Eintritt je nach Ausstellung £ 8–12, erm. £ 6–10. www.southbankcentre.co.uk.

Riesenradrunde mit Panoramablick

London Eye

Auf der Suche nach neuen Attraktionen für die Millenniumsfeierlichkeiten durfte anscheinend auch ein Riesenrad nicht fehlen. Dass es sich bei dem 135 Meter hohen Riesenrad um das größte Europas (ehedem der Welt) handelt, versteht sich dabei fast schon von selbst. Auf der rund 30-minütigen Fahrt mit dem „London Eye" erheben sich die gläsernen Gondeln im Zeitlupentempo über die britische Metropole. Ein phantastischer Panoramablick ist garantiert! Pro Jahr werden mit dem Riesenrad 3,5 Millionen Fahrgäste transportiert. Tipp: Tickets vorab im Internet bestellen!

Jubilee Gardens, SE1. Ⓤ Westminster oder Waterloo. Tgl. 10–20 Uhr, im Sommer bis 21.30 Uhr. Fahrtkosten ab £ 21.20, erm. ab £ 16.10 (günstige Tickets im Internet). www.londoneye.com.

Fische, Fische, Fische

London Aquarium

Das London Aquarium bietet einen faszinierenden Einblick in die Unterwasserwelt. In den verschiedenen Sektionen des Aquariums werden die für die jeweiligen Meere (Atlantik, Pazifik und Indischer Ozean) typische Flora und Fauna vorgestellt. Ein Korallenriff, Mangrovensümpfe und ein Becken mit tropischem Süßwasser dürfen selbstverständlich nicht fehlen.

Manch einer verbringt vor den Glasscheiben gar Stunden im stummen Dialog mit dem Meeresgetier. Die größte Attraktion sind natürlich die Haifische im Pazifikbecken, bei Kindern besonders beliebt ist ein Bassin mit Rochen, die sich bereitwillig streicheln lassen.

County Hall, Riverside Building, SE1. Ⓤ Westminster oder Waterloo. Tgl. 10–18 Uhr, Fr und Sa bis 19 Uhr. Eintritt £ 25, erm. £ 17.55 (günstige Tickets im Internet). www.londonaquarium.co.uk.

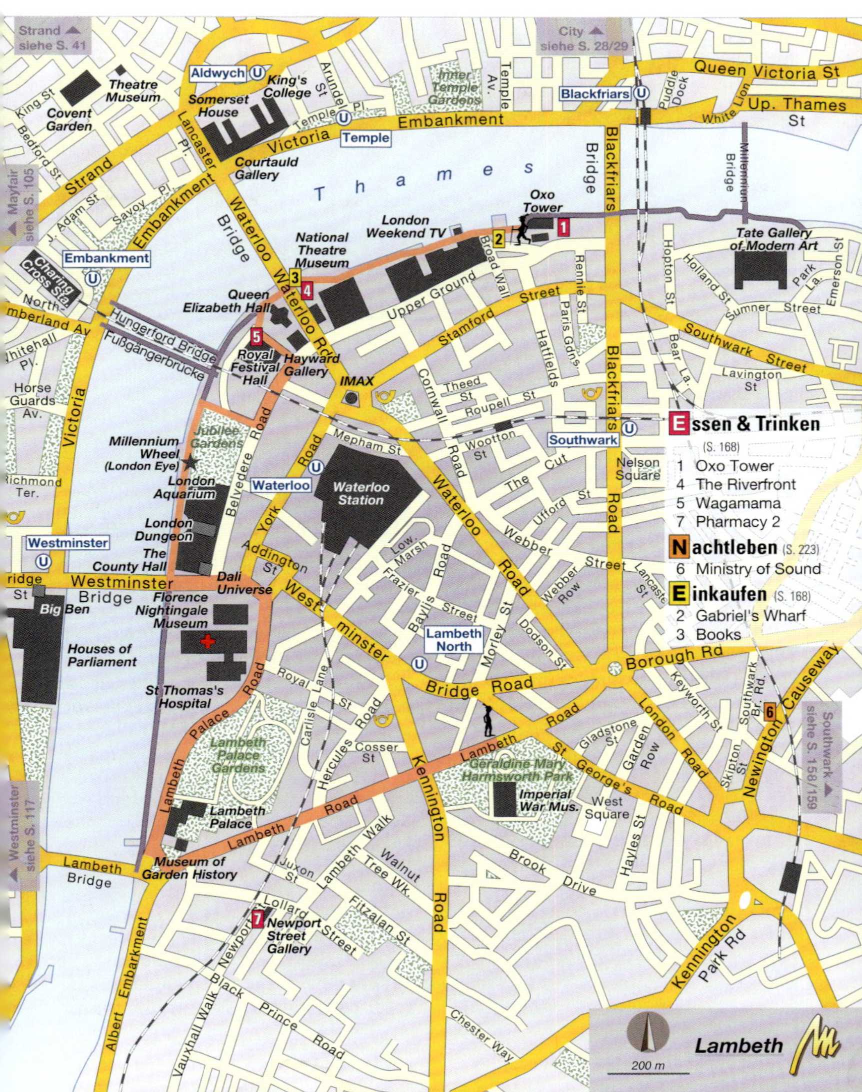

Das National Theatre sorgt für ein buntes Programm

Organisierter Grusel

London Dungeon

2014 ist der London Dungeon, ein modernes Horrorkabinett, in die County Hall umgezogen. Das Szenario ist eine beliebte Touristenattraktion, allerdings mutet die Glorifizierung von Folter, Schmerz und Tod recht seltsam an. Die mittelalterliche Geschichte Englands wird mit all ihren schlimmen Ereignissen in Lebensgröße dargestellt: Thomas Becket liegt in einer Blutlache vor dem Altar, eine Familie wird von der Pest dahingerafft, auf Lanzen gespießte Köpfe „grüßen" die Besucher. Dass auch Jack the Ripper nicht fehlen darf, versteht sich fast von selbst. Wie steht es in einem Prospekt der Veranstalterfirma: „It's bizarre! It's British!" Für Kinder unter zehn Jahren ist von einem Besuch abzuraten, auch wenn sie in Begleitung eines Erwachsenen Zutritt hätten.

Riverside Building, County Hall, Westminster Bridge Road, SE1. Ⓤ Westminster oder Waterloo. Mo–Mi und Fr 10–17 Uhr, Do ab 11 Uhr, Sa/So 10–18 Uhr, im Aug. tgl. bis 19 Uhr. Eintritt ab £ 19.95, erm. £ 18.50 (günstige Tickets im Internet). www.thedungeons.com.

Über die berühmteste Krankenschwester

Florence Nightingale Museum

Es gibt wohl kaum jemanden, der in den 1960er-Jahren geboren und im Englischunterricht nicht mit der Lebensgeschichte von Florence Nightingale (1820–1910) konfrontiert wurde. Das St Thomas's Hospital ist der richtige Ort für ein Florence Nightingale Museum, denn hier gründete Florence 1860 die weltweit erste professionelle Schule zur Ausbildung von Krankenschwestern (noch heute werden die Schwestern des St Thomas's Hospital *Nightingales* genannt). Geprägt durch ihre schrecklichen Erfahrungen während des Krimkrieges (1854–1856), widmete sich die „Lady with the Lamp" der Schulung von Krankenschwestern, da sie miterleben musste, dass viele verwundete britische Soldaten nur infolge der mangelhaften medizinischen

Versorgung dahingerafft wurden. Die engagierte Tochter aus bürgerlichem Hause wurde zu einer der aktivsten Fürsprecherinnen für eine Reform und Verbesserung des Gesundheitswesens.

2 Lambeth Palace Road, SE1. Ⓤ Westminster oder Waterloo. Tgl. 10–17 Uhr. Eintritt £ 7.50, erm. £ 4.80. www.florence-nightingale.co.uk.

Für Gartenliebhaber

Museum of Garden History

Das in einer Kirche aus dem 17. Jahrhundert untergebrachte Museum beschäftigt sich ausführlich mit der englischen Gartenkultur, die viele zukunftsweisende Anregungen durch den englischen Hofgärtner John Tradescant und dessen gleichnamigen Sohn erhielt. Beide machten sich um die Aufzucht exotischer Pflanzen verdient. Hinter der Kirche gilt es, einen kleinen, gepflegten Kräutergarten zu entdecken. Pflanzenbücher und -samen werden im Museumsshop verkauft, im Museumscafé kann man sich Tee, Kaffee und Kuchen schmecken lassen.

Lambeth Road, SE1. Ⓤ Westminster, Waterloo oder Vauxhall. Tgl. 10.30–17 Uhr, Sa bis 16 Uhr. Eintritt £ 7.50, erm. £ 3. www.gardenmuseum.org.uk.

Damien Hirsts Sammlung für alle

Newport Street Gallery

Eine ansprechende Galerie, die der Künstler Damien Hirst 2015 eröffnet hat, um seine Kunstsammlung in ansprechenden Wechselausstellungen zu präsentieren. Lohnend ist auch ein Blick in das zugehörige Restaurant Pharmacy 2.

Lambeth Road, SE11. Ⓤ Westminster, Waterloo oder Vauxhall. Tgl. außer Mo 10–18 Uhr. Eintritt frei! www.newportstreetgallery.com.

Das Thema Krieg klug aufbereitet

Imperial War Museum

Man sollte sich von den vielen Kampfflugzeugen, Raketen und Kanonen im Erdgeschoss nicht abschrecken lassen, denn das Imperial War Museum ist sicherlich das anspruchsvollste Kriegsmuseum in London. Untergebracht in einer ehemaligen Nervenheilanstalt, wird hier die Geschichte des britischen Militärs seit dem Ersten Weltkrieg festgehalten.

Lambeth und South Bank → Karte S. 165

London Eye: Mit der Glasgondel geht es hinauf

U-Boote, Panzer, Flugzeuge, Kanonen, Uniformen, Schlachtendarstellungen usw. können besichtigt werden. Filmvorführungen zeigen das Kriegsmaterial im Einsatz. Didaktisch sehr gut konzipiert sind die Ausstellungen zu den beiden Weltkriegen sowie die Szenerie „A Family in Wartime", die den Alltag im Zweiten Weltkrieg anschaulich schildert.

Im Jahr 2000 wurde die Dauerausstellung „The Holocaust Exhibition" eröffnet, für die bei großem Andrang ein spezielles, zeitlich begrenztes Ticket (keine zusätzlichen Kosten) am Eingang erworben werden muss. In eindrucksvoller, ergreifender Weise werden die Schrecken und der Terror der Nazizeit bis zum finalen Holocaust aus unterschiedlichen Perspektiven erleuchtet (Fotos, Filme und dokumentarische Augenzeugenberichte von Überlebenden). Im Zentrum der Ausstellung steht ein Modell des Vernichtungslagers Auschwitz-Birkenau, an dem anschaulich erklärt wird, welches Schicksal 2000 ungarischen Juden aus Berehovo im Mai 1944 widerfuhr. Aufgrund der eindringlichen Darstellung des Holocaust ist ein Besuch erst für Jugendliche ab 16 Jahren zu empfehlen.

Lambeth Road, SE1. Ⓤ Waterloo oder Elephant & Castle. Tgl. 10–18 Uhr. Eintritt frei! www.iwm.org.uk.

Praktische Infos

→ Karte S. 165

Essen und Trinken

Oxo Tower 1, das Restaurant sowie die ebenfalls im achten Stock des Oxo Towers untergebrachte Brasserie bieten einen wundervollen Panoramablick auf das nördliche Ufer der Themse. Der einzige Haken des Restaurants: Der schöne Blick belastet die Reisekasse mit mindestens £ 20 für ein Hauptgericht, eine Reservierung ist dennoch empfehlenswert. Günstiger speist man in der benachbarten Brasserie. Oxo Tower Wharf, Barge House Street, SE1, ✆ 020/78033888. www.oxotower.co.uk/who/oxo-tower-restaurant-bar-brasserie. Ⓤ Southwark.

The Riverfront 4, direkt unter der Waterloo Bridge bietet das ehemals zum MOMI (Museum of the Moving Image) gehörende Restaurant eine gute Auswahl an Salaten, warmen Mittagsgerichten (£ 11–18) und Kuchen. Ausgesprochen lecker sind der gegrillte Lachs in Pfeffersoße oder die Thaicurrys. Zudem reizt der Blick auf die Themse. Straßenterrasse. Tgl. ab 10 Uhr geöffnet. Riverside Walk, SE1. www.riverfrontbarandkitchen.com. Ⓤ Waterloo.

Wagamama 5, ebenfalls bei der Waterloo Bridge betreibt die japanische Noodle-Bar eine Filiale. Günstige Gerichte im coolen Ambiente. Straßenterrasse. Direkt neben ein paar anderen Ketten wie Strada oder Giraffe. Tgl. ab 12 Uhr geöffnet. Riverside Walk, SE1. Ⓤ Waterloo.

MeinTipp **Pharmacy 2 7**, das Restaurant in der Newport Street Gallery ist das Remake von Damien Hirsts früherem „Apotheken-Restaurant" in Notting Hill. Die Gäste sitzen zwischen Arzneischränken und auf Barhockern in Tablettenform. Das Essen ist allerdings nicht verschreibungspflichtig! Wer will, kann natürlich auch nur einen Kaffee trinken. Ansonsten wird eine ansprechende internationale Küche geboten, von *Tagliatelle* bis zu *Thai green chicken* (£ 16.95). Di–Sa 10.30–24 Uhr, So 10.30–18 Uhr. Newport Street, SE11, ✆ 020/31419333. www.pharmacyrestaurant.com. Ⓤ Westminster oder Waterloo.

Einkaufen

Gabriel's Wharf 2, eine unkonventionelle Mischung aus Kunsthandwerkern, alternativen Boutiquen und Restaurants hat sich in unmittelbarer Nachbarschaft zum Oxo Tower niedergelassen. Tgl. außer Mo 11–18 Uhr. www.gabrielswharf.co.uk. Ⓤ Southwark.

Books 3, direkt unter der Waterloo Bridge haben sich ähnlich wie in Paris an der Seine ein paar Bouquinisten niedergelassen. Im Angebot finden sich Bücher zu Literatur, Geschichte, Kino und Theater. Ⓤ Waterloo.

Pharmacy2: Speisen in der Apotheke

Im Londoner Osten

Tour 16

Im East End haben Hugenotten, Iren, Juden und Pakistanis ihre erste Heimstätte gefunden. Inzwischen gilt das einstige Armenviertel im Londoner Osten mit den angrenzenden Stadtteilen Shoreditch und Hoxton als Londoner Szeneviertel.

Geffrye Museum, wohnen durch die Jahrhunderte, S. 175

Whitechapel Art Gallery, zeitgenössische Kunst für alle, S. 176

Brick Lane Market, sonntägliches Markttreiben, von Gemüse bis Ramsch ist alles dabei, S. 180

Vom Armen- zum Szeneviertel

East End

Bereits aus dem Mittelalter gibt es Berichte über Elendsquartiere, die sich dicht an dicht in den Sümpfen außerhalb von Aldgate drängten. Im Zeitalter der industriellen Revolution waren es vor allem irische Immigranten, Fabrikarbeiter und Hafenarbeiter, die in den Slums des East End eine billige Unterkunft fanden. Auch die Frauen arbeiteten täglich zwölf Stunden für einen Hungerlohn an den Webstühlen. Tausende lebten unterhalb des Existenzminimums. Es kam dabei sogar zu blutigen Krawallen, weil die Londoner Handwerker glaubten, die irischen Einwanderer schnappten ihnen mit Dumpinglöhnen Aufträge weg. Im Jahre 1870 wurden im Londoner Osten 600.000 Menschen gezählt. Zumeist lebten ganze Familien in einem einzigen Zimmer ohne Wasseranschluss, von sanitären Einrichtungen ganz zu schweigen. In der Hochphase der Industrialisierung lag im East End die durchschnittliche Lebenserwartung bei sechzehn Jahren; 55 Prozent aller Kinder starben, bevor sie das fünfte Lebensjahr erreicht hatten! Häufig wurden die Babys von ihren Müttern verkauft, um die hungrige Familie mitsamt dem trunksüchtigen Ehemann zu versorgen. Seither war die Tendenz steigend, Arbeitslosigkeit, Armut und Alkoholismus gehörten jedoch weiterhin zum Alltag im East End. Angesichts dieser Zustände verwundert es nicht, dass die von *William Booth* gegründete Heilsarmee 1878 in Whitechapel mit ihrer Missionsarbeit begann und 1888 dort das erste Nachtasyl für Obdachlose eröffnet wurde – „In Darkest England and the Way Out" war der Titel seiner erfolgreichsten Kampfschrift. Booth folgte dem Beispiel von *Thomas Barnardo*, einem Arzt, der sich seit langem mit Erfolg für das Wohl der Straßenkinder engagiert hatte. Der Anarchist *John Henry Mackay* hielt das

Leben im Viertel mit drastischen Worten fest: „Das East End ist die Hölle der Armut. Wie ein ungeheuerlicher, schwarzer, unbeweglicher, gigantischer Krake liegt dort die Armut Londons in lauerndem Schweigen und umschlingt mit seinen mächtigen Tentakeln das Leben und den Reichtum der City und des West Ends." Der amerikanische Schriftsteller *Jack London* hüllte sich 1902 in zerlumpte Klamotten, um eine authentische Reportage über „The People of the Abyss" zu schreiben: „Das East End war [...] eine Steinwüste von Schmutz und Elend. Hier und da torkelte ein Mann oder eine Frau betrunken über den Bürgersteig, und die Luft war vergiftet von Zank und Streit. Auf dem Markt wühlten gebrechliche alte Männer und Frauen im Abfall nach verfaulten Kartoffeln, Bohnen und Gemüse, während kleine Kinder wie Fliegen um einen Haufen fauliges Obst schwärmten und die Arme bis zu den Schultern in der glitschigen Fäulnis versenkten, aus der sie ab und zu ein halbverfaultes Stückchen hervorzerrten, das sie gierig verschlangen."

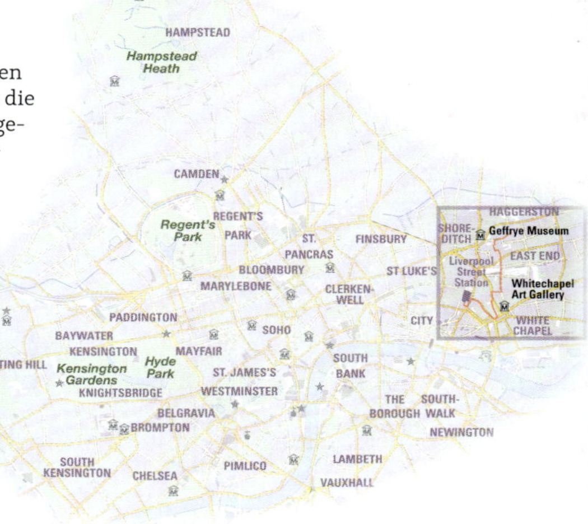

Zwischen 1880 und 1940 ließen sich mehr als 130.000 osteuropäische Juden in diesem Viertel nieder. Das East End wurde zum Zentrum einer prosperierenden jüdischen Gemeinde mit Druckereien, koscheren Metzgereien und zahlreichen Synagogen. Zeitweise lebten 90 Prozent aller jüdischen Einwanderer Großbritanniens zwischen Whitechapel und Spitalfields. Als *Oswald Mosley*, der Führer der englischen Faschisten, am 4. Oktober 1936 mit knapp 2000 seiner Schwarzhemden durch die Straßen des East End zog, stellten sich ihm rund 100.000 Gegendemonstranten entgegen, die Barrikaden errichteten und den Schlachtruf der Spanischen Republikaner skandierten: „They shall not pass." Es kam zum *Battle of Cable Street*, der als eine der größten Straßenschlachten in die Geschichte Londons einging. Mosley und die Polizei, die ihn unterstützte, um das Recht auf freie Meinungsäußerung zu schützen, mussten eine empfindliche Niederlage einstecken.

Auch in den letzten Jahrzehnten ist es gelegentlich zu Ausschreitungen von Rechtsradikalen gekommen; diese richteten sich allerdings nicht mehr gegen die zunehmend kleiner werdende jüdische Gemeinde, sondern gegen die Einwanderer aus Indien und Bangladesch, die seit den 1950er-Jahren im East End heimisch geworden sind. 1999 explodierte in der Brick Lane sogar eine Nagelbombe – die krankhafte Tat eines Einzelnen. Viele Asiaten arbeiten weit unter dem Mindestlohn und ohne jegliche soziale Absicherung in der Textilbranche. In Hinterhöfen und alten Lagerhallen nähen sie modische Hemden und Sweatshirts, die dann für teures Geld in noblen Boutiquen verkauft werden. Doch auch die Haute Couture ist in „Bangla Town" zu Hause: Ende der 1990er-Jahre eröffnete der früh verstorbene Modedesigner *Alexander McQueen* in der Rivington Street sein Atelier. Grafikdesigner und coole Kneipen kamen hinzu, und innerhalb kürzester Zeit stiegen die Immobilienpreise erheblich.

Grafiti-Kunst mit politischer Botschaft

Die Gentrifizierung des East End ist noch nicht vollendet, denn das Viertel gilt noch immer als hip, Neugierige und Touristen kommen inzwischen in Scharen. Optisch ist die Umgestaltung des Spitalfields Market durch Norman Fosters Architekturbüro nur der Anfang, doch werden sicherlich weitere Veränderungen nicht ausbleiben.

Verwaltungstechnisch gehören der Londoner Osten zum Borough Tower Hamlets mit dem Stadtteil Spitalfields sowie zum Borough of Hackney mit den trendigen Stadtteilen Hoxton und Shoreditch, die im Insider-Jargon als „Hoxditch“ bezeichnet werden.

Spaziergang

Für die Londoner Mittel- und Oberschicht zählt das East End bis heute zur Terra incognita. Am bekanntesten sind natürlich die Märkte des East End, so dass sich für eine Erkundung des Viertels vor allem der Sonntag empfiehlt. Die Liverpool Street Station ist die Schnittstelle zwischen der City und dem East End. Das Zentrum der Hochfinanz ist nur wenige hundert Meter von Sozialwohnungen und bengalischen Bäckereien entfernt, doch klaffen zwischen den beiden Stadtteilen Welten. Direkt vor der Liverpool Street Station steht ein Denkmal für die „Children of the Kindertransport“, das daran erinnert, dass Großbritannien 1938 und 1939 mehr als 10.000 jüdische Kinder aufgenommen hat, die in Deutschland, Österreich und der Tschechoslowakei vom Tod bedroht waren. Nur drei Fußminuten vom Bahnhof und der gleichnamigen Tube Station entfernt, befindet sich in der Middlesex Street der *Petticoat Lane Market*, dessen Tradition als Gebrauchtkleidermarkt von jüdischen Händlern begründet wurde. Ebenfalls recht sehenswert ist der *Spitalfields Market*, der bereits 1682 als Obst- und Gemüsemarkt erwähnt wurde und sich bis 1991 in seinem heutigen spätviktorianischen Gebäude befand. Mehr als zehn Jahre lang waren die Hallen dann für einen bunten, alternativen Markt bekannt, der allerdings durch die Umgestaltung der Spitalfields viel von seiner Atmosphäre eingebüßt hat. Zwei Drittel der Markthallen wurden abgerissen und durch einen modernen Glasbau ersetzt, in den Boutiquen und Restaurantketten eingezogen sind, zudem hat man anlässlich der Olympischen Spiele 2012 den *Olympic Records Walk* im Boden eingelassen.

In der Folgate Street lädt das **Dennis Severs' House** zu einer Zeitreise ins 18. Jahrhundert ein. In der Fournier Street steht das Pub „The Ten Bells", das früher „Jack the Ripper Pub" hieß, weil das letzte Opfer des berüchtigten Frauenmörders rund um die Kneipe auf Kundenfang ging. Die Fournier Street führt direkt auf die Brick Lane zu. Direkt an der Straßenecke erhebt sich die *Brick Lane Jamme Masjid* – die bekannteste Londoner Moschee, die 1743 als hugenottische Kirche errichtet wurde, bietet Platz für bis zu 3000 Menschen. Die ehemalige Hauptschlagader des jüdischen Ghettos wird im Volksmund längst „Bangla Town" genannt. Union Jacks flattern neben der grün-roten Fahne Bangladeschs und von den viktorianischen Backsteinfassaden hallt indische Musik wider. Überall findet man Curry und Balti Houses. Bärtige Männer in knielangen Hemden, weißen Hosen und muslimischen Gebetskappen (*Kufi*) schlurfen aus der Moschee. Auch die Straßenschilder sind in Englisch und Bangali ausgewiesen. Monica Ali hat in ihrem Roman „Brick Lane" die Welt der Immigranten eindrucksvoll geschildert. Da das Bildungsniveau der rund 150.000 in London lebenden Bangladescher ziemlich gering ist, arbeiten sie vorwiegend als Köche oder Hilfskräfte.

Das Gebäude von Trumans Black Eagle Brewery erinnert noch an die einst so zahlreichen Brauereien des Viertels. Die 1989 geschlossene Black Eagle Brewery galt Ende des 19. Jahrhunderts als die größte Brauerei der Welt. Heute haben

East End → Karte S. 174/175

London im Kasten

Ein Mann namens Jack the Ripper

Die fünf Morde, die sich 1888 im Londoner East End ereigneten, gehören zu den mysteriösesten und grausamsten Fällen der englischen Kriminalgeschichte. Der erste Mord geschah am 31. August, als eine Prostituierte in einer nebeligen Nacht verstümmelt aufgefunden wurde. Im East End standen damals Mord und Totschlag auf der Tagesordnung, so dass diese Tat noch kein großes Aufsehen erregte. Erst als am 8. September erneut eine Prostituierte unter den gleichen Umständen ums Leben kam, breiteten sich Angst und Schrecken aus, die dadurch noch gesteigert wurden, dass der Mörder in einem mit „Jack the Ripper" unterschriebenen Brief an eine Londoner Zeitung weitere Morde ankündigte. In der Nacht vom 30. September ereigneten sich die nächsten beiden Morde. Ihren Höhepunkt erreichte die schreckliche Serie am 9. November: Die junge, hübsche Prostituierte Mary Jane Kelly wurde in ihrem Zimmer in der Hanbury Street vollkommen zerstückelt aufgefunden, ihre Eingeweide waren über den Fußboden verteilt. Danach brach die Mordserie unvermittelt ab. Wer „Jack the Ripper" war, konnte nie aufgeklärt werden.

Es gab zwar einen großen Kreis von Verdächtigen, zu denen auch der Duke of Clarence gezählt wurde, da sich der homosexuelle Sohn von Edward VII. bekanntlich in den einschlägigen Lokalitäten des East End herumtrieb. Zwei der Hauptverdächtigen kamen kurze Zeit nach dem letzten Mord unter tragischen Umständen ums Leben, was das abrupte Ende der Serie erklären könnte.

sich auf dem Areal Technoclubs und alternative Cafés niedergelassen, überall gibt es Essstände sowie zahlreiche Vintage-Stores entlang der Straße. Keine Frage: Der Zeitgeist ist eingezogen, obwohl es noch immer viele verwilderte Grundstücke und zugemüllte Brachflächen gibt. Nördlich der Eisenbahnunterführung erstreckt sich der *Brick Lane Market*. Wer noch nicht genug Marktluft geschnuppert hat, kann am Sonntag noch ein Stück weiter nördlich zu dem bereits in Hoxton gelegenen *Columbia Road Market* spazieren, der längst zum Geheimtipp fürs schöne Shopping geworden ist. Sollte sich der Hunger zu Wort melden, so muss man nicht lange suchen: In der Brick Lane herrscht an indischen und bengalischen Restaurants kein Mangel. Lohnend ist auch ein Abstecher zum **Geffrye Museum** im Stadtteil Shoreditch (20 Minuten zu Fuß).

Die **Whitechapel Art Gallery** bietet anspruchsvolle moderne Kunst; die Galerie liegt an der Whitechapel Road, der Hauptverkehrsader des East End. Die Whitechapel Art Gallery ist Teil eines ganzen Netzes von Galerien und Ateliers, das sich um die rund 1500 Künstler, die im East End arbeiten, gebildet hat. Auf einem Gelände zwischen der Whitechapel Road und der Fieldgate Street stehen eine alte Synagoge und die *East London Mosque* einträchtig nebeneinander. Wer sich für einen Besuch des **V&A Museum of Childhood** in Bethnal Green interessiert, nimmt am besten die Tube nach Bethnal.

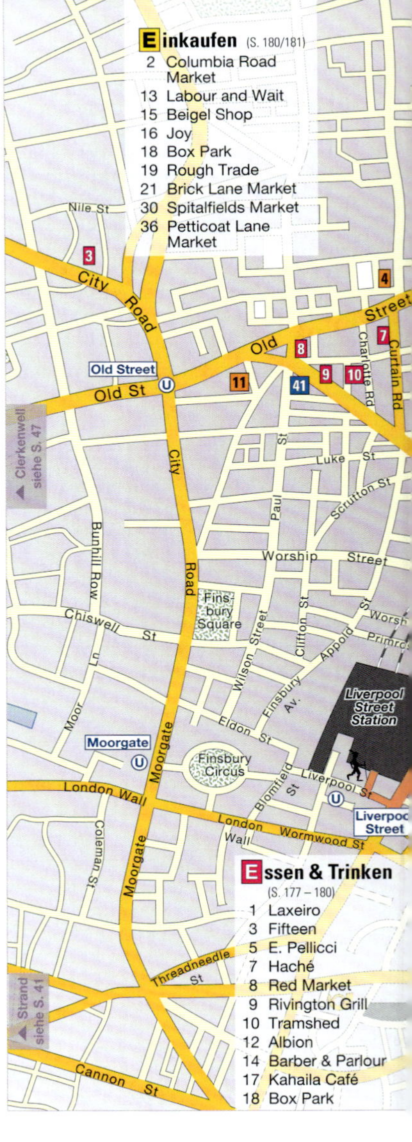

Sehenswertes

18. Jh. zum Eintauchen und Erfahren

Dennis Severs' House

Das ehemals von hugenottischen Einwanderern bewohnte Haus wurde von dem Künstler Dennis Severs in einen Zustand versetzt, dass der Besucher den Eindruck hat, die einstigen Bewohner haben das Haus nur kurz verlassen. Ungemachte Betten, flackernde Kerzen sowie Speisen auf den Tischen inklusive.

18 Folgate Street, E2. Ⓤ Liverpool Street. Mo, Mi und Fr 17–21 Uhr. Eintritt £ 15. www.dennissevershouse.co.uk.

Wohnen durch die Jahrhunderte

Geffrye Museum

Das sehenswerte Museum ist die einzige Attraktion im Londoner Stadtteil Shoreditch. Untergebracht in einem 1714 errichteten Armenhaus samt modernem Erweiterungsbau, führt das Museum den Wandel der bürgerlichen Wohnkultur von der elisabethanischen Zeit bis in die Gegenwart vor Augen. Holzgetäfeltes neben innovativem Design. Zudem werden immer wieder sehenswerte Sonderausstellungen gezeigt.

Kingsland Road, E2. Ⓤ Liverpool Street und dann mit dem Bus Nr. 67, Nr. 149 oder Nr. 242 bzw. Hoxton (London Overground). Tgl. außer Mo 10–17 Uhr, So erst ab 12 Uhr. Eintritt frei! www.geffrye-museum.org.uk.

Zeitgenössische Kunst für alle

Whitechapel Art Gallery

Gewissermaßen als künstlerische Entwicklungshilfe für das East End wurde 1899 die Whitechapel Art Gallery ins Leben gerufen. Seit ein paar Jahrzehnten übt die von C. H. Townsend im Jugendstil errichtete Galerie mit ihren Wechselausstellungen zeitgenössischer Kunst aber eine große Ausstrahlungskraft auf die Londoner Kulturszene aus. Kein Geringerer als David Hockney präsentierte dort 1970 erstmals seine Werke einem größeren Publikum. Die Kuratoren nutzen die Whitechapel Art Gallery als Sprungbrett für die große Karriere: Nicholas Serota wurde beispielsweise Gründungsdirektor der Tate Gallery of Modern Art. Im Jahre 2009 wurde die Gallery mit dem Gebäude der benachbarten Passmore Edwards Library zusammengelegt, so dass die Ausstellungsfläche um 50 Prozent erweitert werden konnte.

80 Whitechapel High Street, E1. Ⓤ Aldgate East. Tgl. außer Mo 11–18 Uhr, Do bis 21 Uhr. Eintritt frei! www.whitechapel.org.

Spielzeug ohne Ende

V&A Museum of Childhood

Weniger ein Museum zum Thema Kindheit als eine antiquierte Spielzeugausstellung mit Puppenhäusern, Schaukelpferden und Teddybären. Sehenswert an sich sind die Ausstellungsräume; die verglaste Halle aus Ziegeln und Gusseisen („Brompton Boilers") in Bethnal Green beherbergte einst das Victoria und Albert Museum in Kensington, bevor die Halle im East End wiedererrichtet wurde.

Cambridge High Street, E1. Ⓤ Bethnal. Tgl. außer Fr 10–17.45 Uhr. Eintritt frei! www.museumofchildhood.org.uk.

London im Kasten

Graffiti und Street Art

Wer mit offenen Augen durch die Brick Lane und die angrenzenden Straßenzüge streift, kann an den Häuserfassaden, Toren und in den Hinterhöfen zahlreiche bunte Graffitis entdecken. Graffitis finden sich zwar in jeder Großstadt, aber das Londoner East End ist schon seit langem für seinen Reichtum an künstlerisch ansprechender Street Art bekannt. Zu den Vorreitern gehören King Robbo und Banksy, dessen oft mit politischen Botschaften verbundene Schablonen-Graffiti inzwischen als Klassiker gelten. Andere Street-Art-Künstler wie Stik mit seinen Strichmännchen haben sich erst in den letzten Jahren die Fassaden „erobert".

Street Art gilt als Weiterentwicklung und künstlerisch aussagekräftiger Zweig einer Graffiti-Bewegung, die längst der jugendlichen Subkultur entwachsen ist. Oft werden nicht nur Backsteinmauern sowie Türen und Fenster, sondern auch Mülleimer und Stromkästen in die Kunstwerke integriert. Die bunten Spraybilder gelten längst nicht mehr als illegale, anarchische Schmierereien, sondern als Kunst im öffentlichen Raum, die mit ihrer Botschaft nicht nur einen privilegierten Personenkreis erreicht. Wobei die Behörden da oft anderer Meinung sind und beispielsweise 2007 das berühmte Banksy-Bild mit John Travolta und Samuel L. Jackson wegputzen ließen. Touren bietet: www.streetartlondon.co.uk/tours.

Straßenschilder auf Englisch und Bengali

East End → Karte S. 174/175

Praktische Infos

→ S. 174/175

Essen und Trinken

MeinTipp **Fifteen** **3**, wenn der englische Kultkoch Jamie Oliver („The Naked Chef") ein Restaurant betreibt, dann stellen sich die Gäste quasi von alleine ein, zudem unterstützt man eine soziale Idee: Denn Jamie Oliver beschäftigt arbeitslose Jugendliche und bildet sie hier aus, außerdem kommen alle Gewinne einer Stiftung zugute. Die Trattoria im Erdgeschoss bietet ausgezeichnete italienische Küche, leckere Nudelgerichte (ab £ 12) oder Hauptgerichte wie Seeteufel auf Linsen. Auf die Rechnung kommen allerdings noch 12,5 % Service Charge. Wer will, kann ab 7.30 Uhr auch frühstücken. Etwas anspruchsvoller ist das im Untergeschoss gelegene Restaurant (Hauptgerichte ab £ 20), für das man allerdings telefonisch reservieren sollte (✆ 0871/3301515). 15 Westland Place, N1, ✆ 020/72513909. www.fifteen.net. Ⓤ Old Street.

MeinTipp **St John Bread & Wine** **29**, wie der Name schon andeutet, stehen in dem schlicht gestylten Szenelokal Brot und ausgesuchte französische Weine (günstige Mitnahmepreise) im Mittelpunkt. Das Restaurant öffnet bereits zum Frühstück, mittags und abends gibt es klassische englische Küche auf hohem Niveau, die sich am saisonalen Angebot orientiert und auch vor Innereien wie Kalbsbries *(Sweetbread)* nicht zurückschreckt, dazu gibt es selbstgebackenes Brot. Störend ist allerdings der hohe Geräuschpegel. Vorspeisen £ 6–12, Hauptgerichte £ 14–20. Tgl. 9–23 Uhr, Sa ab 10 Uhr, So 10–22.30 Uhr geöffnet. 94–96 Commercial Street, E1, ✆ 020/72510848. www.stjohnbreadandwine.com. Ⓤ Liverpool Street.

Laxeiro **1**, am Ende des Blumenmarktes in der Columbia Road gelegen, bietet das spanische Restaurant eine große Auswahl an Tapas (£ 5–9.50), besonders lecker sind die *Patatas Bravas* (£ 4.50). Lunchmenü £ 12. Sonntagabend und Montag sowie von 16–19 Uhr geschlossen. 93 Columbia Road, E2, ✆ 020/77291147. www.laxeiro.co.uk. Ⓤ Shoreditch.

Nazrul **25**, empfehlenswert ist das älteste Curry House der Brick Lane (1971 gegründet). Leckere Vorspeisen, Hauptgerichte zwischen £ 5 und £ 12! Den Wein zum Essen bringt man sich selber mit. 130 Brick Lane, E1, ✆ 020/72472505. www.nazrulbricklane.co.uk. Ⓤ Aldgate East.

Alternativkultur: Café 1001

Bengal Village 24, keine Frage: die Brick Lane liegt im Trend. Dementsprechend verändert sich auch das Design der bengalischen Restaurants, so auch im Falle des Bengal Village. Glücklicherweise ist die Küche unverändert gut geblieben und beim *Tandoori mixed grill* für £ 13.95 bekommt man von allem etwas. Viele vegetarische Gerichte! 75 Brick Lane, E1, ✆ 020/72470234. www.bengalvillage.com. Ⓤ Aldgate East.

Mein Tipp **Rosa's 26**, hinter der roten Fassade verbirgt sich ein kleines Thairestaurant im zeitgenössischen Ambiente (weniger schön sind die Sitzplätze im Keller). Freundlicher Service, ansprechende Küche, die sich vom üblichen Einerlei unterscheidet, so beim hervorragenden *Gaeng Gari Gaeh*, einem sämigen, gelben Curry mit Lammkotelett, dazu gibt es statt Reis ein *Pitta bread*. Hauptgerichte £ 8–13. 12,5 % Service Charge. Kein Ruhetag. 12 Hanbury Street, E1, ✆ 020/72471093. www.rosaslondon.com. Ⓤ Liverpool Street.

Poppies 27, ein witziges Fish & Chips im typischen Stil der 1950er-Jahre. *Regular Cod* £ 11.70. Tgl. 11–23 Uhr. 6–8 Hanbury Street, E1, ✆ 020/72470892. www.poppiesfishandchips.co.uk. Ⓤ Liverpool Street.

Tayyabs 34, pakistanisches Restaurant in einem zum Designerrestaurant verwandelten ehemaligen Pub. Ausgezeichnetes Preis-Leistungs-Verhältnis, weshalb auch viele Moslems des nahen muslimischen Zentrums vorbeikommen. Zu empfehlen ist das würzige *Karahi Chicken*. Abends ist eine Reservierung ratsam. Tgl. 12–24 Uhr. 83 Fieldgate Street, E1, ✆ 020/72476400. www.tayyabs.co.uk. Ⓤ Whitechapel.

Blind Beggar 28, dem traditionsreichen Pub sieht man heute kaum mehr an, dass sich hier einst die Londoner Unterwelt traf. Am 9. März 1966 erschoss Ronny Cray, der „König" des East End, seinen Widersacher George Cornell, weil er ihn „fat poof" genannt hatte, wofür er anschließend lebenslänglich ins Gefängnis wanderte. Seit 2005 komplett renoviert. Schöner Biergarten! 337 Whitechapel Road, E1, ✆ 020/72476195. www.theblindbeggar.com. Ⓤ Whitechapel.

Mein Tipp **E. Pellicci 5**, dieses 1905 gegründete „Caff" mit seinen Art-déco-Interieur steht seit 2005 unter Denkmalschutz. Es befindet sich noch immer in Familienbesitz. Hier verkehrte schon die Londoner Halbwelt wie die Krays, aber auch Künstler wie Gilbert & George. Quasi eine Institution für alle, die schon morgens ein „Full English Breakfast" genießen möchten und ihren Kaffee nicht bei Starbucks oder Costa, sondern in einem fast museal-vertäfelten Ambiente trinken wollen. Hauptgerichte um £ 8. Sonntag Ruhetag. 332 Bethnal Green Road, E2, ✆ 020/77394873. Ⓤ Bethnal Green.

Frische Austern im Spitalfield Market

Rivington Grill **9**, eine durchgestylte Adresse für die Liebhaber moderner britischer Küche, wobei Fleisch- und Fischgerichte die Speisekarte dominieren. Lecker ist *Smocked Makarel, Samphire and Cucumber Pickle with Potato Salad*. Gehobenes Preisniveau. 28–30 Rivington Street, EC1, ✆ 020/77297053. www.rivingtongrill.co.uk. Ⓤ Old Street.

Tramshed **10**, Steak oder Chicken – so lautet das Motto in dem historischen Umspannwerk aus dem Jahr 1905 (tolles Ambiente!). Wer sich richtig satt essen will, der bestellt ein *Porterhouse Steak* für £ 80 (2 Pers.). 32 Rivington Street, EC1, ✆ 020/77490478. www.chickenandsteak.co.uk. Ⓤ Old Street.

Haché **7**, eine ideale Adresse für die Liebhaber von Burger in allen Variationen, so beispielsweise der *Lamb Burger* für £ 9.95. Straßenterrasse. 147 Curtain Road, EC2A, ✆ 020/77398396. www.hacheburgers.com. Ⓤ Old Street.

Barber & Parlour **14**, eine heiße Kombination zwischen einem Friseursalon und einem so modernen wie lässigen Café-Restaurant. Eine Adresse zum Wohlfühlen! Tgl. 9–23 Uhr. 64–66 Redchurch Street, E2, ✆ 020/33761777. www.barberandparlour.com. Ⓤ Liverpool Street.

Sam Soa **32**, eine hippe Adresse, coole Atmosphäre, leckere Thaiküche – allerdings oft ziemlich voll. Tgl. 17–23.30 Uhr, Sa bis 24 Uhr, So bis 22.30 Uhr. 43a Commercial Street, E1, ✆ 020/73247790. Ⓤ Liverpool Street.

Café 1001 **23**, in einem kleinen Seitenhof der Brick Lane (Dry Lane) bietet die riesige Kombination aus Kneipe und Club auch leckere (Bio-)Snacks und kleine Speisen. Im hinteren Teil legen oft auch DJs auf, zudem gelegentlich Livemusik. Bei schönem Wetter sitzt man auf Bänken im Hof. Tgl. 6–24 Uhr, So bis 23.30 Uhr. 91 Brick Lane, E1, ✆ 020/72479679. www.cafe1001.co.uk. Ⓤ Aldgate East.

MeinTipp **Red Market** **8**, der 2011 eröffnete Street Food Market gehört zu den beliebtesten Londons. Zu essen gibt es Pizza, Indisches, Burger etc., zu trinken Cocktails. Außerdem legt ein DJ auf. Im Sommer Mi–So 17–24 Uhr. 288–289 Old Street, EC1. Ⓤ Old Street.

Whitechapel Gallery Café/Bar **35**, das zur Whitechapel Gallery gehörende Lokal gefällt mit seiner modernen Atmosphäre, allerdings sitzt man relativ nah neben den anderen Gästen. Zu essen gibt es leckere Häppchen. 77–82 Whitechapel High Street, E1, ✆ 020/75227896. www.whitechapelgallery.org. Ⓤ Aldgate East.

Kahaila Café **17**, der alternative Gegenentwurf zu Starbucks: Ein herrliches Café mit Holzdielen und leckeren, selbst gebackenen Kuchen. Don't miss it! Mo–Fr 7–19 Uhr, Sa und So 9–23 Uhr. 135 Brick Lane, E1. http://kahaila.com/cafe. Ⓤ Aldgate East.

Bunte Fassadenkunst ...

Albion 12, die angesagte Frühstücksadresse in Shoreditch. Eine nette Mischung zwischen Bäckerei, englischer Feinkost und einem „Caff" mit großen Tischen im Retrodesign. Serviert wird typisch englisches *Caff food*. Die Straßenterrasse ist mit roten Metallstühlen bestuhlt. WLAN. 12,5 % Service Charge. Tgl. 8–23 Uhr geöffnet. 2–4 Boundary Street, E2, ✆ 020/77291051. www.albioncaff.co.uk. Ⓤ Liverpool Street.

Einkaufen

Spitalfields Market 30, durch die Umbauten und Modernisierungen der letzten Jahre hat der Markt leider viel von seinem ursprünglichen Flair verloren. Tgl. von 9–17 Uhr geöffnet. Besonders gut besucht ist der Markt am Sonntag, dann gibt es auch ein großes Angebot an Biokost und Backwaren, am Donnerstag werden Antiquitäten angeboten. Zahlreiche Imbissstände sowie moderne Restaurants *(Giraffe* oder *Canteen)*. Commercial Street (zwischen Lamb und Brushfield Street), E1. www.oldspitalfieldsmarket.com. Ⓤ Liverpool Street.

Petticoat Lane Market 36 , auch wenn man es sich bei den von modernen Glas- und Betonbauten eingerahmten Marktständen kaum vorstellen kann, besitzt der Petticoat Lane Market eine mehr als 250-jährige Geschichte. Jeden Sonntag von 9 bis 15 Uhr werden in der Middelsex Street und ihren Nebenstraßen vor allem Klamotten verkauft. Das Secondhand-Angebot ist stark rückläufig, die Preise sind dennoch günstig. Ⓤ Aldgate (East) oder Liverpool Street.

Brick Lane Market 21, der sonntägliche Brick Lane Market wird nie wie der Camden Market zum touristischen Kanon Londons gehören. Dieser Markt, der zwischen der Eisenbahnunterführung und der Bethnal Green Road sowie auf der Scalter Street und der Cheshire Street stattfindet, ist ein authentischer Straßenmarkt der einfachen Leute. Zwischen schäbigen Häusern werden ab 8 Uhr morgens Gemüse, billige Kleidung, alte Fahrräder sowie allerlei Ramsch verkauft, um 14 Uhr ist bereits alles wieder vorbei. Zudem befinden sich einige Stände in den Hinterhöfen rund um die ehemalige Truman's Brewery, so auch der Backyard Market mit Kunsthandwerk (www.backyardmarket.co.uk). www.visitbricklane.org. Ⓤ Aldgate East oder Liverpool Street.

... gibt es überall im East End

Columbia Road Market **2**, der schönste Blumenmarkt Londons. Jeden Sonntag werden in der Columbia Road Sonnenblumen, Anemonen und Gummibäume palettenweise verhökert. In den kleinen Geschäften entlang des Marktes kann man sich noch die zugehörigen Tontöpfe sowie diverse Gartenmöbel aussuchen. Unter der Woche ist die Straße mit den kleinen Arbeiterhäuschen allerdings wenig faszinierend. Columbia Road. Ⓤ Shoreditch.

MeinTipp **Rough Trade** **19**, in einem Innenhof unweit der Brick Lane befindet sich dieses ultimative Musikgeschäft. Ein Traum für alle Liebhaber von Independent-Musik. Hier gibt es nicht nur CDs und Vinyl-Schallplatten, sondern sogar noch Musikcassetten und Singles! An mehreren Abspielstationen kann man sich auf die Suche nach dem absoluten Insidertipp machen. Auf einer kleinen Bühne finden immer wieder Musik-Gigs statt, zudem gibt es am Eingang ein kleines Café. Tgl. 8–20 Uhr, Sa ab 10 Uhr, So 11–19 Uhr. 91 Brick Lane. www.roughtrade.com. Ⓤ Aldgate (East) oder Liverpool Street.

Joy **16**, beeindruckender Vintage-Store mit farbenfrohen Kleidern und Röcken. 141 Brick Lane. www.joythestore.com. Ⓤ Aldgate (East) oder Liverpool Street.

Beigel Shop **15**, der 1855 gegründete jüdische Bagel-Shop ist der älteste und laut Eigenwerbung auch der beste Londons. Wie auch immer: Auf jeden Fall gibt es frische Bagels in allen Variationen und dies rund um die Uhr (ab £ 2). 159 Brick Lane, E1. Ⓤ Aldgate East.

Box Park **18**, in mehr als 50 schwarz gestrichenen Schiffscontainern werden hier vorübergehend Dutzende Markenklamotten angeboten (Lacoste, North Face, Puma, Calvin Klein, Evisu etc.), zudem gibt es „Imbisscontainer“ und auf dem Dach nippt man auf Holzbänken an einem Latte macchiato. WLAN. Tgl. 11–19 Uhr, So bis 17 Uhr. 2–4 Bethnal Green Road, E1. www.boxpark.co.uk. Ⓤ Liverpool Street

MeinTipp **Labour and Wait** **13**, Haushaltswaren, Badeaccessoires und andere erlesene Gebrauchsgegenständen finden sich in dem kleinen Eckgeschäft – eine Art englisches Mini-Manufactum jenseits der industriellen Massenproduktion. Tgl. außer Mo 11–18 Uhr. 85 Redchurch Street, E2. www.labourandwait.co.uk. Ⓤ Liverpool Street.

Zukunft der Themse

Tour 17

Der einstmals größte Dockhafenkomplex der Welt mit seinen gigantischen Lagerhäusern und Hafenbecken wurde in den letzten Jahrzehnten in ein hypermodernes Büroviertel verwandelt.

Museum of London Docklands, Geschichte der Themse, S. 184

The O₂ Millennium Dome, umstrittener Veranstaltungsort, S. 185

Thames Barrier, Schutz vor Sturmfluten, S. 187

Hypermodernes Büroviertel

Docklands

„Ich kenne nichts Imposanteres als den Anblick, den die Themse darbietet, wenn man von See nach London Bridge hinauffährt. Die Häusermassen, die Werften auf beiden Seiten, die zahllosen Schiffe … Das alles ist so großartig, so massenhaft, daß man gar nicht zur Besinnung kommt und daß man vor der Größe Englands staunt, noch ehe man englischen Boden betritt", so beschrieb *Friedrich Engels* 1843 die Londoner Docklands, die im frühen 19. Jahrhundert angelegt wurden, da die Hafenanlagen zwischen London Bridge und Tower den Anforderungen des Seehandels nicht mehr gewachsen waren. Zeitweise mussten die Frachter bis zu sechs Wochen warten, bis sie ihre Ladung löschen konnten. Innerhalb von wenigen Jahrzehnten entstand ein gewaltiges System von Hafenbecken, Lagerhäusern, Werften und Trockendocks, das durch Kanäle miteinander verbunden und von den Gezeiten weitgehend unabhängig war. Je nach Ladung steuerten die Schiffe ein bestimmtes Dock an; Rum beispielsweise wurde auf dem *West India Dock* gelöscht, Getreide am Millwall Dock, die Obst- und Gemüsefrachter von den Kanarischen Inseln (*Canary Islands*) liefen wiederum das Canary Wharf an. Um Diebstähle und Raubzüge zu verhindern, umbaute man die Docks mit riesigen Ziegelsteinmauern. Im Zweiten Weltkrieg wurden mehr als die Hälfte der Lagerhäuser zerstört. Zudem erwiesen sich die modernen Containerfrachter für die alten viktorianischen Docks als viel zu groß, ganz davon abgesehen, dass es zu mühsam und gefährlich war, die schmale und gewundene Themse hinaufzuschippern. Zwischen 1967 und 1984 wurde ein Londoner Dock nach dem anderen geschlossen. Heute erinnern nur noch die Namen der Docks an die Glanzzeiten des Britischen Empires: West India Docks,

London Docks, East India Docks, Royal Victoria Dock, Royal Albert Dock oder King George V. Dock. Die Schiffe steuern den 1972 eröffneten Containerhafen Tilbury an, der rund 40 Kilometer flussabwärts liegt. Die Themse ist seither „entindustrialisiert“. Sieht man von Vergnügungsdampfern und Ausflugsbooten ab, so wird auf dem Fluss heute nicht mehr gearbeitet.

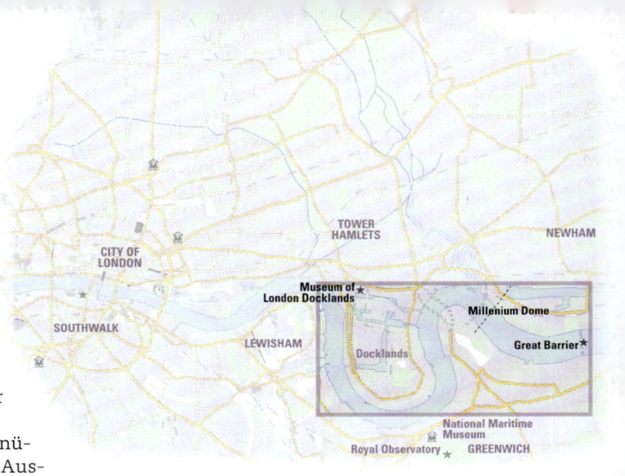

Im Jahre 1981 begann die London Docklands Development Corporation, das brachliegende, 2200 Hektar große Areal einer neuen Nutzung zuzuführen. Doch anstatt den großen städteplanerischen Wurf zu wagen, entstand auf der so genannten *Isle of Dogs*, die eigentlich eine Halbinsel ist, ein architektonisches Potpourri aus Glas, Stahl, Marmor und Granit. Das Ergebnis ist ein seelenloses Terrain mit riesigen Häuserklötzen und postmodernem Schnickschnack. Abends und am Wochenende sind die Docklands fast menschenleer, grundlegende Versorgungseinrichtungen fehlen weitgehend. Auch Prince Charles rümpfte die Nase angesichts der „mittelmäßigen Bauten“ mit ihrer unterkühlten Eleganz.

Die Thatcher Regierung wollte indes zu keinem Zeitpunkt einen lebenden sozialen Organismus schaffen; ihr schwebte eine funktionale Bürowelt vor, die vom internationalen Stellenwert der Londoner Wirtschaft künden sollte. Mit einer zehnjährigen Steuerfreiheit wurden potentielle Investoren angelockt, die bei ihren Projekten nur minimale Auflagen beachten mussten. Trotz zahlreicher Fehlplanungen und Fehlspekulationen wurde das Areal zügig bebaut, so sind beispielsweise fast alle großen Zeitungen mit ihren Druckereien in die Docklands umgezogen. Zum Wahrzeichen der Docklands wurde der einer Rakete oder einem überdimensionalen Obelisk ähnelnde *Canary Wharf Tower* von Cesar Pelli. Bei seiner Fertigstellung 1991 war das 244 Meter hohe Bürohochhaus zwar das höchste Gebäude in Großbritannien, doch konnten lange Zeit einige Etagen nicht vermietet werden. Zum Teil liegt es auch an der schlechten Infrastruktur. Architektonisch ausgefallen wirkt *Cascades*, ein zwanzigstöckiges Gebäude von Piers Gough, das direkt an der Themse emporwächst. Mit seinen Türmchen, Bullaugen und seinem abgeschrägten Anbau erinnert es an einen steinernen Wasserfall.

Erkundung

Der eindrucksvollste Blick auf die Docklands bietet sich sicherlich bei einer Schifffahrt auf der Themse nach Greenwich. Dennoch sollte man nicht versäumen, vom Tower aus mit der computergesteuerten *Docklands Light Railway* (DLR) auf Stelzen und mit virtuosen Kurven durch die schöne neue

Vom Greenwich Park hat man einen herrlichen Blick auf die Docklands

Welt der Isle of Dogs bis zu den Island Gardens zu fahren (Fahrkarten für die Zone 2 sind auch auf der DLR gültig). An den Stationen West India Quay oder Canary Wharf kann man aussteigen und durch die futuristische Bürowelt streifen, Fußgängerbrücken führen über die ehemaligen Hafenbecken. Zur Besichtigung empfiehlt sich das **Museum of London Docklands**, das in einem ehemaligen Lagerhaus am West India Quay eröffnet wurde und ausführlich über die Geschichte der Themse, der Schifffahrt und des Hafens informiert. Mit Hilfe der *Emirates Air Line* gelangt man auf das Südufer der Themse, das an dieser Stelle von dem markanten **The O_2 Millennium Dome** dominiert wird. Noch ein Stück weiter die Themse flussabwärts gelangt man zu den **Thames-Barrier-Schleusen**.

Sehenswertes

Geschichte der Themse

Museum of London Docklands

Die Geschichte Londons ist untrennbar mit der Themse verbunden. Der Fluss war und ist zum Teil noch immer die Lebensader der Stadt. Das in einem ehemaligen georgianischen Zuckerspeicher untergebrachte Museum schildert anschaulich die Bedeutung der Themse für London und die Menschen von der Antike bis zur Gegenwart, wobei auch ein schönes Modell der mittelalterlichen London Bridge gezeigt wird. Der Aufstieg Londons zu einer der führenden Handelsmetropolen der Welt ist untrennbar mit seinem Hafen verbunden und so werden mit Hilfe von Filmen und Displays zahlreiche Fragen erörtert, beispielsweise wie sich der Handel am Ende der frühen Neuzeit veränderte oder wie der Alltag der Dockarbeiter im frühen 19. Jahrhundert ausgesehen hat. Um dies besser nachvollziehbar zu machen, wurde ein ganzes Hafenviertel mit schmalen Gassen und schäbigen Häusern nachgebaut. Der Ausstellungsbereich „London, Sugar & Slavery“ informiert anschaulich,

wie London seit dem 17. Jahrhundert von der Sklaverei profitierte. Die wachsende Nachfrage nach Kaffee und Zucker war einer der Hauptgründe für den damaligen Menschenhandel. Die Sklaverei war ein gigantischer Wirtschaftszweig, von dem Reeder und Sklavenhändler genauso profitierten wie Plantagenbesitzer, Zuckerimporteure und Schokoladenfabrikanten. Erst den Abolitionisten – der Name stammt vom englischen Verb *abolish* (abschaffen) – gelang mit Boykottaufrufen, Petitionen und Flugblattpropaganda der entscheidende Erfolg: Am 25. März 1807 verbot das Parlament den Handel mit Sklaven auf britischen Schiffen. Weitere Themen sind Londons Handel unter Königin Victoria und im Zeitalter des Imperialismus („First Port of Empire"), die Zerstörung der Docklands im Zweiten Weltkrieg, die Schließung der Docks und die Pläne und Baumaßnahmen, die die Docklands in den letzten Jahrzehnten nochmals entschieden verändert haben.

Warehouse Nr. 1, E14. Ⓤ West India Quay. Tgl. 10–18 Uhr. Eintritt frei! www.museumoflondon.org.uk/museum-london-docklands.

Umstrittener Veranstaltungsort

The O2 Millennium Dome

Wie eine riesige Schildkröte ruht der Millennium Dome auf dem Areal eines ehemaligen Gaswerks im Norden von Greenwich. Der Dome war ein Prestigeobjekt von Tony Blair, das den Geist von „Cool Britannia" mit dem Vertrauen auf die zukünftige Welt vereinen sollte, doch war das Interesse weit geringer als erhofft.

Für diese hehren Pläne scheute die britische Regierung weder Kosten noch Mühen. Der britische Staat stellte knapp 800 Millionen Pfund für den Bau und die Vermarktung des Millennium Dome bereit. Hierbei sind die 140 Millionen Pfund, die aufgewendet wurden, das verseuchte Areal zu dekontaminieren, sowie die Kosten für die Verlängerung der *Jubilee Line* gar nicht eingerechnet. Stararchitekt Richard Rogers wurde ausgewählt, um den größten Kuppelbau der Welt mit einer Grundfläche von 80.000 Quadratmetern zu errichten. Ironischerweise wusste zu diesem Zeitpunkt noch niemand, welche

Meilenstein oder Jahrhundertflop?

Attraktionen unter dem lichtdurchlässigen Zeltdach Platz finden sollten. Unbeirrt von zahlreicher Kritik wurde der Dome am 31. Dezember 1999 in Anwesenheit von Tony Blair, der Queen und 10.000 geladenen Gästen mit einer Gala-Show eröffnet.

Allein die Dimensionen des Bauwerks sind gewaltig: Der Dome ist bezüglich der Flächengröße hinter dem Kennedy Space Center in Florida und der Montagehalle von Boeing in Seattle der drittgrößte Bau der Welt. Die Kuppel könnte bequem den Trafalgar Square samt der 50 Meter hohen Säule Nelsons überspannen; das Fassungsvermögen entspricht 18.000 Doppeldeckerbussen. Hielte man den Millennium Dome unter die Niagara Fälle, so würde es rund zehn Minuten dauern, bis er mit Wasser gefüllt wäre. Die zwölf gelben, knapp 90 Meter hohen Stahlmasten, die die Konstruktion tragen, sind schnell zum Erkennungszeichen des Domes geworden. Publicitywirksam rutschte James Bond in seinem Film „007 – Die Welt ist nicht genug" das Dach hinunter.

Trotz aufwändiger Werbemaßnahmen geriet der Millennium Dome zum gigantischen Flop. Bei Eintrittspreisen von 20 Pfund blieben die erhofften Besuchermassen aus, so dass die Regierung auf einem riesigen Verlust sitzen blieb. Derzeit wird der Millennium Dome unter dem Namen „The O " als Veranstaltungsort für Konzerte und Ausstellungen genutzt.

Hinweis zur Besichtigung: Das gesamte Areal ist eine autofreie Zone. Um eine reibungslose Anfahrt der zwölf Millionen Besucher, die erwartet wurden, zu gewährleisten, verlängerte man die *Jubilee Line*. Die gigantische Tubestation North Greenwich wurde von Norman Foster entworfen und kann bei Veranstaltungen bis zu 22.000 Fahrgäste pro Stunde aufnehmen. Als Alternative zu dieser An- oder Abfahrt empfiehlt sich eine 45-minütige Schifffahrt vom Zentrum aus.

Millennium Dome. Ⓤ North Greenwich. www.theo2.co.uk.

Emirates Air Line: mit der Gondel über die Themse fliegen ...

Schutz vor Sturmfluten

Thames Barrier

Schon im mittelalterlichen London waren die Fluten gefürchtet, die entstehen, wenn das Wasser der Nordsee bei Sturm in die Themse gedrückt wird. Die Geschichtsbücher berichten, dass im Jahre 1236 der Westminster Palace so tief unter Wasser stand, dass man mit einem Lastkahn durch den Festsaal rudern konnte. Nachdem 1953 eine Flutkatastrophe über 300 Menschen das Leben gekostet hatte, entschloss sich das Greater London Council, eine Sperre in der Themse zu errichten. Die Planungen erwiesen sich als schwierig, da man die Schifffahrt nicht beeinträchtigen wollte und auf deren Bedürfnisse Rücksicht nehmen musste. Doch konnte 1984 nach zehnjähriger Bauzeit im Vorort Woolwich die Thames Barrier in Betrieb genommen werden, die häufig als „achtes Weltwunder" gepriesen wird. Die silbern glänzenden Stahlschleusen der futuristischen Konstruktion erinnern an eine gigantische Muschel. Auf einer Breite von über 500 Metern erstreckt sich das Sperrwerk über die Themse, wobei Schiffe mit bis zu 16 Metern Tiefgang die im Boden versenkten Tore problemlos passieren können. Droht eine Sturmflut, so lassen sich die zehn schwenkbaren Tore – sie sind an neun Betonpfeilern befestigt – innerhalb von einer Viertelstunde schließen. In einem Besucherzentrum am Südufer wird die Funktionsweise erklärt.

Woolwich. Ⓤ North Greenwich, dann mit dem Bus 742 oder 161. Vom Bahnhof Charlton mit den Buslinien 177 oder 180. Alternativ empfiehlt sich auch eine Schifffahrt von Westminster Pier, um die Thames Barrier vom Wasser aus zu besichtigen. Das Information Centre ist geöffnet von April bis Sept. 10.30–17 Uhr, von Okt. bis März 11–16.30 Uhr. Eintritt £ 4, erm. £ 3.50 oder £ 3. www.gov.uk/guidance/the-thames-barrier.

Am Nullmeridian

Tour 18

Greenwich ist ein traditionsreicher Ort am Südufer der Themse. Durch seine Königliche Sternwarte und den Nullmeridian ist Greenwich gewissermaßen zum Nabel der Welt geworden. Einen Besuch lohnt aber auch das National Maritime Museum.

- **Cutty Sark**, Segelschiff auf dem Trockenen, S. 189
- **Old Royal Naval College**, ehemaliges Altersheim für Seefahrer, S. 190
- **National Maritime Museum**, einer Seefahrernation angemessen, S. 193
- **Royal Observatory**, Navigations- und Zeitmessgeräte, S. 194

Maritimes Flair

Greenwich

Ursprünglich war Greenwich ein kleines Fischerdorf an der Themse. Dies änderte sich erst, als der Herzog von Gloucester 1428 ein Schloss errichten ließ, das wenig später von den englischen Königen zu einer prächtigen Residenz, dem Greenwich Palace, umgebaut wurde. Henry VIII. und seine Töchter Mary I. und Elizabeth I. wurden in Greenwich geboren und liebten den ausgedehnten Park des Schlosses. Unter Oliver Cromwell wurde der Palast erst zu einer Biskuit-Fabrik, dann zu einem Gefängnis degradiert, bevor man ihn schließlich ganz abriss.

Letztlich war es aber Karl II., der die „Schuld" am Aufstieg von Greenwich trug; der englische König beschloss 1685, „auf dem höchsten Punkt in unserem Park in Greenwich eine kleine Sternwarte zu bauen." Aufgabe der Sternwarte sollte es sein, „mit der allergrößten Sorgfalt und Gewissenhaftigkeit die Tabellen der Bewegung der Himmelskörper und die Stellungen der Fixsterne zu berichtigen, auf dass die so angestrebte Längengradbestimmung zur See ermöglicht und die Kunst der Navigation vervollkommnet würden." Dieses Problem löste letztlich zwar ein talentierter Uhrmacher, doch wurde das kleine Greenwich vor allem aufgrund des durch den Ort verlaufenden Nullmeridians weltbekannt. Aufgrund seiner kulturhistorischen Bedeutung wurde „Maritime Greenwich" 1997 von der UNESCO zum Weltkulturerbe ernannt. Zum schützenswerten Ensemble gehören das Queen's House, das Royal Naval College, das Royal Observatory und der nach Plänen von André Le Nôtre angelegte Park, der am Wochende zum Picknicken einlädt.

Anreise: Nach Greenwich gelangt man entweder mit der Docklands Light Railway (von Tower Gateway bis

Cutty Sark oder Greenwich) oder auf dem Wasserweg: Mit dem Schiff geht es ab Westminster, Charing Cross oder Tower Pier nach Greenwich. Am schönsten und aussichtsreichsten ist es, beide Anreisevarianten miteinander zu verbinden.

Spaziergang

Wer mit der Docklands Light Railway anreist und schon eine Station vor Greenwich in Island Gardens aussteigt, erreicht das andere Ufer der Themse durch den 400 Meter langen Fußgängertunnel, der zwischen 1897 und 1902 gebaut wurde, um den am Südufer wohnenden Hafenarbeitern den Weg zur Arbeit zu erleichtern. Nachdem man 100 Stufen hinaufgestiegen ist, steht man direkt vor der **Cutty Sark**. Bei einer Besichtigung des Teeklippers lässt es sich wunderbar von fernen Ozeanen träumen. Die Greenwich Church Street führt direkt in das geschäftige Zentrum, wo sich zahlreiche Antiquariate, Restaurants und Pubs befinden. Die große Attraktion ist der von Mittwoch bis Sonntag stattfindende Greenwich Market. In einer geschlossenen Markthalle werden an rund hundert Ständen Antiquitäten, Spielzeug, Schmuck und allerlei Nippes angeboten. Das **Fan Museum** am Cromm's Hill beschäftigt sich mit dem Fächer an sich sowie dessen sozialer und kultureller Bedeutung. Östlich des Greenwich Market erhebt sich das von Christopher Wren errichtete **Old Royal Naval College**. Direkt entlang der Themse führt eine Promenade zur historischen *Trafalgar Tavern*. Wer will, kann kurz einkehren und anschließend gestärkt eine Besichtigung des **Queen's House**, des **National Maritime Museum** und des **Royal Observatory** in Angriff nehmen. Letzteres liegt inmitten des **Greenwich Park**, der vor allem am Wochenende ein beliebtes Ausflugsziel der Londoner ist. Von der Terrasse des Observatoriums bietet sich ein grandioser Panoramablick über die Themse und die Londoner Docklands. Zurück zum Ausgangspunkt schlendert man in einer gemütlichen Viertelstunde. Reizvoll ist es, mit den Thames-Clipper-Schiffen zurück in die City oder zum London Eye zu fahren.

Sehenswertes

Segelschiff auf dem Trockenen

Cutty Sark

Direkt am Greenwich Peer liegt die Cutty, der schnellste und wohl schönste Teeklipper des 19. Jahrhunderts, auf einem Trockendock. Der Name des 1869 in Schottland vom Stapel gelaufenen Schiffes leitet sich vom kurzen Hemd ihrer Galionsfigur ab. Die Cutty Sark wurde von der *East India Company* in Auftrag gegeben, um der hohen Preise wegen die neue Teeernte schnellstmöglich nach England zu bringen. 1871 stellte das Schiff mit einer Fahrtzeit von 107 Tagen einen Rekord auf der Strecke von China nach England auf. Durch den Bau des Suezkanals waren die Segelschiffe den modernen Dampfschiffen unterlegen (diese durch den Kanal schleppen zu lassen, wäre zu teuer gewesen), so dass die Cutty Sark zunächst für Wolltransporte nach Australien eingesetzt und 1895 schließlich nach Portugal verkauft wurde. Erst 1954 kam das Schiff nach England zurück, wo es zum Museumsschiff umgebaut wurde. Die Mannschaft – höchstens 28 Seeleute – war in den Deckshäusern untergebracht, damit sie bei Bedarf schneller verfügbar war. Wie man eindrucksvoll sehen kann, war das Leben der Matrosen alles andere als komfortabel, Waschgelegenheiten fehlten beispielsweise völlig.

Greenwich steht für maritime Tradition

Unter Deck befindet sich noch eine Ausstellung von historischen Galionsfiguren. Nach einem verheerenden Brand musste das Schiff weitgehend rekonstruiert werden, bevor es seit April 2012 im Rahmen einer neuen Dauerausstellung wieder besichtigt werden kann.

Greenwich, SE 10. DLR: Cutty Sark. Tgl. 10–17 Uhr, im Winter bis 16.30 Uhr. Eintritt £ 12.15, erm. £ 10.35 bzw. £ 6.30 (Kombiticket mit Royal Observatory £ 16.80, erm. £ 13.95 oder £ 7.70). www.rmg.co.uk/cutty-sark.

Fächer vom 12. Jh. bis heute

Fan Museum

Das weltweit einzige Fächermuseum beschäftigt sich mit den unterschiedlichsten Aspekten des „Luftwedlers". Wer gedacht hat, ein Fächer diene nur der Frischluftzufuhr, wird schnell eines Besseren belehrt. Fächer waren genauso modisches Accessoire wie Statussymbol oder Hilfsmittel der Koketterie. In Asien sind sie heute noch weit verbreitet und werden beispielsweise bei den traditionellen Tänzen in Japan als Requisit eingesetzt. Unter den zahlreichen Exponaten finden sich Fächer aus Elfenbein, Straußenfedern oder Pergament. Besonders wertvoll ist ein Fächer, der von dem berühmten Maler Walter Richard Sickert (1860–1942) mit Gouache gestaltet wurde.

12 Cromms Hill, SE 10. DLR: Cutty Sark. Di–Sa 11–17 Uhr, So ab 12 Uhr. Eintritt £ 4, erm. £ 3. www.thefanmuseum.org.uk.

Ehemaliges Altersheim für Seefahrer

Old Royal Naval College

Das Old Royal Naval College zählt zu den vier weltlichen Bauten von *Christopher Wren*. Allerdings war Wren hier nicht allein am Werk, Teile des klassizistischen Ensembles wurden von seinem Schüler *Nicholas Hawksmoor* entworfen. Auftraggeberin war Queen Mary II, die sich Greenwich als Standort für ein Marinehospital wünschte, das als Pendant zum Chelsea Hospital

Eingeglast: Cutty Sark

Painted Hall (Old Royal Naval College)

alten Seeleuten einen geruhsamen Lebensabend gewährleisten sollte. Die architektonische Vorgabe war, dass das dahinterliegende *Queen's House* von *Inigo Jones* von der Themse aus weiterhin sichtbar bleiben müsse und daher nicht verdeckt werden durfte. Wren löste das Problem, indem er das Hospital in vier symmetrische Gebäudekomplexe aufteilte, die sich um eine zentrale Achse gruppierten. Im Jahre 1869 wurde das Hospital aufgelöst und vier Jahre später in das Royal Naval College umgewandelt. Nachdem die Marineakademie 1998 ausgezogen ist, sollen in den nächsten Jahren weitere Teile des Gebäudes für die Öffentlichkeit zugänglich gemacht werden. Es wird diskutiert, die University of Greenwich und das Trinity College of Music einzuquartieren. Derzeit müssen sich Besucher mit der Besichtigung der reich verzierten Kapelle und der von *James Thornhill* ausgemalten Painted Hall begnügen, die als Speisesaal für die Pensionäre gedacht war.

Greenwich, SE 10. DLR: Greenwich. Tgl. 10–17 Uhr, So erst ab 12.30 Uhr. Eintritt frei! www.oldroyalnavalcollege.org.

Königliche Gemächer und Gemälde

Queen's House

Anne von Dänemark, die Frau von James I., beauftragte den Architekten *Inigo Jones* mit der Errichtung einer neuen Sommerresidenz in Greenwich. Queen Anne starb kurz nach der 1616 erfolgten Grundsteinlegung und konnte somit nicht mehr die Fertigstellung miterleben. Jones errichtete ein Gebäude im palladianischen Stil, das sich ursprünglich rechts und links der Straße nach Dover emporstreckte; die beiden Flügel waren durch Brücken miteinander verbunden. Erst als die Straße verlegt wurde, erhielt das Gebäude sein heutiges Aussehen mit den flankierenden Kolonnadengängen. Eindrucksvoll sind die repräsentativen königlichen Staatsgemächer im ersten Stock, vor allem die kubische *Great Hall*, aber auch die als *Tulip Staircase* bezeichnete Wendeltreppe. Zu sehen ist außerdem eine Kunstsammlung mit Gemälden von Gainsborough und Hogarth.

Greenwich, Romney Road, SE 10. DLR: Greenwich. Tgl. 10–17 Uhr. Eintritt frei!

Einer Seefahrernation angemessen

National Maritime Museum

Großbritannien war einst die größte Seefahrernation der Welt. An diese hehre Vergangenheit erinnert das Museum zur Geschichte der Seefahrt in mustergültiger Form. Rund um einen überdachten Innenhof sind die verschiedenen Sektionen des Museums gruppiert, die beispielsweise sehr anschaulich die großen Entdecker und ihre Expeditionen, allen voran *James Cook* (1728–1779), vorstellen; aber auch Fragen nach der Zukunft der Ozeane bleiben nicht ausgeklammert. Auch wer sich für Seeschlachten interessiert, kommt nicht zu kurz: Eine eigene Abteilung ist *Lord Horatio Nelson* (1758–1805), dem Helden von Trafalgar, gewidmet (ausgestellt ist die Uniform, die Nelson an seinem Todestag trug, sowie ein Display mit dem Schlachtverlauf), eine andere den Kriegsschiffen des 17. und 18. Jahrhunderts. Kunstfreunde können in der Gemäldesammlung das Genre der Seeschlachtenmalerei studieren. Sehenswert ist auch die Abteilung *Passengers*, die sich anschaulich mit der Geschichte der Passagierschifffahrt auseinandersetzt. (Nicht nur) für Kinder stehen zahlreiche interaktive Displays bereit, mit deren Hilfe man beispielsweise versuchen kann, ein Wikingerschiff oder ein Dampfboot auf dem richtigen Kurs zu halten. Im Sommer 2011 wurde das Museum durch den Sammy Ofer Wing erweitert, wodurch nicht nur der Haupteingang in den Greenwich Park verlagert wurde, sondern den Besuchern auch ein modernes Café-Restaurant zur Verfügung steht.

Greenwich, Romney Road, SE 10. DLR: Greenwich. Tgl. 10–17 Uhr. Eintritt frei! www.nmm.ac.uk.

London im Kasten

Auf der Suche nach dem Längengrad

Jahrhundertelang fuhren die Schiffe relativ orientierungslos über die Weltmeere. Auf dem Weg in die Karibik segelte man „nach Süden, bis die Butter schmolz, und dann immer der untergehenden Sonne entgegen". Während die Bestimmung des Breitengrades anhand der Gestirne relativ einfach möglich war, konnten selbst erfahrene Kapitäne wie Francis Drake nur vage bestimmen, auf welchem Längengrad sie sich befanden. Katastrophen waren unvermeidlich. Als die englische Flotte vier Kriegsschiffe und 2000 Mann bei einem Schiffsunglück vor den Scilly-Inseln verlor, weil die Navigationsoffiziere im dichten Nebel die Orientierung verloren hatten, war die Schmerzgrenze erreicht: Das englische Parlament setzte im Jahre 1714 einen Preis von 20.000 Pfund aus (heute umgerechnet mehrere Millionen Pfund), um das nautische Dilemma zu lösen. Doch wie? Alle berühmten Gelehrten wie Galilei, Newton oder Halley hatten die Antwort bis dato vergeblich in den Gestirnen gesucht. Erst der Uhrmacher John Harrison (1693–1776) erachtete die Längengradbestimmung nicht als ein astronomisches Problem; in jahrelanger Arbeit konstruierte er 1735 einen Chronometer, der, unabhängig von den klimatischen Verhältnissen und den ständigen Schiffsbewegungen (hieran scheiterten alle Pendeluhren), die Zeit des Heimathafens wie eine ewige Flamme in den entferntesten Winkel des Globus trug. Verglich man die Zeit des Chronometers mit der jeweiligen Ortszeit, so war die genaue Bestimmung des Längengrads ein Kinderspiel. Kein Geringerer als James Cook pries Harrisons Uhr als „zuverlässigen Freund" und „nie versagenden Führer" aller Seeleute. Dennoch dauerte es Jahrzehnte, bis alle Skeptiker überzeugt waren. Harrison musste insgesamt fünf Uhren bauen, bis ihm die Kommission 1773 schließlich das Preisgeld zuerkannte.

Greenwich → Karte S. 195

Navigations- und Zeitmessgeräte

Royal Observatory

Sir Christopher Wren entwarf die königliche Sternwarte nebst einem Haus für den Hofastronomen *John Flamsteed*. Bis 1948 blickten Flamsteeds Nachfolger von hier aus in den nächtlichen Himmel, dann musste die Sternwarte aufgrund der zunehmenden Luftverschmutzung nach Herstmonceux in East Sussex verlegt werden. Das Royal Observatory wurde daraufhin in ein Museum umgewandelt.

Zu besichtigen sind eine Rekonstruktion der Wohnräume Flamsteeds, den zur Himmelsbeobachtung genutzten Octagon Room sowie die *Harrison Galleries*, in denen die vier bahnbrechenden Zeitmesser ausgestellt sind, die John Harrison von 1730 bis 1759 konstruiert hat. Mit diesen Instrumenten wurde erstmals eine exakte Zeitmessung auf See und damit eine exakte Bestimmung des Längengrads möglich. Auf dem Dach des Flamsteed House fällt noch immer jeden Tag um Punkt 13 Uhr ein roter Ball an einer Stange herab, damit die Schiffe ihre Uhren nach diesem Signal ausrichten können. Die Meridianlinie verläuft genau durch den Hof der Königlichen Sternwarte. So kann man gleichzeitig mit einem Bein auf der östlichen Halbkugel und mit dem anderen auf der westlichen Halbkugel stehen. Nachts wird die mit Glas bedeckte Meridianlinie von unten angestrahlt, so dass sie wie ein künstlicher Ozeangraben leuchtet. Seit 1884 gibt man die Weltzeit in ihren Abweichungen zur *Greenwich Mean Time* (G.M.T.) an. Erst durch diese Übereinkunft wurde es möglich, Zug- und Schiffsfahrpläne zu koordinieren. Auf der Basis dieser Übereinkunft kann Greenwich berechtigterweise den Anspruch erheben, dass das neue Jahrtausend in Greenwich angebrochen ist.

Greenwich, SE 10. DLR: Greenwich. Tgl. 10–17 Uhr. Eintritt £ 7.70, erm. £ 3.60 (Kombiticket mit Cutty Sark £ 16.80, erm. £ 13.95 oder £ 7.70). www.rmg.co.uk/royal-observatory.

Royal Observatory: auf der Suche nach dem Längengrad

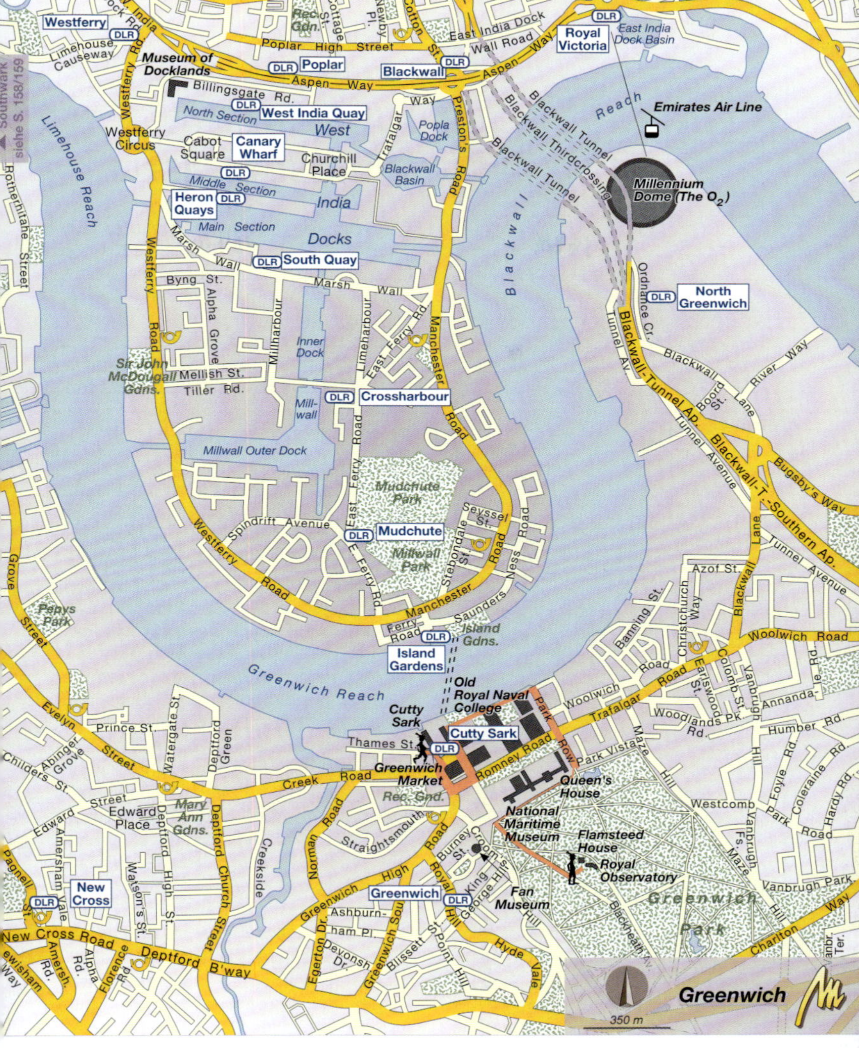

Vom Jagdrevier zum Park

Greenwich Park

Der 73 Hektar große Greenwich Park ist die größte und schönste Grünanlage im Südosten Londons. Das einstige königliche Jagdrevier wurde nach Plänen von André Le Nôtre, dem Landschaftsarchitekten Ludwigs XIV., umgestaltet und mit Alleen bepflanzt. Zum alten Baumbestand gehören neben den Kastanienbaumalleen auch Zypressen sowie Trompeten- und Paternosterbäume. Eindrucksvoll ist der Panoramablick über das Queen's House bis zur Hochhaus-Skyline der Docklands und zum Millennium Dome.

Greenwich, SE 10. DLR: Greenwich.

Paläste, Gärten und Co.

Ausflüge in die Umgebung

Auch wenn man die englische Metropole nur für ein paar Tage besucht, bietet sich ein Ausflug ins Umland an. Zu den Klassikern gehören natürlich Windsor Castle und Hampton Court Palace.

Ursprung des königlichen „Nachnamens"

Windsor und Windsor Castle

Wilhelm der Eroberer erbaute hier schon eine Burg, die Teil eines London umspannenden Befestigungssystems war. Heinrich I. heiratete im Windsor Castle Adeliza of Louvain, Karl I. wurde hier gefangen gehalten, bis sein Kopf rollte und Königin Victoria trauerte hier um ihren toten Albert – kurzum, ein Schloss, das auf das Engste mit der Geschichte Englands verbunden ist.

Windsor selbst ist eine typische englische Kleinstadt mit vielen Backsteinbauten und zwei kopfsteingepflasterten Straßen, der *Church Street* und der *Market Street*, einer Menge Antiquitätenläden sowie vielen Pubs und Restaurants. Über die Themse führt eine Brücke hinüber nach *Eton*, der wohl berühmtesten Public School in England. Ganze Generationen britischer Premierminister sind im Eton College zur Schule gegangen. Das von Heinrich VI. gegründete Eton weiß sich seinen exklusiven Ruf zu bewahren: Wer nicht zu den Stipendiaten gehört, muss jährlich rund £ 30.000 Schulgeld aufbringen. Die bekanntesten Schüler der letzten Jahrzehnte waren fraglos William und Harry, die Söhne von Prince Charles und Lady Diana. Die größte Sehenswürdigkeit des Städtchens ist das auf einer kleinen Anhöhe liegende Schloss, das dem englischen Königshaus seinen Namen gab. Bis 1918 hießen die Windsors übrigens noch Sachsen-Coburg-Gotha, doch da sich Großbritannien und Deutschland im Ersten Weltkrieg bekriegten, beschloss Georg V., seine Linie nach dem Sommersitz der Königsfamilie zu benennen. Noch heute residiert ab und an Königin Elizabeth II. hier; dann weht das königliche Banner über dem Round Tower und zeigt an, dass die königlichen Gemächer nicht besichtigt werden können. Besucher erhalten dann Tickets zu einem ermäßigten Preis.

Der älteste Teil von Windsor Castle, der *Round Tower*, ist nicht öffentlich zugänglich. Als mächtiger Bergfried ruht der in der Regierungszeit von Heinrich II. errichtete Turm inmitten der Burganlage. Um ihn herum führt der Weg zum Eingang der *State Apartments*. In den Sommermonaten und am Wochenende bilden sich hier lange Warteschlangen, daher empfiehlt es sich, frühzeitig nach Windsor Castle aufzubrechen. Von dem verheerenden Brand im November 1992 ist heute kaum mehr etwas zu sehen. Die Brandschäden der *State Apartments* und der *St George's Hall* wurden in den letzten Jahren für 60 Millionen Pfund behoben, die Kosten musste die Queen aus eigener Tasche aufbringen, da sie es versäumt hatte, das Schloss zu versichern. Die unersetzlichen Gemälde von Rubens, Holbein, Dürer und Rembrandt konnten glücklicherweise rechtzeitig in Sicherheit gebracht werden. Ein kostbares Puppenensemble ist im *Queen Mary's Dolls' House* zu bewundern, mit dessen Einrichtung in den 1920er-Jahren 1500 Handwerker drei Jahre lang beschäftigt waren! Im unteren Teil des Schlosses, dem so genannten Lower Ward, lohnt eine Besichtigung der spätgotischen *St George's Chapel*. Die Kapelle ist nach der Westminster Abbey die bedeutendste Grablege der englischen Könige. Auch der berühmt-berüchtigte Heinrich VIII. fand hier seine letzte Ruhestätte.

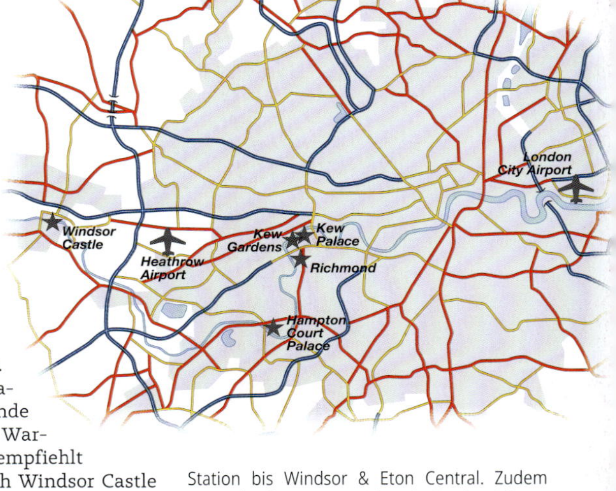

Hinweis: Für Familien mit Kindern bietet sich abschließend noch ein Abstecher zum Freizeitpark *Legoland* an, der von Windsor Castle aus mit einem Shuttlebus in wenigen Minuten zu erreichen ist.

Windsor Castle. Regelmäßige Zugverbindungen (ca. alle 30 Min.) von der Waterloo Station bis Windsor & Eton Riverside oder von Paddington Station bis Windsor & Eton Central. Zudem Busverbindungen von Victoria Station (Green Line). Windsor Castle: Tgl. 9.45–17.15 Uhr, im Winter nur bis 16.15 Uhr (Achtung: Sonntags ist die St George's Chapel geschlossen, last admisson jeweils eine Stunde vor Schließung). Eintritt £ 20, erm. £ 18.20 bzw. £ 11.70; Familientickets £ 51.70. www.royalcollection.org.uk. Legoland: Ostern bis Anf. Nov. 10–18 Uhr, im Hochsommer bis 20 Uhr. Eintritt £ 50.40, erm. £ 46.20 (günstiger im Internet). www.legoland.co.uk.

Blühendes UNESCO-Welterbe

Kew Gardens

Die auf dem Stadtgebiet von Richmond gelegenen Kew Gardens gehören zu den schönsten botanischen Gärten der Welt. Auf einer Fläche von 121 Hektar gedeihen mehr als 30.000 verschiedene Pflanzen. Besonders beeindruckend sind die viktorianischen Gewächshäuser.

Die königlichen Kew Gardens wurden im 18. Jahrhundert als Landschaftsgarten konzipiert, doch schon von Anfang an bemühten sich die Gärtner um die Aufzucht seltener Pflanzen. Prinzessin Augusta von Wales ließ einen Heilkräutergarten anlegen. Als *Sir Joseph Banks*, der mit James Cook um die Welt gesegelt war, zum Direktor der Kew Gardens ernannt wurde, begann die wissenschaftliche Ausrichtung der

Wachablösung im Windsor Castle

Gartenanlage. Königliche Botaniker wurden ausgeschickt, um in allen Erdteilen seltene Samen und Pflanzen zu sammeln. Im Laufe des 19. Jahrhunderts wurden die Kew Gardens zur weltweit bedeutendsten Forschungseinrichtung, die bedrohte Pflanzen vor dem Aussterben bewahren sollte. Im *Index Kewensis* werden seit mehr als hundert Jahren alle Pflanzennamen systematisch katalogisiert.

Mit ihren Wanderwegen, Teichen, Tempeln und der 50 Meter hohen chinesischen Pagode sind die Kew Gardens – sie wurden 2003 von der UNESCO zum Weltkulturerbe erklärt – ein ideales Ausflugsziel. Die *Royal Botanic Gardens* besitzen beispielsweise die weltweit größte Orchideensammlung. Den Höhepunkt eines Besuchs stellen aber sicherlich die „Gewächshäuser" mit ihrer tropischen Flora dar. Da ist einmal das *Palm House*, ein kühner Eisen-Glas-Bau aus dem Jahre 1848, der den Besucher mit seinen Kaffeebäumen, Ingwerstauden, Farnpalmen und Bambuspflanzen verzaubert (bis 2018 wegen Restaurierung geschlossen). Wer die filigrane gusseiserne Wendeltreppe emporsteigt, hat das Gefühl, im Dunst eines subtropischen Regenwaldes zu stehen. Im 200 Meter langen *Temperate House* gedeihen dank eines ausgefeilten Heizungssystems Pflanzen aus gemäßigteren Klimazonen, darunter Drachenbäume von den Kanarischen Inseln und ein chinesischer Sargbaum. Weitere Attraktionen sind der *Treetop Walkway*, ein spektakulärer Baumwipfelweg, sowie das *Waterlily House* und das *Princess of Wales Conservatory*, das Pflanzen aus zehn verschiedenen Klimazonen beherbergt, darunter eine Riesenseerose, deren Blätter einen Durchmesser von zwei Metern haben. Ausstellungen finden in der *Kew Garden Gallery* statt. Der zum Areal gehörende *Kew Palace*, die einstige Sommerresidenz von George III., stammt aus dem frühen 17. Jahrhundert und kann besichtigt werden. Hinweis: Ein genauer Lageplan, der am Eingang erhältlich ist, erleichtert die Orientierung auf dem weitläufigen Areal.

Kew Road. Ⓤ Kew Gardens (Tarifzone 3). Die Gärten sind zehn Fußminuten vom Bahnhof entfernt. Es besteht auch die Möglichkeit, vom Westminster Pier aus mit einem von täglich fünf Booten nach Kew Gardens zu fahren. Tgl.

9.30–18 Uhr, am Wochenende bis 19 Uhr, im Winter bis 16.30 Uhr. Eintritt £ 15, erm. £ 14, Kinder bis 16 Jahre frei! www.kew.org.

Backsteintraum aus der Tudorzeit

Hampton Court Palace

Zu Recht wird Hampton Court Palace als die schönste königliche Residenz gerühmt. Umgeben von ausgedehnten Gartenanlagen, leuchtet der Palast noch immer im Glanz der Tudor-Zeit.

Ursprünglich wurde Hampton Court zu Beginn des 16. Jahrhunderts im Auftrag von *Thomas Wolsey* (1475–1530), seines Zeichens Lordkanzler und Erzbischof von York, errichtet, doch *Heinrich VIII.* hatte nicht nur ein Faible für das weibliche Geschlecht, sondern auch für schöne Schlösser und forderte von seinem kirchlichen Gegenspieler, ihm seinen Palast zu „überlassen". Nachdem die Zwangsenteignung vollzogen war, wurde Hampton Court systematisch zu einem der größten englischen Königspaläste ausgebaut. Genau genommen ist Hampton Court das größte Backsteinbauwerk, das in England seit der Römerzeit errichtet wurde. Das Anne-Boleyn-Tor (Gateway) zeugt eindrucksvoll von der Verschwendungssucht des unberechenbaren Königs. Bis zum Tod Georges II. wurde der Palast von den englischen Königen zeitweilig bewohnt. Queen Victoria machte Hampton Court 1838 schließlich für die Öffentlichkeit zugänglich. Als am Ostermontag 1986 die Flammen aus dem Palast loderten, schien sich eine Katastrophe anzubahnen, doch konnte das Feuer noch rechtzeitig gelöscht werden, so dass nur vier historische Räume zerstört wurden.

Fast alle Besucher strömen, kaum dem Zug entstiegen, über die Themsebrücke dem Haupteingang des Hampton Court Palace entgegen. Mit seinen roten Backsteinen, weißen Zinnen sowie den zahlreichen kleinen Türmchen und Kaminen ist der Hampton Court Palace ein Musterbeispiel für die Tudorarchitektur. Farbig gekennzeichnete Rundgänge führen vom *Clock Court* durch die verschiedenen Bereiche des Palastes. Der Hof erhielt seinen Namen, als Heinrich VIII. 1540 eine astronomische Uhr anbringen ließ, die nicht nur die Zeit anzeigt, sondern auch Tag, Monat, Mondphase und die Gezeiten der Themse! Besonders eindrucksvoll sind die *Henry VIII's State Apartments* mit

Hampton Court: Barockgarten

der Great Hall und der königlichen Kapelle. Ebenfalls sehr repräsentativ wirken die im Barockzeitalter entstandenen Gemächer des Königs (*The King's Apartments*) und der Königin (*The Queen's State Apartments*). *The Georgian Rooms* waren ein privates Refugium für das Herrscherpaar. Vom Alltagsleben im Hampton Court erzählen die *Tudor Kitchens*; in der wohl größten noch erhaltenen Küche des 16. Jahrhunderts mussten täglich über 500 Personen versorgt werden. Die ausgestellten Gerätschaften und Lebensmittel geben einen authentischen Einblick in die Essgewohnheiten dieser Epoche am englischen Hof. Kunstgenuss versprechen *The Wolsey Rooms & Renaissance Picture Gallery*; sie beherbergen eine wertvolle Gemäldesammlung mit Werken von Tintoretto, Tizian, Lucas Cranach, Peter Breughel d. Ä. und Holbein.

Umgeben ist Hampton Court von ausgedehnten barocken Gartenanlagen, die William III. anlegen ließ, um seinen Rivalen, den französischen König Ludwig XIV., zu übertrumpfen. In der *Lower Orangery* ist eine Gemäldeserie („Die Triumphe des Cäsar") von *Andrea Mantegna* ausgestellt, im Norden des Areals grenzen die *Tudor Tennis Courts* an, in denen bereits der übergewichtige Heinrich VIII. dem Ball hinterherjagte. Bei Kindern steht vor allem der kleine, durch Eibenhecken abgetrennte Irrgarten (*The Maze*) hoch im Kurs.

Hinweis: Da in den Räumen selbst nur wenige Informationen vorzufinden sind, empfiehlt es sich, an einer Führung durch die *Henry VIII's State Apartements* bzw. *The King's Apartments* (jeweils 35 Minuten) teilzunehmen. Für *The Tudor Kitchens*, *The Georgian Rooms* und *The King's Apartments* gibt es jeweils eine *Audio Tour*. Eine Besichtigung des Hampton Court Palace nimmt leicht mehrere Stunden in Anspruch. Wer will, kann sich zwischendurch im Schnellrestaurant der *Privy Kitchen* stärken.

Hampton Court Palace. Mit dem Zug von Waterloo Station oder Ⓤ Richmond und von dort 30 Min. mit dem Bus R 68 (Tarifzone 6). Tgl. 10–18 Uhr, im Winter nur bis 16.30 Uhr. Eintritt £ 21, erm. £ 17.10 oder £ 10.50, Familienticket £ 51.70 (jeweils inklusive Führungen und Audioguide). www.hrp.org.uk.

Kleinstadtidyll in Großstadtnähe

Richmond

Das kleine, nur zwanzig Kilometer westlich von London gelegene Richmond mit seinen gepflegten Straßen erfreut sich im gehobenen Bürgertum großer Beliebtheit. Umgeben von viel Grün, ist die City von Richmond aus mit der District Line in kürzester Zeit zu erreichen.

Umgekehrt schätzen die Londoner Richmond mit seinem Park, um ein paar schöne Stunden in der Natur zu verbringen. Bevor man aber dem Park zustrebt, sollte man einen Blick auf Richmond selbst werfen. Die von Quinlan Terry in den 1980er-Jahren im georgianischen Stil gestaltete Uferpassage *Richmond Riverside* ist eine der schönsten an der Themse. Wer mehr über Richmond wissen möchte, kann sich im Richmond Museum über die Geschichte des Städtchens informieren.

Der Richmond Park gehört zwar noch zum Stadtgebiet Londons, trotzdem hat man hier das Gefühl, mitten auf dem Land zu sein. Ab 1637 diente das 988 Hektar große Areal als königlicher Jagdgrund. Seit der Park im 18. Jahrhundert für die Allgemeinheit zugänglich gemacht wurde, leben die Hirsche, Rehe, Dachse und alle anderen Tiere in recht friedlicher Eintracht mit den zahlreichen Spaziergängern und Radfahrern zusammen. Ein schöner Blick vom Windsor Castle bis zur St Paul's Cathedral bietet sich bei schönem Wetter von der *Pembroke Lodge* oder der *White Lodge*.

Richmond Hill. Ⓤ Richmond (Tarifzone 4). Tgl. 7.30 Uhr bis zum Anbruch der Dämmerung. Eintritt frei! Richmond Museum: Di–Sa von 11–17 Uhr. Eintritt frei! www.museumofrichmond.com.

Unvergessen: Amy Winehouse

Nachlesen & Nachschlagen

Round Reading Room im British Museum

Stadtgeschichte

In der Stadtgeschichte von London spiegelt sich in vielerlei Hinsicht auch die Geschichte Englands wider. Notierte doch schon Thomas Platter 1599 in seinem Tagebuch, man „dürfe nicht sagen, London liege in England, sondern müsse sagen, England sei London".

Römisches Londinium

Nachdem die **Römer** im Jahre 43 unserer Zeitrechnung Britannien erobert hatten, schufen sie nach bewährtem Muster eine neue Provinz, die den Namen *Britannia* erhielt. Dort, wo sich das Themsetal verengte und zwei kleine Hügel den Sumpf des Nordufers überragten, gründeten die Römer *Londinium*. Der Platz war gut gewählt, denn hier gab es nicht nur in ausreichendem Maße trockenes Land für eine Stadt, die technisch versierten Eroberer verstanden es auch, eine Holzbrücke über die Themse zu führen. Der Grundstein für Londons Aufstieg zu Britanniens großem Verkehrs- und Handelsknotenpunkt war gelegt. Zwar begehrten die Kelten vom Stamm der Icener 17 Jahre später noch einmal gegen die römische Fremdherrschaft auf und zerstörten unter Führung ihrer Königin Boudicca Londinium, doch wurde die Stadt umgehend wiederaufgebaut und durch Stadtmauern und ein mächtiges Kastell, das in der Nähe des heutigen Barbican Centre stand, abgesichert. Mit einer Ausdehnung von rund 140 Hektar war London um ein Vielfaches größer als die Römerstädte Mailand, Turin und Verona und der römische Historiker *Cassiodorus* stellte lobend fest: „Londinium war für seinen Handel berühmt und wimmelte nur so von Händlern." Rund 50.000 Menschen lebten im antiken London, von dem allerdings nur wenige archäologische Zeugnisse erhalten blieben, darunter die Grundmauern des Mithrastempels und Reste eines Amphitheaters. Eindrucksvoll sind auch die Reste des *London Wall*, der die Stadt vor Überfällen sicherte. Die römische Topographie ist bis heute auszumachen, so erinnern noch die Namen Ludgate, Newgate, Aldersgate,

Cripplegate, Bishopsgate und Aldgate an den jeweiligen Standort der einstigen Stadttore.

Die Angelsachsen übernehmen

Als sich die römischen Truppen im 5. Jahrhundert aus Britannien zurückzogen, behielt London dennoch eine gewisse Zeit seine führende Stellung. Doch das Machtvakuum auf der Insel lockte potenzielle Eroberer an; die Sachsen brandschatzten London erst, bevor sie sich dort und in anderen Teilen Englands dauerhaft ansiedelten. Gegen Ende des 8. Jahrhunderts wurde London wiederholt von Wikingern heimgesucht, die mit ihren wendigen Schiffen überraschend die Themse hinauffuhren. Als prosperierende Handelsstadt war London ein begehrtes Ziel. Nachdem *Alfred der Große*, der König von Wessex, die Wikinger bei Chippenham geschlagen hatte, konnte er London 886 zurückerobern und die angelsächsische Herrschaft konsolidieren. Die Stadtbefestigung wird ausgebaut und der Hafen erweitert.

Das Londoner Zollverzeichnis, das unter König Aethelred erstellt wurde, zeigt anschaulich, dass bereits im Jahre 1000 deutsche, französische und flandrische Kaufleute Wolle, Öle und Fette ankauften, während die Angelsachsen braunes und graues Tuch, Gewürze, Wein und Fisch importierten. Wenig später konnte der Däne *Knut der Große* die angelsächsische Vormachtstellung durchbrechen und von 1018 bis 1035 die Insel als englischer König regieren. Die dänische Episode währte aber nicht lange: Unter Eduard dem Bekenner kehrten zwar die Angelsachsen auf den Thron zurück, allerdings brachte Eduard, der lange Zeit in der normannischen Heimat seiner Mutter als Flüchtling gelebt hatte, die dortigen Sitten und Bräuche mit auf die Insel. Der Bau der von ihm betriebenen Westminster Abbey zeigte deutlich den Einfluss der normannischen Sakralarchitektur.

1066 und die Folgen

Die normannische Eroberung Englands im Jahre 1066 war nicht etwa ein willkürlicher Angriff, wie die geplanten Invasionen von Napoleon oder Hitler. Vielmehr begab sich **Wilhelm der Eroberer**, so jedenfalls sahen es auch viele seiner Zeitgenossen, als legitimer Erbe des englischen Throns nach England, da ihn König Eduard der Bekenner schon zu Lebzeiten zu seinem Nachfolger bestimmt hatte. Als der Erbfall im Januar 1066 eintrat und sich *Harold Godwinson*, ein entfernter Verwandter von Eduard, der Wilhelm den Vasalleneid geleistet hatte, bereits einen Tag später selbst zum König krönte, „musste" Wilhelm handeln. Der berühmte Bildteppich von Bayeux schildert anschaulich die nun folgende Eroberung Englands: Wilhelm ließ eine ganze Schiffsflotte bauen, setzte mit 300 Schiffen und rund 7000 Mann über den Ärmelkanal und schlug Harolds Truppen am 14. Oktober in der berühmten *Schlacht von Hastings*. Zwar wurde Wilhelm am Weihnachtstag des Jahres 1066 in Westminster vom Erzbischof von York zum englischen König gekrönt, doch dauerte es noch weitere fünf Jahre, bis er de facto über ganz England herrschte. Der White Tower, der in dieser Zeit errichtet wurde und im Zentrum des heutigen Tower steht, diente weniger der Verteidigung Londons als vielmehr der Kontrolle der wankelmütigen Londoner Bevölkerung. Ein unumstrittenes Ergebnis der normannischen Eroberung war jedoch die fast vollständige Vernichtung der altenglischen Aristokratie durch Tod, Exil oder soziale Unterdrückung. An ihre Stelle traten die treuen Gefolgsleute Wilhelms und das System des Feudalismus. Ebenso bedeutend war, dass England durch die Vermittlung der normannischen Prälaten kulturell und intellektuell vom breiten Strom der neuen, von Nordfrankreich ausgehenden Gelehrsamkeit erfasst wurde. Auch in architektonischer Hinsicht erlebte

England durch die normannische Eroberung eine Revolution. Die Normannen führten nicht nur den Burgenbau – das Hauptmerkmal einer feudalen Gesellschaft – ein, sie bauten in den Jahrzehnten nach Hastings fast jede größere Kirche aus, wodurch die Reform der englischen Kirche auch optisch zum Ausdruck kam.

London selbst spielte in jener Epoche noch nicht die führende Rolle im Königreich. Der Grundriss der Stadt war von den schachbrettartig verlaufenden Römerstraßen geprägt und noch nicht über die antiken Grenzen hinausgewachsen. Die Vorstadtsiedlungen Bishopsgate und Southwark lagen an der wichtigen, von Süden nach Norden verlaufenden Verbindungsstraße, die die Themse auf der bislang einzigen vorhandenen Brücke überquerte. Nach Osten schloss sich das Areal des königlichen Towers an, im Westen in einiger Entfernung das Kloster Westminster mit der Krönungskirche. Dazwischen entfaltete sich die kleinteilige mittelalterliche Stadt in der bis heute gültigen Unterteilung in *boroughs*. Erst im Jahre 1176 wurde die alte London Bridge durch eine steinerne Variante ersetzt. In London muss bereits damals ein raues Klima geherrscht haben, so zeichnete Richard von Devizes, ein Zeitgenosse von Richard Löwenherz, ein spottreiches Bild der Themsestadt: „Wenn du in England bist und kommst nach London, ziehe schnell weiter. Diese Stadt missfällt mir sehr. Es gibt dort alle Arten von Menschen, aus allen Völkern unter dem Himmel, und alle haben ihre Laster mitgebracht: Niemand dort ist unschuldig, in jedem Viertel gibt es bedauerliche Unsitten. Der größte Gauner gilt als der beste Mensch. [...] Alle Laster, die es in der Welt gibt, findest du in dieser Stadt vereint."

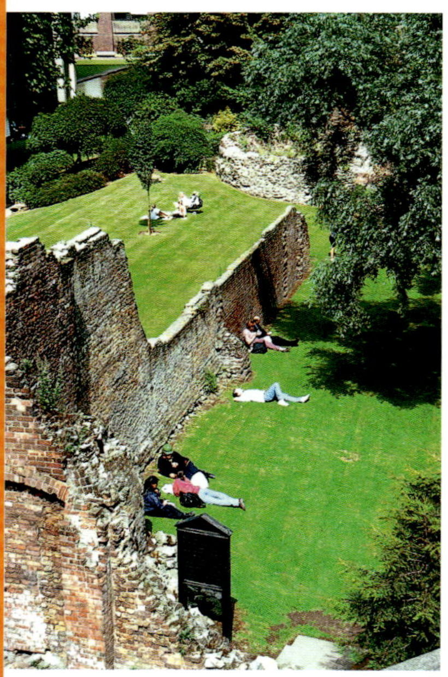

Ruhen im Schatten der römischen Stadtmauer

Nichtsdestotrotz erlebten England und somit auch London gegen Ende des 11. Jahrhunderts eine außerordentliche Blütephase. Der in finanziellen Dingen recht geschickte *Richard Löwenherz* erkannte die Vorteile einer florierenden Wirtschaft, richtete neue Märkte ein und verzichtete darauf, Steuern von den deutschen Kaufleuten zu erheben, die in London eine Niederlassung unterhielten. Richards Bruder und Nachfolger *Johann Ohneland*, ein rachsüchtiger und unfähiger Herrscher, musste im Jahre 1215 die **Magna Carta Libertatum** anerkennen, die die königliche Autorität zu Gunsten von Freiheiten und Privilegien für die Kirche, den Adel sowie das Bürgertum beschnitt und allen späteren konstitutionellen und demokratischen Entwicklungen Tür und Tor öffnete. Auch wirtschaftlich profitierte London von der neuen politischen Situation. Einzelne Händler und Gilden erhielten Privilegien und Monopole, fremde Kaufleute ließen sich nieder. So richtete die Hanse, deren Kaufleuten zahlreiche Vorrechte eingeräumt wurden, gegen Ende des 13. Jahrhunderts mit dem *Stalhof* ein eigenes Kontor in der Themsestadt ein.

London im Kasten

Sechs Frauen und ein Mann

Mit seinen anderen Frauen hatte Heinrich VIII. – oder besser: sie mit ihm – nur wenig Glück. Britische Schüler lernen einen Reim, um sich das Schicksal der Frauen Heinrich VIII. leichter einzuprägen: „Divorced, beheaded, died / divorced, beheaded, survived". Geschieden wurde der englische König von Katharina von Aragón, Anne Boleyn verlor ihren Kopf, Jane Seymour starb, Anna von Kleve wurde ebenfalls geschieden, Katherina Howard starb wiederum durch den Henker und nur Katharina Parr überlebte ihren Gatten.

Schwarzer Tod und Rosenkriege

Das 14. und 15. Jahrhundert waren von Kriegen und schweren Katastrophen gekennzeichnet. Im August 1348 erreichte die **Pest** England; fast jeder dritte Einwohner Londons starb in den darauf folgenden Monaten am „Schwarzen Tod". Eine zweite Pestepidemie breitete sich im Winter 1361 aus und forderte erneut Tausende von Opfern. Zeitgleich bekriegten sich England und Frankreich auf dem Kontinent. Nach anfänglichen Erfolgen der Engländer trugen aber letztlich die Franzosen den Sieg im so genannten *Hundertjährigen Krieg* (1338–1453) davon. Kaum herrschte Frieden, entbrannte zwischen den Häusern York und Lancaster ein gnadenloser Kampf um die Krone. Da beide, mit den Plantagenets verwandten Adelsgeschlechter eine Rose im Wappen führten, gingen die von 1455 bis 1485 währenden Konflikte als **Rosenkriege** in die Geschichte ein. Den unrühmlichen Höhepunkt bildete der von Richard in Auftrag gegebene Mord an den unmündigen Söhnen seines 1483 verstorbenen Bruders Eduard IV. Heinrich Tudor, der Earl of Richmond, stellte sich am 22. August 1485 mit Unterstützung des französischen Königs den Truppen Richard III. auf dem Schlachtfeld entgegen. Obwohl die Armee Richards zahlenmäßig überlegen war, trug Heinrich den Sieg davon. Dass Richard bei einer persönlichen Attacke auf seinen Herausforderer ums Leben kam, wurde von den Zeitgenossen als eine Art Gottesurteil interpretiert.

Die Häuser Tudor und Stuart

Mit Heinrich VII. saß erstmals ein Tudor auf dem Thron. Durch seine Heirat mit Elizabeth von York führte der geschickte Diplomat die verfeindeten Häuser York und Lancaster zusammen. Sein bleibender Verdienst war es, die Stellung der Monarchie zu festigen. Diese Politik, die von seinen Nachfolgern bis hin zu Elizabeth I. fortgesetzt wurde, bildete die Grundlage für die weltweite Expansion Englands, die mit einem steten Zuwachs der Londoner Bevölkerung einherging. Als **Heinrich VIII.** 1508 den englischen Thron bestieg, konnte er auf eine gut gefüllte Staatskasse zurückgreifen. Obwohl höfische Manieren, körperliche Fähigkeiten und Bildung des 18-Jährigen von den Zeitgenossen hoch gerühmt wurden, sollte er als Despot in die Geschichte eingehen. Seine Geltungssucht, verbunden mit einem übersteigerten Imponiergehabe steigerte sich ins Unerträgliche. Architektonische Glanzpunkte seines Repräsentationsstrebens waren der St James's Palace und Hampton Court – beides eindrucksvolle Beispiele für die Tudor-Gotik. Letztlich waren es aber die Ehe- bzw. Nachfolgerprobleme Heinrichs VIII., die zu einer entscheidenden Wendung im Geschick des Landes führten: Da der Papst ihm die Scheidung von Katharina von Aragón verweigert hatte, sagte sich Heinrich VIII. von Rom los und machte die englische Kirche zu einer Nationalkirche, der so genannten anglikanischen Staatskirche mit dem König selbst als *Supreme Head*.

Besonders bedeutend war Heinrichs Entscheidung, die Klöster aufzuheben und deren Güter an treue Gefolgsleute zu verteilen. Auf diese Weise schaffte er einen neuen, patriotischen Adel, der entschieden für den Protestantismus eintrat, um die Klostergüter nicht wieder herausgeben zu müssen. Teilweise wurden Ländereien zu Spottpreisen an vermögende Kaufleute verkauft, da Heinrich dringend Geld benötigte, um den Krieg gegen Frankreich zu finanzieren. Gleichzeitig mangelte es nun aber im ganzen Land an einer wirksamen Armenfürsorge; an die Stelle der Klöster und religiösen Stiftungen traten Armengesetze sowie eine Zwangsabgabe zur Unterstützung der Notleidenden.

Diese Entwicklung setzte sich auch unter **Elizabeth I.** durch; die zweitälteste Tochter Heinrichs VIII. vollendete während ihrer langen Regierungszeit (1558–1603) die religiöse Politik ihres Vaters. Waren bei ihrem Regierungsantritt durch die Rekatholisierungsmaßnahmen ihrer Halbschwester Maria die überwiegende Mehrzahl der Engländer wieder in den Schoß der alten Kirche zurückgekehrt, so dürfte die Zahl der Katholiken gegen Ende ihrer Herrschaft unter zwei Prozent gelegen haben. Angetrieben von dem puritanischen Geist, prosperierte die Wirtschaft: An der 1571 eröffneten Londoner Börse konnte erstmals ein ständiger Handel stattfinden. Nachdem Elizabeth 1587 die katholische Königin von Schottland, *Maria Stuart*, hatte köpfen lassen, weil sie Maria verdächtigte, einen Mordanschlag auf sie veranlasst zu haben, schickte Philipp II. seine Armada, um England wieder für den rechten Glauben zu gewinnen. Doch trotz der vermeintlichen militärischen Überlegenheit der spanischen Flotte, gelang den von *Sir Francis Drake* angeführten Engländern ein historischer Sieg, der eine jahrhundertelange Vormachtstellung Englands auf allen Weltmeeren zur Folge hatte. Auch in kultureller Hinsicht sollte das Elizabethanische Zeitalter als *Golden Age* in die Geschichte eingehen. *Christopher Marlowe* und vor allem *William Shakespeare* prägten die Epoche mit ihren Tragödien; am Südufer der Themse entstanden erstmals eigene Theatergebäude, die bis zu 3000 Zuschauer fassen konnten, darunter das unlängst wieder rekonstruierte *Globe*.

Auf dem Sterbebett liegend, bestimmte Elizabeth I. den Sohn von Maria Stuart als Jakob I. zu ihrem Nachfolger. Der für seine liberale Einstellung bekannte Jakob war zu diesem Zeitpunkt bereits König von Schottland und sollte bis zu seinem Tod (1625) in Personalunion als König von Schottland und England herrschen. Beinahe wäre Jakob I. einem Anschlag zum Opfer gefallen. Der Katholik Guy Fawkes plante zusammen mit zwei Jesuiten, den König samt Parlament in die Luft zu sprengen. Der so genannte *Gunpowder Plot* war die Antwort auf einen königlichen Erlass, mit dem die Jesuiten ins Exil gezwungen werden sollten. Die „Schießpulver-Verschwörung" flog jedoch auf, weil einer der Anführer einem Freund die Warnung zukommen ließ, dem Parlament am Tag des Anschlags fernzubleiben. Der Brief gelangte in die Hände königstreuer Beamter, woraufhin unter dem Parlamentsgebäude 36 Pulverfässer entdeckt wurden. Fawkes und seine Mitverschwörer wurden gefangen genommen, gefoltert und hingerichtet.

Die Erinnerung an das Haus Stuart, das bis 1714 über England herrschen sollte, bleibt von zwei dramatischen Ereignissen überschattet: Dem Bürgerkrieg, der 1649 in der Exekution Karls I. und der Abschaffung der Monarchie gipfelte – Oliver Cromwell stand als Lord Protector an der Spitze des Staates – sowie dem Großen Brand von 1666, dem große Teile Londons zum Opfer fielen.

So schrecklich der Große Brand von 1666 war, bot er doch gleichzeitig die in Europa einzigartige Gelegenheit, eine Stadt nach einem „modernen" Plan im großen Maßstab wiederaufzubauen. Den Auftrag erhielt schließlich *Sir Christopher Wren* (1632–1723), ein junger Wissenschaftler der *Royal Society for Improving Natural Knowledge by Experiments*. Wren konnte seinen ursprünglichen städtebaulichen Entwurf, der große Plätze und breite Alleen vorsah, nicht ausführen; er scheiterte am Widerstand der Bürger und den komplizierten Eigentumsverhältnissen. Die einzigartige Möglichkeit blieb ungenutzt, der Wiederaufbau erfolgte entlang der alten verschlungenen Straßenführung. Wren durfte die Pläne zu rund 50 Pfarrkirchen und der St Paul's Cathedral entwerfen, die schnell zum Wahrzeichen Londons wurde; zudem ließ er mehrere Straßen verbreitern, die Wasserläufe kanalisieren und ordnete Vorschriften für die Ausführung von Gebäuden an. In der City entstanden in den nächsten Jahrzehnten zahlreiche öffentliche Bauten wie die Börse von Edward Jerman, Zunfthäuser von Peter Mills sowie Kirchen von James Gibbs und Thomas Archer.

Nach der „Glorreichen Revolution" von 1689 wurde das als konstitutionelle Monarchie regierte England innerhalb kürzester Zeit zur stärksten Wirtschaftsmacht Europas. London löste Amsterdam als weltweit bedeutendstes Handels- und Finanzzentrum ab und dehnte sich ständig weiter aus. 1694 wurde die Bank of England gegründet. Einen wichtigen Anteil am Aufschwung hatten die Hugenotten; Ende des 17. Jahrhunderts siedelten sich rund 40.000 aus Frankreich vertriebene Glaubensflüchtlinge in London an. Die Ursache für die Flucht der Hugenotten war das Edikt von Fontainebleau vom 18. Oktober 1685, mit dem der französische König *Ludwig XIV.* das Toleranzedikt von Nantes (1598) widerrief. Der englische König James II. hatte nicht nur den Flüchtlingen die Möglichkeit geben wollen, ihren Glauben auszuüben, sondern sich auch wirtschaftliche Vorteile sowie die Erschließung neuer Gewerbezweige erhofft.

Nachdem weder Wilhelm III. noch Königin Anna ihre Linie durch einen Thronfolger weiterführen konnten, fiel gemäß der Erbfolge die englische Krone an das **Haus Hannover**. Mit Georg I. bestieg 1714 erstmals ein deutscher Fürst den englischen Thron. Das gesamte 18. Jahrhundert war eine Epoche, die sich vor allem im West End und in Marylebone durch eine rege Bautätigkeit

London im Kasten

Der Große Brand

Innerhalb weniger Jahrzehnte hatte sich die Londoner Bevölkerung im 17. Jahrhundert auf über 200.000 verdoppelt, als in den frühen Morgenstunden des 2. September 1666 in einer Bäckerei an der Pudding Lane ein kleines Feuer ausbrach, das als ungefährlich eingestuft wurde. Der damalige Lord Mayor Sir Thomas Bloodworth murmelte etwas von „Kinderkram, den sogar eine Frau auspinkeln könnte", und legte sich wieder in sein Bett. Eine fatale Fehleinschätzung – denn wegen ungünstiger Winde breitete sich der „Kinderkram" zu einer fünf Tage währenden Feuersbrunst aus: „Und der mächtig starke Wind trieb das Feuer in die Stadt, und alles erwies sich nach so langer Trockenheit als brennbar, selbst die steinernen Kirchenmauern", notierte der Augenzeuge Samuel Pepys in seinem Tagebuch. Der Schaden war verheerend: Vier Fünftel der Londoner City und die Hälfte der westlichen Peripherie waren vernichtet. Rund 13.000 Häuser sowie 87 Kirchen, darunter die alte St Paul's Cathedral, wurden ein Opfer der Flammen. Das einzig Positive an der Feuersbrunst war, dass auch die Pest, die ein Jahr zuvor ausgebrochen war, aus London verschwand.

auszeichnete. London wuchs weit über seine Stadtgrenzen hinaus. *Daniel Defoe* bezeichnete das aufstrebende London 1726 als „eine monströse Stadt" und stellte die Frage: „Wo kann hier eine Grenzlinie gezogen oder ein Umgrenzungswall angelegt werden?" Im Gegensatz zu anderen europäischen Städten fehlte in London ein umfassender Bebauungsplan. Weder die Regierung noch eine kleine herrschende Schicht gaben Richtlinien vor, vielmehr war die Stadtentwicklung das Ergebnis einer Vielzahl begrenzter privater Initiativen. Da zwischen 1714 und 1830 alle englischen Könige den Namen Georg trugen, werden die damals entstandenen Bauten unter dem Namen Georgianischer Stil subsumiert. Hierzu zählen die zahlreichen Backstein-Reihenhäuser, die weiträumigen, rechteckigen *Squares* und die abgerundeten *Crescents*. Unter den damals errichteten Stadtpalästen ragt vor allem das Somerset House am Strand heraus. Eine Sonderform ist der Regency-Stil von *John Nash* (1752–1835). Wie kein anderer hat Nash das Gesicht Londons verändert. Der Prinzregent und spätere König Georg IV. beauftragte ihn 1813, eine neue Straße durch das Großstadtdickicht zu schlagen. Nash entwirft die drei Kilometer lange Regent's Street, die allerdings nicht, wie für einen Prachtboulevard üblich, schnurgerade verläuft, sondern ein paar Bögen schlägt, da Nash bei seinen Planungen auf einflussreiche Grundeigentümer Rücksicht nehmen muss. Auf John Nash gehen auch der Regent's Park, Piccadilly Circus, Marble Arch und die Umgestaltung des Buckingham Palace zurück, außerdem hat er zahlreiche Stadtvillen errichtet. Typisch für Nash sind die weißen Stuckfassaden und Säulenarkaden, die noch heute viele Londoner Straßenzüge kennzeichnen und die die Illusion einer ländlichen Idylle hervorrufen sollten.

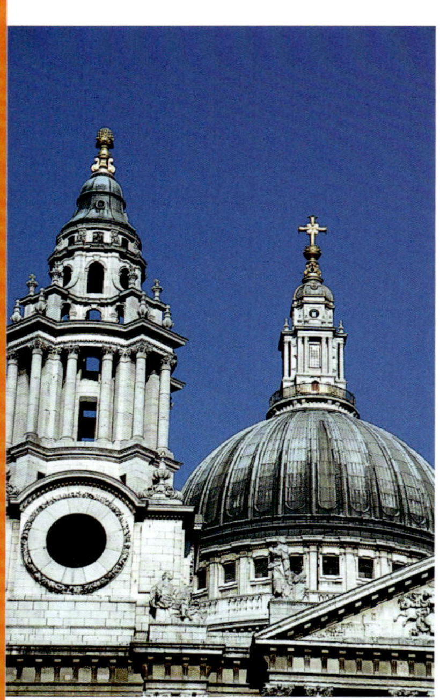

Londoner Wahrzeichen St Paul's Cathedral

Industrielle Revolution

Im 19. Jahrhundert, als Dampfschiffe eine zügigere Überquerung des Ärmelkanals ermöglichten, wurde London zunehmend als Reiseziel entdeckt. In erster Linie wollten die Reisenden die ungeheuren sozialen und politischen Dimensionen der „Weltstadt" London erleben. Als Heinrich Heine 1828 in London eintraf, bot sich ihm folgendes Bild: „Ich habe das Merkwürdigste gesehen, was die Welt dem staunenden Geiste zeigen kann, ich habe es gesehen und staune noch immer – noch immer starrt in meinem Gedächtnisse dieser steinerne Wald von Häusern und dazwischen der drängende Strom lebendiger Menschengesichter mit all ihren bunten Leidenschaften, mit all ihrer grauenhaften Hast der Liebe, des Hungers und des Hasses ... Dieser bare Ernst aller Dinge, diese kolossale Einförmigkeit, diese maschinenhafte Bewegung, diese Verdrießlichkeit der Freude selbst, dieses übertriebene Lon-

London im Kasten

Die Weltausstellung von 1851

Fast alle Anwesenden waren zu Tränen gerührt, als am 1. Mai 1851 Hunderte von Chorsängern das „Halleluja" aus Händels „Messias" anstimmten, nachdem Königin Victoria in Anwesenheit des Erzbischofs von Canterbury die „Great Exhibition of the Works of Industry of All Nations" im Londoner Kristallpalast feierlich eröffnet hatte. Dabei war der Anlass der Feierlichkeiten eigentlich ganz profaner Natur: Fast 14.000 Aussteller aus der ganzen Welt waren zusammengekommen, um ihre Produkte und technischen Errungenschaften auf der 1. Weltausstellung zu präsentieren. Die Vorreiterrolle spielte zweifellos Großbritannien, das sich als Vorbild für andere Nationen verstand. Das Leitmotiv der Ausstellung war allerdings nicht der Fortschritt, sondern der „Frieden" zwischen den Völkern, weswegen der Kristallpalast auch als „Friedenstempel" bezeichnet wurde. Thomas Carlyle rümpfte allerdings die Nase angesichts dieses „Tempels zur Anbetung des Kommerzes". Auch in sozialintegrativer Hinsicht war die Wirkung der Ausstellung begrenzt: In erster Linie feierte sich die bürgerliche Industriegesellschaft; für die Arbeiterschaft war noch kein gleichrangiger Platz vorgesehen.

don erdrückt die Phantasie und zerreißt das Herz ... Ich erwartete große Paläste und sah nichts als lauter kleine Häuser. Aber eben die Gleichförmigkeit derselben und ihre unabsehbare Menge imponirt so gewaltig."

Heines Enttäuschung war bedingt durch die Auswirkungen der Industriellen Revolution, die England und vor allem London damals voll erfasst hatte. Aus allen Teilen des Königreichs strömten die Menschen nach London, um in den dortigen Fabriken Arbeit zu finden. Die Einwohnerzahl begann in bis dato unbekanntem Ausmaß zuzunehmen; Ende des 18. Jahrhunderts überschritt London als erste europäische Stadt die Millionengrenze. Heine erlebte London als eine Stadt des Liberalismus, die infolge der Befreiungskriege von einer fortschreitenden wirtschaftlichen Depression geprägt war. Große Teile der Bevölkerung, vor allem die irische Minderheit, lebten unterhalb der Armutsgrenze. Dies führte zu sozialen Missständen, die *Charles Dickens* in seinen Werken wie „Oliver Twist" (1835) so eindrucksvoll geschildert hat.

Auch die Schriften von Marx und Engels sind ohne die englische Erfahrung der beiden Begründer der Kommunistischen Partei nicht denkbar. *Friedrich Engels* charakterisierte 1845 die Lage der arbeitenden Klasse in England wie folgt: „Die brutale Gleichgültigkeit, die gefühllose Isolierung jedes einzelnen auf seine Privatinteressen tritt um so widerwärtiger und verletzender hervor, je mehr diese einzelnen auf den kleinen Raum zusammengedrängt sind; und wenn wir auch wissen, dass diese Isolierung des einzelnen, diese bornierte Selbstsucht überall das Grundprinzip unserer heutigen Gesellschaft ist, so tritt sie doch nirgends so schamlos unverhüllt, so selbstbewußt auf als gerade hier in dem Gewühl der großen Stadt."

Viktorianisches Zeitalter

Während der langen Herrschaft von **Queen Victoria** (1837–1901), die als Mutter der Nation und Mutter von neun Kindern einem ganzen Zeitalter den Namen gab, verdreifachte sich die Londoner Bevölkerung auf über 4,5 Millionen. Jeder fünfte Engländer wohnte in London. Die Stadt umfasste beinahe das ganze, 30.000 Hektar große Gebiet der 1888 geschaffenen, gleichnamigen Grafschaft. In Europa gab es keinen vergleichbaren städtischen Ballungsraum. Die Stadtverwaltung hatte mit Verkehrsproblemen zu kämpfen, gleichzeitig nahmen die Umweltverschmutzung sowie die sozialen Spannungen zu. Obwohl sich London in vielerlei Hinsicht als unkontrollierbarer Organismus präsentierte, wurden damals ganz außerordentliche Leistungen hervorgebracht: Pall Mall war die erste Straße der Welt, die eine Gasbeleuchtung erhielt; der Kristallpalast, in dem die Weltausstellung von 1851 stattfand, war mit einer Grundfläche von 6,5 Hektar das bis dato größte Gebäude; die Ufer der Themse wurden zwischen der City und Westminster befestigt; die Stadt erhielt ein neues Abwasserkanalsystem; 1863 begannen die Bauarbeiten für die anfangs noch dampfbetriebene U-Bahn; mit der technisch ausgefeilten Tower Bridge und den im *Gothic Revival* errichteten Houses of Parliament erhielt London zwei neue Wahrzeichen. Um die Eintönigkeit der urbanen Landschaft aufzulockern, entstanden mehrere öffentliche Parkanlagen: 1830 der Regent's Park, 1845 der Victoria Park und schließlich 1869 der Finsbury Park.

Durch die mit der Industrialisierung einhergehenden Veränderungen der Arbeitswelt wurde London im Laufe des 19. Jahrhunderts zum Prototyp einer modernen Megacity. Das private Leben beschleunigte sich und ein neuer urbaner Lebensstil bildete sich heraus: Ganze Heerscharen von Angestellten in grauen Anzügen brachen jeden Morgen in den Vororten auf, um – teilweise unterirdisch – in ihre im Zentrum gelegenen Büros zu pendeln. Der Feierabend und das Wochenende wurden ritualisiert, um die Freizeit von der Arbeitszeit abzugrenzen.

Erster und Zweiter Weltkrieg

Den Ersten Weltkrieg überstand London fast ohne Schaden, sieht man einmal von den Bomben ab, die von deutschen Zeppelinen über der City abgeworfen wurden. Die Anziehungskraft des Londoner Ballungsraums blieb ungebrochen, die Bevölkerung wuchs auf über neun Millionen Einwohner an. In städtebaulicher Hinsicht war der Entschluss von 1938 bedeutsam, das Auswuchern der Stadtrandgebiete zu unterbinden und rund um London einen

Queen Victoria

Grüngürtel freier Landschaft, den *green belt*, zu ziehen. Selbst mitten in den Wirren des Krieges beschäftigte sich die Regierung mit der Siedlungsproblematik und leitete die Umsiedlung der Bewohner des *green belt* in neu zu schaffende Ortschaften ein.

Weitgehend vergessen ist heute auch, dass London in den 1930er-Jahren ein bedeutender Zufluchtsort für aus dem nationalsozialistischen Deutschland vertriebene Künstler, Wissenschaftler und Schriftsteller war. Vor allem der Stadtteil Hampstead entwickelte sich zum Zentrum der deutschsprachigen Emigranten, zu denen so bedeutende Persönlichkeiten wie Elias Canetti, Erich Fried, Hermann Broch, Norbert Elias, Peter Weiss, Sebastian Haffner, Alfred Kerr, Hilde Spiel, Sigmund Freud, Fritz Kortner und Peter Zadek gehörten. Rund 50.000 Flüchtlinge aus Deutschland, Österreich und der Tschechoslowakei wurden 1939 in London gezählt, viele blieben auch nach Kriegsende in ihrer Exilstadt wohnen.

Winston Churchill

Zwischen Kriegsende und Millennium

Trotz seines internationalen Erfolgs durch den siegreichen Abschluss des Zweiten Weltkrieges, musste Winston Churchill im Juli eine herbe Niederlage einstecken: Unter der Führung von *Clement Attlee* kam 1945 erstmals eine Labour-Regierung an die Macht, die eine parlamentarische Mehrheit hinter sich hatte. Neben der Verstaatlichung von Eisenbahnen, Fluggesellschaften und dem Bergbau wurde ein umfassendes **Sozialprogramm** verabschiedet, dessen wichtigste Pfeiler die Armenfürsorge und die Gesundheitspolitik waren. In den 1950er-Jahren ließen sich zahlreiche Immigranten aus Indien und der Karibik in London nieder. Die englische Hauptstadt erhielt dadurch zwar ihren bis heute so faszinierenden multikulturellen Touch, doch gleichzeitig wuchs die Ablehnung der weißen Bevölkerung gegenüber der farbigen Minderheit. Die Konflikte entluden sich im Sommer 1958, als die ersten Rassenunruhen in London ausbrachen, geschürt von einem Steine werfenden Mob, der durch die Straßen von Notting Hill zog. Die größten Veränderungen in der Architektur Londons sind wohl im 20. Jahrhundert zu verzeichnen. Beton wurde zum bevorzugten Baumaterial und löste den traditionellen Ziegelstein ab. Die durch die Bomben des Zweiten Weltkrieges entstandenen Lücken versuchte man durch moderne Hochhäuser und Blockbauten zu schließen. Glas- und Stahlkonstruktionen beherrschen noch heute zahlreiche Stadtviertel. Diese **New Brutalism** genannte Architekturform wird am auffälligsten vom *National Theatre* in London repräsentiert. Der österreichische Maler Oskar Kokoschka, der 1938 nach London emigriert war, zeigte sich 1972 enttäuscht über die städtebaulichen

Veränderungen seiner Wahlheimat: „Wenn sich das Gesicht Londons so verändert, dass die Stadt nicht mehr wiederzuerkennen ist, dann liegt das nicht nur an zwei Weltkriegen, sondern vor allem an den Spekulanten und Bauunternehmern. Mit ihrer Hilfe werden die Londoner bald völlig von einem organischen Wachstum ihrer Metropole befreit sein."

Auch wenn die 1960er- und 1970er-Jahre bis heute als „Swinging London" werbewirksam vermarktet werden, so war jene Epoche in sozialgeschichtlicher Hinsicht vor allem durch ökonomische Probleme und Arbeitslosigkeit geprägt. Der Londoner Hafen steuerte unaufhaltsam seinem Niedergang entgegen, ein Dock nach dem anderen wurde geschlossen. Ein wirtschaftlicher Aufwärtstrend machte sich erst zu Beginn der **Ära Thatcher** (1979–1990) bemerkbar. Mit Unnachgiebigkeit regierte die „Iron Lady", hob die viktorianischen Werte auf den Schild und betrieb mit Eifer den staatlichen Rückzug aus Wirtschaft und Gesellschaft. Das Symbol für den wirtschaftlichen Erfolg jener Jahre sollte die umstrittene Umgestaltung der Docklands in ein modernes Büroviertel werden. In der Erinnerung vieler Londoner sind von der Ära Thatcher vor allem die politischen Unruhen und die soziale Kälte jener Jahre haften geblieben. *John Major* konnte den Abwärtstrend der Konservativen noch einmal kurz aufhalten, doch am 1. Mai 1997 triumphierte New Labour mit ihrem Premier *Tony Blair*, der angetreten ist, um „Cool Britannia" betont jugendlich in das dritte Jahrtausend zu führen. Trotz zahlreicher Proteste gegen das britische Engagement im Irak-Krieg wurde Blair im Juni 2005 für eine dritte Legislaturperiode zum Premierminister gewählt. Kurz danach explodierten am 7. Juli 2005 vier Bomben in der U-Bahn und einem Bus, wobei mehr als 50 Menschen in den Tod gerissen wurden; die Auswirkungen des globalen Terrorismus hatten die Themsemetropole erreicht. Blairs Amtszeit ist die längste aller regierenden Premierminister der Labour-Partei. Im Herbst 2006 kündigte Blair seinen Rücktritt an. Nach einem kurzen, aber erfolglosen Zwischenspiel seines langjährigen politischen Weggefährten *Gordon Brown* war seit Mai 2010 der Konservative *David Cameron* Premierminister. Nach dem Brexit-Referendum, bei dem sich eine knappe Mehrheit der Briten für den Austritt aus der EU ausgesprochen hatte, trat Cameron zurück und *Theresa May* übernahm im Juli 2016 das Amt.

London im Kasten

The Blitz und Baedeker Raids

Die Kriegserfahrungen spielen bis heute im Nationalbewusstsein der Engländer eine wichtige, häufig verklärte Rolle, wie man im Londoner *Britain at War Museum* anschaulich verfolgen kann. Besonders in Erinnerung geblieben ist „The Blitz": Vom 7. September 1940 bis zum 10. Mai 1941 flog die deutsche Luftwaffe 58 nächtliche Angriffe auf die englische Hauptstadt. Besonders verheerend wirkte sich der letzte Angriff vom 10. Mai aus, an dem 550 Flugzeuge beteiligt waren. Insgesamt kamen zwischen 20.000 und 30.000 Menschen ums Leben, mehr als 250.000 Häuser wurden zerstört. Die einfachste und sicherste Möglichkeit, sich vor den Bombenangriffen zu schützen, war, die Nacht in der Underground-Bahn zu verbringen. Neben London mussten auch Bath, Canterbury und Dover schwere Schäden hinnehmen, weshalb die Angriffe auch als „Baedeker Raids" bezeichnet wurden. Die Nazis planten nämlich die Zerstörung der bekanntesten historischen Sehenswürdigkeiten Englands und orientierten sich dabei offensichtlich an der alphabetischen Ordnung des Baedeker-Reiseführers.

Und ewig lockt der Tower

Wirtschaft und Politik

London ist die englische Metropole schlechthin. In Greater London leben nicht nur rund acht Millionen Menschen, zudem wird rund ein Fünftel des britischen Bruttosozialprodukts im Großraum London erwirtschaftet, was der Wirtschaftsleistung von Schweden oder der Schweiz entspricht.

Seit den 1990er-Jahren floriert die britische Wirtschaft in ungeheurem Ausmaß. Während sich die Zahl der Einkommensmillionäre in den letzten beiden Jahrzehnten mehr als verzehnfacht hat, klafft die Schere zwischen Arm und Reich immer weiter auseinander. Von der Arbeitslosigkeit besonders betroffen sind die Stadtviertel Hackney, Tower Hamlets und Haringey. Gleichwohl bedeutet ein hohes Einkommen nicht zwangsläufig, dass man sich großen Luxus leisten kann. Die Lebenshaltungskosten liegen in London erheblich über dem westeuropäischen Durchschnitt. Eine Vier-Zimmer-Wohnung ist in den begehrten Stadtteilen von Chelsea, Kensington oder Notting Hill nicht unter einer Million Pfund zu erwerben.

Als Einkaufsmetropole für Luxuswaren und Mode genießt London einen ausgezeichneten Ruf, der in den Kassen der Londoner Händler die Münzen klingen lässt. Zudem hat sich der Tourismus seit Jahrzehnten als bedeutender Wirtschaftsfaktor etabliert. Mit jährlich rund 30 Millionen Besuchern – davon mehr als die Hälfte aus dem Ausland – steht London europaweit noch deutlich vor Paris an erster Stelle; alljährlich lassen die Touristen umgerechnet mehr als 10 Milliarden Euro an der Themse. Ein weiterer Aufschwung erfolgte durch die Olympischen Spiele, die im Sommer 2012 in London stattfanden. Die finanziellen Mittel flossen in die langfristige Verbesserung des öffentlichen Nahverkehrs und in Baumaßnahmen, die die Entwicklung des vernachlässigten Londoner Nordostens verbessern sollen.

Verwaltungstechnisch ist London in 33 Stadtbezirke aufgeteilt, einer davon ist die City of London, die anderen 32 werden *Boroughs* genannt. Die Bezirke betreiben eine eigenständige Finanz- und Kommunalpolitik. Eine zentrale Stadtverwaltung gibt es seit 1986 nicht mehr, als *Margaret Thatcher* das von der Labour-Partei dominierte *Greater London Council* abgeschafft hatte. Nachdem diese Entscheidung zu erheblichen administrativen Problemen geführt hatte – am offensichtlichsten in der Verkehrspolitik – votierten die Londoner 1998 per Referendum für die Wiedereinsetzung des Bürgermeisteramtes. Gegen den erklärten Willen von Tony Blair wurde der Alt-Linke *Ken Livingstone*, der bereits bis 1986 dem *Greater London Council* vorgestanden hatte, im Jahre 2000 und 2004 jeweils mit überzeugender Mehrheit zum Bürgermeister gewählt. Im Mai 2008 verlor Livingstone gegen den konservativen *Boris Johnson*, einen exzentrischen Edelmann. Diesem wurde vorgeworfen, vom landesweiten Trend profitiert zu haben, welcher der Labour-Partei ein Debakel bei den Kommunalwahlen beschert hatte, doch konnte er sich im Mai 2012 erneut gegen Ken Livingston behaupten. Im Mai 2016 gewann mit *Sadiq Khan* wieder ein Kandidat der Labour Party; zudem ist Khan der erste Muslim, der zum Bürgermeister einer europäischen Metropole gewählt wurde.

Einen Sonderfall stellt die City of London dar, die aus historischen Gründen eine eigene Verwaltungsstruktur besitzt. Aus dem Kreis der 25 auf Lebenszeit gewählten *Aldermen*, Stadträte der City of London, wird alljährlich einer zum Lord Mayor of London gekürt. Dieser übt ein in erster Linie zeremonielles Amt aus, das nicht mit dem des Londoner Bürgermeisters (Mayor of London) zu verwechseln ist.

Im Unterhaus des Parlaments ist London durch 74 Abgeordnete vertreten.

Am 23. Juni 2016 stimmten die Briten in einem Referendum mit knapper Mehrheit für den Austritt aus der EU – eine Entscheidung mit unbestimmtem Ausgang.

London im Kasten

Multikulturelles London

London ist multikulturell. Die Bewohner der einstigen Kolonien, die 1947 in die Unabhängigkeit entlassen worden sind, haben im Straßenbild deutlich ihre Spuren hinterlassen. Moscheen sowie hinduistische und buddhistische Tempel sind über das gesamte Stadtgebiet verteilt. Inzwischen gehört mehr als jeder dritte Londoner entweder einer ethnischen Minderheit an oder er wurde im Ausland geboren. Die Stadt zählt mehr als fünfzig Nationalitäten mit einer Bevölkerung von jeweils über 10.000 Menschen, 300 Sprachen werden gesprochen. Die rund 370.000 Inder stellen die größte Minderheit dar. Relativ groß ist auch der karibische und pakistanische Bevölkerungsanteil, mit einem gewissen Abstand folgen Chinesen und Bengalen. Die meisten Einwanderer leben vorrangig in bestimmten Stadtvierteln, das bekannteste ist die Chinatown in Soho. Einwanderer aus der Karibik sind vor allem in Brixton anzutreffen, nachdem sie in den letzten beiden Jahrzehnten durch die hohen Mieten und Sanierungsmaßnahmen aus Notting Hill vertrieben wurden. Polen findet man vorwiegend in Hammersmith. Nicht vergessen darf man die Gilde der Superreichen aus Russland, Amerika oder Indien, die London nicht nur wegen der Sicherheit zu schätzen wissen: Sie profitieren von den Steuerprivilegien für Ausländer, die nur ihre britischen Einnahmen versteuern müssen.

Modern British – die neue englische Küche

„The same procedure as every year, James", instruiert die greise Miss Sophie ihren Butler zum x-ten Mal in „Dinner for one". Getreu diesem Motto wurde in britischen Restaurants jahraus, jahrein aufgetischt, was sich schon seit langer Zeit bewährt hatte. Wer einmal die Vokabeln „kidney pie", „sausage", „cod", „chips", „cabbage" und „peas" gelernt hatte, stieß bei der Lektüre der Speisekarte vor Ort auf keinerlei Schwierigkeiten. Doch seit einiger Zeit wird in London die altehrwürdige englische Küche mehr und mehr von der so genannten „Modern British Cuisine" verdrängt. Was aber verbirgt sich hinter diesem Schlemmertrend?

Multikulinarischer Gaumenschmaus

Zu Miss Sophies Zeiten hatten erfrischende Obstsalate, zartes Fleisch und knackiges Gemüse in der englischen Küche nichts zu suchen. „Fish 'n' Chips" waren der Ausdruck britischer Esskultur. Ab den späten 1960er-Jahren entwickelte sich jedoch eine Konkurrenz zu fettigem Heilbutt und Pommes mit Essig, denn zahlreiche Commonwealth-Mitbürger ließen sich im Mutterland nieder und führten dort ihre Traditionen und Kochkünste weiter. Afrikanische, fern- und nahöstliche Restaurants öffneten überall in der Hauptstadt ihre Pforten. „Tandooris" und „Taj Mahals" boomten, was dazu führte, dass London sich in dem Ruf sonnen durfte, die beste und authentischste indische Küche außerhalb von Indien zu besitzen. Pikante Currygerichte mit Geflügel, Hack- und Rindfleisch sowie eine riesige Auswahl an feurigen Saucen, bunten Salaten und

Geräucherte Fische von der Isle of Man

milden Joghurt-Dressings lockten Gäste aus Nah und Fern. Gewohnt gelassen reagierten alteingesessene Londoner Gastronomen auf diese Herausforderung mit Plumpudding, gekochten Erbsen und vor Fett triefenden Gammon Steaks. Die erhoffte Kundschaft aber blieb nun aus.

Innerhalb der nächsten Jahrzehnte veränderte sich die Londoner Gastroszene nach und nach: Nicht zuletzt wegen der immer beliebter werdenden Kochsendungen im Fernsehen wurde schließlich auch in traditionellen Lokalen Neues ausprobiert, wurde englische Küche mit mediterranen, fernöstlichen oder asiatischen Elementen kombiniert, und das auf hohem Niveau. Damit auch Laien auf diese Entwicklung aufmerksam wurden, nannte man den Gourmet-Trend „Modern British". Haute Cuisine und die abwechslungsreiche Küche der entlegensten Länder werden dabei zu einem multikulinarischen Gaumenschmaus vermengt. Wo die Zutaten früher geduldig zerkocht wurden, wird heute blanchiert, mariniert und gedünstet. In den Gewürzregalen, wo jahrzehntelang Salz- und Pfefferstreuer vereinsamten, stehen nun Dutzende von Gläsern mit so vielversprechenden Aufschriften wie Kurkuma, Nelken, Koriander und Safran.

Ende des 20. Jahrhunderts feierte die neue britische Kochbegeisterung ihren Siegeszug in sämtlichen Medien. Und *Jamie Oliver*, Englands bekanntester Fernsehkoch, hat sich auch bei uns zur Ikone in Sachen einfallsreiche und gesunde Küche entwickelt.

Design-Restaurants

Zu einem echten Modern-British-Restaurant gehört auch ein besonders modernes Ambiente, nämlich puristisches Designerdekor. Eine Vorreiterrolle in Sachen Restaurantdesign spielte der Designer und Restaurateur Sir Terence Conran. In zahlreiche von ihm erworbene Gebäude, wie in den Lagerkomplex Butler's Wharf am Südufer der Themse oder in das Michelin-Gebäude in Kensington, integrierte er Restaurants, die durch ihr außergewöhnliches Design bestechen. Jedes dieser Restaurants bemüht sich um eine eigene, individuelle Note, die mit der Architektur des Hauses in Einklang steht. Besonders gelungen ist das im Edelrestaurant Bibendum in Kensington (→ S. 143). Zum Conran-Imperium gehören heute mehr als ein Dutzend hippe Lokale.

Ottolenghis Kultrestaurant Nopi

Punk isn't dead

Kultur- und Nachtleben

In Sachen Abendgestaltung wartet London mit einem geradezu überwältigenden Angebot auf. Neben hippen Bars und Discos sowie Livemusik-Clubs (darunter Klassiker wie Ronnie Scott's in Soho), gibt es zahlreiche Bühnen mit attraktiven Programmen. Abend für Abend kann man allein im West End zwischen 50 verschiedenen Aufführungen wählen. Das Spektrum reicht von modernen Musicals wie „Billy Elliot" über klassische Konzerte bis hin zu Agatha Christies „The Mousetrap" – ein Stück, das seit 1953 ununterbrochen auf dem Spielplan des St Martin Theatre steht.

Theater, Oper und Tanz

Die etablierten Theater befinden sich fast alle im West End. Das 1976 eröffnete Royal National Theatre liegt am südlichen Ufer der Themse in einem großen Kulturkomplex, dem South Bank Centre. Fringe nennt man die Avantgardebühnen am Rande des etablierten Geschehens. In den letzten Jahren sind viele erfolgreiche Fringe-Stücke von West-End-Theatern übernommen worden.

Royal National Theatre, Londons renommiertestes Theater verfügt über drei Säle: das große Olivier, das Lyttelton und die Studiobühne Cottesloe. South Bank, SE1, ✆ 020/74523000. www.nationaltheatre.org.uk. Ⓤ Waterloo.

Shakespeare's Globe Theatre, seit ein paar Jahren besitzt London eine Rekonstruktion von Shakespeares berühmtem, 1644 abgerissenem Theater. Gespielt wird von Mitte Mai bis Mitte September nur bei Tageslicht, 500 Zuschauerplätze auf den Rängen und 1000 Stehplätze im Hof. Im Jahre 2014 wurde mit dem **Sam Wanamaker Playhouse** noch ein überdachtes Theater als Indoor-Spielstätte eröffnet. Tickets ab £ 5 (Stehplatz). Bankside, Southwark, ✆ 020/74019919. www.shakespearesglobe.com. Ⓤ Blackfriars oder London Bridge.

MeinTipp **The Royal Shakespeare Company**, das renommierte Ensemble bespielt Bühnen im Barbican Centre: Das größere *Barbican Theatre* sowie das intimere *The Spit*. Barbican

Centre, Silk Street, EC2, ✆ 020/76384141. www.rsc.org.uk. Ⓤ Barbican oder Moorgate.

Donmar Warehouse, experimentelles Theater, das gelegentlich auch große Stars ins Rampenlicht lockt. Als Nicole Kidmann 1998 in „The Blue Room" mitspielte, löste sie einen nicht enden wollenden Besucheransturm aus. Thomas Neal's, 41 Earlham Street, WC2, ✆ 0870/0606624. www.donmar-warehouse.com. Ⓤ Covent Garden.

meinTipp **Menier Chocolate Factory**, interessantes Kulturzentrum in einer ehemaligen Schokoladenfabrik. Mit Theater und Konzerten, zudem gibt es eine Galerie sowie ein Restaurant. 51–53 Southwark Street, SE1, ✆ 020/73781712. www.menierchocolatefactory.com. Ⓤ London Bridge.

Finborough Theatre, intimes Theater mit anspruchsvollen Produktionen. 118 Finborough Road, London SW10, ✆ 020/72447439, www.finboroughtheatre.co.uk. Ⓤ West Brompton.

Almeida, kleines, sehr ambitioniertes Theater, Tickets ab £ 8. Almeida Street, N1, ✆ 020/73594404. www.almeida.co.uk. Ⓤ Angel oder Highbury & Islington.

King's Head Theatre, anspruchsvolle Kleinkunstbühne im Hinterzimmer eines Pub. Vor der Aufführung wird ein dreigängiges Menü serviert. 115 Upper Street, N1, ✆ 020/72268561. www.kingsheadtheatre.com. Ⓤ Angel oder Highbury & Islington.

Royal Opera House, das königliche Opernhaus ist bekannt für hervorragende Inszenierungen. Ein kleines Kartenkontingent wird ab 10 Uhr an der Kasse für die Abendvorstellung verkauft. Bow Street, WC2. www.roh.org.uk. ✆ 020/73044000. Ⓤ Covent Garden oder Charing Cross.

Puppet Theatre Barge, ein schwimmendes Marionettentheater auf einem Hausboot, das im Winter in Little Venice ankert. ✆ 020/72496876. www.puppetbarge.com.

Open Air Theatre, im Regent's Park werden alljährlich von Juni bis Mitte September mehrere Theaterstücke aufgeführt. Das Spektrum der Inszenierungen reicht von Shakespeare bis zur Moderne. www.openairtheatre.org. Ⓤ Baker Street.

Musicals

Les Miserables, freie Interpretation des berühmten Romans von Victor Hugo. Spielt im Paris des Jahres 1832. Queen's Theatre, Shaftesbury Avenue, W1, ✆ 0844/5443830. www.lesmis.com. Ⓤ Leicester Square.

Mamma Mia, eine Mutter und ihre Tochter erinnern sich am Abend vor ihrer Hochzeit an vergangene Tage und lassen Abbas größte Hits Revue passieren. Prince of Wales Theatre, Coventry Street Street, W1, ✆ 0870/0400046. www.mamma-mia.com. Ⓤ Leicester Square.

The Phantom of the Opera, Andrew Lloyd Webbers beliebtestes Musical. Her Majesty's Theatre, Haymarket, SW1, ✆ 0844/5443830. www.thephantomoftheopera.com. Ⓤ Piccadilly Circus.

The Lion King, ideal, nicht nur für Kinder: Disneys großer Zeichentrickfilm in einer ansprechenden Bühnenshow. Lyceum Theatre, 21 Wellington Street, WC 2, ✆ 0844/8713000. www.thelionking.co.uk. Ⓤ Covent Garden.

meinTipp **Billy Elliot**, das Musical nimmt wie kein anderes Bezug zur jüngeren englischen Geschichte und sozialen Entwicklung. Die Musik stammt von Elton John. Victoria Palace Theatre, Victoria Street, SW1, ✆ 0844/2485000. www.victoriapalacetheatre.co.uk. Ⓤ Victoria.

Was, wann, wo

Über das aktuelle Kino-, Konzert- und Theaterprogramm informiert das Stadtmagazin *Time Out*, Theaterfreude sollten das Magazin *Hot Tickets* intensiver studieren, das jeden Donnerstag dem kostenlosen Evening Standard beiliegt.

Kino

Wie in allen Großstädten beherrscht das kommerzielle Kino den Markt. Die großen Kinopaläste sind in der Nähe des Leicester Square zu finden. Günstig ist das Vergnügen nicht: Die Eintrittspreise können sich bei Abendvorführungen durchaus auf bis zu £ 15 belaufen. Die kleineren Programmkinos haben sich ihre Nischen gesucht und hoffen, dass die engagierten Cineasten nicht aussterben.

Everyman, Londons ältestes und ambitioniertestes Programmkino befindet sich mitten im Hampstead. Viele Schwarzweiß-Klassiker, zwei Säle. www.everymancinema.com. 5 Hollybush Vale, NW3, ✆ 0870/0664777. Ⓤ Hampstead.

ICA Cinema, abwechslungsreiche Kinokost für Cineasten. Nash House, The Mall, SW1, ✆ 020/79303647. www.ica.org.uk. Ⓤ Charing Cross oder Piccadilly Circus.

National Film Theatre, alljährlich im November findet hier das renommierte London Film Festival statt, sonst gibt es aber viele Hollywood-Produktionen. South Bank, SE1, ✆ 020/79283232. www.bfi.org.uk. Ⓤ Waterloo oder Embankment.

meinTipp **Electric Cinema**, eines der ältesten Kinos Englands mit einem denkmalgeschützten Art-déco-Tonnengewölbe (1911 eröffnet). Intime Atmosphäre mit Armchairs. Aktuelle Filme und Klassiker. 191 Portobello Road, W11, ✆ 020/79089696. www.electriccinema.co.uk. Ⓤ Notting Hill Gate.

Odeon Leicester Square, mit 1943 Sitzplätzen der größte Kinosaal Londons. Anspruchsvolle Kinokost darf man bei abendlichen Preisen von mindestens £ 12.50 allerdings nicht erwarten. Leicester Square, WC2, ✆ 0870/5050007, www.odeon.co.uk. Ⓤ Leicester Square.

Empire Leicester Square, der zweitgrößte Londoner Kinopalast. Leicester Square, WC2, ✆ 0870/0102030. www.empirecinemas.co.uk. Ⓤ Piccadilly Circus.

Electric Cinema, dieses kleine Kino in Shoreditch begeistert mit seinem abwechslungsreichen Programm. 64–66 Redchurch Street, E2, ✆ 0845/6048486. www.electriccinema.co.uk. Ⓤ Liverpool Street.

Prince Charles Cinema, hier laufen zwar nicht die aktuellsten Filme (meist ein paar Wochen alt), aber dafür sind die Vorstellungen günstiger. Leicester Place, ✆ 020/74377003. www.princecharlescinema.com. Ⓤ Leicester Square.

Pubs, Bars und Cafés

Clerkenwell

(→ Karte S. 47)

Coin Laundry 5, eine lockere Eckkneipe im Industrial-Design, in der sich bis spätabends ein hippes Publikum trifft. Tgl. 8–23, Do–Sa bis 2 Uhr. 70 Exmouth Market, EC1, ✆ 020/78377139. www.coinlaundry.co.uk. Ⓤ Farringdon oder Angel.

Paesan 9, eine *Neighbourhood Trattoria* mit frei liegendem Mauerwerk, viel Patina und kleinen netten Holztischen. Nach dem Essen kann man im Untergeschoss an der Bar von **Paesan Underground** weiterfeiern. 2 Exmouth Market, EC1, ✆ 020/78377139. www.paesanlondon.com. Ⓤ Farringdon oder Angel.

Brewdog 13, nette Bar im Retrostyle samt offenem Mauerwerk, schräg gegenüber dem Zetter Hotel. Serviert werden kleine Häppchen. Tgl. 11–23 Uhr, Do und Fr bis 24 Uhr, Sonntag Ruhetag. 45–47 Clerkenwell Road, EC1M, ✆ 020/76082989. www.brewdog.com. Ⓤ Farringdon.

London im Kasten

„Last orders, please!" – Londoner Pubkultur

Die Londoner Pubs (Public Houses) sind Treffpunkt für Jung und Alt, sie fungieren oft als eine Art ausgelagertes Wohnzimmer für die Einheimischen. Sage und schreibe über 5000 Pubs gibt es heute in der Themsemetropole, darunter äußerst vornehme in Chelsea oder solche mit echter „Arbeiteratmosphäre" im East End. Für Touristen sind die Lokale der Inbegriff englischer Gastrokultur, je nach Ausrichtung dienen sie als Restaurant, Kneipe oder gar Livemusikclub. Einige Pubs haben dementsprechend auch länger als bis 23 Uhr geöffnet, die traditionell starre Regelung der Öffnungszeiten ist 2005 offiziell gelockert worden. Die meisten Pubs haben allerdings keine so genannte 24-Stunden-Lizenz beantragt und die gewohnten Öffnungszeiten beibehalten, sie sind in der Regel werktags von 11 bis 23 Uhr sowie sonntags von 12 bis 15 Uhr und von 19 bis 23 Uhr geöffnet. In vielen Pubs wird noch immer allabendlich eine Viertelstunde vor Schließung geläutet: „Last orders, please!" Anschließend bleiben zwanzig Minuten, um noch ein Getränk zu bestellen bzw. es dann auch auszutrinken. Noch ein Hinweis: Kinder sind in Pubs nicht gern gesehen, teilweise bleibt dem Nachwuchs der Zutritt verwehrt.

Camden Town und Primrose Hill

(→ Karte S. 68/69)

Lock Tavern 2, die DJ-Bar ist eine Institution im Nachtleben von Camden. Zudem gibt es Classic Pub Grub (Burgers etc.) zum Essen. Tgl. 19–22, Fr und Sa bis 1 Uhr. 35 Chalk Farm Road, NW1, ✆ 020/74827163. www.lock-tavern.com. Ⓤ Camden Town.

Bloc Bar 7, beliebte Gay-Bar. Tgl. 17–2 Uhr geöffnet. 18 Kentish Town Road. Ⓤ Camden Town.

SoHo und Covent Garden

(→ Karte S. 90/91)

MeinTipp **Bar Italia 13**, in der rund um die Uhr geöffneten Coffee Bar mit dem angeblich besten Cappuccino der Stadt lässt sich die Nacht zum Tag machen. 22 Frith Street, W1, ✆ 020/74374520. www.baritaliasoho.co.uk. Ⓤ Oxford Circus oder Piccadilly.

Dog & Duck 10, das 1734 eröffnete Pub besitzt viel Flair und Atmosphäre. 18 Bateman Street, W1, ✆ 020/74940697. Ⓤ Leicester Square oder Tottenham Court Road.

Lamb & Flag 38, in dem traditionsreichen Pub wurden früher Boxkämpfe veranstaltet. Sonntags gibt es Jazzmusik. 33 Rose Street, WC2, ✆ 020/74979504. www.lambandflagcoventgarden.co.uk. Ⓤ Covent Garden oder Leicester Square.

Bar Rumba 45, die derzeit beliebteste Party-Bar in Soho, im Untergeschoss eines Kinokomplexes. Eintritt ab £ 5, vor 21 Uhr Eintritt frei! Tgl. bis 3 Uhr morgens geöffnet. 36 Shaftesbury Avenue, W1, ✆ 020/72876933. www.barrumbadisco.co.uk. Ⓤ Piccadilly Circus.

Freedom 26, trendige Bar mit viel Gay Publikum und lockerer Atmosphäre. Tgl. 17–3 Uhr, So nur bis 23.30 Uhr geöffnet. Abends ab 2 Uhr Eintritt £ 5. 60–66 Wardour Street, W1. www.freedombarsoho.com. Ⓤ Piccadilly Circus oder Leicester Square.

Notting Hill

(→ Karte S. 149)

MeinTipp **The Churchill Arms 22**, beliebter Pub, in dem es abends immer voll ist. Zu essen gibt es sehr gute Thaigerichte. Bis 23 Uhr geöffnet, Fr und Sa bis 24 Uhr. 119 Kensington Church Street, W8, ✆ 020/77921246. Ⓤ Notting Hill Gate.

England ist eine Lebenseinstellung

East End

(→ Karte S. 174/175)

Café 1001 23, in einem kleinen Seitenhof der Brick Lane (Dry Lane), gleicht eher einer riesigen Kneipe mit DJ-Bereich als einem „Café“, ab und zu gibt es auch Livemusik. Tgl. 6–24 Uhr, So bis 23.30 Uhr. 91 Brick Lane, E1, ✆ 020/72479679. www.cafe1001.co.uk. Ⓤ Aldgate East.

Big Chill Bar 20, ein paar Häuser weiter im gleichen Hof stößt man auf die nächste coole Bar zum Chillen. Viel Szenepublikum, zum Essen gibt es kleine Snacks. Überdachte Straßenterrasse. Tgl. 12–24 Uhr, Fr und Sa bis 1 Uhr, So ab 11 Uhr. 91 Brick Lane, E1, ✆ 020/72479679. www.bigchill.net. Ⓤ Aldgate East.

93 Feet East 22, eine weitere beliebte Szenebar mit großer, chilliger Hinterhof-Terrasse in den Räumen einer ehemaligen Brauerei. Oft gibt es Live-Musik. Tgl. 17–23 Uhr, Fr bis 1 Uhr, Sa 12–1 Uhr, So 12–22.30 Uhr geöffnet. 150 Brick Lane, E1, ✆ 020/77706006. www.93feeteast.co.uk. Ⓤ Aldgate East.

Kick 6, die ultimative Kneipe für Fußballfans und die Freunde von Tischfußball. Etwas schrulliges Ambiente, dafür kann man sich am Kicker austoben. Straßenterrasse. 126 Shoreditch High Street, E1. www.cafekick.co.uk. Ⓤ Liverpool Street.

Culpeper 33, ein beliebter Pub im Industrial-Design samt dominierendem Tresen. Bei schönem Wetter bilden sich vor dem Eingang der Eckkneipe große Menschentrauben. Gute Küche. Schöne Dachterrasse. Es werden auch fünf Zimmer vermietet (£ 120). Tgl. bis 24 Uhr, Fr und Sa bis 2 Uhr. 40 Commercial Street, E1. www.theculpeper.com. Ⓤ Liverpool Street.

Ten Bells 31, das bereits 1753 gegründete Pub wurde berühmt, weil hier ein Opfer von Jack the Ripper das letzte Mal lebendig gesehen wurde. Heute trifft sich hinter den großen Fensterscheiben vor allem ein gemischtes Publikum. Die Atmosphäre ist locker, die Stimmung gut. Tgl. 12–24 Uhr, Do–Sa bis 1 Uhr. 84 Commercial Street, E1, ✆ 020/73661721. www.tenbells.com. Ⓤ Liverpool Street.

Red Market: abendliches Markttreiben

Auf dem beliebten Red Market im East End (→ S. 179) kann man nicht nur essen und trinken, sondern auch tanzen: Ein DJ sorgt für Musik und Stimmung. Im Sommer Mi–So 17–24 Uhr. 288–289 Old Street, EC1. Ⓤ Old Street.

Clubs

Heaven 8 → Karte S. 41, Europas größte Gay-Disco mit drei Tanzflächen und mehreren Bars liegt unter den Arkaden beim Bahnhof Charing Cross. Auch Hetero-Publikum. Mo, Do, Fr und Sa ab 22.30 Uhr geöffnet. Under The Arches, Craven Street, WC2. www.heavennightclub london.com. ✆ 020/79302020. Ⓤ Farringdon.

Fabric 16 → Karte S. 47, Riesendisco in einer unterirdischen Fabrikhalle, deren Zukunft jedoch ungewiss ist: Im Herbst 2016 wurde den Betreibern die Lizenz entzogen, eine Petition kämpft seitdem um die Wiedereröffnung des weltberühmten Clubs. 77a Charterhouse Street, WC1. www.fabriclondon.com. Ⓤ Farringdon.

Notting Hill Arts Club 20 → Karte S. 149, die beste Adresse im Nachtleben: Gute Bands oder DJs und viel Szenepublikum treffen sich in diesem Basement Club. Vor 20 Uhr Eintritt frei, danach ab £ 5. 21 Notting Hill Gate, W11, www.nottinghillartsclub.com. Ⓤ Notting Hill Gate.

Ministry of Sound 6 → Karte S. 165, zählt unter Insidern zu den besten Londoner Discos. An den Plattentellern stehen die bekanntesten DJs aus Großbritannien und Amerika. Zwei Tanzflächen. Mi ab 22 Uhr, Fr ab 22.30 Uhr, Sa ab 23 Uhr geöffnet. Eintritt ab £ 15. 103 Gaunt Street, SE1, ✆ 020/77408600. www.ministryofsound.com. Ⓤ Elephant & Castle.

Club Aquarium 11 → Karte S. 174/175, der einzige Londoner Nachtclub, der über einen Pool verfügt, in dem man auch schwimmen darf. Zahlreiche Events, meist ab 22 Uhr geöffnet. 256–264 Old Street, EC1, ✆ 020/72533558. www.clubaquarium.co.uk. Ⓤ Old Street.

Mother Live 4 → Karte S. 174/175, ein relativ günstiger Club, der nur am Wochenende Eintritt (£ 5) verlangt. 333 Old Street, EC1. www.333mother.com. Ⓤ Old Street.

Livemusik

Irgendwo ist immer etwas los in London – Jazz und Rock, Reggae und Dub, Punk und Folklore … Auf berühmten Bühnen wie der *Brixton Academy* oder bei *Ronnie Scott's* treten weltbekannte Gruppen auf. Daneben gibt es noch die so genannten Rockpubs, in denen weniger berühmte Bands ihr Debüt geben. Auf alle Fälle sind Musikliebhaber in London an der wohl wichtigsten Quelle moderner Musik.

Singing in the streets of London

Musikkneipen

Blues Kitchen **14** → Karte S. 68/69, lockere Musikkneipe mit einem dominierenden Tresen, jeden Abend ab 21.30 Uhr spielen Livebands. Serviert werden Salate und Soul Food. Mo–Fr ab 12 Uhr, Sa/So ab 10 Uhr geöffnet, abends ab 22.30 Uhr £ 3 Eintritt. 111–113 Camden High Street, NW1, ✆ 020/3875277. www.theblueskitchen.com. Ⓤ Camden Town.

Jazz Café **11** → Karte S. 68/69, eine der angesagtesten Adressen für anspruchsvollen Jazz, auch Courtney Pine und Gil Scott Heron standen hier schon auf der Bühne. Den besten Blick hat man vom Balkonrestaurant (Hauptgerichte £ 16.50) aus. Achtung: Das musikalische Angebot beschränkt sich nicht auf Jazz, es wird auch Reggae oder Irish gespielt. Tgl. 19–2 Uhr. Eintritt ab £ 10. 5 Parkway, NW1, ✆ 020/74856834. www.thejazzcafelondon.com. Ⓤ Camden Town.

meinTipp **Ronnie Scott's** **17** → Karte S. 90/91, im ältesten und wohl renommiertesten Jazz-Club Londons treten immer wieder absolute Topstars auf. Eine Vorausbuchung ist ratsam. 47 Frith Street, W1, ✆ 020/74390747. www.ronniescotts.co.uk. Ⓤ Leicester Square.

meinTipp **The Vortex**, der traditionsreiche Jazzclub ist bekannt für sein erlesenes Programm. 11 Gillet Square N16, ✆ 020/72544097. www.vortexjazz.co.uk. Ⓤ Dalston Kingsland Overground.

Wo ist Watson?

Konzerthäuser

Brixton Academy, viele Hip-Hop- und Reggae-Konzerte vor größerem Publikum. Auch die Rolling Stones waren schon da. 211 Stockwell Road, SW9, ✆ 0870/7712000. www.academymusicgroup.com. Ⓤ Brixton.

O2 Forum, auf der in Kentish Town gelegenen Bühne finden zahlreiche Konzerte von Rock- und Pop-Größen statt. Auch Natalie Imbruglia stand hier schon auf der Bühne. 9–17 Highgate Road, NW5, www.academymusicgroup.com. Ⓤ Kentish Town.

Eventim (Hammersmith) Apollo, beliebte Konzertbühne für bis zu 5000 Zuschauer, auf der schon Duran Duran, Robbie Williams, Björk, Nick Cave und Portishead gastierten. 45 Queen Caroline Street, W6. www.eventimapollo.com. Ⓤ Hammersmith.

Kings Place, die Konzerthalle bietet einen ungewöhnlichen Rahmen für Klassik, Jazz und Literatur. 90 York Way, N1, ✆ 020/75201490. www.kingsplace.co.uk. Ⓤ Kings Cross.

Roundhouse, der 1846 errichtete Lokschuppen ist eine traditionsreiche Konzertadresse in Camden. Hier standen schon Pink Floyd, die Rolling Stones, The Doors und David Bowie auf der Bühne. Chalk Farm Road, ✆ 0300/6789222. www.roundhouse.org.uk. Ⓤ Chalk Farm.

Royal Albert Hall, in dem weltberühmten Konzertsaal treten neben Klassik- und Jazzinterpreten auch immer mehr Popmusiker auf. Bekannt sind vor allem die „Henry Wood Promenade Concerts" von Mitte Juli bis zur abschließenden „Last Night of the Proms". Kartenvorverkauf ab 21. Mai (✆ 0044/20/75819311) bzw. 15. Juni per Telefon (✆ 0044/20/75898212).Kensington Gore, SW7, ✆ 020/7589821. www.royalalberthall.com. Ⓤ Knightsbridge oder South Kensington.

Wembley Arena, riesige Musikhalle für Mammutkonzerte. Hier spielen fast ausnahmslos nur die absoluten Musikgrößen. Gleich daneben befindet sich das **Wembley Stadium** (Adresse und ✆ wie unten), das durch einen modernen Neubau ersetzt wurde. Hier kann man die Bewohner einer ganzen Kleinstadt unterbringen. Empire Way, Wembley, Middlesex, ✆ 0870/600870. Ⓤ Wembley Park oder Wembley Central.

Wigmore Hall, die beste Adresse für Kammermusik, aber auch Jazz. 36 Wigmore Street, W1, ✆ 020/79352141. www.wigmore-hall.org.uk. Ⓤ Bond Street.

London im Kasten

Swinging London, Punk und New Wave

London ist die unumstrittene Hauptstadt der Popmusik. Vom Swinging London über die Punkbewegung bis hin zum Britpop der 1990er-Jahre sind die Clubs der Themsestadt seit Generationen stilbildend für die Musikkultur gewesen. Viele Bands haben London mit ihrer Musik ein Denkmal gesetzt und die Straßen zwischen Brixton und King's Cross ins kulturelle Gedächtnis eingebrannt.

Die *Rolling Stones* hatten 1962 ihren ersten öffentlichen Auftritt im Marquee Club, der sich schon bald zur Drehscheibe des Swinging London entwickelte. Hunderte von Bands eiferten ihren musikalischen Vorbildern nach, tingelten durch Clubs und über Kellerbühnen und prägten jene einzigartige Epoche, deren Modesymbol Mary Quants Minirock wurde. Zu den Londoner Musikern, die damals ihren Durchbruch schafften, gehörten *Eric Clapton*, *Jimmy Page*, *Rod Stewart* sowie die *Kinks*, die London und seinem „dirty old river" mit ihrem „Waterloo Sunset" huldigten. Eine neue Jugendkultur entstand, man experimentierte mit Haschisch und LSD, als dessen offizielle Hymne das im legendären Studio an der Abbey Road von den *Beatles* aufgenommene „Lucy in the Sky with Diamonds" verstanden wurde. Als *Jimi Hendrix* 1970 im Londoner Samarkand Hotel infolge eines exzessiven Drogenkonsums verstarb, hatte sich diese Epoche bereits ihrem Ende zugeneigt. In den 1970er-Jahren waren es dann vor allem Londoner Bands wie *Pink Floyd* und *Yes*, die aus dem Einheitsbrei des Rock und Glam Rock herausragten. Zu nennen sind aber auch der im Londoner Stadtteil Brixton geborene *David Bowie*, *Marc Bolans T-Rex*, *Queen*, *Brian Ferry* von *Roxy Music*, *The Who* und die Hardrocker von *Led Zeppelin*.

Ende der 1970er-Jahre fegte ein neuer Wind über die Londoner Kellerbühnen: Der Punk eroberte die Stadt, allen voran stürmten die *Sex Pistols* mit ihrem charismatischen Sänger *Johnny Rotten*, der zwar überhaupt nicht singen konnte, aber sich dank seiner Aggressivität bestens als Frontmann eignete und so herrlich ins Mikrophon kreischen konnte, um die „Anarchy in the U.K." zu verkünden. Die Punkmusik begehrte gegen das politische Establishment auf und entwarf eine Gegenkultur mit eigenen Ausdrucks- und Modeformen, die auf eine Brüskierung der gesellschaftlichen Ordnung zielte. Statt wie die Hippies an endlosen Diskussionen teilzunehmen, fuhren die *Sex Pistols* am 7. Juni 1977 auf einem Boot die Themse hinunter und feierten das 25. Thronjubiläum von Elizabeth II., indem Johnny Rotten lautstark sang: „God Save the Queen, the Fascist regime, there's no future and England's dreaming!" Die musikalisch einflussreichste und politisch engagierteste Punk-Band jener Jahre waren *The Clash*, deren Album „London Calling" noch immer als eines der bedeutsamsten der Popgeschichte gilt. Aus Liedern wie „The Guns of Brixton", „London's Burning" oder „White Riot" sprach Wut über die soziale Ungerechtigkeit und den alltäglichen Rassismus. Aus der Punkbewegung entstand in den frühen 1980er-Jahren der New Wave, wobei die genaue Zuordnung bei einigen Bands wie den *Stranglers* und *Siouxsie and the Banshees* nicht einfach war. Aber auch hier führte kein Weg an der Themsemetropole vorbei, wo einheimische Bands wie *Depeche Mode*, *Spandau Ballet*, *Culture Club* und *Wham!* mit *George Michael* ihre ersten Konzerte gaben.

Die Abbey Road mit ihrem berühmten Zebrastreifen liegt übrigens im Nordwesten Londons (Ⓤ St John's Wood). Die inzwischen unter Denkmalschutz stehenden Abbey Road Studios (Hausnummer 3), in denen die Beatles und Pink Floyd Musikgeschichte schrieben, können aber leider nicht besichtigt werden (www.abbeyroad.co.uk).

Veranstaltungskalender

Jedes Jahr finden zahllose Sport- und Kulturereignisse in London statt. Als sehr nützlich erweist sich ein Blick in das kostenlose Stadtmagazin *Time Out* (www.timeout.com). Im Folgenden ein kurzer Überblick über die wichtigsten wiederkehrenden Ereignisse des Jahres:

Januar/Februar

Chinese New Year Festival: Am 1. Sonntag nach dem chinesischen Neujahr findet in der Londoner Chinatown das Neujahrsfest statt.

März

The Boat Race: Alljährlich Ende März oder Anfang April (Ostersamstag) findet auf der Themse das ultimative Ereignis statt, wenn die Teams der Universitäten von Oxford und Cambridge gegeneinander antreten, um die 4,25 Meilen von Putney Bridge nach Chiswick Bridge zu rudern.

April

London Marathon: Alljährlich treten mehr als 30.000 Teilnehmer an. www.virginmoney londonmarathon.com.

Mai

Chelsea Flower Show: Ende Mai wird auf einem unbebauten Gelände in Chelsea der hohen Kunst der Gartengestaltung gehuldigt.

Juni

Trooping the Colour: Pflichttermin für alle Monarchisten und die Regenbogenpresse – am 2. Samstag im Juni findet die Geburtstagsparade für die Queen statt.

City of London Festival: Ende Juni bis Mitte Juli bietet das Festival drei Wochen lang Musik- und Theateraufführungen sowie Lesungen.

Royal Ascot: Das Pferderennen ist ein Höhepunkt für die Londoner Upper Class. www.ascot.co.uk.

London Pride: Schrill und ausgelassen geht es alljährlich Ende Juni bei der London Pride zu, wenn Schwule und Lesben mit einem bunten Umzug durch die Straßen ziehen. www.pridein london.org.

Juli

Henry Wood Promenade Concerts: Klassikliebhaber pilgern im Juli zur First Night der Henry Wood Promenade Concerts in der Royal Albert Hall.

International All England Lawn Tennis Championships: Tennisfans fahren im Juli nach Wimbledon zu den International All England Lawn Tennis Championships, die der unumstrittene Höhepunkt im internationalen Tenniszirkus sind. www.wimbledon.org.

August

Notting Hill Carnival: eines der weltweit größten Straßenfeste. Seit 1965 herrscht immer am letzten Augustwochenende Karibikflair in Notting Hill. www.thenottinghillcarnival.com.

September

Battle of Britain Day: Am 15. September feiern die Briten den Battle of Britain Day mit Paraden und Düsenjägern, die über die Londoner Innenstadt donnern.

November

Lord Mayor's Show: farbenprächtiger Umzug am 2. Samstag im November, den der neue Bürgermeister von London mit einer vergoldeten Kutsche anführt. www.lordmayorsshow.london.

London Film Festival: alljährlicher Höhepunkt aller Cineasten. www.bfi.org.uk.

Dezember

Die große öffentliche Party in der **Neujahrsnacht** steigt am Trafalgar Square. Besonders Übermütige springen um Mitternacht in den Brunnen vor der National Gallery.

Lauschiger Platz für eine Lektüre

Literaturtipps

Die Zahl der Bücher und Romane, deren Handlung in London spielt, ist immens, so dass die folgende Auflistung nur ein paar Anregungen geben kann.

Belletristik

Ali, Monica: Brick Lane. Droemer Taschenbuch, München 2005. Erzählt den langsamen Emanzipationsprozess einer jungen Frau aus Bangladesch, die ohne Sprachkenntnisse nach London geschickt wird, um dort einen ihr fremden Mann zu heiraten.

Baddiel, David: Was man so Liebe nennt. Rowohlt Taschenbuch, Reinbek 2001. Eine leidenschaftliche Liebesgeschichte, wobei Baddiel scheinbar schwerelos mit den Themen Sexualität und Tod umzugehen weiß. Schauplatz: London. Nur noch antiquarisch erhältlich.

Boyd, William: Einfache Gewitter. Berlin Verlag 2009. Spannender Krimi, der die Schattenseiten des modernen London beleuchtet.

Dickens, Charles: Oliver Twist oder David Copperfield. Es gibt nur wenige Städte, die so eng mit dem Werk eines Schriftstellers verbunden sind wie London mit dem von Charles Dickens. Zumeist nur als Kinder- oder Jugendbücher eingestuft, lassen sich Dickens-Romane als eine illustre Sozialgeschichte des 19. Jahrhunderts lesen.

Falconer, Helen: Primrose Hill. Faber and Faber, London 1999. Tragische Geschichte zweier Jugendfreunde, die im Stadtteil Primrose Hill zwischen Liebe und Drogen ums Erwachsenwerden kämpfen. Nur als englisches Taschenbuch erhältlich.

Hollinghurst, Alan: Die Schönheitslinie. Heyne Taschenbuch, München 2007. Die Geschichte eines Studenten aus der Provinz, der 1983 nach London kommt und in Notting Hill seine Homosexualität entdeckt. Zugleich ein Sittengemälde der Londoner Oberschicht zu Beginn der Thatcher-Ära. Wurde mit dem Booker-Preis ausgezeichnet.

Hornby, Nick: Fever Pitch. Kiepenheuer & Witsch 1994ff. Faszinierende Hommage an die Gefühle eines Londoners für den Fußballsport. Wer an Hornby Gefallen gefunden hat, kann es auch mit seinem zweiten Bestseller High Fidelity versuchen. Knaur Taschenbuch. Erzählt das Leben eines 35-jährigen Londoners, der in Camden einen Plattenladen betreibt und ewig auf der Suche nach der richtigen Frau ist.

Jewell, Lisa: Ralphs Party. Knauer Verlag, München 2008. Witzig erzähltes Beziehungsmosaik zwischen den Bewohnern eines Londoner Hauses; spielt in den späten 1990er-Jahren.

Kureishi, Hanif: Der Buddha aus der Vorstadt. Rowohlt Taschenbuch, Reinbek 2005. Witziger Entwicklungsroman über Karim, Sohn einer Engländerin und eines Inders, der in London seinen Durchbruch als Schauspieler feiert, wobei es Kureishi versteht, das London der Hippies und Punks in ein zynisch-skurriles Licht zu tauchen. Wie alle Bücher von Kureishi auch als englisches Taschenbuch erhältlich (Faber & Faber).

Kureishi, Hanif: Das sag ich dir. Fischer Verlag, Frankfurt 2008. Ein faszinierender Streifzug durch alle Facetten des modernen London.

Lessing, Doris: Auf der Suche. dtv Taschenbuch, München 2001. Autobiographischer Bericht über Lessings erste Jahre in England.

Leutenegger, Gertrud: Panischer Frühling. Suhrkamp, Berlin 2014. Eine Themsebrücke ist der Schauplatz dieses melancholischen, geschickt komponierten Romans, der von einer genauen Kenntnis der Londoner Metropole zeugt.

McEwan, Ian: Saturday. Diogenes Taschenbuch, Zürich 2007. Anspruchsvoller und spannend erzählter London-Roman, der die Bedrohung eines Einzelnen durch die Gefahren des internationalen Terrorismus diskutiert. Für Lokalkolorit ist auch gesorgt: Die Protagonisten wohnen am Fitzroy Square.

Nicholson, Geoff: London, London. Goldmann Taschenbuch, München 2001. Drei Menschen werden von unterschiedlichen Obsessionen durch die Straßen der Themsemetropole getrieben. Ungewöhnliche Annäherung an London, untermalt von viel Crime und Sex.

Orwell, George: Erledigt in Paris und London. Diogenes Verlag, Zürich 2001. Eindrucksvolle Reportage über die Armut in der englischen Metropole.

Pepys, Samuel: Sämtliche Tagebücher 1660–1669. Ein eindrucksvolles Panorama von London im 17. Jahrhundert. Neun Bände. Zweitausendeins, Frankfurt 2011.

Rutherfurd, Edward: London. Knaur Taschenbuch, München 2000. Fast 900-seitiges Mammutwerk zur Geschichte Londons, die Rutherford am Schicksal seiner Bewohner erzählt.

Smith, Zadie: Zähne zeigen. Knauer Taschenbuch, München 2007. Die Tochter jamaikanischer Einwanderer zeichnet ein witziges Londonporträt mit viel multikulturellem Flair. Der Nordwesten der Stadt ist zudem der Schauplatz in Smiths Roman London NW. Kiwi, Köln 2014.

Waugh, Evelyn: Lust und Laster. Diogenes Taschenbuch, Zürich 2003. Eine amüsante Gesellschaftssatire über dem London der 1920er-Jahre.

Wilde, Oscar: Das Bildnis des Dorian Gray. Insel Taschenbuch, Frankfurt 2009. Wildes berühmtester Roman spiegelt auch Londons Fin-de-siècle-Atmosphäre wider.

Woolf, Virginia: Mrs. Dalloway. Fischer Taschenbuch, Frankfurt 2007. Souverän erzählter Roman über das Leben der Londoner Upper Class in den 1920er-Jahren.

Reiseliteratur

Corsofolio: London, Signale aus der Weltmaschine. Corso Verlag, Hamburg 2011. Ein Bildband für Bibliophile, mit schönen Essays und ansprechenden Fotografien.

Döring, Tobis (Hg.): London Underground. Reclam Verlag, Stuttgart 2003. Englische Anthologie über „Poems and Prose about the Tube".

Görner, Rüdiger: Londoner Fragmente. Patmos Verlag, Düsseldorf, 2003. Amüsante und kurzweilige Streifzüge durch das literarische London.

König, Johann-Günther: Von Pub zu Pub. Eine literarische Kneipentour durch London und Südengland. Insel Verlag, Frankfurt 2003.

Elfers, Gerhard: 111 Gründe, London zu lieben. Schwarzkopf & Schwarzkopf, Berlin 2012. Der seit langen Jahren in London lebende Journalist weiß, warum man die Themsestadt lieben muss. Eine witzige und kenntnisreiche Hommage an Englands Metropole.

Nestmeyer, Ralf: Südengland. Ein Reisehandbuch. Michael-Müller-Verlag, Erlangen 2017.

Quindlen, Anna: It's London Book Time, Sir. Frederking-Thaler Verlag, München 2006. Eine literarische Spurensuche durch die Stadt an der Themse – interessante Einblicke aus amerikanischer Sicht.

Raykowski, Harald: London – Elf Spaziergänge. Insel Verlag 2000. Elf informative Spaziergänge durch das literarische London von Shakespeare bis zur Gegenwart.

Steiger, Moritz/Fotaki, Effie: Independent London Store Guide Monstermedia, London 2007. Ein Shopping-Guide für Liebhaber kleiner, unabhängiger Geschäfte.

White, Andrew: London Walks. Penguin Books. 31 Stadtspaziergänge, auf denen die

Londoner Metropole in ungewöhnlicher Weise durchstreift werden kann.

Geschichte und andere Sachbücher

Ackroyd, Peter: London. Die Biographie. Knaus Verlag, München 2006. Absolut gelungener Versuch die Londoner Stadtgeschichte „biographisch" zu erkunden. Trotz seiner fast 800 Seiten ein ebenso leicht wie spannend zu lesendes Buch.

Ackroyd, Peter: Die Themse: Biographie eines Flusses. Knaus Verlag, München 2008. Die faszinierende Kulturgeschichte der Themse, ohne die, so Peter Ackroyd, London und das britische Empire nicht denkbar wären.

Barley, Nigel: Traurige Insulaner. dtv 1999. Der bekannte Ethnologe Barley unterzieht die Engländer einer amüsanten Feldstudie, die zu einer gänzlich anderen Sichtweise anregt.

Defoe, Daniel: Die Pest zu London. Ullstein 1990. Vergriffen.

Gelfert, Hans Dieter: Kleine Kulturgeschichte Großbritanniens. C. H. Beck 1999. Informative Überblicksdarstellung der wichtigsten Strömungen in der britischen Kulturgeschichte.

Hagemann, Gerald: London: Von Scotland Yard bis Jack the Ripper. Eulen Verlag 2000. Ein Führer zu über 400 Kriminalschauplätzen.

German, Lyndsey/Ress, John: A people's History of London. Verso Books, 2012. Eine Stadtgeschichte mit Revolutionären, Immigranten und Punks.

Geo Epoche: London. Hamburg 2005. Informatives und schön bebildertes Sonderheft in bekannter Geo-Qualität.

Inwood, Stephen: A History of London. Macmillan Verlag. Die schwergewichtige Stadtgeschichte ist in allen Londoner Buchhandlungen erhältlich.

Lichtenstein, Rachel: On Brick Lane, Penguin books 2008. Ein Blick auf den ethisch-kulturellen Wandel in Londons vielleicht buntester Straße.

MacGregor, Neil: Eine Geschichte der Welt in 100 Objekten. C.H. Beck, München 2011. Anhand von hundert Ausstellungsstücken des British Museum wird die Weltgeschichte erzählt. Wunderschön bebildert!

Maurer, Michael: Kleine Geschichte Englands. Reclam Verlag 2007. Viele historische Fakten auf über 500 Seiten.

Pross, Steffen: In London treffen wir uns wieder. Eichborn Verlag 2000. Die Geschichte der deutschsprachigen Emigranten, die in den 1930er-Jahren in England lebten.

Sobel, Dava: Längengrad. BVT Taschenbuch 2005. Sobel erzählt die spannende Geschichte des schottischen Uhrmachers John Harrison, der mit dem Bau eines exakten Chronometers das Problem der Längengradbestimmung löste. Fundierter Hintergrundbericht für alle Greenwich-Besucher.

Kaffee aus dem Taxi!

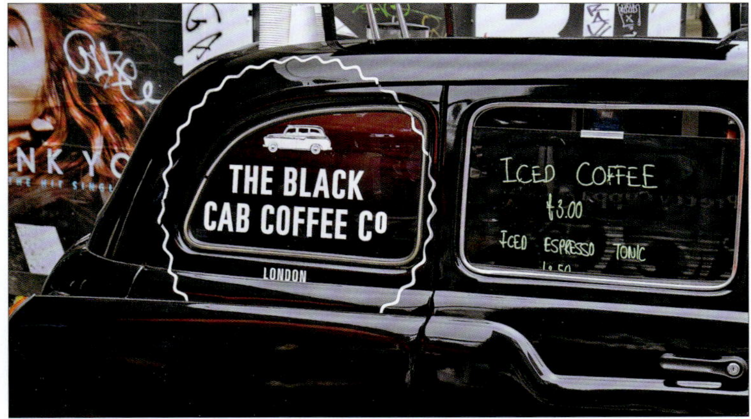

London mit Kindern

London ist nicht nur für Shopping- und Musicalfreunde eine tolle Stadt, auch für Familien mit Kindern gibt es an der Themse zahlreiche Attraktionen, die den Nachwuchs begeistern. Langeweile kommt da so schnell nicht auf.

Wachwechsel und Wachsfiguren

Ein London-Klassiker ist *Changing of the Guard* vor dem **Buckingham Palace** – mit Pomp, Pauken und Trompeten wird der Wachwechsel inszeniert (→ S. 122). Wer von den königlichen Wachen dann noch nicht genug hat, kann den unbeweglich auf dem Pferd sitzenden Horse Guards in **Whitehall** (→ S. 113) einen Blick zuwerfen.

Auch der Besuch von **Madame Tussauds Wachsfigurenkabinett** (→ S. 80) darf bei einem London-Besuch eigentlich nicht fehlen und ist ein Spaß für Groß und Klein. Vor allem Jugendliche sind immer wieder begeistert davon, den aus Film, Fernsehen und Musik bekannten Stars gegenüberzustehen und endlich einmal George Clooney, Angelina Jolie oder Miley Cyrus tief in die Augen schauen zu können.

Für Forscher und Entdecker

Gerade ältere Kinder dürfte ein Besuch im **Natural History Museum** (→ S. 138) oder **Science Museum** (→ S. 139) begeistern. Die beiden kostenlos zugänglichen Museen bieten einen faszinierenden Zugang zu den Naturwissenschaften, angefangen von riesigen Dinosaurierskeletten über Erdbeben und Vulkanausbrüche bis hin zu einem Nachbau der Apollo-11-Landekapsel. Zahlreiche Simulatoren und interaktive Displays fordern zum Mitmachen und Experimentieren auf.

Land- und Seewege

Besonders kinderfreundlich ist das **London Transport Museum** (→ S. 93) mit seinen vielen Animationen und den alten Pferdekutschen und Doppeldeckerbussen. Interessant ist auch eine **Schifffahrt auf der Themse nach Greenwich**, wo das National Maritime Museum an die großen Entdecker und Seefahrer erinnert und der Nullmeridian zu bestaunen ist (→ S. 194). Apropos Nahverkehr: Manchmal genügt bereits eine Fahrt in der vordersten Reihe eines **Doppeldeckerbusses**, um den jüngsten Nachwuchs zu begeistern.

Toy Stories

Antiquiertes Spielzeug kann man in **Pollock's Toy Museum** (→ S. 56) oder im **V&A Museum of Childhood** in Bethnal Green (→ S. 176) bewundern, während man in der Regent Street bei **Hamleys** (→ S. 98) im größten Spielzeuggeschäft der Welt die begehrten Utensilien auch kaufen kann.

Parks, Parks und noch mal Parks

Bei den Jüngsten dürfte ein Spaziergang durch den **London Zoo** zum Gorilla Kingdom (→ S. 85) oder durch den **Battersea Park Children's Zoo** (→ S. 127), Entenfüttern oder Tretbootfahren im **Hyde Park** (→ S. 140) oder ein Abstecher zu den Haien im **London Aquarium** (→ S. 164) hoch im Kurs stehen. Absolut faszinierend ist auch der **Diana Memorial Playground** (→ S. 141) in den Kensington Gardens. Vom Piratenschiff über Tunnels bis hin zu diversen Schaukeln gibt es hier zahlreiche kostenlose Attraktionen zum Austoben.

Filmkulissen und Musicalbühnen

Harry-Potter-Fans können sich auf die Spuren des beliebten Zauberlehrlings begeben. Am Bahnhof King's Cross gibt es die berühmte Plattform 9 ¾ (→ S. 56) zu bestaunen, oder man überquert die im Film von den Todessern spektakulär zerstörte Millennium Bridge (→ S. 154). Wer will, kann auch die Filmstudios in Watford (→ S. 56) besuchen, in denen die Harry-Potter-Filme gedreht wurden, und sich Professor Dumbledores Büro ansehen. Abends lockt der **Besuch eines Musicals** (→ S. 220) im West End, beispielsweise das durch seine Tanzeinlagen begeisternde „Billy Elliot" – schließlich laufen in London die angesagtesten Produktionen Europas.

London (fast) umsonst

London ist eine der teuersten Städte der Welt – dies bekommen auch die Reisenden zu spüren. Die Hotelpreise sind üppig, der Restaurantbesuch ist ebenfalls kostspielig, und wenn eine Familie den Tower und Madame Tussauds an einem Tag besuchen will, ist sie spielend 150 Pfund los. Doch glücklicherweise gibt es Sehenswürdigkeiten, die man vergünstigt oder sogar kostenlos besuchen kann. Außerdem finden sich in London zahlreiche Attraktionen und Aktivitäten, die umsonst sind. Wer beispielsweise den Panoramablick über die Stadt genießen will, muss nicht mit dem London-Eye-Riesenrad fahren, sondern kann sich auf den 78 Meter hohen Primrose Hill setzen. Die Website www.londonforfree.net informiert über kostenlose Sehenswürdigkeiten, während www.freelondonevents.co.uk einen guten Überblick über kostenlose Veranstaltungen in London bietet.

Günstig ins Theater

Kurzentschlossene können am **Half Price Ticket Booth** auf dem Leicester Square noch Karten zum halben Preis für nicht ausverkaufte Vorstellungen des jeweiligen Abends erstehen. Der Schalter ist Mo–Sa 12–19 Uhr und So 12–15 Uhr geöffnet. Pro Karte wird zwar zusätzlich eine Gebühr von £ 3 erhoben (www.tkts.co.uk), trotzdem macht man so ein Schnäppchen.

London Pass und Co.

Eine interessante Option für Londonbesucher, die sich viel vorgenommen haben, ist der **London Pass**, der freien Eintritt zu mehr als 60 Sehenswürdigkeiten und Museen gewährt (Windsor, Tower, Westminster Abbey, London Zoo, Kew Gardens etc.), zudem kostenlose Fahrten auf der Themse und eine eintägige Hop-on-hop-off-Bustour beinhaltet. Für einen Aufpreis ist auch eine Travelcard für die öffentlichen Verkehrsmittel inbegriffen. Der London Pass ist für Kinder und Erwachsene erhältlich, die Preise sind tageweise (1, 2, 3 oder 6) gestaffelt. Kosten: 74,50 €, 100,50 €, 120 € oder 160 € für Erwachsene bzw. 49,50 €, 73 €, 81 € oder 108 € für Kinder von 5 bis 15 Jahren. Der Pass muss über www.visitbritainshop.com oder www.londonpass.de bestellt werden – vor Ort ist er nicht erhältlich.

Wer nicht nur London besuchen will, sondern noch weitere Ziele in Großbritannien ansteuert, dem empfiehlt sich der Kauf des **English Heritage Overseas Visitor Pass**, der freien Eintritt zu hundert Sehenswürdigkeiten in ganz Großbritannien bietet. Kosten: für 9 Tage 40,50 €, 16 Tage 47,50 €. Erhältlich ist der English Heritage Overseas Visitor Pass über www.visitbritainshop.com.

Kostenlos ins Museum

Folgende Museen gewähren freien Eintritt zur Dauerausstellung: Victoria und Albert Museum, Science Museum, Tate Gallery, Tate Modern, British Museum, Museum of London, Museum of London Docklands, Imperial War Museum, National Maritime Museum, National Gallery, National Portrait Gallery, Kenwood House, Wallace Collection und Geffrye Museum.

Anreise

London liegt bekanntlich auf einer Insel, so dass die Anreise mit dem Flugzeug am schnellsten und einfachsten ist. Durch den Eurostar stellt aber auch der Zug eine Alternative dar. Umständlicher und zeitaufwendig ist die Anreise mit dem eigenen Fahrzeug.

Mit dem Flugzeug

Die Flugzeit nach London liegt bei unter zwei Stunden. Die fünf internationalen Flughäfen der Stadt liegen allerdings relativ weit von der City entfernt.

Die Fluggesellschaften *Air-Berlin, Lufthansa, British Airways, Swiss, Austrian Airways* sowie *Germanwings* fliegen London teilweise mehrmals täglich von verschiedenen Städten aus an. Air-Berlin fliegt beispielsweise von Berlin, München, Dresden, Erfurt, Sylt, Köln, Düsseldorf, Hannover, Paderborn, Hamburg, Salzburg und Wien nach London-Stansted bzw. London-Gatwick. Lufthansa und British Airways sind die zumeist teurere Variante, dafür geht es zum näher gelegenen Flughafen Heathrow. London-Gatwick wird mehrmals täglich von British Airways und easyJet angeflogen. Hinzu kommen die Angebote der so genannten „no frills airlines", wie beispielsweise Ryanair oder flybe, die von Regionalflughäfen wie Bremen, Nürnberg, Hahn im Hunsrück, Düsseldorf-Weeze, Karlsruhe-Baden, Linz und Salzburg nach Stansted starten und keine kostenlose Verpflegung anbieten. Je nach Abflugtermin können die Angebote aber auch genauso teuer wie ein Lufthansaflug sein.

Auskunft **Air Berlin**, www.airberlin.com. **Lufthansa**, www.lufthansa.de. **Ryanair**, www.ryanair.com. **Germanwings**, www.germanwings.com. **easyJet**, www.easyjet.com. **flybe**, www.flybe.com.

Flugpreise

Das Tarifsystem der Fluggesellschaften ist nicht gerade übersichtlich, je nach Reisezeit variieren die Preise erheblich und es gibt ständig wechselnde Angebote mit bestimmten Buchungsvoraussetzungen. Wer einen günstigen Flug bei *Ryanair* findet, sollte nicht vergessen, dass die Anreise zum Flughafen Frankfurt/Hahn oder Karlsruhe/Baden-

Baden langwierig und mit öffentlichen Verkehrsmitteln sehr beschwerlich ist.

Faustregel: Die Preise für den Hin- und Rückflug bewegen sich inklusive Steuern, Passagier- und Sicherheitsgebühren sowie Kerosinzuschlägen zwischen 100 und 400 €. Hinzu kommen noch die teilweise nicht geringen Kosten für den Transfer in das Londoner Zentrum, die sich bei einer Taxifahrt von Stansted in die City auf mindestens £ 60 belaufen können. Preiswerter sind Züge oder Busse, wobei es sich lohnen kann, eventuell gleich ein Return-Ticket zu erwerben.

Flughäfen

London besitzt fünf Flughäfen, von denen Heathrow der mit Abstand größte ist. Ein weiterer Vorteil von Heathrow ist, dass er am leichtesten und günstigsten vom Zentrum aus zu erreichen ist.

Heathrow: 24 Kilometer westlich der City gelegen, besitzt Heathrow nicht nur fünf Terminals, sondern auch die besten Verkehrsanbindungen. Der *Heathrow Express* düst in nur 15 Minuten (ab £ 21, Hin- und Rückfahrt £ 34) zur Paddington Station, inkl. kostenlosem WLAN. Man sollte darauf achten, von welchem Terminal man abfliegt. Günstiger ist der *Heathrow Connect*, der in 32 Minuten zur Paddington Station fährt (£ 10.50, Hin- und Rückfahrt £ 20.20). Mit der *Piccadilly Line* gelangt man für £ 6 in 50 Minuten zum Piccadilly Circus. Tipp: Direkt an der Tube Station Heathrow befindet sich ein Schalter der städtischen Verkehrsbetriebe (London Transport), wo man sich bei Bedarf gleich eine Tages- bzw. Wochenkarte für die Untergrundbahn kaufen kann.

www.heathrowexpress.com, www.heathrowconnect.com.

Gatwick: Der Charterflughafen liegt 45 Kilometer südlich von London. Der *Gatwick Express* fährt in einer halben Stunde zur Victoria Station (ab £ 17.90, Hin- und Rückfahrt ab £ 31.10); zwischen 40 und 50 Minuten benötigen die Züge *Southern Railway* (je nach Buchung £ 11 bis 17.70 einfach). Günstiger ist nur noch der stündlich verkehrende Bus von *National Express* (ab £ 8), der in rund 80 Minuten zur Victoria Station fährt.

www.gatwickexpress.com; www.southernrailway.com; www.nationalexpress.com.

Nach den Shopping-Touren sind die Koffer auf dem Heimflug gut gefüllt

Stansted: Der Flughafen mit seiner neuen, von Lord Norman Foster entworfenen Abfertigungshalle liegt 50 Kilometer nordöstlich des Zentrums. Mit dem *Stansted Express* gelangt man ab £ 19 in 45 Minuten in das Zentrum zur Liverpool Street Station (Return-Ticket ab £ 32). Es empfiehlt sich, ein Zeitpolster einzuplanen. Wer mit *Air Berlin* fliegt, kann das Ticket für den Stansted Express bereits an Bord kaufen. Als Alternative empfiehlt sich die Buslinie *National Express*, die ab £ 12 in 100 Minuten vom Flughafen zur Victoria Station fährt.

www.stanstedexpress.com,

Luton: Der relativ kleine Flughafen Luton befindet sich 53 Kilometer nordwestlich von London. Shuttlebus zur Luton Airport Parkway Station. Von dort fahren die Züge nach St Pancras, die mit £ 14.90 für die 30-minütige Fahrt zu Buche schlagen. Die Busse der *Green Line 757* benötigen mehr als doppelt so lange, kosten aber nur rund £ 10 (einfach).

www.london-luton.co.uk. www.greenline.co.uk.

City Airport: 14 Kilometer östlich der City gelegen, aber wenig frequentierter Flughafen. Mit der *Docklands Light Railway* gelangt man alle zehn Minuten ab £ 3.30 (Oyster Card) in 22 Minuten zur Bank Station.

www.londoncityairport.com.

Mit dem Auto oder Motorrad

Für Reisende aus West- und Norddeutschland ist die An- und Abreise nach London bequem in einem Tag zu bewältigen; wer jedoch in Süddeutschland, Österreich oder der Schweiz wohnt, sollte eine Übernachtung einplanen.

Je nach Wohnort bieten sich mit dem eigenen Fahrzeug verschiedene Anreisemöglichkeiten. Günstig gelegen sind die Abfahrtshäfen Calais und Hoek van Holland. Über Folkestone, Dover oder Harwich geht es weiter nach London. Besonders Calais ist gut an das Autobahnnetz (A 10/E 40) angeschlossen. Leicht zu erreichen sind außerdem Zeebrügge (über A 10/E 40 und N 31) und Hoek van Holland (A 15/E 31 oder A 12/E 30).

Die **Fährpreise** schwanken je nach Saison stark, zumeist ist es unerheblich, ob zwei oder neun Personen mitfahren. Günstiger ist es fast immer, wenn Hin- und Rückfahrt innerhalb von fünf Tagen stattfinden oder die Fähre spätabends bzw. in den frühen Morgenstunden ablegt. Häufig gewähren die Fährgesellschaften bei rechtzeitiger Reservierung einen Frühbuchertarif, mit dem sich die Kosten um bis zu 50 Prozent reduzieren. Teilweise gibt es auch Rabatte für Onlinebuchungen. Über den Daumen gepeilt, darf man mit mindestens 200 € rechnen (hin und zurück), allerdings gibt es auch Schnäppchenangebote für 2 Personen und ein Auto ab 50 € (einfach). In der Hauptsaison empfiehlt es sich, rechtzeitig einen Platz auf der Fähre zu reservieren. Manche Fährgesellschaften, so beispielsweise P & O Ferries, bieten auch Gesamtarrangements mit Unterkünften an.

Aktuelle Preise findet man im Internet auf der Homepage der jeweiligen Fährgesellschaft oder im Reisebüro:

P & O Ferries, Calais–Dover, Fahrzeit: 1:15 Std., tgl. bis zu 30 Verbindungen. ✆ 0800/1300030. www.poferries.com.

Seafrance, Calais–Dover, Fahrzeit: 1:30 Std., tgl. bis zu 15 Verbindungen. www.seafrance.co.uk.

Stena Line, Hoek van Holland – Harwich, Fahrzeit: 3:42 Std., tgl. drei Verbindungen. ✆ 0180/6020100. www.stenaline.de.

Als Alternative empfiehlt sich seit 1994 die Anreise durch den **Eurotunnel** von Calais nach Folkestone. Die hochmodernen Pendelzüge, *Le Shuttle* genannt, unterqueren den Ärmelkanal in 35 Minuten. Sowohl Fußpassagiere als auch Pkw und Lastwagen werden befördert. Da die Züge alle 30 Minuten fahren, sind Reservierungen nicht erforderlich, aber günstiger. Das Ticket kauft man

Kleine Pause zwischen zwei älteren Herren

vom Auto aus an einem Schalter und fährt dann in die doppelstöckigen Waggons. Passkontrolle und Zollformalitäten für beide Länder erfolgen vor der Auffahrt auf den Pendelzug. Mit dem Pkw oder Kleinbus mit bis zu neun Personen zahlt man für eine Passage (hin und zurück) je nach Tageszeit, Saison und Flexibilität von rund 100 € bis zu 300 €.

Aktuelle Informationen zu **Preisen** und **Verbindungen** erteilt: www.eurotunnel.com.

Mit dem Zug

Die Anreise mit der Bahn ist eine bequeme, umweltschonende und traditionsreiche Alternative.

Mit dem *Thalys*- bzw. weiter mit dem *Eurostar*-Zug bzw. ICE ab Köln über Brüssel erreicht man London St Pancras in 4 Stunden und 15 Minuten. Sparpreise beginnen ab 59 €.

Hinweis: Beim Einsteigen in Brüssel Boarding-Zeit einplanen!

Auskunft Weitere Informationen erteilt die **Reiseauskunft der Deutschen Bahn** bundesweit unter ✆ 0049/180/5996633 (0,14 € pro Min.), im Internet unter www.bahn.de; Thalys-Auskunft ✆ 0049/1805/215000 (0,12 € pro Min.). www.eurostar.com.

Mit dem Bus

Das preisgünstigste Verkehrsmittel für die Anreise ist der Bus! Die *Eurolines* verkehren regelmäßig zwischen der Bundesrepublik und England.

Eurolines ist ein Konsortium verschiedener Busgesellschaften (Deutsche Touring, Continentbus etc.) und verfügt so über ein weit verzweigtes Netz. Deshalb kann man aus vielen Städten auch über Zubringerbusse auf die Englandstrecke umsteigen. In den komfortablen Bussen ist das Reisen relativ angenehm. Die Anreisezeiten variieren je nach Abfahrtsort zwischen 8 und 20 Stunden. Eine Fahrt von Frankfurt nach London kostet hin und zurück rund 170 €. Es ist ratsam, Buchungen rechtzeitig vorzunehmen.

Information Deutsche Touring, Am Römerhof 17, 60486 Frankfurt, ✆ 06196/2078501. www.touring.de.

Auch mit dem richtigen T-Shirt fällt die Orientierung nicht leicht

Unterwegs in London

London mit dem eigenen Auto zu erkunden, empfiehlt sich nicht. Wenn möglich, sollte man die sehr gut ausgebauten öffentlichen Verkehrsmittel benutzen; sie sind dem Auto in vielerlei Hinsicht überlegen und man muss sich weder über Parkplätze, Strafzettel, Autoaufbrüche oder die Citymaut (£ 11.50 pro Tag) Gedanken machen. *London Transport (LT)* ist wohl eines der größten Nahverkehrsunternehmen der Welt. Mit der U-Bahn (Tube, Underground) und den verschiedenen Buslinien erreicht man so ziemlich jede Ecke der Stadt in denkbar kurzer Zeit. Einzig während der Rushhour sind die öffentlichen Verkehrsmittel überfüllt.

Underground (Tube)

Die Londoner U-Bahn ist die älteste der Welt: Im Jahre 1863 verkehrte die erste Untergrundbahn, Tube genannt, von Paddington nach Farringdon. Bis heute ist das System immer noch unschlagbar, was Schnelligkeit und Effizienz betrifft.

In London gibt es mehr als 270 U-Bahnhöfe sowie elf Linien (Bakerloo, Central, Circle, District, Hammersmith & City, Jubilee, Metropolitan, Northern, Piccadilly, Victoria und Waterloo & City), die bis zu 50 Meilen weit ins Umland fahren. Auch die computergesteuerte Docklands Light Railway (DLR) wird zum U-Bahn-Netz dazugezählt, seit 2011 gibt es zudem das Netz von *London Overground* zur Anbindung der Außenbezirke. Ähnlich wie in anderen Metropolen fährt die Tube in den Außenbezirken an der Oberfläche.

Betriebszeiten und Orientierung

Fünf Tube-Linien (Central, Jubilee, Norhern, Piccadilly, Victoria) fahren als Night Tube die ganze Nacht, die anderen nehmen am Morgen um 5 Uhr (sonntags später) den Betrieb auf und fahren bis kurz nach Mitternacht (0.30 Uhr).

An jedem U-Bahnhof bekommt man einen kostenlosen und praktischen **Über-**

sichtsplan (Journey Planner), auf dem die Linien in verschiedenen Farben eingezeichnet sind. Die Züge auf den alten U-Bahn-Linien (Metropolitan, District und Circle) fahren eher gemächlich in die großen Bahnhöfe ein. Die übrigen, nach dem Röhrenprinzip gebauten Strecken (daher der Name Tube) liegen viel tiefer unter der Erde und sind kleiner; die Züge fahren schneller. Auf unendlich langen Rolltreppen oder mit vorsintflutlichen Fahrstühlen wird man unter die Erde transportiert. Auf den Rolltreppen gilt das ungeschrieben Gesetz: Wer nur stehen will, hält sich rechts, wer es eilig hat, kann links überholen. Wichtig ist es zu wissen, dass sich die meisten U-Bahn-Linien in den Außenbezirken verzweigen. Auf jedem Bahnsteig befindet sich daher eine Leuchttafel, auf der die Endstationen der drei folgenden Züge angekündigt werden. Nicht immer ist die U-Bahn die beste Verbindung, so ist es schneller, vom U-Bahnhof Leicester Square zur benachbarten Station Covent Garden zu laufen, als umständlich zu den Gleisen zu gehen und mit der Tube zu fahren.

Tickets und Tarife

Tarifzonen und Fahrkartenkauf: Die Tube ist in sechs verschiedene Tarifzonen eingeteilt. In der Regel reicht ein Ticket für zwei Zonen vollkommen aus. Nur wer einen Ausflug nach Kew Gardens, Richmond oder Wimbledon (alle Zone 3 oder 4) unternimmt oder zum Flughafen London Heathrow (Zone 6) muss, zahlt einen geringfügigen Aufschlag. Ähnliches gilt für Windsor Castle, das nur mit dem Zug oder Bus zu erreichen ist.

Tickets werden vor Fahrtantritt am Automaten oder am Schalter gelöst. Dabei gibt man seinen Zielbahnhof an, denn die U-Bahn-Tarife sind nach Zonen gestaffelt. Umsteigen, falls für die Strecke erforderlich, ist inbegriffen, nicht jedoch das Umsteigen von Tube auf Bus oder umgekehrt und nicht von einem Bus zum anderen. Wohnt man weit außerhalb, summiert sich das Fahrgeld schnell. Das sollte man besonders bei der Hotelsuche berücksichtigen. Am besten kauft man sich sofort eine Oyster Card oder Travelcard, mit der man sich ohne das lästige Ticketkaufen mit

London im Kasten

Schaltpläne für den Untergrund

Kein Tourist und auch kein Londoner kommt ohne den berühmten Liniennetzplan der Tube aus. Wo auch immer man sich in London aufhält, der abstrakte Plan mit den bunten Linien bietet Orientierung und Sicherheit. Weitgehend vergessen ist allerdings sein genialer Erfinder Henry (Harry) Beck. Dieser arbeitete als Technischer Zeichner bei den Londoner Verkehrsbetrieben und brütete 1933 in seiner Freizeit über einem neuen Plan, der den Streckenverlauf anschaulicher darstellen sollte. Beck verzichtete auf die bis dahin gebräuchliche topographische Genauigkeit und ersetzte die realitätsnahe Abbildung durch einen Entwurf, der einem elektrischen Schaltplan nachempfunden war, wobei die Entfernung der Stationen stets im gleichen Abstand zueinander abgebildet wurden. Weiterhin wurde jede Underground-Linie durch einen eigenen Strich repräsentiert, der entweder horizontal, vertikal oder in einem diagonalen 45-Grad-Winkel verläuft. Das Ergebnis war ein Plan, der einem geometrischen Gitternetz ähnelt und dessen Grundlage einzig die Topologie ist. Der bahnbrechende Erfolg von Becks Design lässt sich auch daran erkennen, dass sich heute weltweit zahlreiche Städte mit ihren Netzplänen an Becks übersichtlichem Design orientieren.

der Tube, aber auch mit Bussen fortbewegen kann. Informationen gibt es auch im Internet unter www.londontransport.co.uk.

Am Ende der Fahrt wird das normale Ticket eingezogen (nicht aber die Oyster Card oder Travelcard) – man muss es also bis zum Zielbahnhof aufbewahren. Wer größeres Gepäck mitführt, wendet sich an einen Mitarbeiter der Verkehrsbetriebe; sie sind an ihren orangefarbenen Westen zu erkennen und öffnen spezielle Schwingtüren.

Oyster Card: Seit 2006 gibt es in London die Oyster Card; es handelt sich dabei um einen aufladbaren elektronischen Verkehrspass, der einen schnelleren und deutlich günstigeren Zugang (Einzelfahrten in der Tube £ 2.40 statt £ 4.90) zu den öffentlichen Verkehrsmitteln ermöglicht und übertragbar ist. Eine Oyster Card erhält man am Automaten oder am Schalter in der Tube sowie an einem der 3000 Oyster-Ticket-Shops in London (man kann sie dort auch wieder aufladen lassen). Entweder man lässt darauf ein bestimmtes Zeitticket laden oder man benutzt die aufgeladene Oyster Card als virtuelle Geldbörse. Automatisch wird der niedrigste Preis für eine Fahrt abgebucht, wobei der maximale Abbuchungsbetrag pro Tag für Fahrten innerhalb der Zonen 1–2 £ 6.50 beträgt. Mit einem Wochenticket (£ 32.40) fährt man bei längeren Aufenthalten am günstigsten. Akzeptiert werden Beträge zwischen £ 5 und maximal £ 90 in Schritten von £ 5. Hinzu kommt noch ein Deposit von £ 5. Nicht verbrauchte Guthaben werden bei der Rückgabe der Karte an den U-Bahn-Stationen zurückerstattet.

Und noch schnell mit der Tube nach Hause

Single Fare: Wer nur gelegentlich in den Zonen 1–4 die U-Bahn benutzt, kann für £ 4.90 einen Einzelfahrschein erwerben (für Zonen 1–6 kostet die Einzelfahrt £ 5.90).

One Day Travelcard: Für bis zu vier Zonen £ 12.10 (bzw. £ 17.20 für Zonen 1–6), aber man fährt mit der Oyster Card und dem Pay-as-you-go-Verfahren durch das *Price capping* günstiger.

Weekly Travelcard: Gültig an sieben aufeinanderfolgenden Tagen ohne Ausschlusszeiten. Nur in Kombination mit der Oyster Card, außer man kauft das Ticket bei einer National Rail Station. Für zwei Zonen £ 32.40, für bis zu sechs Zonen £ 59.10. Lohnt sich ab fünf Tagen gegenüber dem Pay-as-you-go-Verfahren.

Kinder und Jugendliche: Die Oyster Card gibt es nur für Erwachsene. Kinder bis 10 Jahre fahren kostenlos, wenn sie von einem Erwachsenen begleitet werden, der eine Oyster Card besitzt. Alle 11- bis 15-Jährigen benötigen eine Travelcard für die Tube. Die One Day Travelcard kostet £ 6 für bis zu 4 Zonen (bzw. £ 8.60 für Zonen 1–6). Die Weekly Travelcard für Zonen 1–2 rechnet sich ab drei Tagen, sie kostet £ 16.20. Die Oyster Card für 11- bis 15-Jährige lohnt sich nicht, da man sie vier Wochen vorher umständlich mit einem Foto bei einem Post Office oder online (https://photocard.tfl.gov.uk/tfl/showLogon.do) beantragen muss.

Bus

„Um London zu besichtigen, um es sich anzueignen, bedient man sich am besten der roten städtischen Autobusse, klettert auf ihr Oberdeck und fährt ins Blaue. Die Busse führen überall hin; ihre Linien erschließen den Zauberwald der Riesenstadt." (Wolfgang Koeppen)

Nachdem die berühmten *Routemaster*, wie die knallroten historischen Doppeldecker genannt werden, im Dezember 2005 endgültig aus dem Verkehr gezogen wurden, muss man bei Stadterkundungen auf die moderne und barrierefreie Niederflur-Doppeldeckerbusse – *Hoppa* – oder die als *Bendies* bezeichneten, 18 Meter langen Gelenkbusse zurückgreifen, die den Standards der Europäischen Union entsprechen. Seit 2012 werden Bus für Bus auch moderne, hinten offene Routemaster in Betrieb genommen, zunächst auf der Linie 38, die zwischen Victoria und Hackney verkehrt.

Ein Trostpflaster ist den Nostalgikern geblieben: Nach wie vor verkehren insgesamt 16 dieser *Routemaster* auf zwei Touristenstrecken, den so genannten „Heritage-Routemaster-Linien". Auf den Routen zwischen Aldwych und der Royal Albert Hall (Linie 9) sowie zwischen Trafalgar Square und Tower Hill (Linie 15) verkehren nun altmodische und moderne Doppeldecker im Wechsel. Wer will, kann auf diesen Linien weiterhin in bewährter Weise zwischen den Haltestellen auf das offene Heck auf- bzw. abspringen. In den letzten Jahren wurden zudem einige Strecken (meist in die Vororte) privatisiert und jetzt von *Grey*, *Green*, *Yellow* und *Blue Buses* befahren.

Achtung: Fahrkarten können an einem Automaten neben der Haltestelle er-

worben werden; Bustickets darf man nicht für die Tube benutzen.

Haltestellen

Die 17.000 Londoner Bushaltestellen sind immer an dem Zeichen „Bus Stop" zu erkennen. Einige sind Bedarfshaltestellen (*on request*), an denen man einen Bus heranwinken muss, da er sonst vorbeifährt. Recht ungewöhnlich für kontinentale Verhältnisse ist das Warten in disziplinierten Schlangen. In der Regel fahren die Stadtbusse von 6 Uhr morgens bis 0.30 Uhr. Danach steigt man auf Nachtbusse um, die bis in die frühen Morgenstunden verkehren. Diese Linien sind mit einem „N" vor der entsprechenden Nummer gekennzeichnet. Alle Nachtbusse fahren über den Trafalgar Square. Ihre Haltestellen haben rote und gelbe Nummern. One Day Travelcards haben nachts keine Gültigkeit (im Gegensatz zu Wochen- oder Monatskarten).

Tarife

Die Busfahrpreise sind auch nach Zonen gestaffelt und man muss dem Fahrer oder Schaffner (*Conductor*) sagen, wo man aussteigen möchte (z. B. Oxford Street, Ecke New Bond Street). Je nach Tageszeit kostet eine Busfahrt bis zu £ 2.50 (£ 1.50 mit Oyster Card). Eine Bustageskarte kostet £ 4.50 (vier Zonen).

Informationsbroschüren und Pläne

Empfehlenswert ist es, sich nach der Ankunft in London bei einem der London Transport Information Centre die verschiedenen Pläne und Informationsbroschüren zu holen. Offices gibt es beispielsweise in den folgenden U-Bahnhöfen: Heathrow Central, St James's Park, Euston Station, King's Cross, Victoria Station, Oxford Circus, Waterloo, Piccadilly Circus.

London Transport gibt den kostenlosen und recht praktisch zu handhabenden Plan **Central Bus Guide** heraus, auf dem die Buslinien im Citybereich eingezeichnet sind. Er ist in allen Tube-Stations und LT-Informationsbüros erhältlich. Zudem liegen auch die Buspläne für vier weitere Stadtbereiche (South West, North West, North East und South East) aus.

Routenmaster – ein Auslaufmodell?

Zug (British Rail)

Mehrere Bahnlinien ziehen sich durch Greater London und verbinden das Zentrum mit den Vororten. Viele Züge halten auch an Bahnhöfen, die mit der U-Bahn verbunden sind. Auch hier muss man sich nicht extra eine Fahrkarte besorgen, wenn man eine Travelcard besitzt.

Achtung: Die Express-Züge zu den Flughäfen Heathrow, Gatwick oder Stansted gehören nicht zum Verkehrsnetz von London Transport.

Schifffahrt

... auf der Themse:

Bootstouren auf der Themse, die einst die wichtigste Verkehrsader Londons war, sind eine nette Abwechslung zum U-Bahn- und Busfahren. Wenn man vorne im Boot Platz nimmt, hat man die beste Aussicht auf die Sehenswürdigkeiten der Stadt. Die Themse kann man bis nach Greenwich oder flussaufwärts zum Hampton Court Palace entlangschippern.

Die meisten Boote sind auch für Rollstuhlfahrer geeignet, dennoch sollte man sich vorher informieren (✆ 0839/123432, nur in England wählbar). Boote zum Hampton Court sowie nach Kew und Richmond fahren nur in den Sommermonaten. Weitere Informationen gibt es über die *Westminster Passenger Service Association* (✆ 020/79302062, www.wpsa.co.uk).

Die Fahrt mit den Thames Clippers (www.thamesclippers.com) kostet £ 7.50, mit der Travelcard £ 5, nach Kew Gardens mit Westminster Passenger Service ab £ 13.

Sightseeing by ship

Piers

Embankment Pier, gegenüber der Tube-Station Embankment. Boote nach Greenwich (alle 20 Minuten) zum Tower of London (alle 20 Minuten).

Westminster Pier, die Treppen an der Westminster Bridge hinuntersteigen (Tube Westminster). Boote nach Greenwich (alle 20 Minuten), zum Hampton Court (3-mal täglich), nach Kew Gardens (4-mal täglich), zur Thames Barrier (2- bis 3-mal täglich) und zum Tower of London (alle 20 Minuten).

Tower Pier, Tower Hill, gegenüber dem Haupteingang zum Tower (Tube Tower Hill). Boote zur Thames Barrier (3-mal täglich, umsteigen in Greenwich), nach Greenwich (alle 30 Minuten) und Westminster (alle 20 Minuten).

Greenwich Pier, Cutty Sark Gardens (mit British Rail bis Greenwich oder Docklands Light Railway bis Cutty Sark). Boote nach Charing Cross (alle 30 Minuten), Thames Barrier (3- bis 4-mal täglich) und Westminster (alle 20 Minuten).

Tate Boat

Eine interessante Alternative ist eine Fahrt auf der Themse von der Tate Britain zur Tate Modern. Die Inneneinrichtung des Katamarans wurde von dem bekannten Künstler Damien Hirst entworfen. Das Tate Boat verkehrt zwischen 10 und 17 Uhr. Fahrzeit: 13 Minuten. Einfach £ 7.50, mit Travelcard £ 5. www.tate.org.uk/tatetotate.

... auf den Kanälen

London besitzt zudem noch zwei Kanäle: Der Regent's sowie der Grand Union Canal waren ebenfalls wichtige Verkehrsadern der Stadt. Auch hier kann man herrliche Bootstouren, z. B. zum Zoo oder durch den Regent's Park, unternehmen:

London Waterbus Company, Camden Lock Place (Tube Camden Town). Die Boote (einfach ab £ 8.50, erm. £ 7) legen an in Little Venice, Camden Lock und beim London Zoo. Ganzjähriger Betrieb von 11–16 Uhr, im Sommer ab 10 Uhr. ✆ 020/74822660, www.londonwaterbus.com.

Seilbahn „Emirates Air Line“

Mit der Seilbahn über die Themse klingt wie ein Witz, doch seit Juni 2012 „fliegt“ Emirates Air Line mit einer Seilbahn in einer Höhe von 90 Metern in knapp fünf Minuten in North Greenwich beim *The O₂* (*Millenium Dome*) über die Themse.

Man erreicht die südliche Station der Seilbahn mit der Jubilee Line oder den Thames-Clipper-Schiffen (North Greenwich), die nördliche Station mit der DLR (Royal Victoria).

Skifahrer haben ein kleines Déjà-vu-Erlebnis, denn die Fahrgäste erwartet die gewohnte Doppelmayr-Qualität. Nur die Boxen für die Skier fehlen, dafür dürfen bis zu zwei Fahrräder mitgenommen werden ...

Tgl. 7–21 Uhr, Sa 8–21 Uhr, So 9–21 Uhr. Kosten £ 4.50, erm. £ 2.50, mit der Oyster Card £ 3.40, erm. £ 1.70 (jeweils einfach). www.emiratesairline.co.uk.

Taxi

Eine Fahrt mit einem der 20.000 Black Cabs gehört schon fast zum Pflichtprogramm eines Londonbesuchs. Taxistände finden sich an Bahnhöfen und zahlreichen öffentlichen Plätzen. Es ist aber jederzeit möglich, einen Wagen an der Straße anzuhalten, falls das gelbe Taxizeichen leuchtet („Taxi" oder „For Hire"). Die Grundgebühr beträgt £ 2.60, der weitere Preis richtet sich nach der Entfernung und der Tageszeit. Es ist üblich, zehn Prozent Trinkgeld zu geben oder mindestens den Preis zum vollen Pfund aufzurunden.

Zu Stoßzeiten und bei Regen sind die Taxis allerdings genauso rar wie in den Abendstunden, die viele Taxifahrer am liebsten zu Hause verbringen.

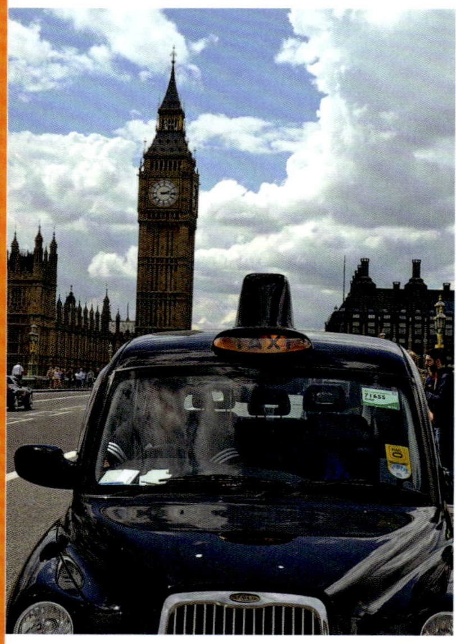

Zwei Londoner Klassiker

Fahrrad

Zugegeben, die Vorstellung, London mit dem Fahrrad zu erkunden, scheint auf den ersten Blick wenig erfreulich, zynische Zeitgenossen empfehlen gar, den Organspenderausweis nicht zu vergessen. Doch wer das „Wagnis" auf sich nimmt, wird feststellen, dass sich auf einer Radtour ganz andere Perspektiven der Themsemetropole offenbaren. Amüsant sind vor allem Touren durch die Außenbezirke, im Stadtzentrum empfiehlt sich hingegen, dem Beispiel der Londoner zu folgen und sich eine Atemschutzmaske überzustreifen. Die Stadtverwaltung hat inzwischen auch das Fahrrad als Fortbewegungsmittel entdeckt: Das Radwegenetz wurde inzwischen auf 1900 Kilometer erweitert, zudem wurden 2016 mehrere Super-Highways für Radler quer durch die Stadt eingerichtet. In der British Rail ist das Mitnehmen von Fahrrädern erlaubt (zusätzlich einen Kinderfahrschein lösen). Im Jahr 2010 wurde begonnen, ein städtisches Radmietsystem mit rund 6000 Rädern und 400 Verleihstationen ins Leben zu rufen *(Santander Cycles)*, die Räder werden von den Londonern auch als „Boris Bikes" bezeichnet, da sich der ehemalige Bürgermeister Boris Johnson stark für das System engagiert hat. Man muss sich an den Stationen registrieren (£ 2 für 24 Stunden, eine Woche £ 10), die erste halbe Stunde ist kostenlos, dann beginnt ein gestaffeltes Preissystem, das aber schnell teuer werden kann, vor allem, wenn man keine Rückgabestation findet (https://tfl.gov.uk/modes/cycling/santander-cycles).

> Fahrräder darf man in der Tube nur außerhalb der Hauptverkehrszeiten (9.30–16 Uhr und nach 19 Uhr) in folgenden Linien mitnehmen: Circle, District, Hammersmith & City und Metropolitan.

Spaziergänge durch und um London

Ein Spaziergang ist die preiswerteste und beste Variante, die Stadt zu erkunden. Neben den in diesem Führer vorgeschlagenen Stadttouren empfehlen sich Streifzüge entlang der Themse oder entlang des Regent's Canal von Little Venice bis zum London Zoo. Auf dem 24 Kilometer langen *Jubilee Walkway* kann man an einem Tag das Herz von London erkunden (weitere Infos und Karten auf www.walklondon.org.uk). Es gibt sogar die Möglichkeit, London zu Fuß komplett zu umrunden, beispielsweise auf dem LOOP. Dieser *London Outer Orbital Path* führt auf 245 Kilometern rund um die Stadt. Der *Capital Ring Walk* ist die kürzere Alternative, aber immerhin noch 126 Kilometer lang.

Zudem gibt es eine große Auswahl an geführten Touren durch die Stadt (→ S. 262).

London im Kasten

Über den Dächern von London

Das größte Gebäude Londons mit 310 Metern ist der 2012 fertiggestellte Shard London Bridge. Anders als der Bishopsgate Tower (288 Meter) und der Canary Wharf Tower (244 Meter) kann jeder zur Aussichtsplattform des luziden Wolkenkratzers hinauffahren. Ein faszinierender Blick auf London bietet sich von der St Paul's Cathedral, der Westminster Cathedral, dem Fußweg über der Tower Bridge sowie von Hampstead Heath und der 60,6 Meter hohen Gedenksäule The Monument. Den besten Überblick hat man, gute Wetterverhältnisse vorausgesetzt, vom London Eye. Seit dem Jahr 2000 steht am Themse-Ufer gegenüber dem Parlament das mit einer Höhe von 135 Metern damals größte Riesenrad der Welt.

→ Karte S. 248/249

Übernachten

Das Spektrum der Unterkünfte reicht von der Nobelherberge à la Ritz über das moderne Designhotel bis hin zur einfachen, persönlich geführten Herberge (B&B), die einen Einblick in die englische Lebensart bietet. Aufgrund der starken Nachfrage verfügt der Großraum London derzeit über mehr als 100.000 Nachtquartiere.

Preise

Was die Preise betrifft, so erwartet den Londonbesucher ein breites, vor allem nach oben offenes Spektrum. Neben persönlichen Vorlieben setzt nur der eigene Geldbeutel Grenzen: Manch einer gibt für eine Nacht im Luxushotel mehr Geld aus als andere für ihre ganze Reise. Da bei den Hotels in der gehobenen Kategorie häufig noch 20 Prozent Mehrwertsteuer (VAT) anfallen, sollte man sich bei der Buchung erkundigen, ob diese im angegebenen Preis enthalten ist. Auch in Bezug aufs Frühstück sollte man nachfragen, es wird häufig extra berechnet.

Reisende mit niedrigen Ansprüchen finden in Gemeinschaftsunterkünften für rund £ 30 ein Bett mit Frühstück, in Guest Houses werden mindestens £ 40 verlangt. Die Preise für ein Doppelzimmer in einem günstigen Hotel liegen bei mindestens £ 75, in der gehobenen Mittelklasse bei £ 130, und in der gehobenen Kategorie beginnen sie bei £ 200. Nach oben ist die Skala offen. Viele Hotels bieten allerdings etwas günstigere Wochenendtarife an. Die Immobilienpreise in London sind nahezu utopisch, und so werden in manchen Hotels auch Zimmer im Souterrain vermietet. Der neueste Trend sind gar Zimmer ohne Fenster ...

Tipps für die Buchung

Als *Double room* wird ein Doppelzimmer mit Doppelbett (*Double beds*) bezeichnet, ein *Twin room* weist auf zwei Einzelbetten (*Twin beds*) hin; wer mit Kindern unterwegs ist, sollte nach einem *Family room* fragen. Achtung: *Double beds* bestehen aus einem großen französischen Bett mit gemeinsamer Decke. Ein *Apartment* kostet je nach

Lage, Größe, Ausstattung und Saison zwischen £ 350 und £ 1000 pro Woche.

Aufgrund des hohen Preisniveaus kann es mitunter günstiger sein, das Hotel im heimischen Reisebüro pauschal samt Flug zu buchen. Verstärkt versuchen die Hoteliers, auch das Internet für spezielle Angebote zu nutzen und werben dort kurzfristig mit günstigeren Preisen. Fast alle Hotels locken im Juli und August, wenn die Geschäftsreisenden ausbleiben, mit attraktiven Sommerangeboten. Manche Hotelketten, aber auch kleinere Hotels bieten Sondertarife, wenn man schon Monate vorher bucht und sofort bezahlt.

Apartments, B&Bs und Co.

Das Kürzel **B&B** steht für die Übernachtung bei einer Familie, die ein oder mehrere Zimmer an Gäste vermietet und morgens ein Frühstück serviert. Ganz ungezwungen ergeben sich so Kontakte zu den Gastgebern und Einblicke in den britischen Alltag. Die günstigsten Angebote haben manchmal den Nachteil, dass sie etwas dezentral in den Londoner Vororten liegen.

Ein möbliertes **Apartment** oder eine zweckmäßig eingerichtete **Ferienwohnung** ist eine attraktive Alternative für Besucher, die längere Zeit in London bleiben und sich gelegentlich auch selbst versorgen wollen. Leider muss man damit rechnen, dass die günstigen Apartments (£ 300 pro Woche) zumeist nur recht dürftig ausgestattet sind. Es empfiehlt sich, auf eine gute Verkehrsanbindung zu achten.

In London gibt es außerdem mittlerweile sieben **Jugendherbergen** (*Youth Hostel Association*), die allerdings im Sommer meistens schon Monate im Voraus ausgebucht sind. Dennoch werden oft ein paar Betten für Kurzentschlossene freigehalten. Es ist also auf jeden Fall einen Versuch wert, bei der Herberge anzurufen oder frühmorgens persönlich vorbeizuschauen. Grundsätzlich sollte man die Reservierung drei Monate vor seinem Londonbesuch vornehmen (am besten unter www.yha.org.uk). Wer keinen Jugendherbergsausweis besitzt, muss mit einem Preisaufschlag rechnen. Die Preise bewegen sich bei rund £ 25 im Schlafraum, im DZ bei rund £ 40 Pfund pro Person (jeweils inkl. Frühstück).

Hotels – von edel bis preiswert

The Ritz **26**, seit César Ritz im Jahre 1906 dieses Nobelhotel eröffnete, ist das Ritz eine der ersten Adressen in London. Nachmittags trifft man sich zum Afternoon Tea im Palm Court. DZ ab £ 419 zzgl. Breakfast. 150 Piccadilly, W1V, ✆ 020/74938181. www.theritzlondon.com. Ⓤ Green Park.

MeinTipp **The Boundary** **42**, dieses in einem ehemaligen Lagerhaus in Shoreditch untergebrachte Design-Hotel begeistert mit seinen zwölf großzügigen, in unterschiedlichen Stilen eingerichteten Zimmern. Der Einrichtungsstil lässt sich leicht aus Namen wie Le Corbusier, Eileen Grey, Bauhaus etc. ableiten. Zudem gibt es vier Suiten. Das Hotel gehört dem Design-Guru Terence Conran, der er sich nicht hat nehmen lassen, eine loftähnliche Suite nach seinen Vorstellungen zu konzipieren. DZ £ 220–275, nur Sonntag ab £ 190, zzgl. Breakfast und VAT. Kostenloses WLAN. 2–4 Boundary Street, E2, ✆ 020/77291051. www.theboundary.co.uk. Ⓤ Liverpool Street.

One Aldwych **22**, bereits die stimmungsvoll klassisch-nüchterne Hotel-Lobby mit ihrer sakralen Atmosphäre hebt sich von der anderer Hotels ab. Zeitgemäßer britischer Minimalismus ist angesagt. Und im 18-Meter-Pool ist die Musik auch nur dann zu hören, wenn man den Kopf unter Wasser hält. Glücklicherweise enttäuschen auch die Zimmer und der Service des Design-Hotels nicht. WLAN. DZ ab £ 350 (inkl. Frühstück), im Sommer ab £ 290 ohne Frühstück, jeweils zzgl. VAT. 1 Aldwych, WC2, ✆ 020/73001000. www.onealdwych.com. Ⓤ Charing Cross bzw. Temple.

MeinTipp **Leicester House** **24**, ein herrliches Boutique-Hotel mitten in Soho am südlichen Rand von Chinatown über dem gleichnamigen Restaurant. Die Zimmer sind in weißen Tönen gehalten, die herrlich mit dem grünen Fußboden kontrastieren. Da das Bad und die Dusche vom Bett aus offen einsehbar sind, sollte man allerdings nicht allzu viel Wert auf die eigene Intimsphäre legen. Bei den günstigsten Zimmern (Nr. 1) muss man nahezu ohne Tageslicht auskommen. Kostenloses WLAN. Im ersten Stock gibt es eine Bar, im Erdgeschoss ein hervorragendes Restaurant. DZ ab £ 200, ohne Frühstück. 1 Leicester Street, WC2, ✆ 020/6966460. www.leicesterhouse.com. Ⓤ Piccadilly.

No. 11 Cadogan Gardens 30, sehr schönes, im typisch englischen Stil mit viel Holz eingerichtetes Hotel in unmittelbarer Nähe des Sloane Square. Zur Tea Time lodert das Kaminfeuer. Die teureren Zimmer haben einen Blick auf den Park. Gym, Spa und WLAN vorhanden DZ ab £ 260, zzgl. Frühstück (günstigere Wochenendtarife). 11 Cadogan Gardens, SW3, ✆ 020/77307000. www.no11cadogangardens.com. Ⓤ Sloane Square.

MeinTipp **Myhotel Bloomsbury 14**, am Rande von Bloomsbury gelegen, wird dieses geschmackvolle Designerhotel auch höchsten Ansprüchen gerecht. Wer Lust hat, kann mit seiner Lieblingsmusik in der Mini-Stereo-Anlage einschlafen. Der Architekt orientierte sich übrigens an der Feng-Shui-Lehre, damit die Energie gut fließen kann. Kostenloses WLAN. DZ ohne Frühstück £ 140–250 (jeweils plus VAT, starke Schwankungen, günstige Wochenend- und Sommerangebote im Internet buchbar). 11–13 Bayley Street, WC1B, ✆ 020/76676000. www.myhotels.com. Ⓤ Goodge Street.

Myhotel Chelsea 32, dieses hervorragend geführte Hotel im noblen Chelsea verfügt über 45 geräumige Zimmer in verschiedenen Kategorien, die viel Komfort und Behaglichkeit ausstrahlen. Und die angesagtesten Boutiquen Londons liegen in Laufweite. Restaurant vorhanden. Guter Service, kostenloses WLAN. DZ £ 140–250 (starke Schwankungen je nach Wochentag und Saison, ohne Frühstück zzgl. VAT). 35 Ixworth Place, SW3, ✆ 020/72257500. www.myhotels.com. Ⓤ South Kensington.

MeinTipp **The Zetter 10**, unlängst eröffnetes Design-Hotel in einem ehemaligen viktorianischen Lagerhaus im „In-Stadtteil" Clerkenwell. Die hellen Zimmer sind geschmackvoll eingerichtet und mit Internetanschluss, CD-/DVD-Player, Flat-Screen sowie weiteren Extras ausgestattet. Billig ist das Vergnügen nicht, aber im Vergleich zu anderen Londoner Hotels keineswegs überteuert. Ganz oben gibt es sogar Zimmer mit Dachterrasse. Cooles Restaurant im Erdgeschoss. Zimmer je nach Ausstattung ab £ 130 (am Wochenende und im Sommer etwas günstiger), jeweils zzgl. VAT. Großzügige Studios im Dachgeschoss ab £ 295. 86–88 Clerkenwell Road, EC1M, ✆ 020/73244444. www.thezetter.com. Ⓤ Farringdon.

MeinTipp **Shoreditch House 43**, die einstige Keksfabrik in Shoreditch wird heute als exklusiver Privatclub mit Zimmervermietung geführt, doch auch Touristen können in einem der 26 Zimmer des hippen Clubs absteigen und die Räumlichkeiten nutzen, die sonst nur Mitgliedern zugänglich sind. Hierzu gehören nicht nur die Bars, sondern auch der 16-Meter-Pool auf dem Dach! Kostenloses WLAN. Zimmer £ 195–295. 1 Ebor Street, E1, ✆ 020/77395040. www.shoreditchhouse.com. Ⓤ Liverpool Street.

Charlotte Street Hotel 15, angenehmes, im modernen britischen Stil eingerichtetes Hotel wenige Fußminuten nördlich von Soho (eine ehemalige Zahnklinik). Bereits die Lounge begeistert mit ihrem offenen Kamin, doch die Zimmer steigern diesen Eindruck trotz Understatement noch. Ausgezeichnetes Restaurant! Es gibt zudem ein hoteleigenes Fitnessstudio. WLAN. DZ ab £ 270, inkl. VAT. 15 Charlotte Street, W1T, ✆ 020/78062000. www.charlottestreethotel.com. Ⓤ Goodge Street.

Fielding Hotel 20, inmitten einer verkehrsberuhigten Zone gelegen, findet man in dem historischen Gebäude aus dem 18. Jahrhundert geruhsam in den Schlaf. Zuvor tragen die umliegenden Opern- und Musicalhäuser allerdings zum Amüsement bei, tagsüber geht es in ein paar Minuten zu Fuß zum Einkaufen in den Covent Garden. WLAN. Man schläft in leicht verspieltem englischem Stil: EZ ab £ 90, DZ £ 140–180 zzgl. VAT. 4 Broad Court, Bow Street, WC2B, ✆ 020/78368305. www.thefieldinghotel.co.uk. Ⓤ Covent Garden.

MeinTipp **B+B Belgravia 28**, wunderschönes, ungewöhnliches B&B im Stadtteil Belgravia, nur fünf Fußminuten von Victoria Station entfernt. Die Zimmer sind zeitlos modern eingerichtet und lassen keinen Komfort vermissen. Schöne Bäder. Kostenloses WLAN vorhanden. Vom London Tourist Board ausgezeichnet, daher oft ausgebucht. Kein Aufzug. EZ ab £ 109, DZ £ 155–185 (inkl. Breakfast). 64–66 Ebury Street, ✆ 020/72598570. www.bb-belgravia.com. Ⓤ Victoria.

The Nadler Kensington 31, eine weitere Adresse für Reisende, die gerne jenseits von Plüsch und Kitsch nächtigen wollen. Trotz seiner 67 Zimmer zeichnet sich das Hotel durch seine private Atmosphäre aus. Obwohl kein Design-Hotel, gefällt das klassisch-moderne Interieur mit den dezenten Farben. Jedes Zimmer ist mit einem Flat-Screen und einer Miniküche (Mikrowelle, Teekocher, Spüle) ausgestattet. Im günstigsten Doppelzimmer muss man sich allerdings mit Stockbetten begnügen und das Einzelzimmer ist kaum größer als eine Besenkammer. Wenn möglich, sollte man auch kein Zimmer im Souterrain buchen. Kostenloses Internet. EZ ab £ 139, DZ £ 150–199, Superior und Deluxe ab £ 250 bzw. £ 290. 25 Courtfield Gardens, ✆ 020/72442255. www.thenadler.com. Ⓤ Earl's Court.

Windermere Hotel 37, einladendes Hotel mit Restaurant und gepflegter viktorianischer Architektur. Saubere Zimmer, kostenloses WLAN. EZ ab £ 110, DZ £ 125–25 (inkl. English Breakfast). 142–144 Warwick Way, SW1V, ✆ 020/78345163. www.windermere-hotel.co.uk. Ⓤ Victoria.

Megaro 1, ein Lesertipp von Ralf Bomhauer – er lobt die optimale Anbindung an die U-Bahn-Station „St Pancras/King's Cross", da sich unmittelbar vor dem Eingang zu dem farbenfrohen Hotel ein Treppenabgang zur Tube befindet. „Die Zimmer sind nicht typisch englisch, dafür umso geschmackvoller. Achten sollte man aber auf ein Zimmer zur Seite, da sonst die Euston Road zu laut zu hören ist." Kostenloses WLAN. DZ £ 150–260. 2 Belgrove Street, WC1, ✆ 020/78342222. www.hotelmegaro.co.uk. Ⓤ St Pancras/King's Cross.

Ambassadors Bloomsbury 7, das 2007 eröffnete Hotel wurde mit viel Geschmack eingerichtet. Die Räumlichkeiten sind zeitlos modern gestaltet, so dass man sich hier auf Anhieb wohl fühlt. Kostenloses WLAN. Die Zimmerpreise (£ 119–239) sind vom Wochentag und der Ausstattung abhängig, Sommerangebote im Internet. 12 Upper Woburn Place, WC1H, ✆ 020/76935400. www.ambassadors.co.uk. Ⓤ Euston.

MeinTipp **The Hoxton 41**, das 2006 im Stadtteil Shoreditch eröffnete Hotel bietet 205 identische Zimmer zu (teilweise) Schnäppchenpreisen. Übernachten im Industriedesign mit viel Komfort! Schöner Holzboden, tolle Bäder! Die für Londoner Verhältnisse sehr großzügigen Zimmer sind mit Flat Screen und edler Bettwäsche ausgestattet und im Bad gibt es Aveda-Produkte. Von den oberen Stockwerken hat man eine gute Aussicht, einige blicken in Richtung City. Die coole Lobby dient auch den Londonern am Wochenende als Treffpunkt. Kostenloses WLAN. Die Zimmerpreise rangieren zwischen £ 129 bis hinauf auf £ 269 – je später man bucht, desto höher steigen die Preise (Übernachtung jeweils inkl. eines *Lite Pret breakfast*, das von Pret A Manger geliefert wird, Milch und Wasser stehen im Kühlschrank). Ende 2014 eröffnete noch eine Filiale im Stadtteil Holburn. 81 Great Eastern Street, ✆ 020/75501000. www.hoxtonhotels.com. Ⓤ Old Street.

Für Freunde offener Bäder: Leicester House

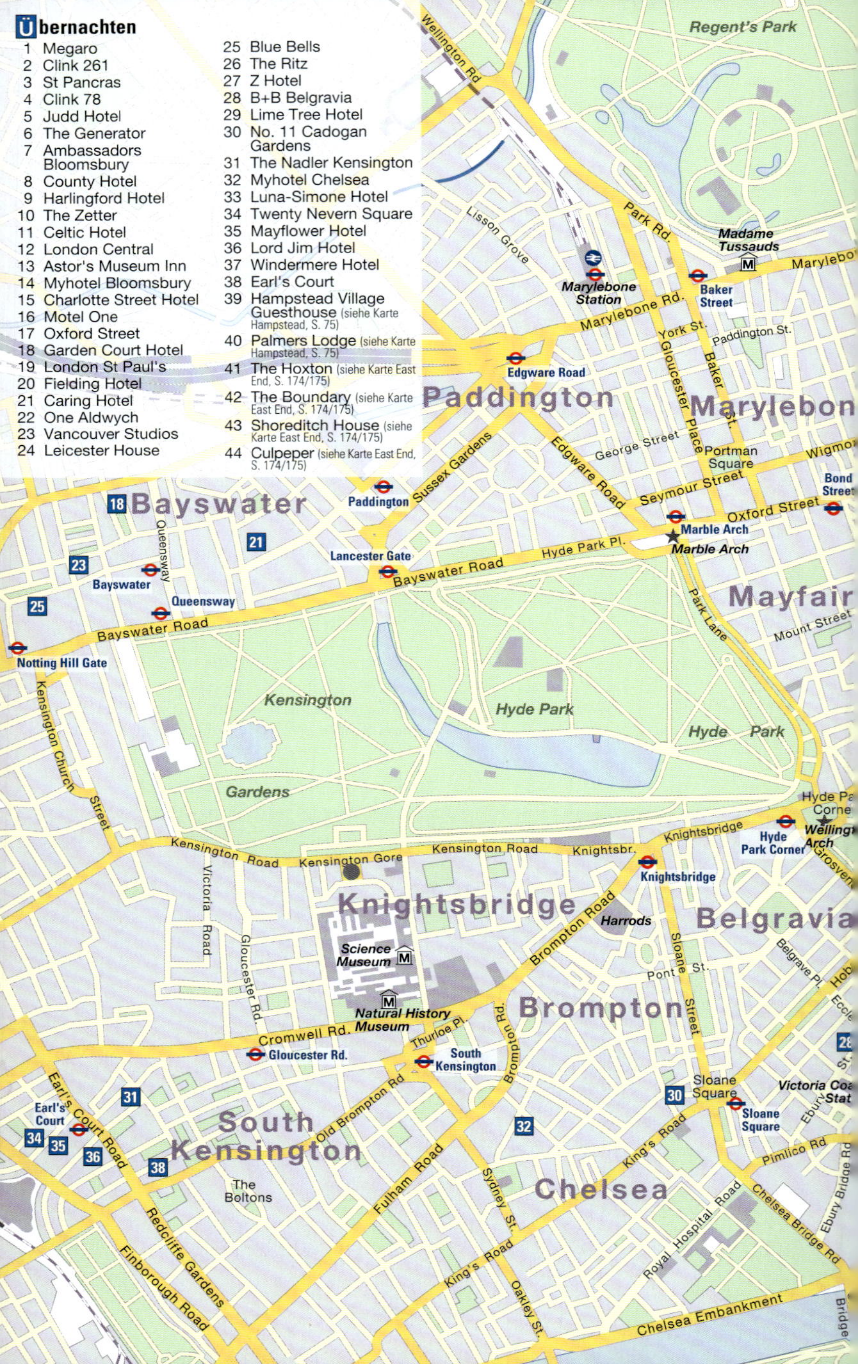
Übernachten
1 Megaro
2 Clink 261
3 St Pancras
4 Clink 78
5 Judd Hotel
6 The Generator
7 Ambassadors Bloomsbury
8 County Hotel
9 Harlingford Hotel
10 The Zetter
11 Celtic Hotel
12 London Central
13 Astor's Museum Inn
14 Myhotel Bloomsbury
15 Charlotte Street Hotel
16 Motel One
17 Oxford Street
18 Garden Court Hotel
19 London St Paul's
20 Fielding Hotel
21 Caring Hotel
22 One Aldwych
23 Vancouver Studios
24 Leicester House
25 Blue Bells
26 The Ritz
27 Z Hotel
28 B+B Belgravia
29 Lime Tree Hotel
30 No. 11 Cadogan Gardens
31 The Nadler Kensington
32 Myhotel Chelsea
33 Luna-Simone Hotel
34 Twenty Nevern Square
35 Mayflower Hotel
36 Lord Jim Hotel
37 Windermere Hotel
38 Earl's Court
39 Hampstead Village Guesthouse (siehe Karte Hampstead, S. 75)
40 Palmers Lodge (siehe Karte Hampstead, S. 75)
41 The Hoxton (siehe Karte East End, S. 174/175)
42 The Boundary (siehe Karte East End, S. 174/175)
43 Shoreditch House (siehe Karte East End, S. 174/175)
44 Culpeper (siehe Karte East End, S. 174/175)
Regent's Park
Wellington Rd
Lisson Grove
Park Rd.
Madame Tussauds
Marylebone Station
Baker Street
Marylebone Rd.
York St.
Paddington St.
Gloucester Place
Baker St.
Edgware Road
Paddington
Sussex Gardens
George Street
Portman Square
Seymour Street
Oxford Street
Bond Street
Marble Arch
Hyde Park Pl.
Bayswater
Queensway
Lancester Gate
Bayswater Road
Mayfair
Park Lane
Mount Street
Notting Hill Gate
Kensington Church Street
Kensington Gardens
Hyde Park
Hyde Park Corner
Knightsbridge
Kensington Road
Kensington Gore
Knightsbr.
Victoria Road
Gloucester Rd.
Brompton Road
Harrods
Belgravia
Sloane Street
Pont St.
Belgrave Pl.
Science Museum
Natural History Museum
Brompton
Cromwell Rd.
Thurloe Pl.
South Kensington
Brompton Rd.
Sloane Square
Victoria Coach Stat
Earl's Court
Earl's Court Road
Old Brompton Rd
South Kensington
The Boltons
Fulham Road
Sydney St.
Chelsea
King's Road
Pimlico Rd
Royal Hospital Road
Chelsea Bridge Rd
Ebury Bridge Rd
Redcliffe Gardens
Finborough Road
Oakley St.
Chelsea Embankment

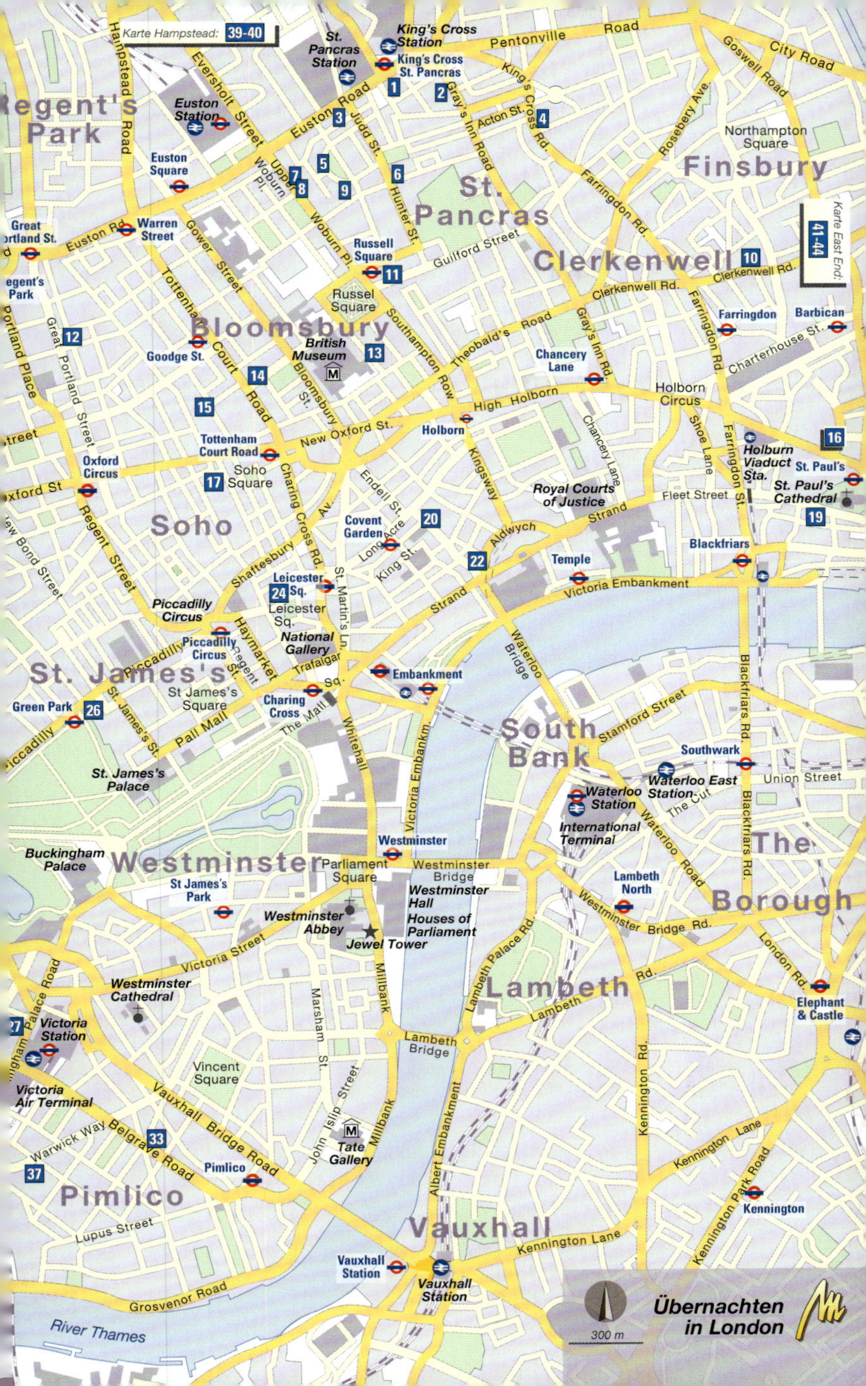

Karte Hampstead: 39-40
Karte East End: 41-44
Regent's Park
St. Pancras
Finsbury
Clerkenwell
Bloomsbury
Soho
St. James's
Westminster
South Bank
The Borough
Lambeth
Pimlico
Vauxhall
King's Cross Station
King's Cross St. Pancras
St. Pancras Station
Euston Station
Euston Square
Warren Street
Great Portland St.
Regent's Park
Russell Square
Russel Square
British Museum
Goodge St.
Tottenham Court Road
Oxford Circus
Soho Square
Covent Garden
Holborn
Chancery Lane
Farringdon
Barbican
Holborn Circus
Holborn Viaduct Sta.
St. Paul's
St. Paul's Cathedral
Royal Courts of Justice
Temple
Blackfriars
Leicester Sq.
Leicester Sq.
Piccadilly Circus
National Gallery
Charing Cross
Embankment
Green Park
St James's Square
St. James's Palace
Buckingham Palace
St James's Park
Westminster
Parliament Square
Westminster Bridge
Westminster Hall
Houses of Parliament
Westminster Abbey
Jewel Tower
Westminster Cathedral
Victoria Station
Victoria Air Terminal
Vincent Square
Tate Gallery
Pimlico
Vauxhall Station
Waterloo Station
International Terminal
Waterloo East Station
Southwark
Lambeth North
Elephant & Castle
Kennington
Lambeth Bridge
Northampton Square
River Thames
300 m
Übernachten in London

Mayflower Hotel 35, die Gegend um Earl's Court war lange Zeit berüchtigt für ihre Billighotels, denen es an Komfort und Stil fehlte. Dieses unlängst renovierte Hotel hebt sich von diesem Image wohltuend ab. Es bietet insgesamt 48 individuelle Zimmer, die mit viel Liebe eingerichtet wurden. Dunkle Holztöne und orientalische und indische Antiquitäten sorgen für eine stimmungsvolle Atmosphäre. Komfortable Bäder! Ein Tipp: Zimmer 18 (£ 179) besitzt einen netten Balkon zur Straße. Bei schönem Wetter kann man sogar hinter dem Haus im Freien frühstücken. EZ ab £ 99 (etwas klein dimensioniert), DZ ab £ 119 (Preise inkl. Continental Breakfast). 26–28 Trebovir Road, SW5, ☏ 020/73700991. www.mayflowerhotel.co.uk. Ⓤ Earl's Court.

Twenty Nevern Square 34, dieses Hotel gefällt ebenfalls durch seine ausgesuchten exotischen Holzmöbel aus Indonesien. Vom Komfort und Ambiente muss es in ganz London keinen Vergleich in dieser Preisklasse scheuen. Zum Zimmer 16 gehört eine wunderschöne Terrasse zum Innenhof, die Pasha Suite verfügt über einen Balkon zum Nevern Square. Einladender Frühstücksraum. DZ ab £ 139. 20 Nevern Square, SW5, ☏ 020/75659555. www.20neversquare.com. Ⓤ Earl's Court.

Z Hotel 27, die Quadratmeterpreise in London, sind bekanntlich utopisch teuer. Wer günstig wohnen will, muss sich beschränken können. Dies ist auch das Motto dieses 2012 unweit von Victoria Station eröffneten Designhotels. Die Zimmer sind je nach Kategorie nur 9–13 Quadratmeter groß (inkl. Dusche und WC, die wiederum durch eine beschichtete Glaswand abgetrennt sind), doch sind sie gut ausgestattet und komfortabel (Klimaanlage, tolle Betten!), alle verfügen über einen 40-Zoll-Fernseher und kostenloses WLAN. Und wer eigentlich nur im Zimmer schlafen will, wählt die Kategorie „Z Inside", die kein Fenster besitzt und vom Flair an eine moderne Schiffskabine erinnern (wer ein Zimmer mit Fenster bucht, kann dieses sowieso nicht öffnen ...) Die Rezeption und ein kleines Café befinden sich im Erdgeschoss. DZ ab £ 70; Frühstück £ 9. Eine weitere Dependance gibt es in Soho. 5 Lower Belgrave Street, SW1W, ☏ 020/35513700. www.thezhotels.com. Ⓤ Victoria.

Tune Hotels, in London hat eine neue Hotelbilligkette eröffnet, wobei sich der günstige Preis nicht nur durch die geringe Zimmergröße (9–11 Quadratmeter) rechtfertigt, zudem muss man Handtücher, Frühstück, Haartrockner, WLAN, Fernsehen, Aircondition, Room Cleaning etc. bei Bedarf zusätzlich buchen. Achtung: Die günstigsten Zimmer haben kein Fenster. Standorte: Liverpool Street, Paddington, Kings Cross, und Westminster. DZ je nach Typ und Reisezeit ab £ 70. www.tunehotels.com.

Motel One 16, die in Deutschland zahlreich vertretene Hotelkette beweist, dass es schönes Design auch zu erschwinglichen Preisen gibt. In fußläufiger Entfernung zu Tower und Themse gelegen, ist das Hotel ideal für eine Stadterkundung geeignet. Schöne (Frühstücks-)Lobby. WLAN plus mehrere deutsche Fernsehsender. DZ ab £ 113; Frühstück £ 9.50. 24–26 Minories, EV3N, ☏ 020/74816420. www.motel-one.com. Ⓤ Tower Hill oder Aldgate.

Culpeper 44, fünf moderne Zimmer über einem beliebten Pub im East End. Eine ungewöhnliche Adresse mit viel Flair (alte Kamine). DZ £ 120 inkl. Frühstück. WLAN. 40 Commercial Street, E1. www.theculpeper.com. Ⓤ Liverpool Street.

Hampstead Village Guesthouse 39, liebevoll exzentrisch eingerichtete Herberge mit nur sechs Zimmern in einem viktorianischen Stadthaus von 1873. Nur Nichtraucherzimmer, familienfreundlich (Babysitter-Service), WLAN. EZ £ 70–100, DZ £ 105–125, wobei man bei den günstigen Preisen kein eigenes Bad/WC hat. Das English Breakfast (£ 10) wird im Sommer im Garten serviert. 2 Kemplay Road, NW3, ☏ 020/74358679. www.hampsteadguesthouse.com. Ⓤ Hampstead.

Harlingford Hotel 9, schmuckes georgianisches Haus (kein Aufzug) mit 43 Zimmern im Herzen von Bloomsbury. Ein Hotel in ruhiger Lage, mit Flair und familiärer Atmosphäre, die Zimmer gefallen mit ihren modernen renovierten Bädern bzw. Duschen. Wunderschöner Frühstücksraum. Kostenloses WLAN. EZ £ 95–105, DZ £ 128–138 (inkl. English Breakfast). 61–63 Cartwright Gardens, WC1, ☏ 020/73871551. www.harlingfordhotel.com. Ⓤ Russel Square.

Judd Hotel 5, in unmittelbarer Nachbarschaft wurde dieses ebenfalls in einem georgianischen Haus befindliche Hotel 2013 komplett renoviert. Die Zimmer im ersten Stock besitzen einen kleinen Balkon. Kostenloses WLAN. DZ ab £ 99. 45 Cartwright Gardens, WC1, ☏ 020/73872067. www.juddhotelbloomsbury.com. Ⓤ Russel Square.

Celtic Hotel 11, kleines, passables Hotel unweit des British Museum. Die günstigsten Zimmer verfügen nur über ein Waschbecken. Kos-

Manch einer malt sich lieber ein Hotel

tenloses WLAN. EZ ab £ 6 (ohne Dusche und WC)3, DZ je nach Ausstattung £ 83–108 (inkl. English Breakfast). 62 Guilford Street, WC1N, ✆ 020/78376737. www.celtichotel.com. Ⓤ Russel Square.

MeinTipp **Lime Tree Hotel 29**, familiäres Hotel in einem georgianischen Townhouse, nur fünf Fußminuten von der Victoria Station entfernt. Geschmackvoll eingerichtete Zimmer mit Flair und einem ausgezeichneten Preis-Leistungs-Verhältnis. Nett ist der kleine Garten hinter dem Haus. Kostenloses WLAN. EZ ab £ 120, DZ £ 180–210 (inkl. English Breakfast). 135/137 Ebury Street, SW1W, ✆ 020/77308191. www.limetreehotel.co.uk. Ⓤ Victoria.

Blue Bells 25, hinter einer roten Tür verbirgt sich ein kleines, angenehmes Hotel mit günstigen Zimmern, das nur wenige Fußminuten von der beliebten Portobello Road entfernt ist. WLAN in der Lounge. EZ £ 60–70, DZ £ 95–105 (inkl. Frühstück). 14 Pembridge Square, W2, ✆ 020/77276666. www.hotelbluebells.com. Ⓤ Notting Hill Gate.

Garden Court Hotel 18, sehr ordentlich geführtes Hotel – seit 1954 in Familienbesitz – unweit des Portobello Market sowie des Hyde Park. Großzügig und recht heimelig ist das Zimmer 502, direkt unter dem Dach. WLAN. EZ ab £ 63, DZ £ 80–149 (die billigen Zimmer sind mit Gemeinschaftsdusche). Gutes Preis-Leistungs-Verhältnis. 30–31 Kensington Gardens Square, WC2. www.gardencourthotel.co.uk. Ⓤ Bayswater.

Lord Jim Hotel 36, günstiges, aber ordentlich geführtes Hotel. Die Zimmer, vor allem die Einzelzimmer, sind allerdings sehr klein. In der gleichen Straße finden sich fünf weitere Hotels mit ähnlichen Preisen. WLAN. EZ je nach Ausstattung ab £ 54, DZ ab £ 69 (jeweils inkl. Continental Breakfast). Die billigsten Zimmer sind ohne Toilette, Internetangebote beachten. 23, 25 Penywern Road, SW5, ✆ 020/73706071. www.lordjimhotel.co.uk. Ⓤ Earl's Court.

Caring Hotel 21, das kleine Hotel ist ein Lesertipp von Ulrike Reck-Obert: „Ein günstiges Hotel mit Frühstück, wo man wirklich alles kriegt, was man braucht. Zwar sind die Zimmer winzig, aber blitzsauber und in gutem Zustand, der Service ist super freundlich, das Frühstück lecker und die Lage sehr zentral." Kein Aufzug. Die Preise für ein Zimmer variieren je nach Saison und Ausstattung, EZ £ 74–96, DZ £ 89–111 (inkl. Continental Breakfast). Es gibt auch Family Rooms. Kostenloses WLAN. 24 Craven Hill Gardens, Leinster Terrace, ✆ 020/72628708. www.caringhotel.com. Ⓤ Bayswater oder Paddington.

Luna-Simone Hotel **33**, das kleine, seit zwei Generationen von einer Familie geführte Hotel (von Lesern gelobt, einzig die zu weichen Betten wurden kritisiert) gefällt nicht nur durch seinen modernen, in hellblauen Tönen gehaltenen Frühstücksraum. Auch ein Internetanschluss steht zur Verfügung. Sehr freundlicher Empfang, die Zimmer sind meist klein, aber sehr ordentlich, vor allem die Bäder. Bushaltestelle direkt vor der Haustür. Je nach Saison EZ ab £ 88, DZ ab £ 139, jeweils inkl. English Breakfast. 47–49 Belgrave Road, SW1V, ✆ 020/78345897, www.lunasimonehotel.com. Ⓤ Victoria.

County Hotel **8**, das Low-Budget-Hotel befindet sich im nördlichen Teil von Bloomsbury, mit über 175 Zimmern ist es allerdings recht unpersönlich, ohne großen Charme und etwas abgewohnt. Die für Londoner Verhältnisse relativ günstigen Zimmer verfügen nur über ein Waschbecken, jeweils vier Zimmer teilen sich ein Badezimmer mit zwei Duschen und drei Toiletten. EZ £ 53, DZ £ 67 (inkl. English Breakfast). Upper Woburn Place, WC1H, ✆ 020/73875544, www.imperialhotels.co.uk/en/county. Ⓤ Euston.

Telefonzellenspaß

Bed & Breakfast (B&B)

Zimmer in Privathäusern, die je nach Lage und Ausstattung zwischen £ 35 und £ 75 pro Nacht und Person kosten (Mindestaufenthalt drei Nächte), vermittelt **London Homestead Services**: ✆ 020/72865115, www.lhslondon.co.uk. Ein ähnliches Angebot gibt es bei **The London Bed & Breakfast Agency**, 71 Fellows Road, ✆ 020/75862768, www.londonbb.com.

Sehr schöne Privatzimmer vermittelt die deutsche Agentur **Bed & Breakfast**, ab 45 € pro Person, ✆ 06251/702822, www.bed-breakfast.de.

Auch auf **www.privatehomes.co.uk** oder **www.travelstay.com** werden B&Bs angeboten.

Lesbian & Gay Accommodation Outlet, Zimmervermittlung für Schwule und Lesben. 32 Old Crompton Street, W1, ✆ 020/72874244. www.outlet.co.uk.

Apartments und Ferienwohnungen

Vancouver Studios **23**, im Stadtteil Bayswater unweit von Notting Hill gelegen. Hier werden gut ausgestattete Studios und Apartments vermietet. WLAN. Als EZ £ 97, als DZ £ 149–165 pro Nacht. 30 Prince's Square, W2, ✆ 020/72431270. www.vancouverstudios.co.uk.

Unter **www.ebab.de** findet man unkompliziert Zimmer und Apartments in London. Mit Preisen zwischen umgerechnet 50 und 100 € pro Nacht für eine oder zwei Personen ist dieses Angebot sehr günstig. Eine genaue Beschreibung sowie Bilder finden sich im Internet. Hinweis: In erster Linie richtet sich das Angebot an schwule oder lesbische Reisende, allerdings werden auch Heteros gerne als Gäste akzeptiert.

Jugendherbergen

MeinTipp **London Central** **12**, die 2008 eröffnete Herberge am Rand von Marylebone liegt, wie der Name schon andeutet, zentral unweit des Regent's Park. In der modernen und gut ausgestatteten Herberge ist Platz für 294

Gäste. Attraktiv sind auch der Loungebereich und die Coffeebar. Ganzjährig geöffnet, keine Sperrzeiten. WLAN. 104–108 Bolsover Street, W1W, ✆ 0845/3719154. Ⓤ Oxford Street.

Earl's Court 38, altes Stadthaus mit Flair (2006 renoviert), mitten in einem Wohngebiet gelegen. Große Gemeinschaftsküche, über 180 Betten, von denen meistens zehn in einem Zimmer stehen. Ganzjährig geöffnet, ebenfalls keine Sperrstunde. WLAN. 38 Bolton Gardens, SW5, ✆ 0845/3719114. Ⓤ Earl's Court (von der U-Bahn-Station – Ausgang Earl's Court – rechts, dann die fünfte Straße links).

London St Paul's 19, der alte Schlafsaal der Sängerknaben von St Paul's wurde in den letzten Jahren von Grund auf renoviert. Extras: Kantine, Geldwechsel und Theater-Ticket-Verkauf. WLAN. 36 Carter Lane, EC4V, ✆ 0870/7705764, ✆ 0845/3719012. Ⓤ Blackfriars oder St Paul's, Carter Lane.

Thameside, eine der neueren Jugendherbergen von London im modernen Design (Glas-Stahl-Konstruktion). Zwei bis sechs Betten pro Zimmer, die absolut sauber sind. Gute Ausstattung, Restaurant und Bar im Haus. Ganzjährig geöffnet, keine Sperrstunde. WLAN. Island Yard, 20 Salter Road, SE16, ✆ 0845/3719756. Ⓤ Rotherhithe (von der U-Bahn-Station die Brunel Road 15 Minuten hinunter, bis sie zur Salter Road wird, dann auf der linken Seite).

Oxford Street 17, verkehrstechnisch günstig mitten in London gelegen. Knapp 90 Betten in Zwei- bis Vierbettzimmern. Keine Küche. Ganzjährig geöffnet, keine Sperrstunde. WLAN. 14–18 Noel Street, W1F, ✆ 0845/3719133. Ⓤ Oxford Circus (von der U-Bahn-Station in östliche Richtung auf die Oxford Street, dann rechts in die Poland Street).

St Pancras 3, eine der teuersten und zentralsten Jugendherbergen mit 153 Betten (in Zwei- bis Vierbettzimmern). Dafür sind alle Zimmer mit Bad oder Dusche ausgestattet. Direkt gegenüber der neuen British Library. WLAN. 79–81 Euston Road, NW1, ✆ 0845/3719344. Ⓤ King's Cross.

Jugendhotels und private Hostels

The Generator 6, eine trendige Alternative zur Jugendherberge in absolut zentraler Lage in Bloomsbury. In dem versteckt in einem Hinterhof gelegenen Jugendhotel mit Industriedesign trifft sich ein internationales Publikum zwischen 18 und 35 Jahren. Insgesamt 837 (!) Betten stehen in Schlafräumen sowie als DZ zur Verfügung – also nichts für Ruhebedürftige. Duschen und Toiletten gibt es in ausreichender Zahl auf den jeweiligen Stockwerken. Es gibt mehrere Gemeinschaftsräume, eine bis 2 Uhr geöffnete Bar sowie einen Internet Room. WLAN. Die Übernachtungspreise beginnen ab £ 18 pro Person (Schlafsaal), im DZ für ab £ 35 pro Person, meist aber doppelt so teuer. 37 Tavistock Place, WC1H, ✆ 020/73887666. www.generatorhostels.com. Ⓤ Russel Square.

MeinTipp **Clink 78 4**, das ehemalige Gefängnis, das 2007 in ein modernes Jugendhotel verwandelt wurde, bietet viel Flair und 300 Betten in unterschiedlich dimensionierten Räumlichkeiten, teilweise in den alten Zellen. Zum Fernsehen trifft man sich im einstigen Gerichtssaal. Vorzüge: Zentrale Lage, schöne Gemeinschaftsräume, kostenlose Gepäckaufbewahrung. WLAN. Die Übernachtungspreise beginnen ab £ 17 pro Person (Schlafsaal), im DZ £ 30–38 pro Person und Ausstattung, jeweils inkl. Continental Breakfast. 78 King's Cross Road, WC1X, ✆ 020/71839400. www.clinkhostels.com. Ⓤ King's Cross.

Clink 261 2, ein weiteres angenehmes Backpackerhostel am Nordrand von Bloomsbury. Nette Lobby, deutlich kleiner als das Generator, dafür mit lockerer Traveller-Atmosphäre. WLAN in der Lobby. Übernachtung im Schlafsaal ab £ 17, im DZ ab £ 32, im EZ ab £ 50 (jeweils inkl. Buffet Breakfast), Handtuch £ 1. 261–265 Grays Inn Road, WC1X, ✆ 020/78339400. www.clinkhostels.com. Ⓤ King's Cross.

Astor's Museum Inn 13, zentrale Lage, in einem georgianischen Haus in Bloomsbury in unmittelbarer Nähe des British Museum. Einfache Schlafräume, die gewöhnlich von Reisenden aus aller Herren Länder bewohnt werden. Die Rezeption ist 24 Stunden am Tag geöffnet. Achtung: Nur für Gäste unter 30 Jahre! WLAN. B&B je nach Zimmergröße £ 31–75, im Winter wochenweise günstiger. 27 Montague Street, WC1, ✆ 020/75805360. www.astorhostels.co.uk. Ⓤ Holborn oder Russell Square.

Palmers Lodge 40, das nordwestlich des Regent's Park gelegene Hostel ist in einem viktorianischen Bau untergebracht. Angenehmes Hostel mit gemischten Schlafräumen für Paare. Kostenloses WLAN. Die Preise variieren je nach Zimmergröße und Ausstattung zwischen £ 22 und £ 45 pro Person (inkl. Continental Breakfast). 40 College Crescent, NW3, ✆ 020/74838470. www.palmerslodge.co.uk. Ⓤ Swiss Cottage.

Trafalgar Square: über dem bunten Teiben wacht Lord Nelson

London von A bis Z

Ärztliche Versorgung

Für Besucher aus den EU-Mitgliedsländern ist die Notfallbehandlung in den Ambulanz-Abteilungen der Krankenhäuser und bei Ärzten, die dem staatlichen Gesundheitswesen (NHS = *National Health Service*) angeschlossen sind, kostenlos. Wer die Sucherei umgehen will, geht in eines der **Health Centres**, von denen es in fast jedem Stadtteil eines gibt. Ebenso verhält es sich mit einer Notbehandlung beim Zahnarzt. Bei Folgebehandlungen muss man oft das Geld vorstrecken, bekommt dieses aber gegen Vorlage der Quittung von seiner Versicherung zurückerstattet. Da ein Rücktransport von keiner Krankenversicherung finanziert wird, ist eine Auslandskrankenversicherung sehr ratsam. Sie garantiert freie Arzt- und Krankenhauswahl und übernimmt die Kosten für Behandlung, Medikamente, einen ärztlich verordneten Rücktransport und die Überführung im Todesfall. Die Versicherungen bieten Jahrespolicen für Einzelpersonen (ab 5 €) und Familien (ab 15 €).

Es gibt eine **Apotheke** in London, die einen 24-Stunden-Service bietet:

Zafash Pharmacy, 233–235 Old Brompton Road, SW5, ✆ 020/73732798. www.zafash.com. Ⓤ Earl's Court.

Barrierefreiheit

London kann man auch mit einem Handicap leicht erkunden. Zahlreiche

Sehenswürdigkeiten bieten einen Zugang für Menschen mit Behinderung und sämtliche Busse sind Niederflurbusse. Allerdings gibt es nur wenige Tube-Stationen ohne Treppen; auf https://tfl.gov.uk/transport-accessibility/wheelchair-access-and-avoiding-stairs werden jedoch Pläne zum Download angeboten, die zeigen, mit welchen „Hindernissen" wo gerechnet werden muss und wie man sie umgehen kann (*Avoiding Stairs Tube Guide* und *Step-free Tube Guide*, jeweils nur auf Englisch).

Nützliche allgemeine Hinweise erhält man auf der offiziellen Homepage der Stadt: www.visitlondon.com/de (unter dem Reiter „Reiseinformationen", dort dann „Wichtige Informationen" und „Behindertengerechtes London" anklicken).

Blue Plaques

Die blauen Keramik-Plaketten an den Häuserfassaden kann man in London eigentlich gar nicht übersehen. Seitdem 1867 die erste Plakette angebracht wurde, um Lord Byron zu ehren, gibt es im Londoner Stadtgebiet mehrere hundert dieser weiß umrandeten Plaketten, die mit ein paar biographischen Daten daran erinnern, dass in diesem oder jenem Haus Georges Orwell, Friedrich Engels, Jimi Hendrix oder Emilie Pankhurst gelebt haben oder gestorben sind. Die Plaketten werden nach Nominierungen durch die Bevölkerung von der Denkmalschutzorganisation English Heritage vergeben. Bedingung ist einzig, dass die geehrte Persönlichkeit 20 Jahre tot sein muss oder vor über 100 Jahren geboren wurde.

Diplomatische Vertretungen

Deutschland: German Embassy, 23 Belgrave Square, London SW 1, ✆ 020/78241300. www.uk.diplo.de. Ⓤ Hyde Park Corner.

Österreich: Austrian Embassy, 18 Belgrave Mews West, London SW1X 8HU, ✆ 020/73443250. www.bmaa.gv.at/london. Ⓤ Hyde Park Corner.

Schweiz: Swiss Embassy, 16–18 Montagu Place, London W1 H2BQ, ✆ 020/76166000. www.switzerland.embassyhomepage.com. Ⓤ Baker Street oder Marble Arch.

Dokumente

Für Bürger aus der Bundesrepublik Deutschland und Österreich genügt ein gültiger Personalausweis, Schweizer benötigen einen Reisepass beziehungsweise eine gültige Identitätskarte. In der Praxis hat sich die zusätzliche Mitnahme des Reisepasses bewährt: Der Ausweis bleibt an der Rezeption, mit dem Reisepass wechselt man Geld oder mietet ein Auto. Für Kinder unter 16 Jahren ist ein Kinderpass beziehungsweise der Eintrag im elterlichen Pass ausreichend. Mit dem internationalen Studentenausweis erhalten Berechtigte diverse Vergünstigungen.

Fundbüro

Wer sein Handgepäck in der U-Bahn oder im Bus verloren hat, erhält es mit viel Glück im Fundbüro von London Transport zurück:

Lost Property Office, 200 Baker Street, NW 1. Geöffnet: Mo–Fr 8.30–16 Uhr, ✆ 020/79182000.

Feiertage

Banken, Büros und viele Geschäfte, aber auch die meisten Museen und Sehenswürdigkeiten haben an den beweglichen Feiertagen wie beispielsweise **Karfreitag** (*Good Friday*) und **Ostermontag** (*Easter Monday*) sowie an folgenden Tagen geschlossen:

1. Montag im Mai	May Day
Letzter Montag im Mai	Spring Bank Holiday
Letzter Montag im August	Summer BankHoliday
25. Dezember	Christmas Day
26. Dezember	Boxing Day

Fußball

Für so manchen überzeugten Fußballfan stellt der Besuch eines Spiels der Premier League den Höhepunkt eines Londonbesuchs dar – egal, ob bei den *Gunners* (Arsenal), *Blues* (Chelsea) oder *Spurs* (Tottenham Hotspur). Die Eintrittskarten der Spitzenclubs sind begehrt, daher sollte man sich rechtzeitig um einen Platz bemühen. Hilfreich ist folgende Homepage: www.fussballin london.de.

„Ich verliebte mich in den Fußball, wie ich mich später in Frauen verlieben sollte: plötzlich, unerklärlich, unkritisch und ohne einen Gedanken an die Schmerzen und die Zerrissenheit zu verschwenden, die damit verbunden sein würden."

Nick Hornby (Fever Pitch)

FC Chelsea, Stamford Bridge, Fulham Road, SW6. www.chelseafc.co.uk. Ⓤ Fulham Broadway.

Arsenal London, Emirates Stadium, Drayton Park, N5. www.arsenal.co.uk. Ⓤ Arsenal.

West Ham United, New Stadium, Queen Elizabeth Olympia Park, E13. www.whufc.com. Ⓤ Hackney Wick.

Tottenham Hotspur, White Hart Lane, High Road, N17. www.spurs.co.uk. Anfahrt: Mit dem Zug zur Station White Hart Lane.

FC Fulham, Craven Cottage, Stevenage Road, SW6. Ⓤ Putney Bridge. www.fulhamfc.com.

Im **Wembley Stadium** dürfen Fans jetzt auch hinter die Kulissen des Sports schauen. Bei einer Tour durchs Stadion werden auch die Umkleidekabinen der Sportler gezeigt ebenso wie der Aufwärmbereich der Fußballer, die VIP-Rezeption, die königlichen Sitzplätze (The Royal Box), der Raum, wo die Pressekonferenzen stattfinden, usw. Beginn ist jeweils stündlich von 10 bis 16 Uhr, außer an Feiertagen. Eine Führung dauert etwa 75 Minuten und kostet für Erwachsene £ 19, Kinder unter 16 Jahren zahlen £ 11. www.wembleystadium.com. Ⓤ Wembley Central Station.

Geld

Das **Britische Pfund** ist nach wie vor das einzige akzeptierte Zahlungsmittel im Königreich; ein Pound Sterling (£) ist in 100 Pence (p) unterteilt. Es gibt Münzen zu 1 p, 2 p, 5 p, 10 p, 20 p und 50 p sowie zu £ 1 und £ 2, Scheine sind im Wert von £ 5, £ 10, £ 20 und £ 50 im Umlauf.

Der **Wechselkurs** des Britischen Pfunds war bis zum Brexit-Referendum relativ konstant, dann fiel er – im November 2016 musste man für 1 Pfund nur noch 1,12 € bezahlen. Dennoch muss man sich darauf einstellen, dass die Lebenshaltungskosten in London etwa 25 Prozent höher sind als in Deutschland. Wegen der relativ hohen Umtauschgebühren für Bargeld lohnt ein Vergleich zwischen den verschiedenen Banken. Am sinnvollsten ist es, sich schon zu Hause mit den für die ersten Tage nötigen Pfund einzudecken und eine kleine Barreserve mitzuführen.

Kreditkarten werden von fast allen Hotels und Restaurants akzeptiert. Zum Abheben am Geldautomaten reicht auch eine **EC-Karte**; von der heimischen Bank werden pro Abhebung 2,50 € berechnet, unabhängig von der Höhe des Betrags. Um weitere Gebühren an den Geldautomaten zu vermeiden, sollte man darauf verzichten, die Landeswährung sofort in Euro umrechnen zu lassen. Wer Geld mit seiner Kreditkarte abhebt, dessen Konto wird in der Regel mit 2 Prozent des Betrags bzw. mindestens 5 € belastet. Inhaber von Postsparbüchern können mit der **Postbank Spar Card 3000plus** zehnmal jährlich kostenlos im Ausland Geld abheben. Beim **Bargeldumtausch** wird je nach Höhe eine Gebühr von £ 1 bis £ 4 erhoben. Bleiben noch die immer seltener werdenden **Reiseschecks**; bei ihnen beträgt die Tauschgebühr zumeist 1 Prozent.

Die Banken haben in der Regel Mo–Fr 9.30–15.30 Uhr, gelegentlich auch bis 17.30 Uhr geöffnet.

Sperrnotruf für Bank- und Kreditkarten: ✆ 0049/116116. Diese einheitliche Sperrnummer gilt mittlerweile für eine Reihe deutscher Banken, ausgenommen der Hypovereinsbank, der Postbank und der Deutschen Bank. www.sperr-notruf.de.

Gepäckaufbewahrung

Gepäckaufbewahrungen findet man auf den Flughäfen und in den acht großen Bahnhöfen (teuer!). Allerdings ist man nach den Bombenanschlägen vor einigen Jahren vorsichtig geworden. Statt Schließfächern gibt es inzwischen hauptsächlich Gepäckschalter (*Left Luggage*).

Information

Die **Britischen Fremdenverkehrsämter** (Visit Britain) im europäischen Ausland erteilen keine persönlichen Auskünfte mehr. Alle Informationen gibt es nur noch im Internet unter: www.visitbritain.de, www.visitbritain.at oder www.visitbritain.ch/de.

Hier kann man sich kostenlose Broschüren herunterladen oder sich über Reiseziele, Unterkünfte oder Transportmöglichkeiten informieren.

In London angekommen, erhält man an den Zweigstellen des **London Tourist Board** zahlreiche nützliche Informationen, so beispielsweise am Flughafen Heathrow, am St Paul's Churchyard, in der U-Bahn-Station (Mo–Fr 9.15–19 Uhr) sowie an den meisten Bahnhöfen. Die längsten Öffnungszeiten hat das London Information Centre am Leicester Square, das tgl. 8–23 Uhr geöffnet ist. Die Standorte sind unter www.visitlondon.com/maps/tourist_information verzeichnet.

Internetseiten und Apps

Wer sich bereits vorab im Internet über London informieren möchte, kann dies unter folgenden Adressen tun:

www.visitlondon.com (die offizielle Seite des Londoner Tourismusamtes);

www.londontown.com (sehr informativ mit Möglichkeit zum Hotelbuchen);

www.london.de (informative Seite rund um einen London-Aufenthalt);

www.visitbritain.de (die offizielle Site des britischen Tourismus);

www.londontoolkit.com (sehr praktische englische Homepage für eine Londonreise);

www.londonnet.co.uk (thematische Rundgänge und viele Links);

www.royal.gov.uk (das ultimative Angebot für überzeugte Monarchisten);

www.fussballinlondon.de (Reiseführer für Fußballfans);

www.timeout.com (aktuelle Infos aus dem bekannten Londoner Stadtmagazin);

www.latenightlondon.co.uk (interessante Ausgehtipps);

www.londontransport.co.uk (alles über Fahrpläne und -preise im öffentlichen Nahverkehr);

www.streetmap.co.uk (Detailstadtpläne zur ersten Orientierung);

www.a-london-guide.com (englischer Online-Reiseführer mit allgemeinen Infos, Veranstaltungen, Hinweisen, Sehenswürdigkeiten u. a.);

Apps London Official Guide (zahlreiche Infos zur Stadt);

Citymapper London (hilfreich, um auf dem schnellsten Weg von A nach B zu kommen);

Bansky London Tour (erleichtert das Auffinden von Bansky-Graffiti);

London Bus (vereinfacht das Busfahren in London);

Santander Cycles (damit findet man das nächste Leihfahrrad schnell und unkompliziert).

Klima und Reisezeit

London ist sicherlich zu allen Jahreszeiten eine Reise wert, aus klimatischen Gründen kommen die meisten Besucher jedoch zwischen April und Ende September an die Themse. Die Tagestemperaturen erreichen dann angenehme 15 °C, die Londoner sitzen vor den Pubs und Cafés in der Sonne.

Es ist ein weit verbreitetes Klischee, dass es in London entweder ständig regnet oder man die eigene Hand vor lauter Nebel kaum sehen kann. Durch den Golfstrom besitzt Südengland ein vergleichsweise mildes Klima, Minusgrade haben Seltenheitswert. Feucht und neblig ist es in den Wintermonaten, während sich bereits im März der Frühling zu Wort meldet. Der Sommer ist vergleichsweise trocken und warm, wenngleich das Thermometer nur sehr selten über 30 °C anzeigt. Im Herbst wird es regnerischer, obwohl man selbst noch im Oktober kurzärmelig im Park sitzen kann.

Klimadaten von London

	Ø Lufttemperatur (Min./Max. in °C)		Ø Niederschlag (in mm), Ø Tage mit Niederschlag >= 1 mm		Ø Stunden mit Sonnenschein
Jan.	2,6	8,3	52	11	50
Febr.	2,4	8,5	38	8	71
März	4,1	11,4	40	10	107
April	5,4	14,2	45	9	160
Mai	8,4	17,7	46	9	181
Juni	11,5	20,7	47	8	181
Juli	13,9	23,2	41	8	192
Aug.	13,7	22,9	52	8	195
Sept.	11,2	19,7	50	8	139
Okt.	8,3	15,6	69	11	108
Nov.	5,1	11,4	58	10	58
Dez.	2,8	8,6	53	10	37
Jahr	**7,5**	**15,2**	**592**	**110**	**1480**

Hinweis: Die Temperaturen werden nur noch selten in Fahrenheit angegeben. Falls doch: Null Grad Celsius entsprechen 32 Grad Fahrenheit. Mit einer kleinen Formel lassen sich die Temperaturen relativ schnell umrechnen: Man zieht von der Gradzahl Fahrenheit 32 ab, multipliziert das Ergebnis mit 5 und dividiert das Produkt anschließend durch 9.

London im Kasten

Versicherung gegen Regen

Wer dem Londoner Wetter misstraut, kann sich auch dagegen versichern. Fällt an vier Tagen eines einwöchigen Urlaubs zwischen Mai und September mehr als ein Zentimeter Regen pro Quadratmeter, so erstattet die Versicherung *Rothwell and Towler* ein Fünftel der Reisekosten zurück. Zieht man in Betracht, dass die Regenpolice bereits fünf Prozent des Reisepreises kostet, können Hobbystatistiker die durchschnittliche Regenwahrscheinlichkeit schnells errechnen.

Maße und Gewichte

Obwohl in Großbritannien offiziell im metrischen und dezimalen System gemessen wird, begegnet man im Alltag noch oft den so genannten „Imperial Standards":

Längenmaße: 1 Inch (in) = 2,54 cm; 1 Foot (ft) = 30,48 cm; 1 Yard (yd) = 91,44 cm; 1 Mile = 1,609 km.

Hohlmaße: 1 Pint (pt) = 0,5683 l; 1 Gallon (gall) = 4,5459 l.

Gewichte: 1 Stone = 6,36 kg; 1 Pound (lb) = 453,59 g; 1 Ounce (oz) = 28,35 g.

Notruf

Polizei, Feuerwehr und Rettungsdienst erreicht man unter der Rufnummer 999 oder der internationalen Notrufnummer 112. Der Anruf ist kostenlos, auch von allen Telefonzellen aus.

Öffnungszeiten

In England gibt es keine gesetzlich vorgeschriebene Ladenschlusszeit. In der Regel sind die Geschäfte werktags von 9 bis 17.30 Uhr geöffnet. Abweichungen gibt es natürlich, wie etwa den *Early Closing Day* in den Randbezirken einmal in der Woche, an dem die Geschäfte bereits um 13 Uhr schließen. Im Großraum London wurden in den letzten Jahren viele riesige „Superstores" gebaut, die während der Woche mindestens bis 20 Uhr (oft bis 22 Uhr) und sonntags bis 16 Uhr geöffnet haben. Und mehrere Straßen sind regelrechte Nachtschwärmerparadiese – hier findet man Läden und Supermärkte, die zum Teil bis 1 Uhr geöffnet haben. Der Donnerstag ist übrigens in ganz London offizieller Late-Night-Shopping-Day, alle Läden sind bis 20 Uhr geöffnet. Darüber hinaus gibt es die einschlägigen Einkaufsviertel, in denen einige Geschäfte sowieso später schließen: Soho, Covent Garden, Oxford Street oder Knightsbridge. Auch ein sonntäglicher Einkaufsbummel ist dort kein Problem. In bestimmten Stadtteilen findet man sogar Shops, die 24 Stunden geöffnet haben.

Post

Ähnlich wie in Deutschland sind die englischen Postämter Mo–Fr von 9 bis 17 sowie samstags von 9 bis 12.30 Uhr geöffnet. Rund um die Uhr geöffnet ist das Postamt am St Martin's Place (Trafalgar Square). Das Porto für Postkarten sowie Briefe bis 20 Gramm beträgt innerhalb Europas 90 p. Innerhalb des Vereinten Königreiches kosten Briefe bis 100 Gramm, die als „First Class Mail" innerhalb von 24 Stunden ausgeliefert werden, 64 p; als „Second Class Mail" 55 p (Auslieferung innerhalb von 72 Stunden). Weitere Infos: www.royalmail.com. Wer sich Post nach London senden lässt, muss unbedingt die Postleitzahl (W1 oder NW11) angeben, da manche Straßennamen mehrfach vorkommen.

Ein paar Tropfen Regen ...

Radio

London ist bekannt für anspruchsvolle Musiksendungen. Wer sich über die neuesten Trends informieren möchte, sollte einmal bei folgenden Sendern reinhören: **Virgin** (105,8 FM), **Kiss** (100 FM) sowie **BBC Radio One** (98,8 FM), für Jazzfreunde bietet sich **Jazz FM** (102,2 FM) an. Abgesehen von **BBC 1** strahlt der öffentlich-rechtliche Rundfunk noch vier weitere Hörprogramme mit unterschiedlichen Sendeschwerpunkten aus.

Rauchen

In den englischen Pubs und Restaurants gilt seit dem 1. Juli 2007 ein absolutes Rauchverbot Auch Behörden, öffentliche Verkehrsmittel, Kinos und Theater wurden zu rauchfreien Zonen erklärt. Bei Verstößen droht eine Geldstrafe von mindestens 50 Pfund. Auch in allen B&Bs und in den meisten Hotels ist es verboten, im Zimmer zu rauchen.

Schwimmen und Fitness

Wer sich während seines Londonaufenthalts in einem Fitnessstudio austoben möchte, kann sich bei **LA Fitness** (www.lafitness.co.uk) oder **PureGym** (www.puregym.com) eine Tageskarte für £ 15 besorgen. Die Fitnesskette betreibt zahlreiche Studios mit Schwimmbad in London, zum Beispiel in Kensington oder am Haymarket in unmittelbarer Nähe des Piccadilly Circus. Zahlreiche Filialen hat auch **First Fitness** (www.firstfitness.co.uk), während sich **Virgin Active** vor allem an die zahlungskräftigere Yuppiekundschaft wendet und keine Tageskarten anbietet. Attraktiv sind auch die **Sohogyms** (www.sohogyms.com). Modern und sehr gut ausgestattet (25-Meter-Sportpool) ist auch das **Central YMCA** im Stadtzentrum (112 Great Russel Street, www.ymcaclub.co.uk), in dem man ab £ 15 (Tageskarte) trainieren kann.

Außerdem stehen Badelustigen zahlreiche Hallen- und ein paar sehr schöne Freibäder im Stadtgebiet zur Verfügung:

Oasis Sports Centre, Fitnessclub mit beheiztem Freibad (27,5 m) sowie Hallenbad in der Nähe des Covent Garden. 3 Squash Courts. Eintritt ab £ 11.50. 32 Endell Street, WC2, ✆ 020/78311804. Ⓤ Covent Garden oder Holborn.

Highbury, Hallenbad mit 25-Meter-Becken. Eintritt ab £ 5. Highbury Cresent, N5, ✆ 020/72264186. Ⓤ Highbury.

Serpentine Lido, das Freibad im Serpentine Lake des Hyde Park ist von Anfang Juni bis 10. September geöffnet (10–18 Uhr). Eintritt £ 5, erm. £ 4. ✆ 020/72982100. www.serpentinelido.com. Ⓤ Hyde Park Corner, Marble Arch und Knightsbridge.

Parliament Hill Lido, unlängst renoviertes Freibad mit einem 60-Meter-Edelstahlbecken (unbeheizt). Von Mai bis Ende Sept. 7–9 und 10–18 Uhr, im Winter 7–12.30 Uhr. Eintritt £ 6.60, erm. £ 4. NW3, ✆ 020/74853873. Ⓤ Hampstead.

Hampstead Heath Ponds, die Badeseen von Highgate sind ein beliebter sommerlicher Tummelplatz, doch selbst im Winter gibt es Schwimmer, die sich nicht von ihrem morgendlichen Bad im See abhalten lassen. Hier schwimmt man übrigens keine Bahnen, sondern Runden. NW3, ✆ 020/74853873. Ⓤ Hampstead.

King's Cross Pond, ein schön angelegter 40-Meter-Naturpool mitten in der Stadt! Eintritt: £ 5. 20 Canal Reach (Eingang Trapper Walk), NC1, ✆ 020/38186500. Ⓤ King's Cross.

Porchester Spa, schmuckes Schwimmbad, Sauna, Dampfbad und Whirlpool in einem Art-déco-Bad. Unlängst renoviert. Eintritt: mindestens £ 20. 225 Queensway, W2, ✆ 020/77923980. Ⓤ Bayswater oder Queensway.

Hampton Pool, beheiztes Freibad im Südwesten Londons, 36-Meter-Becken, 365 Tage im Jahr geöffnet. High Street, Hampton, TW12, www.hamptonpool.co.uk. ✆ 020/82551116. Ⓤ Hampton Station.

Chelsea Sports Centre, Fitnessclub mit Geräten, Aerobic und Swimmingpool. Chelsea Manor Street, SW3, ✆ 020/73526985. Ⓤ Sloane Square.

Schwule und Lesben

London besitzt eine überaus lebendige und bunte Gay-Szene, deren ganze Vielfalt zu schildern einen eigenen Reiseführer füllen würde. Über aktuelle Veranstaltungen informiert man sich im Time Out Magazin (www.timeout.com/london/lgbt) oder auf www.visitgay.london. Nicht versäumen sollte man die *Pride*, die alljährlich Ende Juni, Anfang Juli stattfindende bunt-schrille Parade der LGBT (Lesbian, Gay, Bisexual, Transgender), die von der Baker Street über die Regent Street bis zum Trafalgar Square zieht (www.prideinlondon.org).

Als das Ausgeh-Mekka der Londoner Gay-Szene gilt Soho (beispielsweise rund um die Old Compton Street), beliebte Viertel sind aber auch Earl's Court, Vauxhall und Camden.

Information **LGBT Tourist Office**, www.visitgay.london. Ⓤ Leicester Square.

London Gay Tours, http://londongaytours.com.

Lesbian and Gay Switchboard, Informationen rund um die Uhr unter ✆ 020/78376768. http://switchboard.lgbt.

Boyz, beliebtes Londoner Gay Lifestyle und Entertainment Magazin. www.boyz.co.uk.

Übernachten **Lesbian & Gay Accommodation Outlet**, Zimmervermittlung für Schwule und Lesben. 32 Old Crompton Street, W1, ✆ 020/72874244. www.outlet4property.com.

Sauna **Chariots**, Betreiber von edlen Gay Saunas (mit Swimmingpool, Gym und Dark Room), beispielsweise in Farrindon, Vauxhall, Limehouse und Waterloo. www.patroc.de/london/saunas.html

Buchladen **Gay's the Word** **4** → Karte S. 54/55, der beliebteste Schwulen-Buchladen in der englischen Metropole befindet sich in Bloomsbury. Auch So 14–18 Uhr geöffnet. 66 Marchmont Street, WC1. www.gaystheword.co.uk. Ⓤ Russell Square.

Stadtrundfahrten und -führungen

Von manchen Reisenden als zu touristisch verschmäht, von anderen gerne als Einstieg in die Stadt genutzt: die

... bescheren unvergessliche Momente

unkomplizierten Stadtrundfahrten der **Big Bus Company**. Mit den oben offenen Doppeldeckerbussen geht es durch die Stadt, wobei man nach Lust und Laune aus- und wieder einsteigen kann. Zur Auswahl stehen die Blue Tour (Big Ben, Buckingham Palace, Madame Tussauds etc.) und die Red Tour (Trafalgar Square, St Paul's Cathedral, Tower of London etc.). Die Busse verkehren im Turnus von 20–30 Minuten. Tagestickets: £ 22 für Erwachsene, £ 11 für Kinder von 5–15 Jahren. www.bigbus.co.uk.

Das Konkurrenzunternehmen **Original Tour** bietet ebenfalls verschiedene Routen zu den Hauptsehenswürdigkeiten mit mehreren Haltestellen (Piccadilly Circus, Trafalgar Square, Madame Tussauds etc.). Tagestickets: £ 26 für Erwachsene, £ 12.50 für Kinder von 5–15 Jahren. Günstigere Tarife bei Interbuchung: www.theoriginaltour.com.

Außerdem gibt es in London mehr als ein Dutzend Veranstalter, die Stadtführungen zu den unterschiedlichsten Themen anbieten:

The Original London Walks, der Klassiker unter den Anbietern von Stadtführungen, riesiges Themenspektrum, täglich bis zu 20 verschiedene Touren. ✆ 020/76243978, www.walks.com.

Mystery Walks, teils Führungen mit Gruselfaktor, man kann sich beispielsweise auf die Spuren von Jack the Ripper begeben. ✆ 07957/388280, www.tourguides.org.uk.

London Architecture Walks, Touren zu den architektonischen Highlights der Stadt. ✆ 020/83411371. www.londonarchitecturewalks.com.

Black Taxi Tours of London, individuelle Stadtführung mit speziell geschulten Taxifahrern. ✆ 079/04063078, www.blacktaxitours.co.uk.

London Bicycle Tour Company, verschiedene geführte Touren (£ 23.95 für bis zu 3,5 Stunden) durch die Stadt. Auch Vermietung von Fahrrädern (£ 20 pro Tag). 1a Gabriel's Wharf, 56 Upper Ground, London, SE1. www.londonbicycle.com. Ⓤ Blackfriars.

Graffiti Tours, Touren zu den schönsten Graffitis und zu Street Art im East End. www.londongraffititours.com.

Street Art, Touren zu versteckter Street Art. www.streetartlondon.co.uk/tours.

Londontoursaufdeutsch, fünf verschiedene deutschsprachige Rundgänge (Teilnahmegebühr £ 15.30, erm. £ 13.50 oder £ 7.20), ✆ 0044/7860782403. Günstiger online: www.londontoursaufdeutsch.com.

Beliebt: Stadtführungen mit dem Fahrrad

Strom

Normalerweise 230 Volt Wechselstrom. Da die englischen Steckdosen einer anderen Norm unterliegen – sie sind dreipolig und flach –, wird für die kontinentalen Zweistiftstecker ein Adapter benötigt, der vor Ort in Supermärkten oder im Fachhandel erhältlich ist. Elektrische Rasierer lassen sich in den Hotels zumeist problemlos ohne Adapter verwenden.

Achtung: Wenn die Nachttischlampe nicht brennt oder andere elektrische Geräte nicht funktionieren, sollte man zuerst einen Blick auf die Steckdose werfen. Dort befindet sich ein kleiner Knipser, der so gestellt sein muss, dass ein winziger roter Punkt erscheint.

Telefonieren

In London existiert nach wie vor ein dichtes Netz öffentlicher Telefonzellen. Die berühmten, äußerlich noch immer wie aus der Zeit gefallen wirkenden roten Häuschen sind mittlerweile alle mit modernen Münz- bzw. Kartenapparaten ausgestattet. Meist stehen zwei nebeneinander, eines mit der Aufschrift *Telephone*, in dem man mit Münzen telefonieren kann (Mindestgebühr 60 p), und ein anderes mit der Aufschrift *Phonecard* oder *Coins & Cards*, das (auch) mit Telefonkarten funktioniert. Bei Postämtern und Geschäften, die das BT-Symbol tragen, sind verschiedene Telefonkarten erhältlich (im Wert von £ 5, £ 10 und £ 20). Einige Apparate akzeptieren auch Kreditkarten (z. B. Mastercard) mit Magnetstreifen, die Mindestgebühr beträgt in diesem Fall 50 p.

In London kann man problemlos mit dem Handy *(mobile phone)* telefonieren. Es fallen Roaming-Gebühren an, deren Höhe – so lange England noch EU-Mitglied ist – gedeckelt ist.

Vorwahlen aus England: nach Deutschland 0049, nach Österreich 0043, in die Schweiz 0041.

Achtung: Die Null der Ortsvorwahl entfällt.

Die rote Telefonzelle ist vom Aussterben bedroht

Vorwahl nach London: von D, A, CH jeweils 0044, die Null der Ortsvorwahl entfällt.

Ortsvorwahl: Anschlüsse, die mit 020/7 beginnen, liegen im Zentrum von London (eine Zone mit einem Radius von sechs Kilometern rund um Charing Cross, die Docklands eingeschlossen), die 020/8 weist auf einen Randbezirk hin.

Auskunft: Auskunft für Großbritannien: 192, Auslandsauskunft: 153.

Tennis

Kein anderer Name elektrisiert Tennisfans aus aller Welt mehr als **Wimbledon.** Alljährlich im Sommer richtet sich das Interesse der Sportbegeisterten auf den gleichnamigen Stadtteil im Südwesten Londons, wo Boris Becker jahrelang sein „Wohnzimmer" aufgeschlagen hatte. Egal, ob Fred Perry, Rod Laver, Björn Borg, John McEnroe oder Steffi Graf – alle Tennislegenden dieser Welt haben auf dem „heiligen Rasen" von Wimbledon triumphiert. Seit 1877 (für Ausländer erst ab 1910) werden hier die *Lawn Tennis Championships* ausgetragen, die als das älteste und prestigeträchtigste Tennisturnier der Welt gelten.

Es ist schwer, Karten für das Tennisturnier zu bekommen, aber glücklicherweise kann man das Mekka des Tennissports das ganze Jahr über besuchen. Das **Wimbledon Lawn Tennis Museum** informiert ausführlich und multimedial über die Geschichte des Turniers. Neben zahlreichen Devotionalien wird auch Tennisrüpel John McEnroe mit einer eigenen Ausstellung geehrt. Idealerweise nimmt man an einer Führung teil, denn nur dann hat man die Chance, einen Blick auf einen der Tennisplätze zu werfen.

Museum: Church Road, SW19. Ⓤ Southfields oder South Wimbledon. Tgl. 10–17.30 Uhr. Während der Championchips nur für Kartenbesitzer! Eintritt £ 11, erm. £ 9 bzw. £ 7, Museum und Führung £ 24, erm. £ 21 bzw. £ 15. www.wimbledon.org/museum.

Trinkgeld

Obwohl fast alle Hotelrechnungen ein Bedienungsgeld („Service Charge") beinhalten, freuen sich das Servicepersonal und die Zimmermädchen über ein Trinkgeld („Tip"). In den meisten Restaurants ist das Bedienungsgeld ebenfalls bereits in der Rechnung enthalten; dennoch sollten auf den Rechnungsbetrag noch einmal rund zehn Prozent hinzugeschlagen werden – je nachdem, ob und wie zufrieden man war. Ein ähnlicher prozentualer Betrag gilt auch bei einer Taxifahrt als angemessen. Bei Kurzfahrten bis zu £ 3 erwartet der Fahrer ein Trinkgeld von mindestens 30 p. In den Pubs wird hingegen an der Theke ohne Trinkgeld bezahlt.

Uhrzeit

Die Uhren orientieren sich an der GMT (*Greenwich Mean Time*), die eine Stunde hinter der MEZ (Mitteleuropäischen Zeit) zurückliegt. Die Uhrzeiten sind immer mit den Zusätzen „am" (0–12 Uhr) bzw. „pm" (12–24 Uhr) angegeben. Wer also um 9 *pm* verabredet ist, muss sich um 21 Uhr am Treffpunkt einfinden.

Zeitungen und Zeitschriften

Die überregionalen deutschsprachigen Tages- und Wochenzeitungen (*Süddeutsche Zeitung*, *Frankfurter Allgemeine Zeitung*, *Spiegel*, *ZEIT*, gelegentlich auch *Die Welt*) sind in der Regel noch am Erscheinungstag in den gut sortierten Zeitungsgeschäften im Stadtzentrum erhältlich. Wer sich jenseits der Boulevardpresse mit der englischen Po-

Unbezahlbar: eine kurze Pause im Park

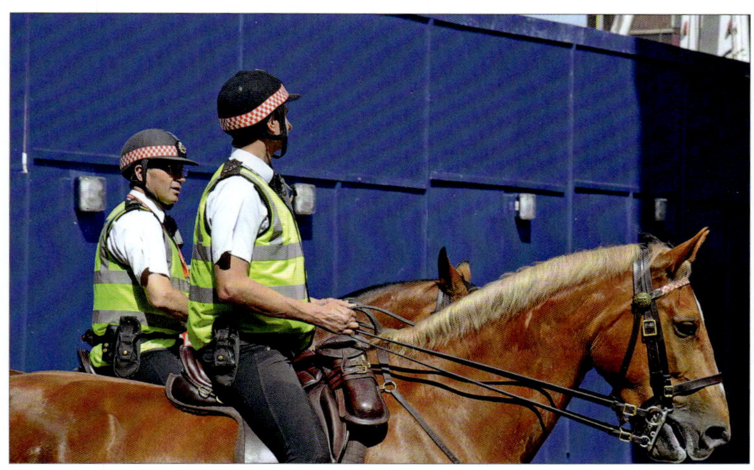

Auf dem Pferderücken hat man alles unter Kontrolle

litik und Kultur beschäftigen möchte, hat die Wahl zwischen der traditionsreichen *Times*, dem liberalen *Independent*, dem links angesiedelten *Guardian* oder dem konservativen, ebenfalls auflagenstarken *Daily Telegraph*. Viele Veranstaltungshinweise finden sich auch im nach rechts tendierenden *Evening Standard*, der in den Nachmittagsstunden kostenlos an den Tube-Stations verteilt wird. Sonntags hat man die Wahl zwischen dem *Sunday Telegraph* oder dem *Observer*.

Das Stadtmagazin *Time Out* (es wird jeden Mittwoch kostenlos verteilt: www.timeout.com/london) genießt Kultstatus und informiert umfassend über das Londoner Kulturleben von aktuellen Ausstellungen bis zu den neuesten Restauranttipps. Interessant ist auch die von Handverkäufern angepriesene Obdachlosen-Zeitung *The Big Issue* (www.bigissue.com). Die Hälfte des Verkaufspreises (£ 2.50) geht an den Verkäufer. Wer am Morgen mit der Tube fährt, kann sich in der dort kostenlos ausliegenden Zeitung *Metro* (www.metro.co.uk) in kurzen Häppchen über das Tagesgeschehen informieren. Im Laufe des Tages erscheinen noch weitere Gratiszeitungen, die vor den Tubeeingängen verteilt werden.

Kostenlos gibt auch die British Tourist Authority monatlich den rund 100 Seiten starken *London Planer* heraus, der auf aktuelle Ausstellungen, Konzerte und diverse Veranstaltungen hinweist sowie nützliche touristische Information enthält.

Zollbestimmungen

Es ist unklar, wie sich der EU-Austritt von Großbritannien auf die Zollbestimmungen auswirken wird. Bisher galt: Tabak, Alkohol und andere Waren können problemlos eingeführt werden, soweit erkennbar ist, dass sie ausschließlich für den Privatgebrauch bestimmt sind. Als Richtmenge gelten 800 Zigaretten bzw. 400 Zigarillos, 200 Zigarren oder 1 Kilo Tabak, 10 Liter Spirituosen sowie 90 Liter Wein und 110 Liter Bier. Für Schweizer gelten die üblichen Mengenbeschränkungen: 50 Gramm Parfüm oder 0,25 Liter Eau de Toilette, 1 Liter Spirituosen oder 2 Liter Wein, 200 Zigaretten oder 100 Zigarillos oder 50 Zigarren oder 250 Gramm Tabak.

Kompakt

Museen

Stadt- und Weltgeschichte

Museum of London: Sehr interessante Präsentation der Londoner Geschichte von den Anfängen der Stadt bis heute. ■ S. 34

London Transport Museum: Die spannende Geschichte des öffentlichen Nahverkehrs in London. ■ S. 93

Museum of London Docklands: In einem alten Speicher wird die Geschichte der Themse, der Schifffahrt und des Hafens lebendig. ■ S. 184

Burgh House: In dem schmucken Herrenhaus wird die Geschichte des Stadtteils Hampstead präsentiert. ■ S. 74

Churchill Museum and Cabinet War Rooms: Ein Besuch der Kabinettsräume aus dem Zweiten Weltkrieg inklusive Churchills Schlafzimmer ist ein stimmungsvoller Spaziergang durch die Geschichte. ■ S. 115

Jewel Tower: Ein Museum zur Geschichte des Parlaments in einem mittelalterlichen Turm. ■ S. 118

Imperial War Museum: Die Geschichte der beiden Weltkriege inklusive des Holocausts wird museumsdidaktisch sehr ansprechend aufbereitet. ■ S. 167

Kunst und Design

Tate Gallery of Modern Art: Ein ehemaliges Kraftwerk an der Themse wurde zu einem Tempel der modernen Kunst. Zur Sammlung gehören Werke von Cézanne, van Gogh, Picasso, Jackson Pollock und Joseph Beuys. ■ S. 158

Courtauld Gallery: Eine der hochkarätigsten Kunstsammlungen der Stadt. Gemälde vom 15. bis 20. Jh., darunter auch Werke von Lucas Cranach, Renoir und Cézanne. ■ S. 40

National Gallery: Eines der meistbesuchten Museen der Stadt. Präsentiert werden Gemälde aus der Zeit von 1260 bis 1900, von Botticelli bis van Gogh. ■ S. 104

The Wallace Collection: Eine außergewöhnliche Kunstsammlung der Familie des Marquess of Hertford. Der Schwerpunkt liegt auf Gemälden des 16. und 17. Jh. mit Bildern von Tizian, Rembrandt oder Velázquez. ■ S. 85

Design Museum: Das Museum gehört zu den bedeutendsten seiner Art, gezeigt wird das gesamte Spektrum von Architektur über Mode bis

Industriedesign. ■ S. 142

Guildhall Art Gallery: Gemälde aus vier Jahrhunderten, dazu Reste eines Amphitheaters im Untergeschoss. ■ S. 33

Sir John Soane's Museum: Das frühneuzeitliche Kuriositätenkabinett eines kunstliebenden Sammlers. ■ S. 43

National Portrait Gallery: Die Geschichte Englands in Portraits, darunter ein Portrait von Shakespeare. ■ S. 105

Photographers' Gallery: Hier werden Fotokunst und sozialkritische Fotoreportagen in Wechselausstellungen gezeigt. ■ S. 94

Tate Gallery of British Art: Ein faszinierender Gesamtüberblick über die britische Malerei der letzten fünf Jahrhunderte. ■ S. 120

Saatchi Gallery (Museum of Contemporary Art): Zeitgenössische Kunst vor allem von Vertretern der Young British Artists wie Damien Hirst und Tracey Emin. ■ S. 126

Victoria and Albert Museum: Das Museum besitzt eine einzigartige Sammlung von Kunstgewerbe und Design. Das Spektrum reicht von Plastiken über Keramiken und Möbel bis zur Fotografie. ■ S. 135

Hayward Gallery: Anspruchsvolle moderne Kunst in wechselnden Ausstellungen. ■ S. 164

Whitechapel Art Gallery: Wechselnde zeitgenössische Kunst im Londoner Osten. ■ S. 176

2 Willow Road: Ein ungewöhnliches Wohnhaus aus den 1930er-Jahren mit moderner Kunst. ■ S. 75

Kulturgeschichte und Naturwissenschaft

British Museum: Das bedeutendste und größte kulturgeschichtliche Museum der Welt. Sehenswert sind vor allem die archäologische und ethnografische Sammlung mit den Elgin Marbles. ■ S. 56

Natural History Museum: Das naturhistorische Museum begeistert mit seiner vielfältigen Dauerausstellung, die auch zahlreiche Aspekte der Erdgeschichte beleuchtet. ■ S. 138

Science Museum: Das Museum spannt einen weiten Bogen von der Astronomie über die Elektronik und die Biochemie bis zur Raumfahrt. ■ S. 139

Spezialthemen

National Army Museum: Ein Überblick über die bewegte britische Militärgeschichte. ■ S. 127

Museum of the Order of St John: Eine kleine Geschichte des Johanniterordens. ■ S. 46

Pollock's Toy Museum: Nicht nur für Kinder lohnt der Besuch im Spielzeugmuseum. ■ S. 56

Jewish Museum: Das jüdische Museum erzählt facettenreich vom jüdischen Leben in England. ■ S. 66

London Canal Museum: Die Lastkähne und das Kühleis-Imperium von Carlo Gatti stehen im Zentrum der Ausstellung. ■ S. 67

Bank of England Museum: Eine Ausstellung über die Geschichte und Funktionen der Bank of England. ■ S. 32

Madame Tussauds: Das berühmteste Wachsfigurenkabinett der Welt zieht die Massen an. ■ S. 80

Faraday Museum: Ein kleines naturwissenschaftliches Museum, dem „Vater der Elektrizität" gewidmet. ■ S. 107

Old Operating Theatre and Herb Garret: Im Zentrum steht ein historischer Operationssaal. ■ S. 155

Museum of Brands: Eine bunte Geschichte der Werbung, von Marken und Verpackungen. ■ S. 148

Clink Prison Museum: Das Gefängnismuseum bietet eine gehörige Portion Schauer und Schrecken. ■ S. 157

Shakespeare's Globe Exhibition: Die Geschichte des elisabethanischen Theaters. ■ S. 158

London Aquarium: Eintauchen in faszinierende Unterwasserwelten. ■ S. 164

London Dungeon: Das Horrorkabinett bedient sich zahlreicher Tricks, um bei seinen Besuchern Gänsehaut zu erzeugen. ■ S. 166

Museum of Garden History: Englische Gartenkultur in musealer Form. ■ S. 167

V&A Museum of Childhood: Die Bildung und Erziehung von Kindern im Spiegel der Zeiten. ■ S. 176

Fan Museum: Ein ganzes Museum über Fächer in verschiedensten Formen. ■ S. 190

Wimbledon Lawn Tennis Museum: Die interessant aufbereitete Geschichte des Turniers. ■ S. 264

Geffrye Museum: Das Museum bietet einen Einblick in die bürgerliche Wohnkultur der letzten Jahrhunderte. ■ S. 175

Berühmte Persönlichkeiten und Häuser

Dr Johnson's House: Das Wohnhaus des Schriftstellers Samuel Johnson. ■ S. 42

Dickens Museum: Im ehemaligen Wohnhaus von Charles Dickens lebt der Geist des Dichters weiter. ■ S. 59

Freud Museum: Das Wohnhaus von Sigmund Freud inklusive der berühmten Couch. ■ S. 73

Keat's House: Das Wohnhaus des berühmten Schriftstellers der Romantik. ■ S. 74

Sherlock Holmes Museum: Der berühmte Meisterdetektiv empfängt in authentischem Ambiente. ■ S. 82

Handel & Hendrix House: Die beiden berühmten Musiker lebten Haus an Haus, jetzt sind sie museal vereint. ■ S. 107

Carlyle's House: Das Wohnhaus des Historikers Thomas Carlyle gibt einen Einblick in die Wohnkultur des 20. Jh. ■ S. 126

Florence Nightingale Museum: Die Lebensgeschichte der berühmten Sanitäterin. ■ S. 166

Kenwood House: Neoklassizistisches Herrenhaus mit prächtiger Bibliothek und schönem Garten. ■ S. 73

Leighton House: Ein exzentrisches Wohnhaus mit vielen orientalischen Elementen. ■ S. 142

Königliche Sammlungen

Tower of London: Die Kronjuwelen und Rüstungen im Tower gehören trotz Besuchermassen zum Pflichtprogramm. ■ S. 28

Royal Academy of Arts: Die königliche Kunstakademie präsentiert hochkarätige Wechselausstellungen. ■ S. 106

Undercroft Museum (Westminster Abbey): Die Bildnisse und Totenmasken zahlreicher Monarchen sowie eine Ausstellung zur Geschichte der Westminster Abbey sind hier versammelt. ■ S. 120

Queen's Gallery: Die königliche Gemäldesammlung mit Werken von Rembrandt, Rubens und Canaletto. ■ S. 123

Museumsschiffe und Seefahrt

HMS Belfast: Das Leben auf einem Kriegsschiff lässt sich hier gut nachvollziehen. ■ S. 154

Golden Hinde: Der Nachbau des Schiffes, mit dem Sir Francis Drake die Welt umrundete. ■ S. 156

Cutty Sark: Der restaurierte Teeklipper aus dem 19. Jh. erwartet seine Besucher im Trockendock. ■ S. 189

National Maritime Museum: Riesiges Museum zur Geschichte der Seefahrt. ■ S. 193

Kompakt

Restaurants

Alles bio

Smiths of Smithfield (Clerkenwell) Bioküche im Industrieloft ■ S. 47

The Natural Kitchen (Marylebone) Biosupermarkt mit Marktflair und nettem Café ■ S. 86

Daylesford Organic (Notting Hill) Brasserie mit Biosupermarkt, Straßenterrasse ■ S. 149

Burger und Fastfood

Haché (Camden Town) Die vielleicht besten Burger Londons ■ S. 70

The Hard Rock Café (Mayfair) Burger, Tex-Mex und Einblick in die Geschichte des Rock ■ S. 109

Electric Diner (Notting Hill) Diner-Food und ganztägig beliebt ■ S. 150

British, modern and traditional

Lamb Tavern (City of London) Alteingesessenes und beliebtes Pub ■ S. 37

Shaw's Booksellers Café (City of London) Gute englische Küche, auch Deftiges ■ S. 37

Simpson's Tavern (City of London) Traditionspub ■ S. 37

El Vino (Strand) Vornehm wirkendes Pub, Tapas und englische Küche ■ S. 43

Punch Tavern (Fleet Street) Pub im viktorianischen Stil. Auch Snacks ■ S. 43

The Wellington (Strand) Klassischer Pub mit Restaurant ■ S. 43

Ye Olde Cheshire Cheese Pub (Fleet Street) Traditionspub mit ordentlichem Pub-Food ■ S. 43

Lamb (Bloomsbury) Traditionspub. Snacks, zünftige Atmosphäre ■ S. 62

Princess Louise (Bloomsbury) Pub mit denkmalgeschütztem Interieur ■ S. 62

Holly Bush Pub (Hampstead) Gemütliches Pub mit guter Küche ■ S. 76

The Freemasons Arms (Hampstead) Gastro-Pub mit Garten ■ S. 76

Below Zero (Mayfair) Restaurant mit moderner britischer Speisekarte und frostiger Bar ■ S. 109

Sotheby's Café (Mayfair) Lunch und Teatime im weltberühmten Auktionshaus ■ S. 109

Boisdale (Westminster) Schottisches Lokal mit Clubambiente, Livejazz ■ S. 123

Inn the Park (Westminster) Ganztägig moderne britische Küche im St James's Park ■ S. 123

Red Lion (Westminster) Pub in Parlament-Nähe ■ S. 123

Chelsea Potter (Chelsea) Pub-Food mit Blick auf die King's Road ■ S. 130

The Bunch of Grapes (Kensington) Pub mit Geschichte, traditionelles Essen ■ S. 143

The Castle (Notting Hill) Moderne Eckkneipe, es gibt Pub-Food ■ S. 150

Butlers Wharf Chop House (Southwark) Schickes Lokal, traditionelle Küche ■ S. 160

The Anchor (Southwark) Pub mit großer Terrasse mit Themsen-Blick ■ S. 160

The George Inn (Southwark) Londoner Pub-Institution aus dem 17. Jh. ■ S. 160

Oxo Tower (Southbank) Moderne britische Küche mit tollem Blick ■ S. 168

Blind Beggar (East End) Traditionsreiches Pub mit schönem Biergarten ■ S. 178

Rivington Grill (East End) Moderne britische Küche, viel Fleisch und Fisch ■ S. 179

St John Bread & Wine (East End) Klassische englische Küche auf hohem Niveau ■ S. 177

Chinesisch

Beijing Dumpling (Soho) Guter Chinese, Schwerpunkt *Dumplings* ■ S. 96

New Culture Revolution (Chelsea) Nudeln nach nordchinesischen Rezepten ■ S. 130

Cafés und Coffee-Shops

Fernandez & Wells, Café-Kette mit verschiedenen Dépendancen, z. B. ■ S. 43 (Strand), S. 96 (Soho) und S. 144 (Kensington)

Briki Café (Clerkenwell) Liebevoll geführtes Café, Straßenterrasse ■ S. 49

Look mum no hands (Clerkenwell) Fahrradladen und Coffeeshop in einem ■ S. 49

Sweet (Clerkenwell) Sehr leckere kleine Gerichte und Snacks ■ S. 49

Greenberry Café (Primrose Hill) Kleine Köstlichkeiten, spätes Frühstück ■ S. 68

Coffee Cup (Hampstead) Traditionscafé mit jüngerem Publikum ■ S. 76

Im Govent Garden wird Paella zubereitet

Gail's (Hampstead) Tolle Bäckerei mit vielen Brotsorten ■ S. 76

Paul Rothe & Son (Marylebone) Feinkostgeschäft, man kann dort auch essen ■ S. 87

Bar Italia (Soho) Café-Institution, rund um die Uhr offen ■ S. 95

Department of Coffee and Social Affairs (Soho) Netter Coffee-Shop, kleine Terrasse ■ S. 98

5th View (St James's) Coffee-Shop im 5. Stock der Waterstones-Buchhandlung ■ S. 109

Chelsea Quarter Café (Chelsea) Einladendes Café, leckere Kuchen ■ S. 131

Gallery Mess (Chelsea) Brasserie der Saatchi Gallery ■ S. 130

The Lido Café (Kensington) Einkehrmöglichkeit im Hyde-Park ■ S. 144

The Orangery (Kensington) Schönes Café in der Kensington-Palace-Orangerie ■ S. 144

Victoria & Albert Café and Restaurant (Kensington) Im Innenhof des V&A, im Sommer wunderschön ■ S. 144

Kitchen & Pantry (Notting Hill) Schöner Coffee-Shop in einem Eckhaus ■ S. 151

Ottolenghi (Notting Hill) Frische Snacks in Zahnarztpraxen-Ambiente ■ S. 150

Monmouth (Southwark) Coffee-Shop mit eigener Rösterei ■ S. 160

Tate Modern Café and Restaurant (Southwark) Unbedingt besuchenswertes Lokal mit Skyline-Blick ■ S. 161

Barber & Parlour (East End) Kombi aus Friseursalon und Café-Restaurant ■ S. 179

Café 1001 (East End) Mischung aus Kneipe und Club, kleine Speisen ■ S. 179

Kahaila Café (East End) Schönes Café mit guten selbst gebackenen Kuchen ■ S. 179

Whitechapel Gallery Cafe-Bar (East End) Gallerie-Café, leckere Snacks ■ S. 179

Down Under

The Providores (Marylebone) Neuseeländische „Tapas-Bar" und anspruchsvolles Lokal mit internationaler Küche ■ S. 86

Granger & Co. (Notting Hill) (Frühstücks-)Spezialitäten vom bekannten australischen Koch Bill Granger ■ S. 150

Fisch, mit und ohne Chips

Fish Central (Clerkenwell) Mit das beste Fish-and-Chips-Lokal Londons ■ S. 48

FishWorks (Marylebone) Frischer Fisch und Meeresfrüchte, auch Verkauf ■ S. 86

The Rock and Sole Plaice (Covent Garden) Alteingesessenes Fish-&-Chips-Lokal, günstig ■ S. 96

Fish! (Southwark) Große Auswahl an Fischgerichten ■ S. 160

Wright Brothers (Southwark) Frischer Fisch und Austern in schönem Ambiente ■ S. 160

Poppies (East End) Fish-&-Chips-Shop im 1950er-Jahre-Look ■ S. 178

Französisch

Brasserie Blanc (City of London) Ansprechende Küche zu angemessenen Preisen ■ S. 37

Café Pistou (Clerkenwell) Die Provence in London ... ■ S. 49

Comptoir Gascon (Clerkenwell) Lockeres Ambiente, anspruchsvolle Küche ■ S. 49

Antidote Winebar (Soho) Viele Grillgerichte auf hohem Niveau, Bistro-Flair ■ S. 97

Côte (Soho) Brasserie-Klassiker in typischem Ambiente ■ S. 98

Boudin Blanc (Mayfair) Ein Stück Paris in Mayfair, sehr gute Küche ■ S. 109

Colbert (Chelsea) Tolle Brasserie, gute Küche, auch schön zum Frühstücken ■ S. 130

Aubaine (Kensington) Boulangerie, Patisserie und Restaurant mit mediterraner Küche ■ S. 143

Bibendum Oyster Bar (Kensington) Restaurant mit anspruchsvoller Küche, Meeresfrüchte ■ S. 143

Montparnasse (Kensington) Kleines Café, es gibt Quiche und andere Snacks ■ S. 144

Le Pont de la Tour (Southwark) Klassische französische Küche, Straßenterrasse mit Tower-Bridge-Blick ■ S. 160

Frühstück und Brunch

202 (Notting Hill) Top-Adresse zum Brunch ■ S. 149

Albion (East End) Typisch englisches *Caff food* in nettem Café ■ S. 180

E. Pellicci (East End) Denkmalgeschütztes Art-déco-Café, es gibt „Full English Breakfast" ■ S. 178

Griechisch

Lemonia (Primrose Hill) An Holztischen genießt man griechischen Salat, Kalamari etc. ■ S. 68

Indisch

Masala Zone Trend-Lokal, ausgezeichnete Küche, empfehlenswerte *Thali*. Mehrere Standorte, z. B. ■ S. 69 (Camden Town) und S. 97 (Soho)

The India Club (Strand) Alteingesessenes indisches Restaurant ■ S. 43

Indian YMCA Canteen (Bloomsbury) Indische Mensa des YMCA mit guter und preiswerter Küche ■ S. 61

Raavi Kebab Halal Tandoori (Bloomsbury) „Curry-Zentrum" mit exzellenter Küche ■ S. 61

Imli Street (Soho) Durchgestyltes Lokal mit ordentlicher Küche ■ S. 94

Punjab (Covent Garden) Eines der ältesten Curry-Restaurants der Stadt, klassische Gerichte ■ S. 96

Chor Bizarre (Mayfair) Außergewöhnliches Restaurant, traditionelle Küche ■ S. 108

Rasoi Vineet Bhatia (Chelsea) Das wahrscheinlich beste indische Restaurant Londons, nur erlesene Zutaten und perfekte Zubereitung ■ S. 128

Chakra (Kensington) Kleines, von Michelin gelobtes Restaurant, Terrasse ■ S. 144

Nazrul (East End) Alteingesessenes Lokal, sehr gute Vorspeisen ■ S. 177

Italienisch

Carluccio's Caffè, beliebte italienischen Restaurant- und Feinkostkette. Mehrere Filialen, z. B. ■ S. 86 (Marylebone), S. 97 (Covent Garden) und S. 144 (Kensington)

Taberna Etrusca (City of London) Gutes Restaurant mit Straßenterrasse ■ S. 37

Macellaio (Clerkenwell) Italienische Küche mit Schwerpunkt Fleisch ■ S. 48

Icco (Bloomsbury) Relativ günstige gute Pizzen in lässiger Atmosphäre ■ S. 60

Sardo (Bloomsbury) Sardische Kochkunst mit Anspruch ■ S. 61

Fire and Stone (Covent Garden) Ungewöhnliche Pizza-Kreationen ■ S. 96

Polpo (Soho) Im einstigen Canaletto-Wohnhaus gibt's italienische Tapas ■ S. 96

Princi (Soho) Brasserie mit italienischer Speisekarte ■ S. 97

Olivo (Westminster) Leckere sardische Küche ■ S. 123

The Pheasantry (Pizza Express) (Chelsea) Filiale der Kette Pizza Express in stattlichem Haus ■ S. 130

Locanda Ottoemezzo (Kensington) Lasagne, Pasta, Risotto und tolles Frühstück ■ S. 144

Assaggi (Notting Hill) Szene-Italiener, bei dem ohne Reservierung nichts geht ■ S. 150

Osteria Basilico (Notting Hill) Pizza und Pasta an Holztischen ■ S. 150

Cantina del Ponte (Southwark) Anspruchsvolle italienische Gerichte mit orientalischem Touch, Straßenterrasse ■ S. 160

Jamie Oliver

Fifteen (East End) Italienisches Restaurant vom „The Naked Chef", dem ein soziales Projekt zugrunde liegt ■ S. 177

Jamie's Italian (Covent Garden) Italienische Küche vom Kultkoch, Marktambiente ■ S. 95

Japanisch

Wagamama, beliebte Londoner Restaurantkette, nicht teuer, z. B. ■ S. 59 (Bloomsbury), S. 96 (Covent Garden), S. 160 (Southwark) und S. 168 (Southbank)

Sushi Samba (City of London) Stylishes Ambiente über den Dächern der Stadt ■ S. 37

Roka (Bloomsbury) Gehoben vom Stil bis zum Preis ■ S. 60

Sumosan (Mayfair) Gehobene Kochkunst in Designerumfeld ■ S. 108

Kulu Kulu (Kensington) Originell mit Förderband, moderate Preise ■ S. 144

Nobu (Kensington) Minimalistisches Design, vorzügliche Küche ■ S. 143

Karibisch/Kubanisch

Cubana (Clerkenwell) Bunte Ausstattung, kubanische Klänge ■ S. 49

Mango Room (Camden Town) Karibisches in gediegener Atmosphäre ■ S. 70

Küche querbeet

Bill's, Gemüse- und Feinkostladen mit frischer Küche, z. B. ■ S. 95 (Covent Garden) und S. 160 (Southwark)

Café Below (City of London) Reizvoll in einer Krypta, internationale Küche ■ S. 37

Club Zetter (Clerkenwell) Clubambiente im Hotel mit Straßenterrasse ■ S. 48

Modern Pantry (Clerkenwell) Fusion-Food in einem georgianischen Townhouse ■ S. 48

Vinoteca (Clerkenwell) Weinbar mit passenden Gerichten, mediterran ■ S. 49

The Norfolk Arms (Bloomsbury) Säulen, Stuckdecken und mediterrane Tapas ■ S. 62

Stables Market (Gilgamesh) (Camden Town) Essensstände von asiatisch bis mexikanisch oder Restaurant ■ S. 70

Nopi (Soho) Brasserie mit mediterran-asiatischer Küche ■ S. 95

The Marquess of Anglesey (Covent Garden) Nettes Pub, von Pub-Grub bis international ■ S. 98

The Toucan (Soho) Irish Pub: Guinness und Snacks ■ S. 97

Hush (Mayfair) Ruhiger Innenhof, von Mittagessen bis Cocktail ■ S. 109

The Avenue (St James's) Szenerestaurant, englisch und italienisch inspirierte Küche ■ S. 108

Bluebird (Chelsea) Restaurant, Bar, Café in ehemaliger Autowerkstatt ■ S. 128

No. 11 Pimlico Road (Chelsea) Durchgestyltes Gastropub, internationale Küche ■ S. 130

Books for Cooks (Notting Hill) Buchladen mit Verkostungsecke, wechselnde Gerichte ■ S. 149

Pharmacy 2 (Lambeth) Zwischen Arzneischränken internationale Küche ■ S. 168

The Riverfront (Southbank) Gutes Essen mit schönem Blick auf die Themse ■ S. 168

Bengal Village (East End) Schickes indisches Restaurant, viel Vegetarisches ■ S. 177

Red Market (East End) Beliebter Street Food Market mit DJ ■ S. 179

Tayyabs (East End) Designerrestaurant, günstig, pakistanische Küche ■ S. 178

Tramshed (East End) Steak oder Huhn im ehemaligen Umspannwerk ■ S. 179

Lateinamerikanisch

Cabana (Bloomsbury) Brasilianische Barbecue-Restaurantkette ■ S. 60

Lima (Covent Garden) Ausgezeichnete peruanische Küche, Straßenterrasse ■ S. 96

Wahaca (Covent Garden) Mexikanisches Streetfood-Restaurant im Keller ■ S. 96

Rodizio Rico (Notting Hill) Brasilianische Fleischspieße bis zum Umfallen ■ S. 150

Taqueria (Notting Hill) Mexikanische Küche in bodenständigem Ambiente ■ S. 150

Modern European

Belgo, belgisch: Muscheln, Fritten und Bier, zwei Filialen ■ S. 70 (Camden Town) und S. 96 (Covent Garden)

L'Autre Pied (Marylebone) Stilvolles Ambiente, gehobene Küche ■ S. 86

Babylon (Kensington) Außergewöhnlich, stilvoll, in den Roof Gardens ■ S. 143

Kensington Place (Notting Hill) Stylishes Ambiente, ausgezeichnete Küche ■ S. 150

Orientalisch

Momo (Mayfair) Marokkanische Küche in orientalischem Dekor ■ S. 109

Comptoir Libanais (Kensington) Libanesische Küche, günstiges Preisniveau ▪ S. 144

Osteuropaküche

Gay Hussar (Soho) Herzhafte ungarische Küche, beliebter Treff ▪ S. 96

Daquise (Kensington) Traditionelle polnische Küche, mittags günstig ▪ S. 144

Sterneküche

Club Gascon (Clerkenwell) Beste südwestfranzösische Küche in stylishem Interieur ▪ S. 49

St John (Clerkenwell) Unterkühltes Ambiente, ungewohnte Kreationen vom ganzen Tier ▪ S. 47

Pied a Terre (Bloomsbury) Französische Küche, eine der besten in London ▪ S. 60

L'Atelier de Joel Robuchon (Covent Garden) Französisch mit italienischen und spanischen Einflüssen ▪ S. 94

Umu (Mayfair) Japanische Küche auf höchstem Niveau ▪ S. 108

Gordon Ramsay (Chelsea) Englische Kreationen von Gordon Ramsay ▪ S. 128

Süße Träume

Scoop (Soho) Eis ohne Chemie, wohl das beste der Stadt ▪ S. 98

Peggy Porschen (Westminster) Ein Traum in Rosa mit besten Cup Cakes ▪ S. 123

Spanisch, Tapas etc.

Moro (Clerkenwell) Schlichtes Ambiente, Spanien und Nordafrika grüßen ▪ S. 48

Cigala (Bloomsbury) Beste Weine zu Tapas, auch Straßenterrasse ▪ S. 62

The Salt Yard (Bloomsbury) Tapas in gediegenem Umfeld, auch im Keller ▪ S. 60

Duende (Covent Garden) Sinnliches Ambiente, modern inspirierte Küche ▪ S. 96

Cambio de Tercio (Kensington) Preisgekrönte Weinkarte, kreative Küche ▪ S. 144

Laxeiro (East End) Galicische Küche zwischen warmen Holztönen ▪ S. 177

Thai

busaba eathai, Thai-Kette, dunkle Hölzer, große Tische, z. B. ▪ S. 60 (Bloomsbury), S. 94 (Soho) und S. 130 (Chelsea)

Rosa's, Thai-Kette, zeitgenössisches Ambiente, z. B. ▪ S. 97 (Soho) und S. 178 (East End)

Thai Square City (City of London) Modernes Ambiente, äußerst beliebt ▪ S. 37

The Churchill Arms (Notting Hill) Pub-Atmosphäre, gern besucht ▪ S. 151

Sam Soa (East End) Angesagte Adresse, leckeres Essen ▪ S. 179

Türkisch

Sofra (Marylebone) Akzeptable Preise, auch Straßenterrasse ▪ S. 86

Vegetarisch und vegan

Ravi Shankar (Bloomsbury) Einfallsreiche vegetarische Currys ▪ S. 61

Coach and Horses (Soho) Wohl der erste vegetarische Pub Londons ▪ S. 97

Woodlands (Marylebone) Köstlichkeiten aus Südindien, freundliches Ambiente ▪ S. 86

Tibits (Mayfair) Auch vegane Küche, mit Straßenterrasse ▪ S. 109

The Natural Kitchen: Biosupermarkt mit Cafébetrieb

Kompakt

Shopping

Bücher und Musik

London Review Bookstore (Bloomsbury) Literatur und hochwertige Sachbücher ■ S. 62

Gay's the Word (Bloomsbury) Schwul-lesbischer Buchladen ■ S. 62

Primrose Hill Books (Primrose Hill) Liebevoll geführte Stadtteilbuchhandlung ■ S. 70

Daunt Bookshop (Marylebone) Schwerpunkt Reiseliteratur ■ S. 87

Stanfords (Covent Garden) Der weltgrößte Karten- und Reisebuchladen ■ S. 99

Gosh (Covent Garden) Für Freunde anspruchsvoller Comics ■ S. 99

Foyles (Soho) Eine Londoner Institution ■ S. 99

Waterstones (Mayfair) Europas größte Buchhandlung ■ S. 110

Hatchard's (Mayfair) Älteste Buchhandlung Londons ■ S. 110

Heywood Hill Books (Mayfair) Alteingesessener Buchladen ■ S. 111

Taschen (Chelsea) Opulente Bildbände ■ S. 131

European Bookstore (Kensington) Fremdsprachige Literatur ■ S. 145

The Map House (Kensington) Für Liebhaber alter Landkarten ■ S. 145

The Notting Hill Bookshop (Notting Hill) Große Auswahl an Reiseliteratur ■ S. 151

Books (Lambeth) Bouquinisten unter der Waterloo Bridge ■ S. 168

Rough Trade Traditionsreicher Plattenladen ■ S. 151 (Notting Hill), S. 181 (East End)

Einkaufspassagen

Leadenhall Market (City) Viktorianische Einkaufsarkade ■ S. 37

Burlington Arcade (Mayfair) Vornehme, 1819 eröffnete Einkaufspassage ■ S. 110

Hay's Galleria (Southwark) Einkaufszentrum in einer ehemaligen Werftanlage ■ S. 161

Feinkost, Lebensmittel und Wein

Fortnum & Mason (Mayfair) Bekannt für seine Delikatessenabteilung ■ S. 110

The Spice Shop (Notting Hill) Ausgefallene Gewürzmischungen ■ S. 151

Beigel Shop (East End) Jüdischer Bagel-Shop ■ S. 181

The People's Supermarket (Bloomsbury) Dieser Supermarkt ist eine Kooperative ■ S. 62

Planet Organic (Bloomsbury) Gut sortierter Biosupermarkt ■ S. 62

Whole Foods Market Ökosupermarkt mit Snacks ■ S. 70 (Camden), S. 98 (Soho), S. 145 (Kensington)

Here (Chelsea) Ansprechender Biosupermarkt ■ S. 131

Rococo Chocolates (Marylebone) Ein Paradies für Naschkatzen ■ S. 87

La Fromagerie (Marylebone) Ein Tempel für Käseliebhaber ■ S. 87

La Cave à Fromage Ausgesuchte Käsesorten ■ S. 145 (Kensington), S. 151 (Notting Hill)

Nicolas (Marylebone) Bekannter französischer Weinhandel ■ S. 87

Kaufhäuser

Harrods (Kensington) Das berühmteste Kaufhaus Londons ■ S. 144

Peter Jones (Chelsea) Schöne Aussicht vom Restaurant im 5. Stock ■ S. 131

Selfridges (Marylebone) Alteingesessenes Kaufhaus ■ S. 87

Marks & Spencer (Marylebone) Warenhauskette mit großer Foodabteilung ■ S. 87

Liberty (Soho) Hochwertige Baumwoll- und Seidenstoffe ■ S. 98

Harvey Nichols (Kensington) Für Modebewusste ■ S. 144

Märkte

Leather Lane (Clerkenwell) Kleiner, netter Straßenmarkt ■ S. 49

Exmouth Market (Clerkenwell) Zahlreiche Essensstände ■ S. 49

Farmer's Market (Bloomsbury) Bunter Wochenmarkt ■ S. 63

Camden Market (Camden) Londons buntester Straßenmarkt ■ S. 70

Farmers' Market (Marylebone) Einer der größten Bauernmärkte Londons ■ S. 87

Berwick Street Market (Soho) Kleiner Obst- und Gemüsemarkt ■ S. 99

Portobello Market (Notting Hill) Der schönste Markt der Stadt ■ S. 151

Borough Market (Southwark) Bekannter Obst- und Gemüsemarkt, viel bio ■ S. 161

Maltby Street (Southwark) Obst und Gemüse, nicht ganz so bekannt ■ S. 161

Bermondsey (New Caledonian) Market (Southwark) Antiquitäten und diverser Nippes ■ S. 161

Spitalfields Market (East End) Antiquitäten und Restaurants ■ S. 180

Petticoat Lane Market (East End) Klamotten, auch secondhand ■ S. 180

Brick Lane Market (East End) Gemüse, Kleidung und allerlei Ramsch ■ S. 180

Columbia Road Market (East End) Schöner Blumenmarkt ■ S. 181

Mode und Accessoires

Agent Provocateur (Soho) Phantasievoll-erotische Dessous ■ S. 99

Lock & Co Hatters (Mayfair) Die Kunst des Hütemachens ■ S. 111

Calvin Klein (Chelsea) Unterwäsche und Dessous ■ S. 131

Anthropologie (Chelsea) Damenmode und Accessoires ■ S. 131

Joy (East End) Vintage-Store mit farbenfrohen Kleidern ■ S. 181

Thomas Farthing (Bloomsbury) Zeitlose englische Mode ■ S. 63

Nike Town (Marylebone) Ultimativer Shop für Nike-Fans ■ S. 87

Reiss (Covent Garden) Anspruchsvolle Boutique mit 30 Filialen ■ S. 99

Topman (Soho) Großes Bekleidungsgeschäft mit Friseursalon ■ S. 99

Puma (Soho) Kein Sportgeschäft, sondern eine Boutique ■ S. 99

Vivienne Westwood (Mayfair) Die Queen unter den englischen Modemachern ■ S. 110

Stella McCartney (Mayfair) Exklusive Mode und Schuhwerk ■ S. 110

Abercrombie & Fitch (Mayfair) Filiale der amerikanischen Kultmarke ■ S. 110

Hollister (Mayfair) Beliebter Concept-Store ■ S. 111

World's End (Chelsea) Die Stammboutique von Vivienne Westwood ■ S. 131

Dolce & Gabbana (Kensington) Italienisches Modedesign ■ S. 145

Paul Smith (Notting Hill) Ausgefallenes „Modekaufhaus" ■ S. 151

The Swatch Store (Mayfair) Für Fans des Schweizer Uhrenherstellers ■ S. 110

Schuhe

The Old Curiosity Shop (Strand) Schuhe und Designerklamotten ■ S. 43

Birkenstock (Covent Garden) Hier ist Birkenstock „cool" ■ S. 99

Dr Martens Department Store (Covent Garden) Nicht nur für Punks ■ S. 99

John Lobb (Mayfair) Renommierter Schuhmacher ■ S. 111

Natural Shoe Store (Chelsea) Gesundheitsschuhe ■ S. 131

Möbel und Wohnaccessoires

Habitat (Chelsea) Innovatives Einrichtungshaus ■ S. 131

Heal's (Chelsea) Formschönes Möbeldesign ■ S. 131

The Conran Shop (Kensington) Designmöbel und -accessoires ■ S. 145

The White Company (Marylebone) Alles nur in Weiß ■ S. 87

General Trading Company (Chelsea) Edle Einrichtungsdetails ■ S. 131

The Shop at Bluebird (Chelsea) Cooler Concept-Store ■ S. 131

Muji (Kensington) Minimalistisches, funktionales Design ■ S. 145

Couverture (Notting Hill) Vintagemöbel, Keramik und Bettwäsche ■ S. 151

Labour and Wait (East End) Haushaltswaren und erlesene Gebrauchsgegenstände ■ S. 181

David Mellor (Chelsea) Anspruchsvoll designte Küchenutensilien ■ S. 131

Spezialgeschäfte

Treadwell's (Bloomsbury) Führendes Geschäft für Esoterikartikel ■ S. 63

James Smith & Sons (Bloomsbury) Regenschirme seit 1830 ■ S. 63

Hamleys (Soho) Riesige Auswahl an Spielzeug, von Action Toy bis Vehicle ■ S. 98

Kartenverzeichnis und Zeichenerklärung

Hauptstraße
Nebenstraße
Grünanlage
St. Paul's U-Bahn
Information
Rundgang Anfang/Ende
Sehenswürdigkeit
Museum
Kirche
Kloster
Post
Ärztliche Versorgung

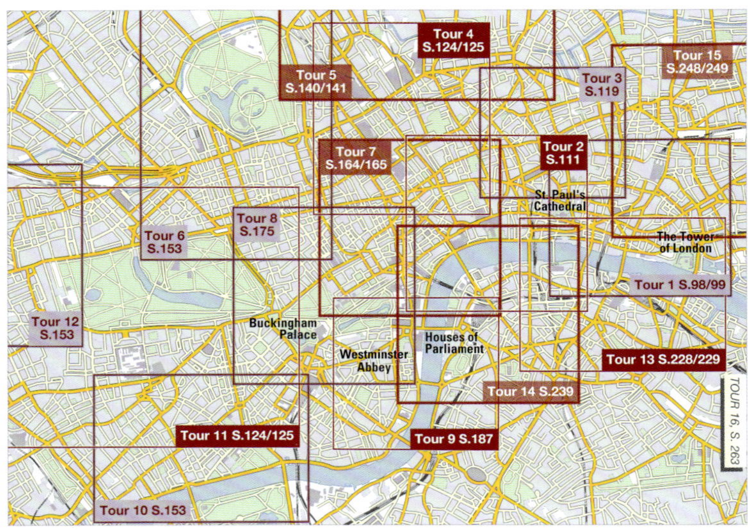

London im Kasten

Fotoverzeichnis

Alle Fotos Ralf Nestmeyer außer: **Florian Meister** S. 31

Vielen Dank für Tipps und Briefe

Christina Aue, Reiner Bahr, Karin Bäuerle, Elizabeth Bayer, Anna Katharina Benz, Monika Berkholz, Judith Bertermann, Elsbeth Bieder, Isabel Birk, Susanne Blache, Gabriele und Daniel Bögli-Pfannes, Monia Boiro, Ralf Bomhauer, Martina Borgschulze, Dr. Franz-Hermann Brand, Georges Bremgartner, Ulrich Brückmann, Michael Bussmann, Dr. Jürgen Capell, Susanne Casimir, Christian Colli, Ekkehart Czysch, Burcu Demirci, Ekkehart Czysch, Kathrin Domeyer, Vilo Engels, B. Englmann, Elisabeth Erbach, Martin und Christine Erdelmeier, Othmar von Ettingshausen, Christine Fellinger, Dietmar Fey, Eberhard Fohrer, Sabine Freiwald, Detlef Garte, Jürgen Gauert, Regina Geißler, Carola Gerber, Katrin Giese, Veit Gilles, Dr. Thomas Glaser, Yves Goergen, Vanessa Grabe, Harald Gruhl, Dr. Christiane Haas, Nicole Hagen, Astrid Heckel, Alexa Honervogt, Maria Hilgert, Sarah Hofer, Marie-Luise Hoppert, Sandy Hotowetz, Monika und Anton Huber, Thomas Jäckle, Jochen Kahlo, B. Kajewicz, Susanna Kallisch, Mona Kern-Schürmann, Dr. Michael Kliem, Dagmar Kögel, Prof Dr. Koepp, Anita Koller-Fenk, Daniel Kracher, Ellen Kray, Helmut Kunz, Markus Maier, M. Kühbach, Charlotte Kugler, Kristin Lechneitner-Androschin, Petra Leibeck, Elke Leip, Frank Lennart, Sabine Löchner, Pascal Martin, Sonja McGough, Heike Meyburg, Barbara Müller, Dr. Jürgen Müller, Sabine Münchow, Werner Münz, Inge Mugler, Barbara Nanoff-Schediwy, Michael Netzer, Michaela Oberle, Heike Pätzold, Alexandra Panchenko, Eva Pitsch-Schweikert, Catherine Ponath, Holger Preutkowski, Heinz Rapp, Anne Räuchle, Thorsten Rass, Ulrike Reck-Obert, Silvia Reimer, Michael Reiner,

Reinhard Riedel, Prof. Dr. Gerhard Reister, Dr. Tilman Rieß, Luise Ringler, Martin Ristl, Holger Rößner, Jan-Christoph Rülke, Eva Saurugg, Wolfgang Scharfenberger, Siegfried Scharkowski, Alexander Scharnagl, Barbara Schedding, Kay Schiemann, Charlotte Schlang, Christian Schleyer, Marcus X. Schmid, Susanne Schmid, Renate Schmiedl, Alexandra Schmidt, Karin Schmidt-Mattern, Jörg Schüttler, Petra Schuster, Richard Schrepfer, Monika Seidl, Regina Sihler, Andrea Singer, Katharina Slodczyk, C. Smotzek, Dr. Gisbert Soballa, Manuela Stadter, Daniel Steffen, Olaf Storbeck, Luise Strauch, Ulrike Strauss, Dr. Gerd J. Strube, Nikos Theodorakopoulos, Oliver Treubel, Gabi Tröger, Wilfried Wäschenfelder, Stefanie Wardow, Noémi Weber, Andreas Weck, Oliver Wedlich, Georg Wittmann, Martin Wörner, Eva Wybierek, Gregor Zemp, Monika Zender-Windeck und Annette Zimmermann.

Mit dem grünen Blatt haben unserer Autoren Betriebe hervorgehoben, die sich bemühen, regionalen und nachhaltig erzeugten Produkten den Vorzug zu geben.

Impressum

Text und Recherche: Ralf Nestmeyer | **Lektorat:** Sabine Senftleben, Überarbeitung: Nikola Braun, Anja Elser, Ute Fuchs | **Redaktion:** Annette Melber | **Layout:** Christiane Bauer | **Karten:** Hans-Joachim Bode, Torsten Böhm, Theresa Flenger, Hana Gundel, Judit Ladik, Gábor Sztrecska | **Covergestaltung:** Karl Serwotka | **Covermotive:** vorne: Underground, Piccadilly Circus © INTERFOTO / Danita Delimont / Peter Adams, hinten: Die Londoner City im steten Wandel © Ralf Nestmeyer

Die in diesem Reisebuch enthaltenen Informationen wurden vom Autor nach bestem Wissen erstellt und von ihm und dem Verlag mit größtmöglicher Sorgfalt überprüft. Dennoch sind, wie wir im Sinne des Produkthaftungsrechts betonen müssen, inhaltliche Fehler nicht mit letzter Gewissheit auszuschließen. Daher erfolgen die Angaben ohne jegliche Verpflichtung oder Garantie des Autors bzw. des Verlags. Autor und Verlag übernehmen keinerlei Verantwortung bzw. Haftung für mögliche Unstimmigkeiten. Wir bitten um Verständnis und sind jederzeit für Anregungen und Verbesserungsvorschläge dankbar.

ISBN 978-3-95654-432-3

Alle Angaben ohne Gewähr. Druck: Westermann Druck Zwickau GmbH.

Aktuelle Infos zu unseren Titeln, Hintergrundgeschichten zu unseren Reisezielen sowie brandneue Tipps erhalten Sie in unserem regelmäßig erscheinenden Newsletter, den Sie im Internet unter www.michael-mueller-verlag.de kostenlos abonnieren können.

Kleines Speiselexikon

Zubereitungen

baked	*gebacken*
boiled	*gekocht*
braised	*geschmort*
cooked	*gekocht*
fried	*gebraten*
jellied	*geliert*
marinated	*mariniert*
medium	*halb durchgebraten*
well done	*gut durchgebraten*
rare	*kaum durchgebraten*
roasted	*im Ofen gebacken*
poached	*pochiert*
smoked	*geräuchert*
steamed	*gedünstet*
stewed	*geschmort*
stuffed	*gefüllt*

Eintöpfe (stews)

Irish Stew	*Eintopf aus Hammelfleisch, Kartoffeln und Zwiebeln, gewürzt mit viel Thymian und Petersilie*
Dublin Coddle	*Eintopf aus Würstchen, Schinken, Zwiebeln und Kartoffeln*

Fisch, Meeresfrüchte (seafood)

bream	*Brasse*
brill	*Meerbutt*
chowder	*Fischsuppe (auch Schalentiere)*
clams	*Venusmuscheln*
cockles	*Herzmuscheln*
cod	*Kabeljau*
crabs	*Krabben*
crawfish	*Languste*
eel	*Aal*
haddock	*Schellfisch*
hake	*Seehecht*
halibut	*Heilbutt*
kippers	*geräucherte Heringe*
lobster	*Hummer*
mackerel	*Makrele*
monkfish	*Seeteufel*
mussels	*Muscheln*
oysters	*Austern*
plaice	*Scholle*
prawn	*Garnele*
salmon	*Lachs*
scallops	*Jakobsmuscheln*
shellfish	*Schalentiere*
sea trout	*Meeresforelle*
squids	*Kalamares*
sole	*Seezunge*
trout	*Forelle*
tuna	*Thunfisch*
turbot	*Steinbutt*
on/off the bone	*mit/ohne Gräten*

Fleisch (meat)

bacon	*Schinkenspeck*
bacon & cabbage	*Kohl (meist Wirsing) mit Speck*
beef	*Rindfleisch*
blackpudding	*Blutwurst*
chicken	*Huhn*
chicken curry	*Hühnerfrikassee*
chop	*Kotelett*
duck	*Ente*
gammon steak	*gegrillter Schinken*
ham	*gekochter Schinken*
hare	*Hase*
joint	*Keule*
kidney pie	*mit Nieren gefüllte Pastete*

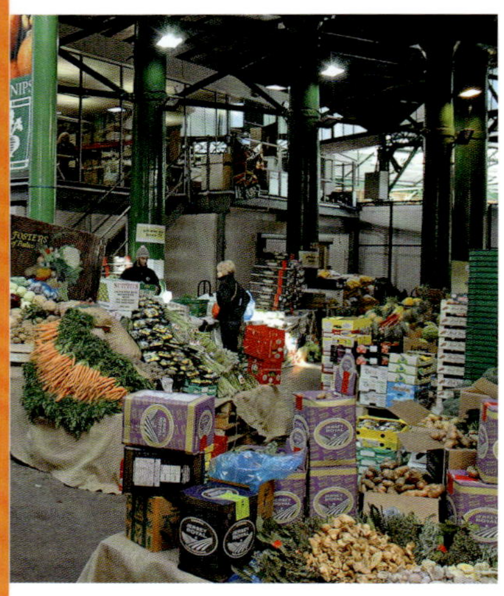

lamb	*Lammfleisch*
leg of lamb	*Lammkeule*
liver	*Leber*
loin	*Lendenstück*
meatballs	*Fleischklößchen*
minced meat	*Hackfleisch*
mutton	*Hammelfleisch*
pheasant	*Fasan*
pork	*Schweinefleisch*
poultry	*Geflügel*
rabbit	*Kaninchen*
rib	*Rippe*
roast	*Braten*
roast beef	*Rinderbraten*
saddle of lamb	*Lammrücken*
sausage	*Wurst*
shepherd's pie	*Rind- bzw. Hammelfleisch mit Zwiebeln und Kartoffeln überbacken*
sirloin steak	*Rumpsteak*
snails	*Schnecken*
turkey	*Truthahn*
veal	*Kalbfleisch*
venison	*Reh bzw. Hirsch*

Gemüse (vegetables), Salate (salads), Obst (fruit)

asparagus	*Spargel*
baked potatoes	*in Folie gebackene Kartoffeln*
beans	*Bohnen*
Brussels sprouts	*Rosenkohl*
cabbage	*Kohl*
cauliflower	*Blumenkohl*
carrots	*Karotten*
celery	*Sellerie*
chips	*Pommes frites*
colecannon	*Kartoffelbrei mit Kohl, Butter, Milch*
coleslaw	*Krautsalat*
corn	*Mais*
creamed potatoes	*Kartoffelbrei*
cucumber	*Salatgurke*
egg mayonnaise	*russische Eier*
French beans	*grüne Bohnen*
fruit salad	*Obstsalat*
grapes	*Weintrauben*
horse radish	*Meerettich*
leek	*Lauch*
lentils	*Linsen*
lettuce	*Kopfsalat*
mashed potatoes	*Kartoffelbrei*
mushrooms	*Pilze (Champignon)*
onions	*Zwiebeln*
parsnip	*Pastinaken*
parsley	*Petersilie*
peach	*Pfirsich*
pear	*Birne*
peas	*grüne Erbsen*
peppers	*Paprikaschoten*
pineapple	*Ananas*
potato	*Kartoffel*
stewed fruit	*Kompott*
strawberries	*Erdbeeren*
spinach	*Spinat*
turnips	*weiße Rüben*

Sonstiges

carageen	*mit Milch gekochter Seetang*
cereals	*Müsli*
cheese	*Käse*
cream	*Sahne*
custard	*Vanillesauce*
dumplings	*Klöße*
egg	*Ei*
garlic	*Knoblauch*
horseradish	*Meerrettich*
jam	*Marmelade, Konfitüre*
marmalade	*Bittermarmelade*
mint sauce	*Pfefferminzsauce*
mustard	*Senf*
noodles	*Nudeln*
pancake	*Pfannkuchen*
porridge	*Haferbrei*
rice	*Reis*
scrambled eggs	*Rühreier*
sour cream	*saure Sahne*
soup	*Suppe*
sugar	*Zucker*
trifle	*(süßer) Auflauf*
vinegar	*Essig*

Brot (bread), Gebäck (pastry)

barm bread	*süßes Brot*
biscuits	*Kekse*
boxties	*gefüllte Pfannkuchen*
brown bread	*Weizenvollkornbrot*
Guinness cake	*mit Bier gewürztes Früchtebrot*
cream gateau	*Sahnetorte*
lemon meringue pie	*Zitronencremekuchen mit Baiserhaube*
scones	*Teegebäck*
soda bread	*Sodabrot*
tart	*Obsttorte*

Getränke (beverages)

beer	*Bier*
stout	*dunkles Bier, Typ Guinness*
lager	*helles, pilsähnliches Bier*
ale	*leichtes Dunkelbier, Typ Export*
bitter	*leichtes Dunkelbier, Typ Alt*
cider	*Apfelwein*
mead	*Met*
Irish tea	*Whiskey-Grog, gewürzt mit Nelken und Zitrone*
Irish coffee	*Kaffee mit einem Schuss Whiskey, zwei Teelöffeln braunem Rohrzucker und einer Sahnehaube obenauf*
Irish cream	*Likör auf Whiskey-Basis mit Schokolade und Sahne*
Irish mist	*Likör auf Whiskey-Basis mit Honig und Kräutern*
ginger ale	*Ingwerlimonade*
malt beer	*Malzbier*
red wine	*Rotwein*
sparkling wine	*Sekt*
white wine	*Weißwein*

Was haben Sie entdeckt?
Haben Sie ein empfehlenswertes Restaurant, ein nettes Pub oder ein gemütliches Hotel entdeckt? Wenn Sie Ergänzungen, Verbesserungen oder Tipps zum Buch haben, lassen Sie es uns bitte wissen!

Schreiben Sie an: Ralf Nestmeyer, Stichwort „London" |
c/o Michael Müller Verlag GmbH | Gerberei 19, D – 91054 Erlangen |
ralf.nestmeyer@michael-mueller-verlag.de

Register

Die in Klammern gesetzten Koordinaten verweisen auf die beigefügte London-Karte.

Abruzzen ■ Ägypten ■ Algarve ■ Allgäu ■ Allgäuer Alpen ■ Altmühltal & Fränk. Seenland ■ Amsterdam ■ Andalusien ■ Andalusien ■ Apulien ■ Australien – der Osten ■ Azoren ■ Bali & Lombok ■ Barcelona ■ Bayerischer Wald ■ Bayerischer Wald ■ Berlin ■ Bodensee ■ Bretagne ■ Brüssel ■ Budapest ■ Chalkidiki ■ Chiemgauer Alpen ■ Chios ■ Cilento ■ Cornwall & Devon ■ Comer See ■ Costa Brava ■ Costa de la Luz ■ Côte d'Azur ■ Cuba ■ Dolomiten – Südtirol Ost ■ Dominikanische Republik ■ Dresden ■ Dublin ■ Düsseldorf ■ Ecuador ■ Eifel ■ Elba ■ Elsass ■ Elsass ■ England ■ Fehmarn ■ Franken ■ Fränkische Schweiz ■ Fränkische Schweiz ■ Friaul-Julisch Venetien ■ Gardasee ■ Gardasee ■ Genferseeregion ■ Golf von Neapel ■ Gomera ■ Gomera ■ Gran Canaria ■ Graubünden ■ Hamburg ■ Harz ■ Haute-Provence ■ Havanna ■ Ibiza ■ Irland ■ Island ■ Istanbul ■ Istrien ■ Italien ■ Italienische Adriaküste ■ Kalabrien & Basilikata ■ Kanada – Atlantische Provinzen ■ Karpathos ■ Kärnten ■ Katalonien ■ Kefalonia & Ithaka ■ Köln ■ Kopenhagen ■ Korfu ■ Korsika ■ Korsika Fernwanderwege ■ Korsika ■ Kos ■ Krakau ■ Kreta ■ Kreta ■ Kroatische Inseln & Küstenstädte ■ Kykladen ■ Lago Maggiore ■ Lago Maggiore ■ La Palma ■ La Palma ■ Languedoc-Roussillon ■ Lanzarote ■ Lesbos ■ Ligurien – Italienische Riviera, Genua, Cinque Terre ■ Ligurien & Cinque Terre ■ Limousin & Auvergne ■ Limnos ■ Liparische Inseln ■ Lissabon & Umgebung ■ Lissabon ■ London ■ Lübeck ■ Madeira ■ Madeira ■ Madrid ■ Mainfranken ■ Mainz ■ Mallorca ■ Mallorca ■ Malta, Gozo, Comino ■ Marken ■ Mecklenburgische Seenplatte ■ Mecklenburg-Vorpommern ■ Menorca ■ Midi-Pyrénées ■ Mittel- und Süddalmatien ■ Montenegro ■ Moskau ■ München ■ Münchner Ausflugsberge ■ Naxos ■ Neuseeland ■ New York ■ Niederlande ■ Niltal ■ Norddalmatien ■ Norderney ■ Nord- u. Mittelengland ■ Nord- u. Mittelgriechenland ■ Nordkroatien – Zagreb & Kvarner Bucht ■ Nördliche Sporaden – Skiathos, Skopelos, Alonnisos, Skyros ■ Nordportugal ■ Nordspanien ■ Normandie ■ Norwegen ■ Nürnberg, Fürth, Erlangen ■ Oberbayerische Seen ■ Oberitalien ■ Oberitalienische Seen ■ Odenwald ■ Ostfriesland & Ostfriesische Inseln ■ Ostseeküste – Mecklenburg-Vorpommern ■ Ostseeküste – von Lübeck bis Kiel ■ Östliche Allgäuer Alpen ■ Paris ■ Peloponnes ■ Pfalz ■ Pfälzer Wald ■ Piemont & Aostatal ■ Piemont ■ Polnische Ostseeküste ■ Portugal ■ Prag ■ Provence & Côte d'Azur ■ Provence ■ Rhodos ■ Rom ■ Rügen, Stralsund, Hiddensee ■ Rumänien ■ Rund um Meran ■ Sächsische Schweiz ■ Salzburg & Salzkammergut ■ Samos ■ Santorini ■ Sardinien ■ Sardinien ■ Schottland ■ Schwarzwald Mitte/Nord ■ Schwarzwald Süd ■ Schwäbische Alb ■ Schwäbische Alb ■ Shanghai ■ Sinai & Rotes Meer ■ Sizilien ■ Sizilien ■ Slowakei ■ Slowenien ■ Spanien ■ Span. Jakobsweg ■ St. Petersburg ■ Steiermark ■ Südböhmen ■ Südengland ■ Südfrankreich ■ Südmarokko ■ Südnorwegen ■ Südschwarzwald ■ Südschweden ■ Südtirol ■ Südtoscana ■ Südwestfrankreich ■ Sylt ■ Teneriffa ■ Teneriffa ■ Tessin ■ Thassos & Samothraki ■ Toscana ■ Toscana ■ Tschechien ■ Türkei ■ Türkei – Lykische Küste ■ Türkei – Mittelmeerküste ■ Türkei – Südägäis ■ Türkische Riviera – Kappadokien ■ USA – Südwesten ■ Umbrien ■ Usedom ■ Varadero & Havanna ■ Venedig ■ Venetien ■ Wachau, Wald- u. Weinviertel ■ Westböhmen & Bäderdreieck ■ Wales ■ Warschau ■ Westliche Allgäuer Alpen und Kleinwalsertal ■ Wien ■ Zakynthos ■ Zentrale Allgäuer Alpen ■ Zypern

Reisehandbuch **MM-City** **MM-Wandern**